지식창출의 사회생태학

실천공동체

Etienne Wenger 저 | 손민호 · 배을규 공역

COMMUNITIES
OF PRACTICE

CoP

학지사

COMMUNITIES OF PRACTICE

by Etienne Wenger

역자 서문

이 책과의 인연은 역자가 미국 유학 시절 교육학도로서 상황학습론과 조직학습을 공부한 데에서 시작되었다. 상황학습론 또는 상황인지론은 지식 창출의 단위를 개인의 사고가 아닌 개인 간 상호 작용의 상황으로 보는 입장이다. 이론사회학이나 사회인류학에서는 '상황적 실천'을 중심으로 인간의 행위를 살펴보고자 한 오랜 전통이 있었고, 최근 들어 학습이론이나 교육이론, 나아가서 일터학습의 실천원리로 이를 수용하여 활발히 다루고 있다. 이 책에서 다루고 있는 실천공동체(CoP)라는 개념은 이 책의 저자인 에티엔 웽거(Etienne Wenger)가 사회인류학자 진 레이브(Jean Lave)와 함께 저술한 저서 『상황학습론: 합법적 주변 참여(Situated learning: legitimate peripheral participation)』에서 처음 소개되었다. 애초에 기존의 기능주의적인 학습이론에 대한 대안으로 상황학습이라는 개념이 제안되었고, 이후 다양한 시각과 이론들이 그에 관한 각기 다른 해석들을 내놓았는데, 실천공동체론 역시 그러한 노력의 일환으로 제시된 것이다.

교육이론의 경우 기능주의 패러다임에서 상황학습론을 비롯한 생태주의 패러다임으로의 전회는 최근 들어 더욱 설득력을 얻으며 발전해 왔다. 이는 세상의 변화를 고스란히 반영한 결과라고 생각된다. 가령, 세상보다 개인의 변화가 상대적으로 빨랐던 시대에는 개인의 변화가 화두거리가 되었음직하다. 그러나 개인보다 세상의 변화가 상대적으로 빠르다고 생각되기 시작한 오늘날에는 개인을 둘러싼 생태적 환경의 변화가 더욱 가시화되고 그에 관한 담론들이 부쩍 발달하게 될 것이라는 점에 대해서 어느 누구도 의심치 않을 것이다. 마찬가지로 과거에 회자되던 사회화 개념은 발달이나

학습에 비해 다소 정체적이고 보수적인 기능이라고 파악되기도 했다. 그리고 학습을 사회화라는 측면에서 설명하던 때도 있었다. 그러나 오늘날 사회 변동의 속도나 그 성찰적 양상을 두고 보면 그러한 접근이 더 이상 설득력을 갖기 힘든 상황임을 깨달을 수 있다. 사회 변동의 속도가 개인의 발달이나 학습의 속도를 지나치게 된 순간부터 사회화가 어떻게 개인의 학습과 구분되는지 사실상 그 경계가 모호하게 된 것이다. 심지어 과거와는 대조적으로 이제는 학습이라는 측면에서 사회화를 다루지 않으면 안 되는 역전 상황이 된 것이다. 교육학 연구에서 학습의 문제는 전통적으로 심리학적 탐구의 대상, 즉 개인의 심리적 현상으로 당연히 여겨 왔다. 그러나 사회적 추세를 반영하듯 점차적으로 평생교육과 HRD를 비롯한 학습의 생태적 조건과 속성에 관한 논의들이 교육에 관한 공공 담론에서 새롭게 등장하고, 교육학 내부에서도 독자적인 탐구 영역으로 자리 잡게 되었다.

특히, 이 책에서 다루고 있는 '상황적 실천'에 관한 이야기들은 대개 영미의 미시 사회이론 전통에서 비롯된 것이다. 미시 사회이론에서는 사회적 상호 작용을 통해 사회 현실을 바라보는 입장을 취한다. 즉, 모든 사회 현실은 그 규모가 어떠하든지 사회적 상호 작용에 기반을 두어 전개된다고 본다. 물론 이 책에서는 미시 사회이론의 현상학적 관점을 그대로 수용한다기보다는 거시적 구조와의 통합과 연계를 꾀한다. 또한 여기서 말하는 실천공동체 개념은 미시적인 행위들이 거시 구조와 만나는 접속 영역을 뜻하기도 한다. 이 책에서 다루는 수많은 각주를 통해 독자들은 실천이론과 현상학적 사회학 그리고 지식사회학의 지적 지형도를 엿볼 수 있을 것이다.

한편, 이 책에서 말하는 실천공동체란 구체적으로 무엇을 말하는지 그리

썩 분명치 않은 것이 사실이다. 특정 형태로 제도화된 상태를 가리키지 않고 오직 일상생활의 개인 간 경험 속에서 발견 가능하고 구현되는 가상의 개념(virtual construct)이라고 말하는 것이 맞는지도 모르겠다. 그도 그럴 것이 실천공동체는 제도나 기관처럼 실체화된 어떤 것이 아니라 우리의 접속을 통해서만 구체적으로 드러나는 가상적이면서도 실제적인 경험 내용이기 때문이다. 실천공동체는 우리가 어떤 기관이나 제도, 조직 안에 있으면서 그것들로부터 꽤 자율적이고 실제적으로 우리의 행위를 구속하고 이끄는, 그리고 다시 내가 그 존속에 기여하게 되는 나를 둘러싼 중요한 타자들(significant others)과의 관계다. 물론 인공물 역시 포함하여 말이다. 또는 슈츠(Alfred Schutz)가 말하는 전형화된 사회적 상호 작용이 통하는 세계나 의미가 소통되는 한정된 구역이 될 수도 있지만, 그보다는 더 큰 전체 구조와의 관련 속에서 제 의미를 형성해 나가는 생활 세계의 공간이라고 보는 것이 타당할 것이다. 과학사회학자 크노 세티나(Knorr-Cetina)가 말했듯이, 지식이 생산, 재생산되는 기본 단위라고 생각해도 크게 틀리지는 않을 것이다. 혹은 더 이상 2차원적 텍스트에만 국한되지 않고 3차원적 시공간으로 확산된 지식, 즉 여기서 말하는 의미의 생태를 칭하는 것으로 보아도 무방할 것이다.

이러한 맥락에서 보면, 실천공동체를 어떤 구체적인 제도나 조직으로 유사 실체화하는 경우 반드시 기획의 의도에 맞게 구현되리라고 보는 것은 아마도 크나큰 착오일 것이다. 왜냐하면 이 책에서 말하는 실천공동체는 애초에 결코 유사 실체화될 수 없는 생활 세계 차원을 가리키기 위해 상정된 이론적 구안물이기 때문이다. 그렇다면 조직 내 소모임 등 사회적 관계에서 경험하는 현존 생활 세계의 어떤 측면을 좀 더 보전하고 활성화하는 식의 처방적 접근이 더 맞지 않을까?

이 책에서 다루고 있는 실천공동체 개념이 국내에서는 HRD와 경영 분야의 조직이론 또는 조직학습 분야에서 더 널리 알려져 있다. 조직이론의 맥락에서 보자면, 후기 산업시대에 들어서 '지식 경영'이나 '학습 조직'은 새로운 사회경제적 질서가 지향하는 '조직'의 조건뿐만 아니라 경쟁력 있는 조직전략을 구상하기 위한 담론에서 새로운 화두로 등장했다. 이 책은 새로운 사회 질서에서 지식 창출과 관련된 사람들의 실천 양식에 대한 명확한 이론적 틀을 마련하고 있고, 특히 새로운 시대적 질서가 요구하는 조직혁신의 원리를 제시하고 있는 것으로 받아들여지고 있다. 그도 그럴 것이 산업시대에는 조직원 간의 커뮤니케이션이 명백한 채널을 따라 수직적으로 흐르는 관료제적 형태의 조직이 요구되었다고 한다면, 소위 후기 산업시대에 들어와 격변하는 시장에 보다 유연하게 대처하고 달라진 정보통신기술 환경에 따라 더 쉽게 접촉하고 더 유연하게 협동 작업을 조율할 수 있는 수평적인 네트워크 형태의 조직이 더욱 요구되고 있다. 이런 맥락에서 볼 때 이 책에서 저자는 실천공동체 개념을 통해 '지식 창출'과 '지식기반 경영'의 진정한 토대가 무엇인지를 밝히고 있다. 또한 조직혁신, 조직개발, 조직설계 멘터링 프로그램을 설계하는 데 고려해야 할 근본적인 항목이 무엇인지 조목조목 설명하고 있다. 이 책에서 다루고 있는 실천공동체 개념 자체는 그만큼 관련 분야, 특히 조직학습 분야에서 이미 널리 알려져 왔다.

국내에서도 적지 않게 소개된 내용이기도 하나, 그렇게 알려진 것에 비해 그 CoP 개념이 무엇을 의미하는지 본격적으로 다루고 있는 연구는 드물다. 이는 아마도 학제적 접근으로, 그것도 미시적 이론사회학을 토대로 하여 구성된 이 책의 속성상 번역의 어려움이 있기 때문이라고 본다. 무엇보다도 변증법적 논리를 통해 실천공동체의 생활 세계적인 역동성을 기술했다는 점이 분석적이고 유사 실체화의 경향이 강한 글과 맞지 않는 것으로 보인다. 아울러 미시사회학에서 말하는 상호 작용의 역동성, 상황의 총체성을 드러내고자 한 현상학적 분위기의 용어들 역시 우리의 일상어로 처리하기에 어색한 구석이 있는 것 같다. 예컨대, 의미에 관해 서로 협상한다니! 도대체 첫 페이지를 여는 순간부터 맞부닥치는 용어들이 그리 매끄럽지 않다. 물론 현상학적 사회학이나 미시사회학 연구의 기본 가정이나 분석방식에 익숙한 독자라면 서툰 번역에도 불구하고 제 의미를 파악하는 데에 별 어려움을 느끼지 못할 것이다. 여하튼 더 이상의 해석과 이해는 독자가 처한 상황의 몫으로 돌리고 전문을 일단 우리말로 옮겨 보았다. 혹여 내용에 관해 궁금해하는 식자 가운데 영어 원문에의 접근이 마땅치 않은 독자들이 있지 않을까 하는 사려에서다.

실제로 역자들은 이 책에 담겨 있는 문장 하나하나를 수차례 곱씹지 않으면 우리말답게 옮기는 것이 도저히 불가능하다는 점을 뼈저리게 느꼈다. 가능하면 원문에 충실하되 우리말답게 윤문해 가는 데 적지 않은 시간을 소요했다. 그래도 석연찮은 부분이 있는데, 그것은 역자의 어쭙잖은 지식 탓 그리고 짧은 우리말 구사 능력 탓으로 돌려야 할 것 같다. 아울러 역자들과 함께 한 몇몇 대학원생의 도움이 없었다면 본 번역은 세상의 빛을 보지 못했을 것이다. 그들은 번역 초고를 읽으며 읽기 난해한 부분이나 세세

한 오류들에 대해 지적해 주는 등 가상의 독자 역할을 톡톡히 해 주었다. 그들에게 깊은 감사를 표한다.

역자 일동

감사의 글

오래전에 동료인 진 레이브(Jean Lave)에게 실천공동체라는 용어를 어디서 처음 사용했는지 물은 적이 있다. 우리는 우리가 함께 집필한 공저부터 시작하여 줄곧 그 용어를 사용해 왔지만, 나는 그녀가 그 용어의 원저자라고 믿고 있었다. 그러나 그녀의 대답은 뜻밖이었다. “당신이 원저자가 아니었나요?” 그럼에도 불구하고 나는 여전히 그녀가 원저자라고 생각하고 있다. 이런 일화를 소개하는 것은 나름대로 이유가 있다.

첫째 이유는 진과 관련된 것이다. 그녀의 대답은 그녀가 얼마나 지적으로 관대한지 스승다운 면모를 잘 보여 주고 있다. 자신의 가르침으로 인도하기 위해 그러한 관대함과 인내를 보여 주는 것은 분명히 스승다운 면모라고 할 수 있을 것이다. 따라서 설사 그녀의 기억이 정확하다고 해도 여전히 내 생각이 진실에 더 가까울 것이다.

둘째 이유는 이 책에 관한 것이다. 이 책의 제목이 누구에게서 나왔든지 이 책에 담긴 모든 아이디어와 논리들은 그녀와의 공동 작업에서 나온 것이다. 이 책에 관한 한, 진에게 엄청난 빚을 지고 있는 셈이다. 우리의 공동 작업 정신은 이 책 한 장 한 장 모두에 실려 있다.

셋째 이유는 내가 이 지적인 작업을 위해 그동안 기대 온 공동체에 있다. 동료들의 가시적인 또는 가시적이지 않은 지원이 없었더라면 이 작업은 애초에 불가능했을 것이다. 마치 복잡계 이론에서 이야기하듯이 한 마리 나비의 날갯짓이 거대한 폭풍을 몰고 왔다면 어떤 나비에게서 어떤 날갯짓이 있었는지 어떻게 알 수 있겠는가?

개인적인 노력이나 저자의 고심분투 또한 부정할 수는 없을 것이다. 예를 들어, 이 책을 쓰기 위해 나는 한동안 내가 가진 모든 것을 다 바쳐야만 했다. 그 과정에서 고단함과 외로움 또한 무척이나 겪었다. 그러나 외로움이라는 표현은 적절치 않은 것 같다. 분리와 경계가 전제되어 있는 듯한 인상을 주기 때문이다. 내가 볼 때 저작 작업이란 항상 해당 공동체의 소산이다. 그렇다고 닭이냐 달걀이냐를 따져 본다는 것은 아니다. 저작물이 공동체를 만드는 것인지 공동체가 저작물을 만드는 것인지는 판단하기 쉽지 않다. 다만 분명한 것은 이 책은 새롭게 생겨난 공동체가 내놓은 소산이라는 점이다. 그만큼 이 책의 내용은 우리 공동체의 일원들이 이미 알고 있는 것에 지나지 않는다. 다만 나는 나만의 스타일대로, 그리고 나만의 형식을 갖추어 그것을 변용해 가면서 정리했을 따름이다.

여기서 내가 새롭게 떠오른 공동체라고 한 집단은 학습연구소(Institute for Research on Learning)를 말한다. 내가 이 책을 저술한 곳도 이 기관에서다. 이러한 프로젝트를 용인해 줄 정도로 관용을 베풀고 그만한 수준을 갖춘 기관은 몇 안 될 것이다. 지원을 아끼지 않은 연구소 이사장과 소장, 동료 연구자들, 그리고 스태프들에게 사의를 표한다. 그들의 관심과 믿음과 이해가 없었다면 이 책은 세상의 빛을 보지 못했을 것이다.

특별히 동료 페넬로프 에커트(Penelope Eckert)에게 깊은 감사의 뜻을 전한다. 그녀의 우정과 지성은 저술 과정에 영향을 끼쳤으며 이 책에 깊숙이 서려 있다. 존 실리 브라운(John Seely Brown)은 수년 동안 다각도로 내 연구에 크나큰 힘이 되어 주었다. 이 책의 의의를 나 자신을 비롯하여 많은 이들에게 가르쳐 준 것도 그의 덕분이다. 마지막으로 폴 두기드(Paul Duguid)는 초고를 꼼꼼히 읽어 주었을 뿐만 아니라 시간을 아끼지 않고 지적해 주었다. 마지막 원고가 나오기까지 내게 전해 준 리뷰와 비판, 그리고 그의 수고에 대해 감사드린다.

또한 이 책을 위해 재정 지원을 아끼지 않은 제록스(Xerox) 재단에 감사드린다. AMR, DEC, 니넥스(Nynex)와 제록스 또한 든든한 재정적 후원이 되어 주었다. 그리고 이들 뒤에서 개인적으로 후원해 준 동료들(Jon Abeles, Paul Allaire, Robert Bauer, John Seely Brown, Jim Euchner, David Kearns, Mark Maletz, John McDermott, Ed Thomas)에게도 감사를 표한다.

나는 또한 나에게 필드 워크를 허락해 준 앨린수(Alinsu)사에 깊은 감사를 표하고 싶다. 특별히 달갑지 않은 이방인에게 기꺼이 자신들의 공동체를 활짝 열고 보여 준 보험처리사들에게도 감사드린다.

끝으로 아내 폴라(Paula)와 아이들 제드(Jad)와 쉬나(Sheena)에게 커다란 빚을 졌다는 점을 전하고 싶다. 그들에게 사과로 보답해야 할지, 감사하다고 해야 할지 모르겠다. 감사하든 사과하든 간에 그들이 참아 준 고생 덕분에 이 책을 완성할 수 있었다. 그들은 내게 사랑을 보여 주었고 그로 인해 나는 삶의 요구들을 지적인 기회로, 그리고 커다란 사랑에서 나오는 달콤한 고통으로 승화시킬 수 있었을 것이라 본다. 이런 귀중한 학습경험이 이 책에 고스란히 배어 있다고 생각한다.

차 례

| 제2부 정체성 | • 209

배경

프롤로그

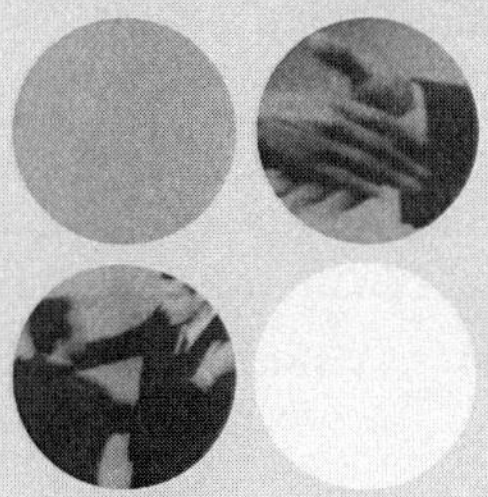

개요

학습의 사회이론

아마도 세상 사람들에게 학습이 무엇이냐고 묻는다면 대개는 다음과 같은 답변을 내놓을 것이다.

- 학습은 개인적인 문제며 개인적으로 일어나는 과정이다.
- 학습에는 시작과 종료가 있다.
- 학습활동과 다른 활동 간에는 분명한 구분이 있다.
- 학습은 누군가에게서 의도적으로 가르침을 받은 결과로 나타나는 것이다.

이러한 생각에 기초하여 우리는 학습을 하기 위해서 따로 공간을 마련하고 그 안에 모여서 수업을 받거나 모종의 활동에 전념하려고 한다. 요즘 우리나라에서 유행하는 e-러닝(e-learning)은 교육과 학습에 대해 우리가 가지고 있는 가정을 단적으로 드러내는 좋은 예라고 할 수 있다. e-러닝의 조건하에서 학생들은 배우고자 하는 지식, 정보를 혼자만의 공간에서 원하는 시간에 공부할 수 있다. 학교 시간에 맞추어 공간을 이동해야 하는 번거로움도 없고 자신의 스케줄에 맞게 시간을 아낄 수 있어 새로운 지식을 학습하는 데 효율적임에 틀림없다. 결국 공부는 자신과의 싸움이며 자신만의 몫이기 때문이다.

이러한 학습에 관한 우리의 생각은 시험과 관련된 상황에서도 잘 나타난다. 우리는 시험장 책상에 앉아 끙끙거리며 우리가 암기하고 연습한 지식을 적용하여 문제를 푼다. 이때 옆 사람과 협동한답시고 문제의 해법을 상의한다면 그것은 부정행위로 간주된다. 이러한 시험 상황에서의 행태를 반복해서 경험하면서 우리는 교육이나 훈련 프로그램에 대해 다소는 부정적인 인상을 갖게 되고 학습에 대해 아주 따분하고 지겹다고 생각하게 되기도 한다. 아마도 주위의 누군가가 학교 공부가 정말로 재미있다고 말한다면 그는 그러한 지루함을 잠시 잊었거나 혹은 주위로부터 정상이 아니라고 따가운 눈총을 받을지도 모른다.

그러면 우리가 학습에 관해 다른 생각을 해 보면 어떨까? 우리가 접하는 세상과 아주 생생한 우리 경험 안에 있는 것으로 생각하는 것이다. 혹은 식사하거나 잠자는 것처럼 아주 자연스럽고 없어서는 안 되며 기회가 생긴다면 더 잘할 수 있다는 욕구가 솟구치는 그런 생리작용 같은 것이라고 보면 어떨까? 혹은 앎에의 욕구를 인간이 가지고 있는 사회적 본성을 잘 나타내 주는 사회적 현상이라고 보면 어떨까? 도대체 이러한 관점들은 학습이 일어난다는 것에 대해 어떻게 이해하고 있는 것인가? 이 책에서는 그러한 관점이 무엇인지 보여 주고자 한다.

이론과 실제

세상에는 다양한 학습이론이 존재한다. 각각의 이론은 학습 현상에서 찾아볼 수 있는 다양한 모습을 부각시켜 보여 준다. 그리고 그런 만큼 다양한 목적으로 유용하게 사용할 수 있다. 다양한 학습이론이 존재한다는 사실은 어느 정도는 학습이 다양한 측면을 갖는다는 사실을 말해 주기도 하며, 어

느 정도는 지식이나 앎, 사람의 본성에 대해 각기 다른 가정들이 있음을 말해 주기도 한다.[1]

1 여기서 제시하는 학습의 사회이론이 학습에 관한 모든 것을 다룰 것이라고 생각하는 것은 잘못이다. 학습에 관한 설명은 생물학이나 신경생리학, 문화학, 언어학, 역사학 등에서 다양하게 다루어져 왔다. 여기서 이야기하려고 하는 학습이론에 전제되어 있는 가정들이 다른 입장들과 양립 가능하지 않다고 감히 주장할 수는 없을 것이다. 여기서 모든 학습이론에 대해 자세히 정리하기는 지면상 어렵고, 다만 이 책에서 제시하고자 하는 이론이 전체 학습이론 가운데 어디에 위치해 있는지 가늠해 볼 수 있도록 개략적으로 정리해 본다.

먼저 신경학에서 이야기하는 학습이 있다.

- 신경생리학에서는 학습의 생물학적 메커니즘에 관해 탐구한다. 생리적 한계나 리듬, 기억과정의 강화나 최적화와 관련된 이슈에 관해 밝힌다(Eddman, 1993; Sylwester, 1995).

심리학 이론의 전통 역시 학습에 관한 오랜 탐구의 역사를 가지고 있다.

- 행동주의 이론에서는 자극과 반응을 통한 행동수정이나 선별적 강화 등을 탐구한다. 여기서의 교육학적 관심은 통제나 적응에 대한 반응에 있다. 의미의 문제를 완전히 배제한다는 점에서 사회적 의미와 관련이 없는 사례, 예컨대 기계나 중증 사회성 장애, 동물훈련 등을 설명하거나 그런 사례에 적용할 때 설득력 있다(Skinner, 1974).
- 인지주의 이론에서는 우리 내부의 인지 구조나 인지 구조의 변화로서의 학습에 관해 탐구한다. 여기서 교육학적 관심은 커뮤니케이션, 설명, 추론, 문제해결 등을 통한 정보의 처리 및 전달에 있다. 이러한 관점은 학습자가 이미 가지고 있는 정보 구조에 새로운 개념 구조를 계열화하여 처방하는 설계에서 유용하게 활용된다(J. R. Anderson, 1983; Wenger, 1987; Hutchins, 1995).
- 구성주의 이론에서는 학습자가 환경과 상호 작용할 때 겪게 되는 과정에 관해 탐구한다. 여기서 교육학적인 관심은 수행과제에 대한 처리에 있다. 학습자가 과제에 자기 주도적으로 참여하여 개념 구조를 형성하도록 이끌기 위해서 시뮬레이션과 같은 학습환경을 구조화하는 것이다(Piaget, 1954; Papert, 1980).
- 사회 학습이론은 사회적 상호 작용에 관해 다루지만 여전히 심리학적 관점에 머물고 있다. 여기에서는 상호 작용의 문제를 모방과 모델링으로 보고, 관찰이 학습의 주요 원천으로 작용하는 인지과정에 대해 탐구한다. 이러한 입장은 사회적 상호 작용이 행동으로 이어지게 되는 과정에서 작용하는 세세한 정보처리기제를 이해하는 데 유용하다(Bandura, 1977).

학습에 대한 접근으로서 이상의 심리학적 접근에서 벗어난 다음과 같은 접근 역시 찾아볼 수 있다. 그러나 이 책에서 제시하고자 하는 접근과는 여전히 다르다.

- 활동이론은 사람들의 활동에는 역사적으로 형성된 모종의 구조가 있다고 보고 이에 관해 탐구한다. 여기서의 교육학적 관심은 어떤 영역에서 역사적으로 형성된 활동과 이를 내면화하는 개인의 발달단계 간에 존재하는 거리 사이에 일종의 가교를 마련하는 일이다. 예컨대, 현재 사용되고 있는 언어와 그 언어를 내면화하는 아동의 능력 간에는 거리가 존재하고 교육의 과제는 그 거리의 폭을 좁히는 일이다. 이러한 교육의 성격을 '근접발달영역'이라고 개념화하기도 한다(Vygotsky, 1934; Wertsch, 1985; Engeström, 1987).

여기서 말하고자 하는 학습의 사회이론은 다양한 학습이론에 대한 대안으로서 제시하는 것이 아니다. 이 학습이론 역시 여타의 학습이론과 마찬가지로 그 나름대로의 고유한 가정들을 내포하고 있다.

이 책에서 제시하고자 하는 학습이론이 학습, 지식, 앎 그리고 사람에 대해 가정하고 있는 바를 정리해 보면 다음과 같다.

① 인간은 사회적 존재다. 이는 학습에서 부차적인 사항이 아닌 근본적인 사항이다.
② 지식은 가치 있는 사태나 일을 처리하는 우리의 능력과 관련이 있다. 예컨대, 악기를 연주한다든지, 과학적 탐구를 한다든지, 기계를 수리한다든지, 시를 쓴다든지, 소년 혹은 소녀로 자라난다든지 하는 일이다.
③ 안다는 것은 그러한 사태를 추구하는 데 참여하는 문제다. 세상에 적극적으로 참여하는 것 말이다.
④ 학습을 통해 궁극적으로 우리가 성취하는 것은 일종의 의미와 같은 것이다. 여기서 의미란 우리가 세상에 관해 이해하고 경험하는 능력을 말한다.

이와 같은 가정을 전제로 하여 이 책에서 제시하고자 하는 학습이론은 사회적 참여로서의 학습 현상에 관한 논의다. 여기서 참여란 단지 누군가

- 사회화이론에서는, 특히 기능주의적 관점에서만 본다면 학습은 집단규범의 내면화라고 할 수 있고, 이에 새로운 구성원이 집단규범을 내면화해 가는 과정에 대해 탐구한다(Parsons, 1962). 그러나 개인이 집단규범을 내면화하는 과정과 실천공동체 안에서 자아를 구성해 가는 과정에는 미묘한 차이가 있다. 그 점에 관해서는 이후에 심도 있게 다룰 것이다.
- 조직이론에서는 개인이 조직 안에서 학습해 가는 과정과 동시에 조직 자체가 학습해 가는 과정에 관심을 둔다. 여기서는 교육학적 관심을 가지고 조직 체계나 구조, 혹은 제도화된 형태로서의 집단기억 등에 관해 다룬다(Argyris & Schön, 1978; Senge, 1990; Brown, 1991; Brown and Duguid, 1991; Hock, 1995; Leonard-Barton, 1995; Nonaka and Takeuchi, 1995; Snyder, 1996).

와 함께 어떤 활동에 참가한다는 것을 의미하지 않는다. 그것은 어느 사회 공동체의 참여자로서 성장하면서 정체성을 구성하는 과정을 뜻한다. 예컨대, 편을 갈라 게임을 한다든지 특정 작업팀에 합류한다는 데에는 어떤 행위를 취한다는 의미와 함께 모종의 소속감을 갖는다는 의미가 동시에 내포되어 있다. 그러한 참여행위는 우리가 무엇을 하는지의 모습을 결정하기도 하지만, 동시에 우리가 누구이며 우리가 하는 일을 어떻게 이해하고 있는지를 결정하기도 한다.

따라서 여기서 제안하고자 하는 학습의 사회이론에서는 사회적 참여과정을 하나의 학습과 앎의 과정으로 개념화하기 위해서 그 다양한 요소들을 따로따로 파악하지 않고 내적으로 연관되어 있다고 본다. 이러한 요소들을 찾아 정리해 보면 다음과 같다([그림 0-1] 참조).

① 의미: 개인적이든 집단적이든 우리가 우리의 삶이나 세상을 경험하는 데 사용하는 능력

② 실천: 구성원들 사이에 오랫동안 공유해 온 행위 양식 혹은 이해틀이나 관점

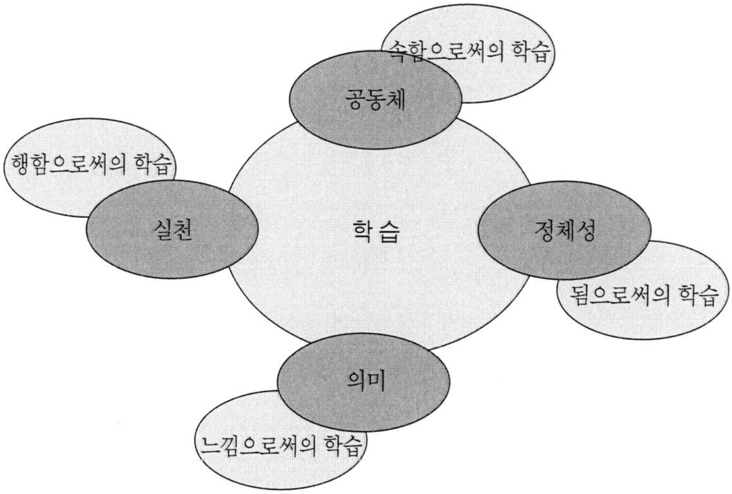

[그림 0-1] 학습의 사회이론의 주요 요소

③ 공동체: 우리의 행위에 대해 가치를 부여하고 그 행위를 하나의 역량으로서 인정하는 사회적 실체
④ 정체성: 학습이 우리의 정체성과 그 구성과정에 미치는 영향

실천공동체의 편재성

우리는 누구든지 어떤 실천공동체에 속해 있다. 집, 직장, 학교 그리고 취미생활에서 우리는 동시에 몇 개의 공동체에 속해 있다. 그리고 살아가는 동안 우리가 속하게 되는 공동체는 그때그때 달라진다. 사실상 실천공동체는 세상 어디에나 편재해 있다.

가족들의 경우를 보면 자기 가족만의 삶의 스타일 같은 것을 찾아볼 수 있다. 가족 구성원들은 자신들만의 행동방식, 일상, 의례, 상징, 관례, 도구, 이야기, 과거사 등을 가지고 있다. 때로 그들은 서로를 증오하기도 하고 사랑하기도 한다. 때로는 어떤 일에 관해 합의하기도 하고 불협화음을 내기도 한다. 가족이라면 설사 그들이 떨어져 있는 동안에도 어떻게 서로에게 접촉할 수 있는지의 방법을 알고 있다. 함께 의식주를 추구하고 서로의 정체성에 관해 확인하는 등, 함께 살아가는 것 자체가 그들에게는 중요한 일이다.

직장에서 근로자들은 동료나 고객들과 함께 시간을 보낸다. 그러면서 그들은 재미도 느끼며 회사나 고객의 요구를 충족시키면서 자신에 대한 모종의 감각이나 이미지를 유지하게 된다. 해당 직무에 관한 회사의 지침과는 다소 별개로 일을 처리해 가는 자기만의 스타일을 형성하게 된다. 설사 거대한 조직 내에서 직무를 수행하는 사람일지라도 그가 일상적 업무에서 직접 겪게 되는 대상은 일단의 한정된 사람들과 공동체다.

어떤 청소년들은 밴드를 결성하여 집안 구석에서 노래를 수없이 되풀이하며 연습한다. 다락방에서 지구 저 반대에 있는 사람과 통신하는 햄(ham) 마니아, 알코올중독 치료를 위해 임상 모임에 참여하는 사람들, 연구소 실

험실에서 현재 진행하고 있는 실험의 타당성을 타진하기 위해 가깝거나 멀리 떨어져 있는 동료들과 의견을 주고받는 과학자, 컴퓨터의 월드와이드웹을 통해 가상공간에 모여 서로 관심사를 주고받는 사람들, 거리를 방황하며 자신의 정체성을 키워 가는 청소년 패거리, 이 모두는 우리 주변에서 흔히 찾아볼 수 있는 사람들의 모습이다.

이 모든 사람들의 행동에서 보듯이 실천공동체는 우리 일상의 삶에 깊숙이 관여한다. 그것은 워낙 비형식적이지만 우리의 삶에 깊이 개입하고 있어서 밖으로 드러내기 어려운 경우가 많다. 또한 바로 그 때문에 실천공동체는 우리에게 너무도 친숙한 것이기도 하다. 비록 그 개념은 생소할지 몰라도 우리의 경험상 결코 새삼스러운 것이 아니다. 대부분의 실천공동체가 그렇듯이 그럴듯하게 명패를 내거는 것도 아니고 회원증 같은 것을 발부하지도 않는다. 그렇지만 일단 그 개념을 의식하는 순간 우리의 머릿속에 우리가 가지고 있던 과거 혹은 현재의 경험이 그림처럼 떠오르리라는 것은 분명하다. 비록 뚜렷한 자격 기준은 없더라도 우리는 누가 공동체에 속해 있고 왜 속해 있는지를 잘 알고 있다. 게다가 어떤 공동체는 우리가 핵심 구성원으로 있는 공동체이고, 어떤 공동체는 사는 동안 잠시 거쳐 가는 공동체라는 것을 잘 알고 있다.

학습의 재개념화

학습을 하나의 참여과정이라고 보았을 때 우리는 그것이 개인이나 공동체 혹은 우리가 속해 있는 조직에게 의미하는 바가 무엇인지 생각해 볼 수 있다.

- 개인적인 의미로 보았을 때, 학습은 공동체의 실천에 참여하면서 그를 유지하고 발전시키는 데 관련된 문제다.
- 공동체적인 의미로 보았을 때, 학습은 공유하고 있는 실천 양식을 갱

신하며 다음 세대에 전수하는 문제다.

- 조직의 관점에서 보았을 때, 학습은 실천공동체를 효율적이며 가치 있는 일을 재생산하는 조직으로서 발전 · 유지시키는 문제다.

이러한 의미에서 본다면 학습은 우리 일상의 삶과 따로 떨어져서 일어나는 일이 아니다. 학습은 아무것도 하지 않거나 다른 일을 멈추고 하게 되는 어떤 일이 아니다. 우리는 살아가면서 학습이 일어났다는 것을 의식하게 되는 때가 있다. 예를 들어, 오랫동안 익숙했던 것들에서 벗어나게 되었을 때, 우리 능력을 능가하는 어떠한 도전에 봉착했을 때, 혹은 새로운 일이나 공동체에 접하게 되었을 때 학습이 일어난다는 것을 의식하게 된다. 반대로 학습이 일어났고 우리가 달라졌는가 하고 의문을 갖게 되는 때도 있다. 그런 경우는 사회제도가 우리에게 요구해서 경험하게 되는 상황에서 흔히 볼 수 있다. 예를 들어, 수업에 출석한다거나 시험 준비를 위해 교과서 내용을 달달 외운다거나 학교를 졸업해서 졸업장을 취득한다고 했을 때 그것들이 과연 우리에게 무엇인지 되짚어 보게 한다. 혹은 아이가 처음으로 단어를 이야기했을 때, 누군가의 언질로 갑작스럽게 뭔가를 깨닫게 되는 순간, 어떤 공동체에 깊이 연루되어 소속감을 경험하게 될 때, 우리는 그것들이 학습경험이라고 생각할지도 모른다. 이처럼 우리가 학습을 경험하는 상황은 반드시 몰두하여 공부하는 그런 시간만이 아니다. 우리가 생각하는 학습이라는 사태는 일종의 화산 폭발과도 비슷하다. 화산의 폭발은 지각 내 지속적인 운동이 밖으로 드러난 결과에 불과할 뿐이다. 마찬가지로 우리가 흔히 말하는 학습은 지속적이고 암묵적인 경험이 축적되는 과정에서 표출되는 결과다. 여기서 중요한 점은 지속적이고 암묵적인 경험의 과정이 존재한다는 사실이다. 그리고 그것은 분명히 학습의 지위를 누릴 자격이 있다. 설사 우리에게 주어진 어떤 상황 속에서 목표로 했던 바를 학습하지 못한 경우조차도 우리가 다른 무언가를 학습했다는 것은 사실일 것이다.

우리는 흔히 학습의 개념이라고 하면 교실이나 트레이닝 세션, 교사, 교과서, 숙제나 연습활동 등을 연상한다. 그러나 우리가 경험하는 바로서의 학습은 분명히 우리의 일상적 삶의 과정에 통합된 한 부분이다. 문제는 우리가 이러한 사실을 아느냐 모르냐 하는 점이 아니라 우리가 그러한 경험을 표현할 수 있는 체계적인 개념이나 논리를 가지고 있느냐 하는 점이다. 이 책에서는 비록 모든 사람들이 이미 알고 있는 바에 관해 이야기하고자 하지만, 그것을 체계적인 개념으로 다룬다는 데에서 그 의미를 찾을 수 있을 것이다. 이러한 점에서, 적절한 용어를 갖는다는 것은 매우 중요하다. 왜냐하면, 우리가 세상에 관해 의미를 부여하기 위해 사용하는 개념은 우리의 지각과 행위에 모종의 방향성을 제시해 주기 때문이다. 우리는 보려고 하는 것에 주의를 기울이고 이해할 수 있는 것을 듣는다. 우리는 세상을 보는 바대로 행동한다.

다시 말해, 학습은 의도했건 그렇지 않건 간에 발생되는 그 무엇이다. 그러나 현대 사회는 그와는 다른 차원, 즉 의도적인 관심을 통해 학습을 불러일으킬 수 있다는 가정을 가지고 학습의 문제를 다루어 왔다. 국가 수준의 교육과정을 개발하고 회사 내 훈련 프로그램을 마련하려고 다양한 학교 시스템을 구안하기도 한다. 그러면서 학습이 이루어지기를 기대하고 관리하고, 책임도 부여하며 촉진시키기도 하고, 심지어는 학습이 일어나지 않도록 하기도 한다. 어쨌든 우리는 학습과 관련해서 무엇인가 조치를 취하기를 원한다. 분명히 우리가 학습에 관해 믿고 있는 바는 우리가 하게 되는 일과 더불어 언제가 학습인지 판단하는 데 영향을 미친다.

이론의 실제적 측면

관점이라고 하는 것은 우리에게 무엇을 하고, 그리고 무엇을 해선 안되는지 알려 주는 처방책이 아니다. 그보다 관점은 우리가 어떤 현상을 파악하고자 할 때 무엇에 주의를 기울여야 하는지, 어떤 난관이 예상되는지, 그리고 그 현상에서 발견된 문제에 어떻게 다가갈 수 있는지를 알려 주는 길잡이와 같다. 우리가 하나의 관점을 통해 어떻게 관련 현상을 파악할 수 있는지 예를 들어 살펴보자.

- 가령 우리가 지식이란 머릿속에 잘 정돈된 정보 덩어리로 이루어져 있다고 생각한다고 해 보자. 그렇다면 우리는 그 정보 덩어리를 잘 마련된 틀 안에 집어넣고 그 정보를 원하는 사람들을 교실과 같은 공간 안에 모이게 하여 명쾌하게 전달하면 된다. 이러한 관점에서는 학습을 어떻게 이해하는지 쉽게 알 수 있다. 이러한 관점에서 본 학습의 이미지로서 우리는 학교 교실이나 직장의 트레이닝 센터 등에서 한 강사가 일단의 학생을 상대로 강의하는 장면을 떠올릴 수 있다.
  그러나 머릿속에 축적된 정보란 우리가 알고 있는 것의 일부분에 불과하고, 대부분은 사회공동체에의 적극적인 참여라고 믿는다면 이야기는 전혀 달라진다. 이때 교육은 사람들로 하여금 의미 있는 실천에 참여하도록 하거나 참여할 수 있도록 기회를 마련해 주어서 그들의 인식의 지평을 넓혀 주는 것이라고 할 수 있다.
- 마찬가지로 조직에서 생산적인 직원은 조직업무를 부지런히 수행하는 사람이고, 조직 수행에서 가장 중요한 관건은 직원들이 따라야 할 수행과정을 얼마나 효과적으로, 그리고 치밀하게 명시화하느냐에 달려 있다고 하자. 이런 경우에는 그들 수행과정을 명시화한 추상적인 지침과 같은 처방책을 마련하고 직원들로 하여금 그 지침에 따르도록 하면 될 것이다.
  그렇지만 한 조직의 구성원이 조직의 목표 달성에 기여한다는 것은 제도적인 차원에서는 명시화할 수는 없는 모종의 실천과정에 자기 나름대로 창의성을 발휘하며 참여하는 데에서 가능하다고 믿는다면, 제도적인 차원의 처방책에 의존하는 것은 되도록 지양하려고 할 것이다. 제도적인 차원의 지나치게 의도적인 처방책은 오히려 그의 창의성을 떨어뜨릴 수 있기 때문이다.

우리가 가지고 있는 제도나 조직은 우리가 설계한 일종의 결과물이다. 그리고 그 성패 여부는 우리의 이해 수준, 관점 그리고 이론에 의해 크게 좌우된다. 이런 점에서 우리가 가지고 있는 이론은 매우 실제적이기도 하다. 우리가 가지고 있는 이론들은 우리가 행위하는 방식을 결정지으며, 특히 우리가 사회 시스템을 설계하고자 할 때 우리 자신 그리고 서로에게 우리의 설계와 그에 따른 행위 양식에 대해 정당성을 부여한다. 제도와 관련된 담론 차원에서 본다면, 우리가 어떤 제도적 상황에서 뭔가 행위를 취한다는 것은 우리가 이미 그 행동을 정당화하고 있다는 의미를 함축한다.

학습의 사회이론은 오직 학문적인 탐구에서 나온 이야기라고 말할 수 없다. 그러한 관점은 비록 우리의 학문적인 탐구에 시사하는 바가 많지만 그것은 어디까지나 우리의 일상 행위나 조직, 혹은 교육 시스템에서 나온 이야기다. 거의 모든 사람들은 그가 속한 사회적 관계, 혹은 공동체나 조직 안에서 보다 많은 학습경험을 하기를 원한다. 학습에 관한 이 새로운 개념틀은 이론가들뿐만 아니라 우리 모두에게 의미 있는 이야기를 던져 줄 것이다. 이런 의도하에 이론가나 일반인을 염두에 두고 이 책을 저술하였다.

지적 배경

이 책은 다양한 층의 독자들을 염두에 두고 저술되었기 때문에 하나의 학문 분야에서 오가는 주장이나 논쟁, 기술 방식에 관해서 깊이 있게 다루기보다는 총체적인 관점을 제시해 줄 수 있도록 하였다. 또한 관련 논의가 나올 때마다 각주를 이용하여 해당 분야의 문헌이나 연구들을 밝혀 놓았다. 그렇지만 먼저 내 아이디어에 영향을 끼친 지적인 전통들에 관해 간략하게 밝혀 두는 것이 좋을 것 같다. 그리고 바라건대 그 전통들에 대해 이 책이 자그마한 공헌이 되었으면 한다. 그러한 전통에 대해 관심이 없는 독자라면 이 부분에 관해서는 읽지 않고 넘어가도 이 책의 전체적인 내용을 파악하는 데 별 무리는 없을 것이다.

나는 이전에 인류학자인 진 레이브(Jean Lave)와 함께 도제제도에 관해 수차례 문화기술 연구를 수행한 적이 있고, 이 연구들은 일반적인 학습이론에 상당 부분 기여한 것으로 알고 있다. 이들 연구에서 우리는 도제살이의 어떤 부분을 두고 우리가 학습이라고 생각할 수 있는지에 관해 살펴보고자 하였다. 그리고 우리는 그러한 부분을 개념화하기 위해 합법적 주변참여(legitimate peripheral participation)라는 용어를 사용하였다. 이 개념을 통해 우리는 전통적인 도제 개념에 함축되어 있는 장인과 도제, 혹은 스승과 제자라는 관계를 실천공동체에서의 참여와 정체성 변화의 문제로 다루고자 하였다. 그리하여 여기서 정체성과 실천공동체의 개념은 우리 논의의 핵심 아이디어가 되었지만, 그 용어들이 무엇을 의미하는지는 보다 구체적으로 밝혀지지 않은 채 남아 있었다.[2] 이 책은 학습의 사회이론이라는 주제 하에 바로 그러한 개념들이 의미하는 바가 무엇인지를 자세히 밝히고자 기획되었다.

이 책에서 제시하고자 하는 학습이론은 다양한 학문적 배경을 가지고 있다. 인류학, 사회학, 인지심리학, 사회심리학, 철학, 조직이론, 교육이론 등 다양한 분야에서 찾아볼 수 있는 제반 논의들을 학습이라는 주제에 맞추어 재구성하였다. 특히, 그 가운데 철학과 사회과학 및 인문학의 교차점으로서 사회이론이라는 분야가 있다.[3] 학습의 사회이론은 [그림 0-2]에서 나오는 두 축을 주제로 한 지적 탐구의 전통에서 나온 것이다.

사회이론의 전통에서 보면, 수직축이 나타내고 있는 바가 핵심이라고

2 Lave & Wenger(1991).

3 사회이론의 기원은 플라톤의 '공화국론(republic)'까지 거슬러 올라간다. 그리고 그러한 전통은 유럽 정치철학으로 이어져 왔다. 사회학자 기든스(Giddens, 1971)에 따르면 근대 사회이론의 기초를 마련한 학자로는 정치경제학자 칼 마르크스와 사회학자 에밀 뒤르켐, 그리고 막스 베버를 들 수 있다. 여기서 말하는 사회이론은 이론사회학보다는 좀 더 확장된 의미에서의 탐구 분야로서 인류학, 지리학, 역사학, 언어학, 문학비평, 철학, 정치경제학, 심리학에서의 일부 탐구 성과를 반영한다.

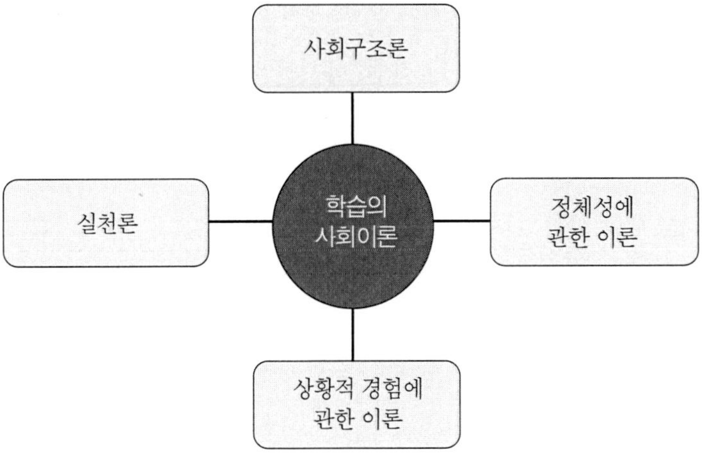

[그림 0-2] 지적 전통의 주요 골격

볼 수 있다. 즉, 그것은 사회구조와 행위 가운데 어느 한쪽에 중점을 둘 것인가에 대한 이론들 간의 팽팽한 긴장관계를 나타내고 있으며, 우리가 알고 있는 많은 연구들은 이들 극단적인 입장을 서로 절충하는 식으로 이루어져 왔다.

- 사회구조에서의 주요 관심은 제도나 규범, 규칙 등이다. 여기서는 사회적 행위 양식을 설명할 수 있는 현상의 기저에 깔려 있는 구조에 관해 탐구한다. 그리고 개인들의 다양한 개별 행위는 그러한 구조의 실현대라고 보며, 개인들이 그들 나름대로 판단이나 사고를 통해 가질 수 있는 자유의지나 자율 가능성에 대해서는 배제한다.[4]
- 상황적 경험에 관한 이론은 사람과 그를 둘러싼 환경 간의 상호 관련

4 구조주의는 다양하게 나타나는 현상들을 하나의 기저 구조를 통해 설명해 준다는 점에서 탁월한 분석방법이라고 할 수 있다. 그리고 이러한 방법을 가리켜 흔히들 구조주의 방법론이라고 한다(Lévi-Strauss, 1958). 그러나 특정 행위나 행위자보다 구조를 앞세운 분석방법은 구조주의가 아닌 다른 많은 접근들에서도 찾아볼 수 있다(Blau, 1975). 가령, 미셸 푸코(Michel Foucault, 1966)의 경우 개인 주체의 의도보다는 역사적 담론이 우선이라는 입장을 취하고

성에 관해 다룬다. 여기서는 특히 개인들이 어울려 함께 해 나가는 활동, 예컨대 대화, 게임, 팀 작업, 사회적 업무 수행 등이 어떻게 전개되는지를 탐구한다.[5]

참여로서의 학습 개념은 그 한가운데 위치해 있다. 이러한 관점은 행

있다. 기든스는 자신의 '구조화이론'을 통해 구조와 행위 간의 이분법 문제를 해결하려고 하였다. 그는 구조가 인간 행위의 원인이기도 하지만 산물이라는 점에 입각하여, 행위에는 의도된 결과와 의도치 않은 결과 모두가 수반되며, 행위자는 자신의 행위에 관해 상당 부분 의식하고 있지만 그를 둘러싼 구조적 측면에 관해서는 모든 것을 알지는 못하는 상태라고 파악하였다(Giddens, 1984). 구조와 행위에 대한 이론적 논쟁이 여기서의 관심사는 아니지만 굳이 밝히자면 이 책의 내용은 기든스의 가정과 맥을 같이하고 있다.

5 경험의 상황적 속성에 관해서는 다양한 학문 분야에서 다루어 왔다.

- 철학에서는 현상학자 마르틴 하이데거(Martin Heidegger, 1927)와 현대의 대표적인 하이데거 학자 허버트 드레이퓌스(Hubert Dreyfus, 1972, 1991), 컴퓨터 과학자 테리 위노그라드(Terry Winograd)와 페르난도 플로레스(Fernando Flores, 1986), 그리고 심리학자 마틴 패커(Martin Packer, 1985) 등에서 찾아볼 수 있다.
- 심리학에서 유기체와 환경 간의 상호 작용이 내포하는 시사점은 생태학적으로 접근하여 찾아볼 수 있다(Maturana & Varela, 1980; Winograd & Flores, 1986). 여기서 환경이란 우리를 행위로 이끄는 모종의 단서들의 조합이다. 예컨대, 눈앞에 놓인 컴퓨터 자판기와 모니터 화면 위의 글씨는 원고를 쳐 내려가는 작가의 눈과 손을 이끄는 단서들의 조합이라고 할 수 있다. 혹은 누군가와의 대화과정에서 방금 내가 들은 상대방의 말은 그 다음 내가 말할 순서를 이끌 뿐만 아니라 그 안에 담겨질 내용을 이끌어 내는 단서 역할을 한다. 이러한 단서의 조합을 가리켜 깁슨(Gibson, 1979)은 'affordance', 우리말로 '소여'라고 할 수 있는 개념으로 표현하기도 하였다. 여기서 사고란 개념에 의해 매개된 지각의 과정이라고 본다(Clancey, 1997).
- 교육학에서 존 듀이(John Dewey, 1922)는 사고 현상을 행위의 전개방식 중 하나로 보았고, 도널드 숀(Donald Schön, 1983)은 문제해결을 상황과의 상호 작용으로 다루었다.
- 사회학에서는 크게 두 학파를 들 수 있다. 하나는 미드(Mead, 1934), 블루머(Blumer, 1962), 고프만(Goffman, 1959)의 상징적 상호 작용이고, 다른 하나는 가핀클(Garfinkel, 1967)의 민속방법론이다. 특히, 민속방법론은 우리의 행위가 어떻게 전개되는지 세밀한 분석을 통해 사회적 현실이나 의미의 상황적 속성에 관하여 탐구할 수 있는 방법론적 토대를 제시하였다. 민속방법론의 일환으로 수행된 일부 연구의 예를 든다면, 루시 서치먼(Lucy Suchman, 1987)은 인간의 활동을 계획과 상황이 맞물려 전개되는 것으로 보았고, 지티 조던(Gitti Jordan, 1989)은 도제살이나 상호 작용분석에서, 그리고 잭 왈렌(Jack Whalen, 1992)은 대화에서 발견할 수 있는 합주적인(choreography) 성격을 보여 주고 있다. 그리고 이들 연구는 이 책에서 주장하려고 하는 학습의 사회이론에도 직접적인 영향을 미쳤다.

위와 상호 작용을 주요 분석 대상으로 다루고자 하지만, 이들을 문화와 역사의 맥락을 떠나서는 이해할 수 없다는 입장이다. 즉, 여기서는 학습이 국지적인 행위와 상호 작용을 통해 전체 사회 구조를 재생산하기도 하고 변화시키기도 한다는 입장을 취한다.

또한 이 그림에서 수직축이 사회구조와 행위라는 양 극단의 입장을 나타낸 것이라면 이들 수평축은 이들 양 극단의 긴장관계를 해소할 수 있는 절충 지점을 잘 보여 준다. 따라서 수평축에서 보여 주고 있는 양 지점, 즉 실천이론과 정체성이론은 본 책에서 직접 다루고자 하는 내용이기도 하다. 실천과 정체성은 사회 역사적 연속성과 단절성이 형태화된 양식이니만큼, 거시적 차원의 사회 역사적 구조나 지나치게 미시적인 상황이 보여줄 수 있는 비역사성을 지양하는 데 유리한 관점을 시사한다.

- 사회적 실천론에서는 실천 양식의 생산과 재생산에 관해 다룬다. 그리고 일상적인 활동과 생활 장면, 그리고 이를 구조화하는 사회적 시스템에 관해 탐구한다.[6]
- 정체성에 관한 이론에서는 개인 자아의 사회적 구성, 우리 몸을 둘러싼 사회적 담론, 그리고 성, 연령, 인종, 계급 등의 분류 범주와 같은

6 실천에 관한 이슈는 우리의 사고를 유물론적으로 설명하고자 한 칼 마르크스의 'praxis' 개념으로 거슬러 올라간다(Marx, 1844). 그 이후로 실천이라는 개념은 사회 구조와 국지적 활동 간의 연결고리 역할을 하는 개념으로 종종 사용되어 왔다. 특히, 그것은 실제 세상에서 우리의 사고나 행위가 복잡하게 일어나는 양상을 가리킬 때 사용되기도 한다. 많은 학자들이 실천이론에 관해 전개했는데, 그중 가장 널리 알려진 학자는 피에르 부르디외(Pierre Bourdieu)다. 그는 구조기능주의를 탈피하여 문화적 실천이 계급관계를 구성한다고 보는 사회 구조의 발생적 성격을 강조하였다. 또한 미셸 드 세르토(Michel De Certeau, 1984)는 우리의 일상적 현실이라는 것이 헤게모니적인 구조에 대해 우리가 행하는 일종의 저항 현상이라고 보았다. 스탠리 피시(Stanley Fish, 1989)는 실천이라는 것이 일종의 '해석 공동체'라는 맥락(context) 안에서 일어나는 텍스트에 대한 주체적 해석 같은 것이라고 설명하였다. 기타 사회이론에서의 실천이론에 관한 종합 정리는 오트너(Ortner, 1984)를 참고하라. 실천의 관점에서 수행된 경험 연구들에 관해서는 샤이클린과 레이브(Chaiklin & Lave, 1996)을 보라. 아울러 사회이론에서 차용되어 온 실천 개념에 대한 비판적 종합 논의는 터너(Turner, 1994)에 잘 나와 있다.

구성원 의식의 생성과 사용에 관하여 다룬다.[7]

여기서 다시 한번 말하자면 학습은 이 그림에서 가운데 부분에 위치해 있다. 그것은 학습이 실천을 창출시키는 수단이면서 동시에 신참들에게 있어서 정체성 발달의 수단이기 때문이다.

이들 두 축을 통해, 본 책에서 주장하려고 하는 이론의 핵심적인 이론적 배경이 무엇인지 알 수 있겠지만, 양 축 사이로 대각선의 축을 덧붙여 더 자세하게 보여 준다면 [그림 0-3]과 같이 나타낼 수 있다. 사실 수직축

이 책에서 이야기하는 실천 개념은 실천이론을 표방하거나 그러한 입장과 결부된 수많은 학자들의 논의에 영향받은 것이다. 이들 학자들을 열거하면 다음과 같다.

① 컴퓨터 과학자 펠레 엔(Pelle Ehn, 1988) — 전문적 직무지원 전산 시스템 설계
② 활동이론가 이리오 엔게스트롬(Yrjo Engestrom, 1987) — 활동의 사회적 구성
③ 사회학자 위르겐 하버마스(Jörgen Habermas, 1984) — 소통 합리성의 맥락적 기반으로서의 생활 세계 그리고 시스템
④ 도시지리학자 제인 제이콥스(Jane Jacobs, 1992) — 도덕에 기반한 정치경제체제
⑤ 과학사회학자 브루노 라투어(Latour & Woolgar, 1979) — 실천으로서의 과학
⑥ 인류학자 줄리언 오어(Julian Orr, 1996) — 이야기를 통한 기억의 공유
⑦ 과학사회학자 레이 스타(Leigh Star, 1989) — 경계성, 해석, 주변성
⑧ 심리학자 레프 비고츠키(Lev Vygotsky, 1934, 1978) — 사회적 활동으로서의 고등인지기능
⑨ 사회비평가 폴 윌리스(Paul Willis, 1977, 1981, 1990) — 국지적 문화 생산으로서의 사회재생산
⑩ 철학자 루드비히 비트겐슈타인(Ludwig Wittgenstein, 1953) — 삶의 형식으로서의 언어 게임

7 사회과학에서 정체성에 관한 논의는 무수하다. 사실 이 개념은 심리학에서 더 많이 다루어지고 있지만, 사회이론에서도 개인과 집단 간 상호 작용 속에서 개인의 정체성이 어떻게 형성되는지에 관해 오랫동안 탐구해 왔다(Strauss, 1959; Giddens, 1991). 이 책에서 제시하고 있는 정체성에 대한 이해는 특히 제록스 학습연구소의 학습 및 정체성 연구실(Learning and Identity Initiative at the Institute for Research on Learning) 동료들의 연구에 의존하고 있다. 언어학자인 페넬로프 에커트(Penelope Eckert, 1989)는 청소년들이 사회적 범주나 스타일 측면, 특히 성과 계층이라는 측면과 관련해서 어떻게 자신들의 정체성을 구성해 가는지 그들이 관여하는 실천들을 통해 보여 주었다. 언어학자 샬롯 린드(Charlotte Linde, 1993)는 정체성을 문화 시스템으로부터 나오는 응집력으로 포착되어 이야기하는 동안 상대방과의 상호 작용을 통해 부단히 재구성되는 하나의 내러티브, 즉 삶의 이야기로 보았다. 그리고 인류학자인 린디 설리번(Lindy Sullivan, 1993)은 소수민족 공동체 사람들의 말에 담긴 다중적 해석을 분석하여 그들이 어떻게 혼란스럽고도 다양한 정체성을 갖게 되는지 보여 주었다.

부분은 내 이론에서 핵심적인 배경이기도 하지만 나는 이 책에서 추상적인 구조나 미시적인 상호 작용을 다룰 생각은 없다. 그런고로 수직축에서 양 극단의 관점을 지양하고자 하는 관점을 나타내는 두 개의 사선축, 즉 군집성이론이나 힘에 관한 이론, 그리고 의미에 관한 이론과 주관성에 관한 이론을 덧붙이기로 하고 이 책의 맥락을 벗어나지 않는 범위 안에서 다루기로 하였다. 따라서 이 책을 통해 살펴보고자 하는 영역은 [그림 0-3]에서 수평축을 둘러싸고 있는 음영 부분이라 할 수 있다.

사선축 가운데 하나는 사회구조와 실천 사이의 사회 군집성에 관한 것이며, 다른 하나는 정체성과 상황적 경험 사이의 개인 주관성에 관한 것이다. 동일한 사선축 상에 있는 군집성과 주관성은 사회와 개인 간에 뗄래야 뗄 수 없는 이중적 속성을 잘 드러내 주는 개념이라 할 수 있으며, 이 또한 이 책에서 다루게 될 중요한 내용이다.

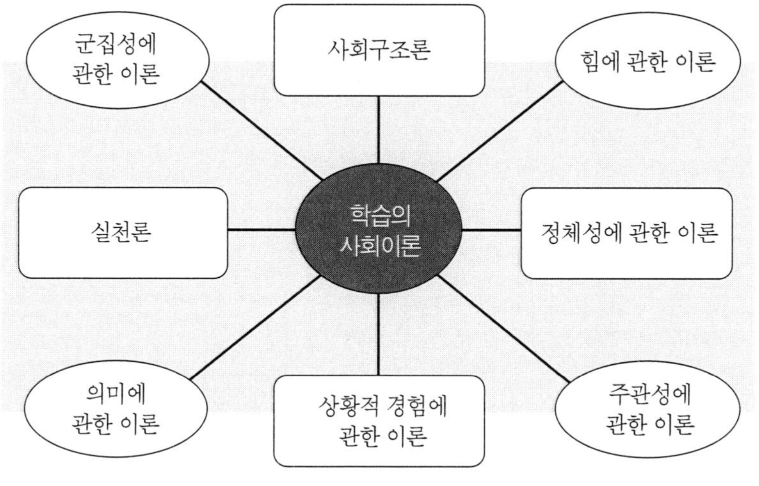

[그림 0-3] 지적 전통의 세부 골격

• 군집성에 관한 이론에서는 여러 형태의 사회 집단, 즉 작게는 가족부터 시작하여 크게는 국가에 이르기까지의 사회 집단의 형성 과정에 관

해 다룬다. 즉, 그러한 집단들이 시간의 경과에 따라 어떻게 생성되고 유지되고 발전하는지에 관해 탐구한다.[8]

- 주관성에 관한 이론에서는 개인의 경험 문제를 사회적 자아(agency)로서의 경험으로 다룬다. 여기서 말하는 주관의 경험이란 세상을 단독자로서 살아가는 개인이 경험하는 고유한 내용이라기보다는 사회적 세

8 실천이론의 전통에서 보면 실천공동체 개념에서 주로 염두에 두고 말하고 있는 것은 사람들이 서로 함께 해 나가는 일과 그 과정에서 생산하는 문화 자산에 관해서다. 실천공동체와 유사한 개념과 범주는 다른 이론적 전통에서도 얼마든지 찾아볼 수 있지만 그들 사이에는 모종의 차이가 있다.

- 먼저 사회적 상호 작용주의는 사회학자 안셀름 스트라우스(Anselm Strauss)와 그 동료들이 개척한 분야로서 동일한 관심에서 출발한 사회 집단, 예컨대 예술 세계나 야구의 세계, 비즈니스의 세계에 관해서 다룬다. 특히, 상호 작용주의의 접근은 입장, 경계, 정체성 등의 개념과 관련해서 나의 입장과 분명히 이론적 맥을 같이한다고 할 수 있다. 그렇지만 내 입장에서는 무엇보다도 유대나 결속의 원천을 실천에서 찾고자 했다는 점에서 그들과는 차이가 있으며, 따라서 학습을 연구에서 1차적인 분석 대상으로 한다. 그런 점에서 이 입장은 상호 작용주의보다도 더 나아간 세련된 접근이라고 생각한다. (바로 그 점에서 사회 세계의 대부분은 실천의 배치군(constellations of practices)이라고 할 수 있다. 제5장을 보라.) 사회적 상호 작용주의의 전통에서는 사회 집단과 그들 내부에서 이루어지는 상호 작용, 그리고 그러한 상호 작용 과정 속에서 하나의 사회와 정체성을 일구어 가는 방식에 관해 탐구해 왔다. 따라서 사회 세계에서의 멤버십은 결속과 연대의 문제이고, 정체성은 사회적 범주의 문제다. 대조적으로 실천이론에서는 사람들이 일상적으로 하는 일과 그러한 일을 통해서 자신들의 행위나 세계에 의미를 부여해 나가는 과정에 관해 밝혀 나간다. 여기서 멤버십은 참여와 학습의 문제며, 정체성은 세상과 관계를 맺는 방식의 문제다. 즉, 멤버십이나 정체성은 연대와 결속을 넘어서 존재의 귀속방식을 나타내는 것이다. 그 과정에서 나타나는 사회적 범주는 그러한 이야기의 일부에 불과할 뿐이다.
- 사회심리학에서도 유사한 개념을 엿볼 수 있는데, 예컨대 네트워크 이론(Wellman & Berkowitz, 1988)에서는 개인들 간의 관계를 통해 형성되는 비형식적 구조의 차원에 관해 논의한다. 이 입장에서 보면 실천공동체는 이러한 개인들 간 네트워크 안에서 그 힘을 발휘하는 강한 유대의 끈이라고 볼 수 있다. 그러나 이런 관점은 실천이론에 입각한 실천공동체의 개념과는 다소 다르다. 여기서 관심을 갖고 보고자 하는 실천공동체는 정보가 유통되는 개인 간의 관계가 아니다. 그보다는 그들 간에 공유하는 것, 그리고 함께 학습해 나가는 것에 더 관심을 둔다. 바로 그것이 실천의 구조이자 내용이라는 관점에서다.
- 조직이론에서는 직무공동체와 조직 구조를 서로 다른 것으로 보고 각각의 측면에서 정체성 형성에 관해 설명한다. 여기서 학습은 부차적인 관심 대상이며, 주로 고용 문제와 관련하여 직무 분석 및 관리, 경력 관리 등을 핵심 주제로 다룬다(Van Maanen & Barley, 1984).

계에 관한 경험이다.[9]

또한 다른 한 사선축에는 사회구조와 정체성을 사이로 하여 힘 개념이 자리 잡고 있으며, 실천과 경험을 사이로 하여 의미 개념이 정치되어 있다. 그림에서 보여 주고 있듯이, 이 책에서는 힘 문제를 의미의 생산 문제와 연관지어 다루게 될 것이다.

- 힘에 관한 이론. 힘에 대한 탐구는 사회이론에서 핵심 주제다. 사회이론에서는 힘의 문제를 단순히 갈등론이나 기능론으로 환원되지 않는 방식으로 설명하고자 한다.[10]
- 의미에 관한 이론에서는 사람들이 자신들의 경험 속에서 어떻게 의미를 갖게 되는지에 관해 설명하고자 한다(이는 진술문과 실재 간의 일대일 대응을 전제로 하는 언어철학이나 논리학에서 다루는 의미이론과는 다르다.). 의미 생성에 관한 이러한 관점은 곧 의미를 소유하게 되는 우리의

9 주체와 그의 의식 대상 간의 관계는 고전적인 철학 주제다. 전통적으로는 그 관계를 이분법적으로 보아 왔지만, 사회이론에서는 그것을 사회적 맥락 안에서 보려고 하였다. 특히, 탈구조주의나 페미니즘에서는 주체가 행위 작인이나 의미의 원천이 아니라고 보면서, 즉 주체성을 탈중심화해서 보려고 함으로써 개인 주체의 존재성에 대해 의문시하였다. 탈구조주의자들은 개인을 특정 역사를 반영한 이야기의 형식이나 기호의 구조로 탈중심화하여 보려고 한다. 여기서 개인의 존재라는 것은 일종의 부수적으로 일어나는 징후와도 같은 것이다. 즉, 개인이라는 것은 주관성이 이야기의 흐름 속에서 자리를 찾아 정착하고자 할 때 생기는 현상이라는 것이다(Foucault, 1966, 1971; 이에 대해 보다 구성적 입장에서 제기한 비판에 관해서는 Derrida, 1972; Giddens, 1979와 Lave et al., 1992를 보라). 페미니스트들 역시 개인성을 탈중심화하여 보고자 한다. 여기에는 새롭게 바라본 주관성 개념에 입각한 입장(Giligan, 1982), 공공의 삶과 사생활이라는 전통적인 이분법이나 생산과 재생산의 문제(Fraser, 1984), 또는 가시성과 비가시성의 문제(Daniels, 1987; Star, 1990b)를 새롭게 보고자 하는 입장이 있다. 이 관점들에 관한 종합 논의는 엔리케 외(Henrique et al., 1984)와 벤하빕(Benhabib, 1992)을 보라.

10 이 책에서 말하는 힘의 개념은 정체성과 관련된 힘이다. 이에 앞서 사회 세계에 관해 이야기하기 위해서는 힘의 문제를 거론하지 않을 수 없다(Giddens, 1984). 힘의 개념은 전통적으로 정치경제적 관점에서 본 제도화된 권력을 의미하는 것이었다. 예컨대, 사적 소유나 계급

능력에 관해 이야기하고 있는 만큼, 그것은 또한 사회적 참여나 힘의 관계 문제를 다루고 있다고 볼 수 있다.[11]

이 책의 목표는 수많은 지적 논의들을 포괄한다거나 그들 간의 논쟁을 해결하고자 하는 것과는 거리가 멀다. 하지만 이들 논의들은 이 책에서 이야기하고자 하는 학습의 사회이론에 근간이 된다. 학습의 사회이론은 어떻게 사회적 질서가 구성원들의 학습에 그 토대를 두고 구성되는지에 대한 이론이라고 할 수 있다. 이들 패러다임에서 사회적 질서에 관해 탐구한다는 것은 곧 학습에 관해 탐구한다는 것과 다름 아니기 때문이다.

관계(Marx, 1867), 제도의 합리성(Weber, 1922; Lukács, 1922; Latour, 1986), 정당화된 국가기구의 권력(Parsons, 1962; Althusser, 1984; Giddens, 1995) 등이 이에 해당된다. 그러나 여기서 이야기하는 힘의 개념은 오히려 상징적 영역에서의 힘의 관계를 다루는 이론들과 일맥상통한다고 볼 수 있다. 그것은 자아 정체성과 헤게모니(Gramsci, 1957), 상징자본 혹은 문화자본(Bourdieu, 1972; 1979), 지식과 진리를 규정하는 담론과 그에 의해 재생산되는 암묵적 차원의 규율(Foucault, 1971; 1980) 등에서 찾아볼 수 있다. 한 사회에서 각기 다른 힘들은 서로 공존하고 상생하기도 하며 때로는 갈등의 장을 창출해 내기도 한다.

11 의미의 사회적 구성에 관해 이야기하는 입장은 다양하다(Lévi-Strauss, 1958; Berger & Luckman, 1966; Bourdieu, 1972; Lave, 1988; Eckert & McConnell-Ginet, 1992; Gee, 1992; Weick, 1995). 억압적 상황, 특히 식민주의적 상황하에서 사람들이 어떻게 자신들만의 의미를 찾아가는지 그 전략에 관해 분석한 인류학에서의 저항이론도 여기에 속한다(Comaroff, 1985; Ong, 1987). 또한 이와 유사한 부류의 연구로 자본주의적 사회체제에 의해 조장된 상황에 대한 분석들, 예컨대 길거리 상황(Whyte, 1943; Hebdige, 1979; De Certeau, 1984), 업무 상황(Hochschild, 1983; Van Maanen, 1991; Orr, 1966), 그리고 학교 상황(Willis, 1977; Eckert, 1989; Mendoza-Denton, 1997)에 관한 연구들을 찾아볼 수 있다.

이 책의 구조

이 책은 총 네 부분으로 구성되어 있다.

① 프롤로그는 이 책의 맥락적 배경에 관한 내용이다.
② 제1부에서는 [그림 0-1]과 [그림 0-3]의 좌측 부분에 관해 다룬다.
③ 제2부에서는 [그림 0-1]과 [그림 0-3]의 우측 부분에 관해 다룬다.
④ 에필로그에서는 제1, 2부의 내용에서 도출할 수 있는 교육 기획에 대한 시사점을 살펴본다.

제1부와 제2부의 도입 부분에서는 각 부에서 다루게 될 주제와 각 장의 개요에 관해 간략히 소개할 것이다. 그리고 각 부의 결론 부분에서는 각 부의 내용을 포괄하는 주제에 관해 정리되어 있다.

프롤로그: 사례

프롤로그에는 한 실천공동체에 관한 두 개의 사례가 나온다. 1989년에서 1990년 사이에 나는 앨린수(가명)라는 미국 대형 보험회사가 운영하는 의료보험 청구센터에서 문화기술을 위한 필드 워크를 수행하였다. 보험처리사들은 고객이 계약 맺은 플랜에 따라 보장을 받게 되는 사람들이 접수하는, 우리에게도 상당히 익숙한 건강보험 청구건들을 처리한다.[12]

12 이 책에 나오는 회사 직원의 이름은 모두 가명이다. 이에 대한 더 자세한 문화기술지는 웽거(Wenger, 1990)에 나와 있다. 이 연구를 위해 수행된 필드 워크는 일 년 남짓 동안 이루어졌다. 필드 워크는 신입사원 시험과 면접을 포함하여 직무훈련 프로그램을 참어 관찰하는 것으로 시작하였다. 나는 참여 관찰자로서 제보자를 따라 현장에 들어갈 수 있었으며 거기서 그의 부서 사람들을 소개받을 수 있었다. 나 역시 업무에 직접 참여해 보기도 하고 그들 사

- 사례 I에서는 보험처리사의 하루 일과를 자세하게 기술하고 있다. 이는 참여자의 관점에서 본 실천공동체의 일면을 잘 보여 줄 것이다. 가칭 에리얼(Ariel)은 보험처리사의 전형을 보여 주는 합성된 인물이다. 내가 기술한 하루 일과는 그들 일과의 전형이며, 그 모두가 단 하루에 일어난 일은 아니지만 대부분 그 상황에서 실제로 일어나는 일들이다.
- 사례 II에서는 회사에서 정산의 효율성을 위해 만든 시산용지가 어떻게 쓰이는지를 보여 주고 있다. 이러한 예는 업무활동에 대해 제대로

이에 오가는 대화와 모임에 함께 어울리기도 하였다. 그 외에도 여러 신입 사원들이나 직원들과 개인적으로 혹은 소규모 집단으로 면담할 수 있었다. 가능하면 나는 나와 함께 일하는 신입 사원이나 직원들이 정보를 접하게 되는 방식대로 정보를 얻으려고 하였다. 나는 진정성(authenticity) 있는 경험과 정보를 수집하기 위해 애썼으며 그 과정에서 나 자신의 정체성 또한 숨기지 않았다. 분명 그들은 필드 워크가 지속되는 동안 나에 대해, 즉 연구자라는 존재에 대해 항상 의식하고 있었다.

센터 직원은 대략 200명이고 한 부서는 약 15~25명의 직원으로 구성되어 있다. 청구 서류는 대개 우편으로 접수하는데, 사무 부서에서 접수받아 일정한 분류를 거쳐 보험처리 부서에서 넘겨받는다. 보험 급부금은 보통 고객들에게 직접 지불되지 않는다. 청구 처리과정에서 모든 정보는 전산 시스템에 입력된다. 이렇게 입력된 정보는 중앙 부서로 전해져 거기에서 개인수표로 고객들이나 서비스 센터에 지불된다. 앨린수(Alinsu)사에서는 의료보험에 대한 심사를 하지 않는다. 이 회사에서는 화재사고나 교통사고에서의 상해보험과 같이 복잡한 분쟁이나 사건에 대한 해결을 필요로 하는 보험은 취급하지 않고, 의료비와 관련해서 적정가를 계산하여 환자의 플랜에 따라 전보(塡補) 범위를 결정해 보험 급부금을 산정한다. 이러한 절차를 가능한 한 신속하게 처리하는 것이 주요 목적이기도 하다.

현재 미국에서 이루어지고 있는 의료보험 청구는 미국 건강보험의 역사를 반영하고 있다. 그 기원은 19세기로 거슬러 올라간다. 그 당시는 가정 경제가 임금 노동에 기반을 둔 경제 시스템으로 전환해 가고 있던 시대였다. 유럽의 몇 나라에서는 노동 불안에 대비해, 그리고 노동자 계급에서 신뢰를 이끌어 내고자 사회보장제도를 막 시작하였다. 그러나 미국에서는 그러한 보험제도가 유럽과는 달리 사기업 시스템으로 발달하고 있었다. 비록 초반에는 그리 성공적이지 못했지만, 일찍이 19세기 중반 무렵 건강보험 회사가 생겨나기 시작하였다. 20세기에 들어서서 건강보험에 대한 국가의 책무성 문제가 본격적인 사회 이슈로 떠올랐지만 유럽과 같은 형태의 국가제도로 발전하지는 못했다. 초기 청십자(Blue Cross) 실험이 성공적으로 이루어짐으로써 일반 기업에서 의료보험 전보 범위를 제한적으로 제공할 수 있게 되었다. 이 초기 시대에서부터 건강보험 회사는 대기업으로 성장하여, 무한정 전보 범위뿐만 아니라 직장보험제도까지 생겨나게 되었다. 의료보험 산업의 역사를 보려면 미국 의료제도의 역사에 관해 쓴 사회학자 폴 스타(Paul Starr, 1982)의 저서를 참고하라.

이해하지 못한 채 절차적으로 업무를 수행하는 경우에 발생되기 쉬운 전형적인 문제들을 잘 보여 준다.

- 요약에서는 새로운 이해의 관점에서 앞서 본 사례들을 재정리하였다.

이 책에서 나오는 사례들은 내가 이야기하고자 하는 이론적인 내용을 생생하게 보여 주기 위해 제시되었다. 그러나 이들 사례는 대부분 자족적인 설명이어서 반드시 읽어야 할 필요는 없다. 사례 II는 대부분 제9장의 내용과 연결되어 있고, 설사 그 내용을 읽지 않고 건너뛴다 하더라도 [그림 0-4]를 참고하면 그 내용에 관해 짐작할 수 있을 것이다. 이 책의 여러 곳에서 시산용지의 정산에 관해 자주 언급하게 될 것이므로 참고하기 바란다.

제1부: 실천

실천공동체라는 개념을 포함하여 제1부에서 살펴보게 될 주제는 다음과 같다.

① 분석의 차원으로서 실천 개념의 유용성
② 실천공동체의 속성
③ 실천공동체의 발달
④ 실천공동체들 간의 경계와 관계
⑤ 실천공동체들의 배치군

제1부 결론은 '실천으로서의 앎'에 관한 내용으로 되어 있다.

제2부: 정체성

제2부의 내용은 정체성에 관한 논의다. 위와 동일한 분석의 관점에서 논

의의 초점을 실천에서 정체성으로 전환하면 다음과 같은 논의가 뒤이을 것이다.

① 개별적인 주체로서가 아닌 사람으로서의 개인
② 실천으로서의 사회 집단과 그것이 정체성 형성의 맥락으로 작용하는 기제
③ 의미의 경험에 대해 서로 타협하는 능력으로서의 힘

제2부의 내용은 제1부의 내용에 대한 보충 설명이다. 실천과 정체성은 동전의 양면과도 같다. 여기서는 사회 세계 전체를 두고 볼 때 실천공동체라는 개념이 갖는 제한적인 측면에 관해 논의할 것이다. 제2부 결론은 '학습공동체'에 관한 내용으로 되어 있다.

에필로그: 실천의 기획과 학습설계

결론 부분에서는 교육 기획과 학습의 문제에 관해 다룰 것이다. 전반부에서는 제1, 2부의 내용을 고려하여 학습설계에서 고려해야 할 차원과 요인들이 무엇인지에 관해 살펴볼 것이다. 후반부에서는 조직 기획에서 고려해야 할 다음의 두 가지 측면에 관해 논의할 것이다.

① 조직, 그리고 조직과 실천의 관계
② 교육과 정체성의 형성

사례 I
청구 담당 부서의 일과

에리얼은 계단을 달려 내려갔다. 그녀는 오전 8시까지 출근해야 하는데 교통 상황으로 보아 정시 출근은 어려울 것 같다. 아무래도 알람시계 버튼을 잠결에 누르는 버릇을 고쳐야만 하나 보다. 사실 차라리 일찍 출근하고 일찍 퇴근하기를 바랐다. 그러나 일과 시간 조정에 대한 선택권은 항상 상급자들에게 먼저 주어지므로 오전 7시에서 오후 3시까지의 근무 시간은 상급자들에게 돌아간다. 에리얼도 한때 잠시 그 시간대에 근무한 적도 있다. 한 시간 먼저 출근하는 것은 아침에는 약간 힘들지만, 막상 오후 3시 퇴근할 때가 되면 하루가 아직도 많이 남아 있다는 것에 대해 뿌듯함을 느낀다. 하지만 오후 4시까지 회사에 머물게 되면 상황은 아주 달라진다. 현재 사무실에는 오후 3시에서 4시 사이에 전화를 받아 줄 사람이 필요하기 때문에 하급자들이 좀 더 늦게까지 남아 있어야 한다. 에리얼은 보험청구 처리 부서에 근무한 지 1년이 족히 넘어섰지만 여전히 하급자에 속하고 그나마 6급으로 승진한 것도 최근의 일이다.

예상컨대, 리지웰가와 링컨가는 교통 상황이 혼잡할 것이다. 차가 멈춰 서자, 그녀는 백미러를 움켜쥐고 화장을 점검했다. 지적인 화장과 깔끔하면서도 깍듯하게 보이는 옷차림이 전체적으로 만족스러운 편이다. 다행히도 사무실에서 요구하는 복장 규정은 그다지 엄격하지 않다. 그래서 그녀에게는 옷 이외의 다른 곳에 돈을 쓸 수 있는 여유가 있다. 그렇다고 반바지 차림으로 사무실에 앉아 있는 것은 아니지만, 찢어진 것만 아니라면 청바지까지도 용납된다. 하지만 어떤 상황에서는 다소 전문적이게 보일 필요도 있고, 또 용모와 행동거지는 승급심사에서 중요하게 따지는 부분이기 때문에 복장에 어느 정도 신경을 쓰지 않을 수 없다. 게다가 에리얼은 그동안 근무에 어울리는 복장에 익숙해진 편이다. 오늘은 사무실에 손님들이 오기로 되어 있어서 좀 더 신경을 썼다. 새로 산 모직 스커트를 입고 그에 어울릴 만한 하이힐을 신었다.

주디스와 엘리너는 이미 엘리베이터를 기다리고 있었다. "아! 안녕하세요?" 그녀는 로비를 나타내는 L자 표식을 바라보며 인사했다. 철제문이 미끄러져 열리며 3명의 동료들이 급하게 뛰어 들어왔다. 엘리베이터 바닥에는 건물의 다른 바닥과 같이 부드러운 장밋빛 양탄자가 깔려 있었다. 그리고 벽면은 불투명 거울로 되어 있어서 안에 있는 사람으로 하여금 작은 상자 안에 밀폐되어 있다는 느낌이 들지 않도록 했다. 안쪽의 불빛이 잠시 깜빡이더니 이내 밝아졌다. 천장의 조명이 사람들 머리를 은은하게 비추었다. 로비는 물론이고 엘리베이터도 마치 말끔한 정장 차림의 회사원들을 위해 만들어진 것처럼 큰 유리문과 은은한 복숭아빛 벽, 그리고 대리석 바닥으로 되어 있었다. 그것은 점심 가방과 보온병을 든 청재킷 차림의 엘리너나 밝은 색 운동화를 신고 있는 주디스와는 다소 어울리지 않아 보였다. 엘리너는 여전히 고등학생처럼 보였다. 문 위쪽의 숫자에 불이 들어오며 익숙한 기계음이 "2층입니다." 하며 친절하게 알려 주었다. '2층입니다' 하는 소리는 눈을 감아도 머릿속에서 메아리 칠 정도로 에리얼에게는 익숙하다.

사무실은 건물 2층 전체와 3층 일부를 쓰고 있다. 3층에는 사무실과 교육실, 휴게실이 있고 2층 전체에 큰 홀이 있다. 2층 구석 부장실 2개만이 벽으로 둘러쳐져 있다. 하지만 부장실마저도 그곳을 지나는 다른 사람들에게 훤히 보일 정도로 큰 창문으로 되어 있어서 독립된 방으로는 보이지 않는다. 따라서 한가운데에 위치한 네모난 엘리베이터와 화장실만이 독립된 공간으로 보일 뿐이다. 화장실은 2개가 있는데 모두 여자 화장실이다. 얼마 되지 않는 남자 직원들을 위해 따로 화장실을 두지 않았기 때문에 그들은 3층의 화장실을 이용한다.

에리얼이 출근해서 가장 먼저 하는 일은 주임 자리에 가서 출근 체크를 하는 것이다. 오늘은 10분 늦었기 때문에 10분 더 늦게까지 일하기로 했다. 4시 10분까지 말이다. 그녀는 자신의 책상으로 가기 전에 우편함을 확인했다. 보험청구 신청서 한 장과 우편물 9개가 있었다. 평소에도 그녀의 우편물은 많은 편이다. 루스는 에리얼이 전화를 받을 때 항상 이름을 알려 주기 때문에 우편물들이 그녀에게만 넘치는 것이라고 했다. 직원들 사이에서는 고객과의 상담전화에서 이름을 밝히기를 꺼려 하는 경우가 많다는 것을 직감할 수 있다.

에리얼의 책상은 주임의 책상 근처에 있다. 그녀가 책상을 이리로 옮겨오게 된 이유는 아마도 잡담을 피해서였던 것 같다. 전에 에릭의 옆 자리에서 근무하던 시절에는 그가 그녀에게 말을 너무 많이 걸곤 했다. 현재 자리에서는 사생활 보장은 잘되지 않지만 집중이 잘되는 장점이 있으니까 그런대로 괜찮다고 생각한다. 실적을 높이고 승진하기 위해서는 빈둥거리지 않는 편이 낫다는 것에 대해서 그녀 자신도 잘 알고 있다. 게다가 지금 그녀의 책상 위치에서는 중앙 부처에서 하는 일들이 잘 보이기 때문에 업무 파악이 용이하다는 장점도 있다. 왼쪽에는 조앤의 책상이 있다. 그녀는 업무나 조직 생활에 매우 헌신적이고 성실해서 현재는 8급이고 조만간 9급으로 승진하게 된다. 9급이 되면 더 이상 청구처리 업무는 하지 않고 전문 상담원이 되거나 부주임이 된다. 에리얼의 오른쪽 옆에는 아네트의 책상이 있다. 아네트는 5급이며 업무처리에 다소 문제가 있어서 경고를 받은 적이 있다. 5급은 인턴사원 딱지를 뗀 직후에 정식 사원이 받는 첫 직급이다. 에리얼은 아네트가 곧 해고당할 것이라고 생각한다. 그녀가 최근에도 상급자에게서 경고를 받은 적이 있으며, 실제로 아직도 업무를 처리하는 데 문제가 있기 때문이다.

다른 책상들과 마찬가지로 에리얼의 책상도 신고처리에 필요한 여러 가지 서류나 물품들로 어질러져 있었다. 에리얼은 자신의 작은 공간을 업무하기에 적합한 환경으로 꾸며 놓았지만, 화분이나 남자친구와 애견 사진을 놓아 둘 개인적인 공간도 조심스레 마련해 두었다.

에리얼은 책상 쪽으로 걸어가면서 컴퓨터 키보드에 붙어 있는 2개의 전화 메시지를 애써 무시하고 누군가 놓고 간 한 더미의 서류들도 지나쳤다. 대신에 핑크색 파일철에 묶여 있는 2개의 서류를 바라보았다. "청구 취소(voids)가 2건이군. 젠장! 이번 주는 이틀밖에 남지 않았는데 청구 취소가 2건이나 생기다니! 내 일이 그렇지 뭐!" 라며 그녀는 한탄했다. 잘못 처리된 청구 취소건들에 대해서 보강하고, 이번 주 청구처리 건수 실적을 채우려면 힘이 좀 들 것이 분명했다. 청구 취소는 그녀가 가장 싫어하는 것이기도 하다. 그런 일을 당할 때면 항상 곤욕스러움과 좌절을 느낀다. 취소건들이 발생하면 그만큼 그 주에 채워야 하는 일이 많아질 뿐만 아니라 취하된 청구건을 다시 처리해야 하는 번거로움도 생긴다.

그녀는 첫 번째 청구 취소 서류를 들여다보았다. 검사 비용을 일반적인 비율인 85%의 범위에서 상환 신청했다. 그러나 청구 재심기관에서는 이러한 건들이 수술에 해당하는 것들이기 때문에 100% 상환 신청할 것을 요구했다. 그 부분에 대해서는 미처 생각지 못한 것이다. 그녀는 종이 뭉치들을 한켠으로 치우고 앉아서 컴퓨터 시스템에 로그인을 했다. "하루의 시작이 참 가관이네요!" 그녀는 아네트에게 불평을 했다.

직원 번호와 암호를 입력했다. 회사는 보안에 관한 한 철저하다. 잠시라도 자리를 비워야 할 때면 규정대로 로그아웃을 해야 한다. 실상은 아무도 그렇게 하지 않지만 말이다. 에리얼이 소문으로 들은 바에 의하면, 전에 횡령 사건이 있었는데 그 일과 관련하여 몇몇 직원이 해고를 당했다. 그러나 아무도 그 사건의 진상에 관해 자세히 알고 있는 사람은 없었다.

컴퓨터에 시작 화면이 뜨고 그녀는 사용 계약에 명시된 제어 번호와 직원의 주민등록번호를 입력했다. 그리고 환자의 청구 내역을 확인하고 나서야 재심기관의 판단이 옳았다는 것을 깨달았다. 현재 검사 비용은 이전 청구에서 나온 수술에 대한 것이었다. 이 건에 대해서는 다른 잡음을 불러일으키지 않도록 신속하게 재청구 절차를 밟는 수밖에 없다.

이번에는 두 번째 청구 취소 서류를 훑어 보았다. 뭐라고? 이 환자는 두통 정도가 아니었던가? 두통에 관한 한 신경검사에 한정되고 정신과 결과는 유효하지 않다. 에리얼은 이미 쉘라, 낸시와 함께 이 문제에 관해 의논한 적도 있다. 심지어 연수 담당자인 모린과도 이야기해 보았다. 모린은 다른 직원들이 어려운 문제에 직면했을 때 도와주는 역할을 하는데 이 문제에 대해서 에리얼의 의견에 동조해 주었다. 에리얼은 이 취소 서류를 다시 한번 그녀에게 보여 주었으며, 그녀는 에리얼을 안심시키기 위해 재심기관 사람들에 대해 불평을 늘어 놓았다. 에리얼은 제자리로 돌아와 서랍에서 이의신청 서류를 꺼내서 자신의 의견을 논리적으로 적기 시작했다. 그녀는 무엇보다도 연수 담당자가 자신의 의견과 같이한다고 강조했다. 그런 다음 그녀는 서류를 재심기관으로 보내기 위해서 서명을 받으러 주임에게 갔다. 주임은 확고한 표정으로 고개를 끄덕였고, 그 순간 그녀는 자신의 의견대로 재처리될 것이라고 확신이 들어 안도의 한숨을 내쉬었다.

청구 취소 서류에 대한 일을 마쳤으므로 이제 그녀는 키보드에 붙어 있던 두 개의 전화 메시지를 읽고는 바로 왼쪽에 있는 쓰레기통에 버렸다. 오후에 처리할 일들에 관한 것들이었다. 그제야 그녀는 책상에 쌓여 있던 다른 청구 서류 더미들에 눈길을 돌렸다. 그것은 아주 많은 일상적인 청구건들이다. 복잡한 청구들에 대해서는 좀 더 많은 공을 들여서 일을 해야 하지만 말이다. 에리얼은 일을 아주 조직적으로 잘 처리하는 사람이었다. "이 직업은 너한테 딱이야."라고 주변에서 말하곤 한다. 처리하기 쉬운 청구들을 분류해서 오전과 오후의 일부 시간 내에 일을 얼른 마치고 결과물을 산출한다. 그녀에게 주어진 일일 할당량을 채우고 나면, 나머지 시간에는 일상적인 청구건들을 처리하거나 전화 거는 일을 한다.

그녀는 재빠르게 청구 서류 더미들을 뒤적여서 그날 아침 중에 처리할 건들을 골라냈다. 물론 청구 서류들을 획 훑어 보는 것만으로는 일이 얼마나 어려울지 가늠하는 것이 쉽지 않다. 컴퓨터에서 고객 정보를 확인할 때 복병이 있는 경우도 많기 때문이다. 하지만 경험이 무르익어 가면서 일을 분류해 내는 능력도 점점 더 발전하기 나름이다. 에리얼은 대체로 퇴근 전에 다음날 업무에 대비해 분류 작업을 미리 해 놓는다. 단지 어제는 이혼 후 청구된 사항에 대해서 더 이상 비용이 지불되지 않는 이유를 가지고 따지는 고객에게 꼼짝없이 붙잡혀서 분류 작업을 할 수 없었다. 에리얼은 앨린수사의 비밀유지 사항을 준수해야 하기 때문에 고객이 원하는 이유를 해명할 수 없었다. 그래서 고객이 매우 화가 났어도 그 건에 대해서는 전남편과 의논해 보라는 얘기밖에는 할 수 없었다. 한참 동안 언쟁 끝에 에리얼은 고객이 한숨을 돌릴 수 있도록 잠시 통화 보류 상태로 두었다. 고객은 너무 화가 나서 몸을 떨며 말하는 듯했다. 이야기는 끝이 나지 않고 상황은 좀처럼 나아질 기미가 보이지 않자, 결국 에리얼은 주임에게로 전화를 돌려 난감한 상황을 모면했다.

에리얼은 첫 번째 서류부터 일을 시작했다. 진료 기록과 검사 기록들, 그리고 약품 영수증이 붙어 있었다. 전혀 복잡할 것이 없는 일이다. 스테이플러로 약품 영수증을 서류의 빈 칸에 붙여 놓았다. 그리고는 데이터베이스에 접근해서 직원 조회를 하고 약품 영수증에 기재된 날짜들이 직원의 근무 기간과 맞는지를 확인했다. 확인해 봐야 할 코드들도 많았다. 보험이 적용되는지를 확인하기 위해서 고객의 회사 내 부서를 확인해야 하고, 그 직원의 근무 직위 코드를 알아봐야 하며, 적용되는 모든 코드들을 확인해야 한다. 한참을 조사한 끝에 이 건에서는 모든 것이 괜찮은 것으로 확인되었고, 그제야 청구처리 작업을 시작했다.

우선 주민등록번호를 입력하고 처리하기 위한 파일을 고르기 위해서 이름을 다시 한번 입력했다. 곧이어 화면에 연도순에 따라 달라진 보험제도 항목들이 펼쳐졌고, 그녀는 이 청구건이 최근에 발생한 것을 감안하여 가장 최근의 보험제도를 선택했다. 그리고 다음 화면에는 비용이 청구된 연도와 청구가 접수된 날짜를 입력했다. 접수 날짜는 사무직원이 청구메일을 사전에 열어 보았으므로 빨간 도장이 찍혀 있었다. 컴퓨터 시스템에 지난번에 처리된 청구 날짜를 입력하는 것이 기본 값으로 설정되어 있으므로 이 과정의 일은 쉽게 무시되곤 한다. 그녀는 여러 번에 걸쳐서 주의 메시지가 뜨는 것을 무시하고 주소를 확인하는 다음 화면으로 옮겨갔다. 주소가 맞는지를 확인하는 것은 중요한 일이다. 그래야만 확인 작업이 마무리되기 때문이다. 만일 우편번호 하나라도 틀리는 날에는 청구 취소를 당하게 된다. 다음으로 보험 수령자 목록에서 환자로 되어 있는 고객의 아들을 선택했다. 지난달에는 수령자 선택을 잘못해서 청구 취소를 당한 경우가 있기 때문에 수령자가 누구인지 선택하는 일에 매우 주의를 기울였다. 수령자 나이가 19세 이하인지도 확인했다. 19세 이하가 아니었다. 하지만 패티가 수령자는 학생이라고 적어 놓았다. 패티는 아마도 이 건에 대해서 조사한 적이 있었던 것 같고, 그녀의 일처리는 믿을 만한 것으로 정평이 나 있어서 그냥 넘어갈 수도 있다. 하지만 에리얼은 지루했고, 잠시 자리에서 일어서고 싶은 마음이 들었으므로 칸막이 너머를 바라보며 물어보았다. "패티! 여기 이 보험 수령자 파일에 당신이 학생이라고 적어 놓았다면 당신이 조사를 해 봤단 뜻이죠?" "맞아요." 페티가 말했다. 학생이 확실했다.

이제 비용 화면으로 넘어왔다. 비용 화면에서는 모든 비용 지불에 관한 정보를 입력해서 수령자가 받을 총 혜택을 계산할 수 있게 되어 있다. 그녀는 진료 기록부터 보기 시작했다. 먼저 서비스 형태와 서비스 제공자의 이름을 선택해서 입력했다. 여기서도 보험금이 직접적으로 의사 본인에게 전달될 수 있도록 서비스 제공자의 주소가 맞게 입력되었는지 확인한다. 그리고는 서비스 제공 날짜와 비용을 입력했다. 이 청구에 한에서는 의료 서비스 제공자가 앨린수사와 특별한 계약관계에 있기 때문에 추가적인 공제액을 입력해야 한다. 그녀는 계산 프로그램을 사용해서 공제액의 정확한 범위를 계산해 내고, 서류를 뒤져서 이런 종류의 진료 서비스에 해당하는 표준 금액이 얼마인가를 찾아 입력한 결과 15%의 공제가 이루어진다는 것을 알아냈다. 그리고는 두 개의 계산 결과 중에서 더 큰 금액을 선택했다. 사실 회사 입장에서는 작은 금액을 선택하는 것이 이익이지만 처리 규정상 큰 금액을 선택해야 했다.

아! 또 시작이군! 그녀는 아네트가 이번 주말에 리치랜드에 있는 핫스프링스에 간다는 얘기를 또 듣는 것이 짜증났다. 진흙 목욕 좀 하는 게 뭐 그리 대수라는 건지 이해가 되지 않았다. 목욕 따위가 두렵기라도 한 건가?

이 건의 보험 적용 환자가 꽤나 인기 있는 의사에게 찾아갔으므로 에리얼은 비용 상환율을 80~85%까지 올려야 한다. 그러기 위해서는 다른 비용들이 80%의 상환 비율로 고정되어 있기에 이 사항에 대해서는 두 건으로 분리해 처리해야 한다. 근무 실적 때문에 두 건의 청구로 나뉘게 된 것은 그녀로서는 반가운 일이다. 청구 취소 서류에 꽤 많은 시간을 허비하고 나서야 그녀는 잠시 휴식을 취할 수 있었다. 하지만 에리얼은 문득 서비스 제공자의 파일을 확인해 보았다. 검사 비용에 관해서는 비슷한 내용의 계약서가 없었던 것이다. 이런 경우에 하나의 청구를 나누어서 청구 건수를 불필요하게 늘리는 행위가 문제가 될지도 모른다.

보험처리의 나머지 과정은 비교적 빠르게 진행되었다. 진찰 코드와 계약 형태를 입력하고 나서 코디네이션 단계는 건너뛰고 보상 종류를 입력했다. 이 모든 절차는 두 가지 양식, 즉 특별 공제와 공제 중 어느 것으로 할 것인지를 염두에 두면서 밟아 나갔다.

에리얼은 빠른 속도로 타이핑하고 계속 적어 나갔다. 그녀가 찾고자 하는 정보를 찾아 컴퓨터 화면을 빠르게 훑어 보았다. 마지막 화면에서 모든 사항들을 검토한 다음 입력키를 쳤다. 그리고 에리얼은 검사 비용과 약값 청구 서류를 새로 작성했다. 그녀가 전에 본 적이 없는 약 이름이 처방전에 명시되어 있었기 때문에 확인이 필요했다. 조앤이 순환기 계통의 약이라면 괜찮다고 했다. 물론 비타민제는 적용되지 않는다. 나머지 사항들은 모두 기준에 따라 적용되었다. 그녀는 두 건의 청구에 관한 모든 서류들을 모아서 클립에 끼운 후 완료 서류철에 끼워 넣고, 그녀가 작업한 종이에 쓰인 두 개의 숫자에 동그라미를 쳐 놓았다.

8시 반이 되었다. 주임은 월급봉투를 나눠 주기 위해서 돌아다니고 있었다. 주임은 월급을 나눠 주면서 부서 사람들에게 9시에 있을 회의를 상기시켰다. 그리고 이번 토요일에 추가 근무를 하는 사람이 누구인지 물어보았다. 에리얼은 토요일 오전 근무는 하게 될 것이다. 수당이 지급될 뿐만 아니라 토요일에는 전화도 오지 않으며 근무 실적도 보충할 수 있다.

에리얼의 책상 전화가 울리고 있었다. 따르릉! 따르릉! 마지못해 수화기를 들었다. 하지만 하던 일을 바로 멈추지 않고 통화를 시작했다. 수화기를 어깨 사이에 끼고는 처리하던 청구 서류의 작업을 계속했다.

> 안녕하세요. 앨린수 보험입니다. 무엇을 도와드릴까요?
> 네! 제가 한 청구가 어떻게 되고 있는지 알고 싶어서 전화했어요.
> 보험 청구를 언제 하셨는데요?
> 청구한 지 한 달이 넘었어요.

그제야 에리얼은 고객의 질문에 대답하기 위해서는 시스템에 접속해야 한다는 것을 깨닫고 하던 작업을 멈추었다. 작업하던 화면에서 나오게 되면 이제까지 입력해 놓았던 것들이 전부 날아갈지도 모른다. 시스템 때문에 일이 중단될 때마다 작업 내용을 날린 게 한두 번이 아니다. 그녀는 내심 포기하면서 전화 건 고객의 접속 정보를 입력하기 시작했다. 그 고객이 회사의 통제 번호는 모른다고 했다. "제가 찾아 드릴게요."

에리얼은 수화기를 손으로 감싸고는 아네트를 돌아보았다. "졸프로사의 통제 번호가 뭐였지요?" "나도 몰라요. 211 뭐였는데." 에리얼은 서류를 뒤적여 찾아서 회사 번호를 입력했다. "21131이었어요." 그녀는 아네트에게 알려 주었다. 통화는 간헐적으로 에리얼의 인내심을 시험하며 계속되었다. 그녀가 문의한 청구 서류는 사무원이 시스템에 입력하기 위해서 작업을 하다가 구석으로 밀려 있었던 모양이다. 마침내 고객이 전화를 끊었다. “그 사무원은 도대체 일을 잘하는 꼴을 못 보겠군요.” 에리얼이 아네트 쪽을 바라보며 불평했다. “맞아요.” 아네트가 대답했다. “우리가 할 일이 없어 보이나 보죠.”

이윽고 9시가 되자 청구 담당 직원들은 부서 회의를 위해 주임 책상 주위에 모여 들었다. 직원들은 자기 의자를 가져다 주임 책상 주변으로 반원을 이루며 앉았다. 똑바로 앉기도 하고 근처 책상에 기대어 앉기도 하는 등 가지각색의 자세를 취하고 있었다. 대부분 직원들은 노트를 무릎 위에 올려놓고 다리를 꼰 채로 앉아 있었다. 에리얼은 동료 직원들의 얼굴을 물끄러미 바라보았다. 1년밖에 안 됐는데, 참 많은 일들이 있었다. 그동안 오고간 말들과 사건들이 많았다. 물론 직원들은 모두 사무실에서 각자의 일을 잘하고 있었다. 마치 천직이나 되는 것처럼 그들은 익숙해 보였다. 그들이 현재 여기에 있는 것은 어디까지나 자신이 선택한 몫의 결과다. 회사에 와서 하루에 8시간씩 일을 하는 것이 그네들의 삶이다. 직원들은 지루함을 극복하기 위해서 주변에서 발생하는 모든 일에 호기심을 갖는다. 이렇게 에리얼은 혼자 생각하고 있었다.

회의를 하는 동안 사람들은 옆 사람들과 이야기도 하고, 간혹 여기저기서 질문도 한다. 분위기는 전반적으로 편안한 편이고, 잡담과 자리 배치는 친숙함을 더해 준다. 이러한 회의는 자주 있다. 적어도 한 달에 한 번은 회의를 하게 되어 있지만 의논할 것이 있다면 더 자주 하는 편이다. 주임인 해리엇이 회의에 참석할 사람들이 다 있는지 확인했다. 에스터가 아직도 전화를 받고 있었다. “기다립시다.” 에스터가 전화를 마치고 회의에 참석했다. 발 끄는 소리와 이야기 소리가 잠잠해지면서 회의할 준비가 되어가고 있었다.

먼저 해리엇은 부서의 모든 직원들에게 오늘 중요한 손님이 찾아온다고 강조했다. 그는 직원들이 책상을 깔끔히 하고 사무실 내를 너무 배회하고 다니지 말 것을 당부했다. 그리고 휴가신청 서류가 도착했으며 휴가를 원하는 직원은 휴가 신청란에 기입해 제출하라고 지시했다. 서류는 연공서열에 따라서 작성되었다. 따라서 해리엇의 이름은 맨 위에 있었다. 그녀는 이미 신청한 것으로 보였다. 서류는 작성된 이름 순서대로 모든 사람들이 보게 된다.

고객 문의 전화에 이용할 수 있는 800번 무료 전화에 문제가 있었다. 관리실에서는 일부 직원들이 이 전화를 사적인 용도로 사용하고 있다고 의심하고 있었다. 따라서 회사에서는 지금부터 15분이 넘는 통화는 모두 기록하기로 했다고 공지했다. 해리엇의 이 말에 갑작스러운 긴장감이 돌기 시작했다. 이런 분위기를 누그러뜨리기 위해서 그녀는 기록된다고 해서 그것이 소송감이 되지는 않을 것이라고 덧붙였다. 잘못된 습관 때문에 회사 운영이 흐뜨러질 수 있다고 지적한 것뿐이다. 하지만 이러한 주제는 여전히 다루기 어려운 문제여서 약간의 불평과 방어적인 의견들을 불러일으키기도 했다.

그리고 그들은 부서 내에 특별히 전화를 받는 부서를 따로 분리해 내자는 생각에 대해 논의했다. 얘기의 요점은 전화를 받는 데에는 그리 많은 직원이 필요하지 않으며, 순번을 정해서 그 일을 하도록 하자는 것이었다. 하지만 구체적인 방안은 아직 제시되지 않았다. 해리엇은 이번 안건 실행에 대해 의견이나 제안할 사항이 있는지를 물어보았다. 에리얼도 다른 직원들과 마찬가지로 전화를 받는 부서를 담당하게 되는 것이 싫었다. 전화를 받는 일은 상황에 따라서 일에 방해가 되기도 하고, 전화가 오는 것이 반갑지 않을 때도 있고 전화가 와서 오히려 다행인 때도 있었다. 근무 실적을 채우는 데는 그것이 분명히 방해가 되기는 한다. 어떤 때는 근무 시간의 절반 이상을 전화기와 씨름하기도 한다. 그녀는 그것을 평온한 직장생활을 방해하는 존재로 인식하고 있다. 더욱이 고객이 짜증을 부리거나 하면 전화를 받는 것은 더 없는 고역이 된다. 하지만 전화를 받는 일은 고정된 일상에서 벗어나게 해 주는 이점도 있다. 게다가 전화를 받는 것도 일이기 때문에 사적인 전화를 받는 것도 주의의 이목을 끌지 않을 수 있다.

다음 안건은 서비스 제공 회사들을 가리키는 코드 번호가 바뀌었다는 메모에 관한 것이었다. 해리엇은 메모를 대충 알아듣도록 읽어 준 다음 직원들에게 질문을 하게 했다. 코드 번호는 업무상 자주 쓰이기 때문에 이것이 바뀌는 것은 중요한 문제다. 하지만 이것이 바뀐다는 사실은 직원들에 의해서 임의로 알려질 뿐이다. 하나가 바뀌고 또 다른 하나가 바뀌고 하면서 일은 조금씩 복잡해져 간다. 이번에 바뀐 코드는 새로운 시스템이 설치되는 월요일부터 적용될 예정이다. 이 직업을 가지자면 변화들을 받아들여야만 한다.

다음으로 해리엇은 업무와 관련된 아이디어가 있으면 제안해 보라고 했다. 그때 부주임이 나서서 요즘 초과 지급되는 보험금이 너무 많다고 불평을 늘어놓았다. 보험 적용이 되는 부분에만 체크를 해야 하는데 그렇지 못한 것 같다고 했다. 그리고 낸시는 새로운 의사에게 가서 새 처방전을 받아 온다고 하더라도 물리치료에 드는 비용을 오래 지급하는 것은 안 되며, 비용 부분에 대해 지급하려면 병의 진행 추이를 나타내는 진단서가 필요하다고 지적했다. 그리고 진단서가 첨부되더라도 물리치료가 1년 이상 지속된다면 그 건은 반드시 해당 전문부서로 보고되어야 한다고 말했다. 그때 벨리자가 말을 꺼냈다. "내가 보기엔 그냥 이런 식으로 공제가 되면 되는 거 아닌가요?" 직원들은 그녀가 무슨 말을 하려는 건지 알고 있었다. 어떤 조항은 가족 공제 범위가 합리적이 되기 위한 방법을 마련하기까지 복잡한 과정들이 있어서 명시하기가 어려운 것들이 있다. 다른 모든 직원들도 이 주제에 관해서 예를 제시하기도 하고 부분적인 설명을 더하기도 하면서 열띤 토론을 계속해 나갔다. "여기서 얘기하는 건 쉽지만 전화상으로 고객들에게 설명하는 것은 어려워요."라고 벨리자가 말했다. 많은 청구처리 직원들도 공감한다는 듯 고개를 끄덕였다.

지난 일요일은 부주임 새라의 생일이었다. 그녀의 책상 위에는 생일 케이크와 부서원들이 마련한 작은 선물이 놓여 있었다. 이렇게 직원들은 서로의 생일을 챙겨 주면서 작은 행사를 준비하기도 하고, 밸런타인 데이에 각자

음식을 마련해 와서 서로 즐기고 크리스마스에 파티를 열기도 한다. 이런 일들로 사무실은 좀 더 활기를 얻게 된다. 심지어 할로윈에는 이곳이 사무실이라는 것이 믿기지 않을 만큼 여기저기 장식이 되어 있고, 독특한 의상을 입고 돌아다니며 퍼레이드를 하기도 하고, 최고 멋쟁이 부서에게 상을 주기도 한다. 하지만 에리얼이 제일 좋아하는 것은 '크린질링(Kringeling)'이다. 크리스마스 일주일 전에 직원들은 서로의 책상에 작은 선물을 놓아둔다. 그리고 선물을 받은 당사자들은 누가 자신의 책상 위에 선물을 놓아두었는지 맞추는 것이다. 직원들은 선물을 준 사람이 누구인지를 맞추기 위해 온갖 방법을 동원한다. 추측하고 속임수를 쓰기도 하다가 서로 오해하는 일도 생기며 가끔 서로 정보를 교환하기도 한다. 그러면서 서로에 대해 익숙해지기도 한다.

지금 막 새라는 전 부서 직원들이 축하해 주고 박수 쳐 주는 가운데 촛불을 끄고 케이크를 잘랐다. 새라와 트리시가 케이크를 잘라서 직원들에게 나누어 주었다. 케이크를 나눠 먹는 것은 틀에 박힌 일상에서 작은 휴식이 된다. 케이크를 마저 다 먹기 전에 주임은 "모두들 회의에 참석해 주셔서 감사합니다."라고 말했다. 이 말에 직원들은 제자리로 돌아가 다시 일을 시작했다.

회의와 생일 파티를 합쳐서 약 45분 정도의 시간이 소요됐다. 조앤은 이 짧은 생일 파티가 오전 휴식 시간이었는지 의아해했다. 다른 사람들도 조심스럽게 그 문제에 관해 이야기했지만 단도직입적으로 주임에게 묻는 사람은 없었다. 다른 사람들과 마찬가지로 에리얼도 오전 휴식으로 생각하지 않기로 하고, 앞으로 어떻게 될지 상황을 지켜보기로 했다. 약 10시 15분 그녀는 조앤과 함께 라운지에 가서 10분 정도 담소를 나누며 휴식을 취했다. 얘기의 주제는 트리시가 지난 토요일에 그녀의 언니 운전면허증을 빌려서 나이트클럽에 갔다는 얘기였다. 트리시가 아직도 검사받는다는 것에 대해, 그리고 다행히 그들 자매가 매우 닮아 아무런 문제없이 들어갈 수 있었다는 것에 대해 수다를 떨었다. 에리얼과 조앤이 다시 일하러 들어오면서 나선형 계단을 걸어 내려올 때, 에리얼은 얼마 전 경험한 비슷한 기억을 떠올렸다. 책상으로 돌아와서 시스템에 다시 접속하고 처리 작업을 다시 시작했다. 잠시 후에 일을 하다가 조앤을 돌아보지도 않고 에리얼이 한마디 던졌다. "스물한 살이 넘어서 좋은 거 한 가지는 술 먹는 데 검사받지 않아도 된다는 거야." 2건의 잡동사니 청구건들을 처리하고 동그라미를 그려 놓았다. 조앤은 에리얼의 말에 대해서 잠시 생각하더니 이렇게 말했다. "하지만 말예요. 나이가 들면서 챙겨야 할 일들이 더 많아지잖아요."

11시가 되기 조금 전에 벨리자가 에리얼의 책상으로 와서 점심에 관해 물어보았다. 음식점에 전화해서 주문을 하려던 참이었다. 미리 전화로 예약을 하고 가면 약간 싸지기도 하지만 기다리는 시간을 절약할 수 있다. 게다가 30분 이내에 점심을 해결해야 하기 때문에 더욱 시간을 아껴야 한다. 에리얼도 점심을 빨리 해결하고 바깥바람을 좀 쐬는 것이 좋겠다고 생각했다. "햄 샌드위치로 해 주세요."

에리얼이 작업을 완료한 서류에 동그라미를 치며 '동그라미 서류' 라고 했다. 그리고 시간당 할당을 얼마나 채웠는지 서류를 보며 속으로 계산하고 있었다. 오늘은 어제와는 다르게 일이 순조로웠다.

이 서류에는 이 의사의 납세 등록번호가 없다. 왜 고객들은 서류 하나 제대로 작성하질 못하는 거지? 에리얼은 고객에게 필요한 정보를 요청하기 위해 편지를 보내야 한다. 따라서 이 청구건은 필요한 정보가 도착할 때까지 서류함에 넣어두고 기다려야 한다. 5~6년 전에는 간단하게 의사에게 전화해서 물어보면 해결됐지만 지금은 모든 것을 서류로 처리해야 한다. 그녀는 서랍을 열어서 양식 하나를 꺼냈다. 그리고 정보를 요청하는 편지를 작성해 나갔다. 아네트가 와서 환자가 사고 날짜를 기입하지 않았다면 응급실을 이용한 날짜를 사고 날짜로 간주해도 되는지 물어보았다. 에리얼도 확실하지 않았다. 사고 날짜에 따라 일부 조항에 의해서 임의적으로 추가적인 보상이 있을 수 있으므로 중요한 정보였다. 그때 조앤이 참견하며 말했다. 항상 두 날짜를 같은 것으로 간주해 왔는데 한번도 그것 때문에 청구를 취소당해 본 적이 없다고 말이다.

에리얼은 기존 조건에 의심이 가는 청구서를 검토하는 중이다. 컴퓨터에서 전에는 이러한 청구 사례가 어떻게 처리되었는지 조사해 본다. 계약에 따르면 기존 조건으로 인해 소요되는 비용으로 지불되는 보상은 2,000달러 이하다. 그리고 지금 이 청구 사례는 384달러이므로 더 이상 세부적인 조사는 불필요하다. 세부 조사는 상한액에 가까운 보상비를 청구할 경우에만 필요하다. 실제로 아무도 세부 조사에 착수해 본 일이 없다고 다들 알고 있다. 좋다! 기존 조건에 관해 조사하는 일은 수많은 우편물을 보내고 전화를 걸어야 하는 상당히 복잡한 작업이다. 이번 경우에는 청구 금액을 지불하고, 지금까지 제한 범위 내에서 얼마나 지불되었는지 컴퓨터에 입력하기만 하면 된다. 이러한 입력 작업은 몇몇 직원들에게 꽤 익숙한 일이지만 다른 직원들에게는 그렇지 않다. 예를 들면, 에리얼도 오늘 벌써 3번이나 한 작업이지만, 만일 누군가가 주소를 바꾼다면 그 고객을 시스템에서 찾아내 날짜와 새로 바뀐 주소를 새로 입력해야 한다. 주소 변경 이전의 청구건들을 처리하는 동료 직원들이 손쉽게 자료를 찾아내고 새로운 주소를 적용할 수 있게 하기 위해서다. 하지만 모든 직원들이 다 그렇게 하지 않기 때문에 다른 직원들에게 종종 문제를 일으키는 소지가 되기도 한다. 에리얼은 기록에 관해서 부지런한 편이다. 직원들은 기록에 관한 한 누가 한 작업이 믿을 만한 것인지 알고 있다.

칸막이 뒤에서 트리시가 갑자기 질문을 했다. “모린, 후두부전증이 뭔지 알아요? 피보험자가 초음파 치료를 했다고 적어 놨는데 말이죠.” 모린이 대답했다. “보험 적용이 되는 사항 같지만 피보험자 말만 믿을 순 없으니 의사에게 직접 확인해 보는 게 어때요?” 에리얼도 후두부전증이 뭔지 궁금했다. 심각한 질병처럼 들렸다. 모린의 대답은 미심쩍어 보였다. 청구 업무를 하다 보면 상당히 많은 의학 용어들을 접하게 된다. 교육을 받을 때 그리스 어원을 가진 수많은 의학 용어들을 공부했지만 기억나는 것은 별로 없었다. 일을 하고 나서야 점차 알기 시작했다. 의사 앞에서도 이름을 말할 수 있을 정도로 보험 업무를 하면서 터득한 지식 말이다. 물론 의학 지식이라고 할 수는 없는 것들이다. 말하자면 후두부전증이 보험에 적용되는지 그렇지 않은지를 설명했던 모린의 지식과 같은 것들이다. 그래서 에리얼은 더 이상 질문하지 않았다.

정오가 됐다. 벨리자는 점심 먹으러 같이 나갈 사람들을 찾아 돌아다니고 있었다. 에리얼은 지금까지 얼마나 작업을 했는지를 보기 위해서 서류에 쳐진 동그라미 표시를 바라보았다. 취소됐던 청구 서류를 재처리한 것을 제외하고 22건을 처리했다. 계획대로 잘되고 있지만, 이대로라면 오후 휴식은 건너뛰어야 할지도 모른다. 에리얼과 벨리자, 산드라, 에릭 그리고 루스는 엘리베이터를 타고 1층에 있는 음식점으로 내려갔다. 가는 도중에 산드라는 청구 승인 비율이 95%를 넘어야 하는데 그녀는 80%대에 머물고 있다고 걱정을 늘어놓았다.

음식점 내부는 다소 검소한 분위기였고 전체 건물의 분위기와는 사뭇 달라 보였다. 처음 이곳에 왔을 때 에리얼은 적잖이 놀랐다. 엘리베이터의 오른쪽 옆 코너를 돌아서 작은 문을 지나 화려한 건물의 로비와는 다른 분위기의 장소가 있었기 때문이다. 그녀는 음식점들이 줄지어 선 화려하고 값비싼 카페가 있을 거라고 생각했다. 그러나 이곳은 어두운 조명을 드리운 작은 공간 안에 몇 개의 갈색 탁자와 의자들이 있었고 한편에는 TV가 켜져 있었다. 계산대에서 주문할 수 있는 음식의 종류도 그리 많지 않았다. 음식 견본들이 벽에 진열된 선반에 나열된 모양이 마치 트럭 운전사 식당 같았다. 하지만 가격이 저렴하다는 면은 맘에 들었다. 그녀는 대도시의 행정가들이나 대기업 사장들의 취향을 전형적으로 반영하는 화려하고 큰 건물의 구석에 이러한 검소하기 짝이 없는 음식점이 있는 것이 마치 그녀 자신의 처지와 비슷하다고 느끼면서 쓴웃음을 짓곤 했다.

음식을 주문하고 나서 모두 함께 탁자에 둘러앉았다. 벨리자는 산드라에게 경고를 받을 수준이 아니라면 실적이 좀 안 좋다고 해서 월급이 깎이거나 하지는 않을 것이라며 위로했다. 산드라는 자신이 아직까지 경고를 받아본 일이 없다는 것이 놀라울 따름이라고 말했다. 이때 에리얼이 산드라에게 농담을 건넸고 이에 모두들 웃었다. "그럼, 경고를 받을 수 있게 도와드릴까요?" 에릭이 말을 이었다. "아침엔 진짜 바빴지요?" 에리얼이 그의 말에 고개를 끄덕였다. "맞아요. 부서 회의가 있는 날은 항상 시간이 빨리 가요." 잠시 정적이 흘렀다. 모두들 음식만큼이나 휴식 시간 자체를 즐기고 싶었던 모양이다.

대화가 다시 시작되었다. 실적은 항상 부서 내에서 중요한 문제였다. 전화 전담 부서를 만들자고 했던 것도 같은 이유에서였다. 전화를 받아가면서 동시에 일을 하게 되면 주의가 산만해지고 실수가 많아지기 마련이다. 에릭은 일주일 내내 전화만 받는 일을 하는 것이 어떨지 걱정하기도 했다. 그리고 전화가 전담 부서 내 직원들이 감당하기에 너무 많이 오게 되면 어떻게 해야 할지도 알 수 없었다. 게다가 일을 하다 보면 업무상 장시간 통화를 해야 하는 경우가 있기 마련인데, 이제는 장시간 통화가 모두 감시받게 된다는 것도 문제였다. 벨리자는 이전에 45분 동안 받았던 업무 전화를 상기하며 얼마나 힘들었는지를 얘기했다. 모두들 이런 문제들에 대해서 공감하고 있었다.

루스는 화제를 돌려 오늘밤에 폭풍이 칠 것이라고 했다. 그러자 벨리자는 자신이 몇 년 전에 겪었던 끔찍한 홍수 얘기를 시작했다. 그녀의 남편은 물이 얕고 도로가 튼튼하므로 건너가는 데 이상이 없을 것이라고 확신했다고 한다. 그러나 차는 물에 잠기고 빈틈으로 물이 새어 들어와 창문으로 빠져 나와서 차 지붕 위에 앉아 있을 수밖에 없었다고 했다. 그녀 남편은 물에 뛰어들어 도움을 청하러 갔다. 남편은 자동차 보험 직원과 함께 돌아왔는데, 돌아오는 내내 보험 직원의 쓴 소리를 들어야 했다고 한다. 차는 직원이 물에 잠수해 들어가서 갈고리를 걸고 끌어낼 수 있었다고 했다. 많은 사람들이 그 광경을 구경했고 자동차는 신기하게도 정상적으로 시동이 걸렸다고 한다. 벨리자는 이런 재미있는 이야기들을 많이 알고 있다. 그러나 이제는 일하러 돌아갈 시간이 되었다.

점심 먹으러 나갔던 팀이 사무실에 돌아왔을 때 해리엇의 책상에는 아름다운 꽃다발이 놓여 있었다. 해리엇이 점심 먹으러 나가서 없었기 때문에 트리시에게 사정 얘기를 들을 수 있었다. 해리엇의 남편이 어제 결혼기념일을 깜빡해서 오늘 그 사과의 의미로 꽃을 보낸 것이었다. 이렇게 아름다운 꽃을 보낸 걸로 보아 그녀의 남편이 상당히 미안해하고 있음을 알아챌 수 있었다. 에리얼은 조앤의 책상이 깨끗하게 정리된 걸 보고, 조만간 올 손님들을 맞기 위해 그녀 책상도 정리해야겠다는 생각을 했다. 그녀의 우편함에서 그녀가 이전에 다른 부서에 보냈던 질문 사항에 대한 답변이 도착한 것을 확인했다. "아마 이 사람, 나한테 난리를 치겠군요." 조앤이 그녀에게 누구냐고 물어보자, 그녀는 자신이 처리했던 사례에 대해 자세히 알려 주었다.

해리엇이 돌아왔을 때 그녀는 에리얼에게 청구 취소 사례에 대해 재심기관에서 온 답장을 건네 주었다. 그녀의 판단이 받아들여진 것이었다. 좋았어! 체중 조절 때문에 늘상 걱정하면서도, 그리고 아침에 케이크를 먹었는데도 에리얼은 해리엇 책상 위에 있는 상자에서 초콜릿을 꺼내 먹었다. 먹을 것이 든 상자를 이미 본 이상 그냥 넘어갈 수는 없었다. 로버타는 주변에 항상 먹을 것을 끼고 산다. 그녀는 청구 담당 직원들이 아이들 같아서 항상 그런 것들이 필요하다고 말하곤 한다.

다시 업무 상황. 에리얼은 구급차 청구건으로 제출된 진단서를 찾을 수가 없어서 낸시에게로 갔다. 낸시가 이전에 그녀에게 필요한 서류를 찾지 못할 경우에 어떻게 대처해야 하는지 알려 준 적이 있다. 해당 피보험자가 제출한 진단서 중 하나를 찾아 대치하면 된다고 한 것이다. 정말 아무 서류나 갖다 붙이면 되나요? 그녀가 옳았다. 청구건들을 신속하게 그리고 효율적으로 처리할 필요가 있다. 그러나 이러한 손쉬운 방법들은 직원교육에서는 절대 가르쳐 주지 않는다. 만일 교육받은 대로만 일을 해 나간다면 결코 할당된 업무량을 채울 수 없을 것이다. 에리얼은 알았다는 듯이 미소 띤 얼굴 표정을 지었다. 낸시는 히죽 웃으며 그녀에게 다시 한번 확신을 주듯 말했다. "청구 담당 부서에 오신 걸 환영합니다!"

직원교육에서는 모든 것이 분명하고 확실하다. 그러나 실제로 사무실에서는 실적을 채우기 위해서 모두들 갖가지 방안을 강구해 내기 마련이다. 예를 들자면, 교육에서는 마이크로필름으로 찍기 위해서 만드는 서류 맨 앞 장을 가장 먼저 기입하고 청구처리를 시작하라고 가르친다. 그러나 서류 맨 앞 장에 기입되는 정보들의 상당 부분은 뒤에 나오는 첨부 서류들과 중복되거나 필요가 없는 경우가 많기 때문에 경험이 있는 직원이라면 서류 앞 장을 완전히 채우지 않는다. 대신 청구 업무가 다 끝날 때까지 지연한다. 작업이 끝났다는 의미의 키를 누르면 컴퓨터 시스템은 그 서류들에 일련번호를 매겨 주는데, 그 번호가 D로 끝난다면 아무 문제없이 보상비가 지급되고 서류는 시스템에 남게 된다. 그러나 번호가 Q로 끝나게 되면 그런 청구 서류들은 상급 심의기관으로 넘어간다는 것을 말한다. 따라서 이러한 경우에만 직원들은 서류 앞 장을 기입한다. 이런 방법은 사무실에 와서 몇 주만 지나면 금방 터득하게 된다.

합리적인 범위 내에서 보상비가 상환될 수 있는 방법을 빨리 찾아낼 수 있는 사람이라면 보험처리 업무에 적격이다. 담당 직원들은 의료행위에 대한 보험의 적용 범위를 결정짓는 절차 코드를 선택해야 한다. 따라서 직원들은 어느 정도 금액이 합당한지에 대한 감각을 키우고 그 결과가 합리적인 절차에 따라 나온 것임을 보여 주기 위해서 업무 하나하나를 세심하게 챙길 필요가 있다. 물론 직원교육에서 그런 기술 따위는 가르쳐 주지 않는다. 교육 담당자조차도 직원교육에서는 '올바른 방법'을 배우고, 사무실에 가서는 실전에 맞는 방법을 터득하게 될 것이라고 말하곤 한다.

그러나 이러한 방법이 항상 회사 또는 고객에게 이로운 것은 아니다. 예를 들어, 앨린수사의 내부 규정에 따르면 Q로 시작하는 일련번호를 가진 서류가 교정이 필요해서 다시 회부하는 경우에도 그 서류는 처리 직원의 실적에 오류로 기록되는 청구 취소 사례로 등록되게 되어 있다. 일련번호가 Q로 시작되는 서류들만 불러서 다시 서류를 정리해 놓을 수 있다면 일은 훨씬 쉽고 간편할 것이다. 그러나 회사는 직원들이 모든 서류들에 동등하게 신경을 써 주길 바라고 있다. 그래서 직원들은 이미 완성해서 보낸 Q로 시작되는 서류에서 실수가 발견된다면 그대로 두는 것이 차라리 낫다는 것을 배웠다. 그러면 상급 기관에서 서류들을 검토할 때 실수를 찾아낼 것이다. 그리고 내부적인 검토과정이 아닌 외부에서 찾아낸다면, 다시 말해 고객에게서 불만이 접수되는 경우가 있더라도 실적에 영향을 미치지 않게 되어 있다.

지금 보고 있는 서류는 중복된 것처럼 보였다. 하지만 에리얼이 온라인상에서 확인할 수 있는 청구 기록만으로는 알 수 없었다. 원본 영수증들을 봐야만 정말로 같은 것인지를 알 수 있었다. 그녀는 마이크로필름을 해독기로 가서 확인하려고 했다. 하지만 이 청구 사례는 매우 최근에 이루어진 데다가 필름이 검사실에서 아직 돌아오지 않은 상태여서 확인해 볼 수가 없었다. 그래서 사무원에게 원본 영수증의 복사본을 가져다줄 것을 요구하는 서류를 작성해 주었다. 그녀는 이 청구건에 대한 일은 마무리하고 한쪽으로 비켜 놓았다. 이 청구에 관련된 일은 자료가 도착하면 다시 시작할 것이다. 통로 반대편에서 벨리자가 묻는 소리가 들렸다. "트랜스코사가 이번 달 말까진지, 계약 종료 날짜까진지 모르겠어요?" 그녀는 트랜스코사를 퇴직하는 직원에 대해서 보험이 보장되는 기간이 이번 달 말까지인지를 알고 싶은 것이다. 어떤 회사들은 그달 말까지 보장을 해 주는 경우가 있었다. 아네트가 "내 생각엔 이 달 말까지인 거 같은데요."라고 대답하자, 조앤이 바로 수정했다. "아니에요. 얼마 전에 규정이 바뀐 걸로 알고 있는데요. 지난주 메모에 적혀 있었는데요." 에리얼은 그들의 대화를 들으면서 가만히 머릿속에 정보를 집어넣었다.

아침 회의에서 공고했던 4명의 손님들이 도착해서 에리얼의 부서로 향하고 있었다. 부주임인 캐서린과 기술 지원과에서 온 로저가 그들에게 회사를 안내하고 있었다. 본사에서 나온 사람도 있는 것이 보였다. 그가 전에 부장과 함께 사무실에서 얘기하고 있었던 것을 본 적이 있었지만, 에리얼은 그 사람의 이름이 뭔지도 알지 못했다. 에리얼은 본사에 대해서는 잘 알지 못했다. 오늘 온 손님들은 2만여 명의 생명에 관련된 보험 청구를 수주한 매우 중요한 고객이었다. 사무실은 매우 깔끔했다. 에리얼의 자리에서는 손님들과 안내를 하고 계신 분들의 얘기가 들리지 않았다. 그녀는 그들이 과도한 자신감과 가식적인 웃음을 짓고 매우 천천히 걷고 있는 것을 잠시 동안 넋 놓고 바라보았다. 그들은 사무실에 있는 사람들을 죽 훑어 보면서 과도한 몸짓으로 치장을 하며 대화하거나, 어딘가를 지적하기도 하고 웃고 끄덕이기도 하면서 걷고 있었다. 사무실을 보는 그들의 시선에는 관리자로서 가지는 고상함이 있었다. 에리얼은 잠깐 동안 장거리, 공항, 차 안에서 사용하는 전화기, 회의실, 서명, 통계자료들과 표들을 생각했다. 손님들은 그녀의 책상을 막 지나치고 있었다. 이 다른 세계의 사람들이 복도를 미끄러져 지나갈 때, 에리얼은 등을 구부리고 앉아서 스타카토 리듬에 맞춰 손목을 딱딱거리며 키보드 위에서 손목을 움직였다. 그녀의 시선은 고의적으로 컴퓨터 화면 위를 응시하고 있었지만, 정신은 칸막이 건너로 흩어져 있었다. 손님들의 우아한 행진이 갑자기 멈추었다. 손님들 중의 한 사람인 수익사업팀장이 벨리자의 명찰을 알아본 것이었다. 그들은 전화로 많은 상담을 해 왔다. 하지만 실제로 만나는 것은 이번이 처음인 것이다. 벨리자는 점잖게 자리에서 일어나며 말했다. “만나서 반갑습니다.” 그들은 악수를 하고 몇 마디 농담을 주고받았다. 동료에게 하는 모양새 그대로였다. 그리고 손님들은 다시 그들의 갈 길을 갔고, 벨리자는 다시 자리에 앉았다.

오후가 되고 시간이 참 길게 느껴졌다. 일을 하다 보면 어떤 때는 시간이 놀라울 정도로 빨리 간다. 휴식 시간 사이에 바쁜 일을 처리해야 한다면 더욱 그러하다. 그러나 어떤 때는 견딜 수 없을 정도로 시간이 느리게 간다. 에리얼은 좀 피곤해서 집에 가고 싶었다. 대체로 아침 시간은 잘 가는 편이지만, 오후 시간은 좀 더디게 느껴진다. 특히, 점심 먹은 직후가 가장 힘든 시간이다. 그러나 오후 휴식이 끝나고 4시 퇴근 시간에 엘리베이터로, 주차장으로, 자신의 차로 가기 전까지는 일이 잘된다. 오늘 에리얼은 오후 휴식을 건너뛰고 4시 10분까지 앉아서 일을 할 것이다. 그녀는 고개를 들어 시계를 보았다. 둥글고 흰 시계가 주임의 책상 위 벽에 걸려 있었다. 이 납작하고 둥근 물체는 하루 종일 같은 자리를 지키며 주임에게도 시간을 알려 준다. "세상에나, 오늘 오후는 시간이 참 안 가네요." 조앤이 투덜거렸다. 에리얼도 고개를 끄덕였다.

퇴근까지 5건의 간단한 청구들을 처리하고 몇몇 시시한 잡무들을 하기만 하면 된다. '나한테 필요한 건 주말이야.'라고 에리얼은 생각했다. 주말은 항상 돌아오게 마련이다. 주말 덕분에 업무량이 줄어드는 것은 아니지만 주말을 기다리는 마음에 평일 업무가 그나마 활력을 갖는다. 에리얼은 이번 토요일에 반나절을 근무하기로 생각했다.

"오늘 실적은 끝냈군." 하며 에리얼이 환호했다. 그리고 그녀의 37번째 동그라미를 서류에 그려 넣었다. 실적을 끝냈다고 주변에 대해 일부러 표를 내는 듯하다. 일과가 끝날 무렵이 가까워지면 서로 경쟁하는 분위기가 고조되기 때문이다. 그녀는 잠시 동안 로베타에게 사탕 하나를 달라고 할까 고민했다. 아니다. 그만두는 것이 나을 것이다. 재빨리 그녀의 편지를 뜯어 본 후에 남자친구를 포함해서 몇 군데에 전화를 걸었다. "내일 봐요." 라며 조앤이 퇴근하고 있었다. 3시였다.

에리얼은 이제 한쪽에 쌓여 있는 일상적인 청구건들에 눈길을 돌렸다. 그때 루스가 다가와서 물었다. "제 컴퓨터 화면 좀 보시겠어요?" "제가 뭘 잘못 했나요?"라고 에리얼이 되물었다. "당신이 해 놓은 기록을 보고 있는데 이해가 안 가는 부분이 있어요."라고 루스가 대답했다. 에리얼은 그녀 책상으로 가서 기록을 보면서 입력한 내용을 자세히 설명해 주었다.

그녀의 책상으로 돌아와서 에리얼은 첫 잡동사니 청구건을 처리했다. 25분 정도가 걸렸다. 이 청구를 접수하기 위해서 키보드를 누르자 Q로 시작되는 일련번호가 떴다. 에리얼은 Q를 지정하는 시스템이 어떻게 작동하는지 정확하게 이해하고 있지 못했다. 그녀는 이 시스템이 무작위로 Q를 배정한다고 생각하고 있지만, 일부 보험제도에서 Q를 받는 횟수가 좀 더 많은 것이 사실이다. 청구의 종류에 의해서 받는 영향과 직원의 처리방법들이 어떻게 Q로 시작된 일련번호를 가지는 서류를 지정받는 데에 작용하는지는 모르겠지만 그녀의 주임이 상급 심의기관으로 오를 청구건들을 골라낼 수 있게 시스템을 조작할 수 있다는 것을 들은 적이 있다. 에리얼은 최근에 평소보다 많은 Q 청구들을 받고 있었다. 그래서 지금 처리한 청구건이 Q 판정을 받았을 때 큰소리로 불평을 했다. "뭐라고? 또 Q야? 끔찍하군! 이 청구건은 25분밖에 안 걸린 건데." 아무도 반응이 없었다. 그녀는 Q 판정을 받는 것을 싫어했다. 새라가 그녀에게 다가와서 많은 청구건들이 재검토된다는 건 좋은 일일 수 있으며 실수를 적게 할 수 있다고 설명했다. 하지만 역시 누군가에게 확인받는다는 것은 즐거운 일이 아니었다. 특히, 굉장히 많은 시간을 들인 일이 재검토받아야 한다면 그리 즐겁지만은 않을 것이다. 아무튼 다른 청구 서류로 옮겨서 일을 다시 시작했다.

4시가 되기까지 10분 남았다. 20분만 있으면 에리얼은 퇴근할 수 있다. 그녀는 청구 서류 처리를 멈추고 내일 할 일들을 준비해 두기로 했다. 그녀는 내일 일을 부탁하러 부주임인 새라에게 갔다. 보상 청구가 들어오면 보험 적용제도에 따라 청구 서류들을 분류한다. 적용되는 사례 수가 많은 제도는 한곳에 수북이 쌓아 두고 적용 사례가 드문 제도에 해당되는 청구들은 따로 분류해 놓는다. 에리얼은 이번 주 초에 겪었던 어려운 일들을 새라에게 상기시키며 쉬운 일거리들을 달라고 간청했다. 새라는 그녀에게 시청에서 온 일거리를 주었다. 쉬운 일거리였다. 에리얼은 그녀에게 감사를 표했다. 내일은 실적을 일찍 채우고 일상적인 청구건들을 상당량 처리할 수 있을 것이다. 책상으로 돌아와서 다음날 아침을 위해서 서류들을 정리해 두었다. 내일 할 일들의 윤곽이 어느 정도 잡힌 듯했다.

4시 5분이었다. 이제 퇴근 시간이다. 에리얼은 오늘 41건의 청구들을 처리했다. 그중 17건은 일상적인 것들이었고, 20건은 좀 까다로운 것들이었다. 그리고 나머지 4건은 폐기처분되었다. 또 전화는 26차례 받았으며 그

중 7번은 불쾌한 전화였다. 그녀가 직접 전화를 건 횟수는 9건이었고, 그중 5건은 재차 통화한 것이었고 2건은 문의 전화였다. 일지도 작성했다. "오늘 회의 시간은 얼마나 걸렸다고 적어야 하지요?" "45분 정도지요." 그녀는 재빨리 책상을 정리하고 코트와 지갑을 주워 들었다. "미처리 청구건들에 대한 보고가 오늘까진 거 기억하시죠?" 아네트가 상기시켜 주었다. 아! 맞다. 그녀는 까맣게 잊고 있었다. 그녀는 다시 앉아서 책상 여기저기에 꽂혀 있는 미처리 청구 건수가 얼마나 되는지 세기 시작했다. 회사에서는 청구 서류가 처리되는 데 얼마나 걸리는지 신경을 쓴다. 그녀가 일을 마쳤을 때는 이미 4시 20분이었다. 아네트는 불쌍하게도 그날 실적을 채우지 못해서 일을 더 해야만 한다. 왜 이 일을 그만두지 않는 거지? 에리얼은 사람이란 때로 어떤 일을 할 수 없다는 걸 인정하는 것이 어려운 일이라고 생각하면서 퇴근 체크를 하기 위해 해리엇의 책상으로 급하게 걸어갔다.

이 늦은 시간에 엘리베이터를 기다리는 사람이 이렇게 많다니! 에리얼은 리사에게 시행되고 있는 공제제도에 관해서 자신이 맞다고 말했다. 리사는 단지 그녀의 추측이었을 뿐임을 강조했다. 대화는 엘리베이터를 타서도 계속되었다. 그녀 남동생은 아직도 셜리랑 사귀나요? 에리얼은 그들이 깨졌다고 들었다. 오! 아직 사귄다는데요. 다행이었다. 엘리베이터가 로비에 이르자 안에 있던 사람들이 쏟아져 나왔다. 노마 웡이 10년 근속한 이 회사를 그만둔 걸 아나요? 정말요? 정말이에요. 카수스 보험회사에 새로 취업했는데, 이 회사에서 봉급이 얼마였냐고 물었을 때 그녀가 약간 거짓말을 했대요. 근데 그 거짓말한 금액보다 더 많은 연봉을 제공했대요. 대단하지요? 로비에서는 몇몇 직원들이 조용하게, 몇몇은 문에 다다르는 순간까지 떠들어 댔다. 그러나 주차장에 도착하자마자 뿔뿔이 흩어졌다.

간선도로에는 이미 정체가 시작되고 있었다. 에리얼은 언덕 너머로 갈색 안개가 드려 있는 도시를 바라보았다. 하늘은 먼지에 밝은 색 가운을 입혀 놓은 것같이 드리워져 있었다. 중요한 건 점점 이런 현상이 심해져 가고 있다는 것이다. 그녀는 오염에 대해 걱정했다. 암은 또 어떤가? 어떤 나이 든

부인이 그녀에게 3번씩이나 전화해서 그녀 남편이 폐암으로 죽어가고 있으며 의료공제비가 얼마인지를 물어본 적이 있었다. 세상이 어찌 되려는 것인지. 에리얼은 만일 도움이 된다면 가스비를 조금 더 낼 의향도 있었다. 하지만 그래봤자 누군가의 주머니만 불리는 일을 하는 거겠지? 라디오를 켜고 운전대를 잡은 손으로 박자를 맞춰 두드리면서 자신이 사용하는 컴퓨터 시스템에 대해서 생각해 보았다. 그리고 새로 설치될 시스템이 얼마나 더 편할지 생각하면서 엘리베이터에서 나누었던 얘기들도 떠올렸다. 오염?

"뭔가 방법이 개발되겠지."

사례 II
C, F, J항

사람들은 대개 건강보험을 하나 이상 적용받는 경우가 많다. 예를 들면, 아버지와 어머니가 각각 든 보험에 자녀들이 중복 적용되는 경우가 있다. 비슷한 경우로 퇴직한 근로자가 노인 의료보험과 동시에 퇴직 전 직장의 보험 급부금을 여전히 받을 수 있는 경우도 있다.[1] 만일 각 의료보험이 해당 의료 서비스 비용에 대해 80%를 지불하게 된다면, 환자는 실제로 들어간 돈보다도 많은 돈을 받게 된다. 그러나 미국의 보험회사들은 중복 적용에 대해서 전국적인 협정을 맺고 적용되는 급부금을 조정한다. 급부금 조정(COB)은 보험회사의 일반적인 업무가 되었다. 대부분의 청구 사례에서 주 보험회사는 전체의 80%에 해당하는 비용을 부담하고 그 다음 보험회사가 나머지 20%의 비용을 제공한다. 이러한 조정 관련 조항들은 고객에게도, 청구를 처리하는 보험회사 직원에게도 그리 쉽지만은 않은 내용이다.

특히 까다로운 것은 노인 의료보험과 이전의 직장 의료보험이 모두 앨린 수사에 의해서 보장받고 있는 퇴직한 직원들에게 적용되는 새로운 제도다.

1 노인 의료보험, 즉 메디케어(medicare)는 미국 내 공공 노인 의료보험을 가리킴.

이 제도를 급부금 삭감 조정제도라고 한다. 왜냐하면, 노인 의료보험의 금액만큼 앨린수사는 책임을 삭감하게 되기 때문이다. 다시 말해서, 일반적인 조정행위에서처럼 실제 들어간 비용과 노인 의료보험 금액의 차이를 메워 주려고 하기보다는 단지 앨린수사가 보장하는 금액과 노인 의료보험 금액의 차이를 메우면 된다. 따라서 노인 의료보험이 진료비의 70%를 지불하고 앨린수사에서 80%를 보장받게 되어 있다면 앨린수사는 10%만 지불하면 된다. 또 노인 의료보험 보장 금액이 앨린수사의 보장 금액보다 높거나 같다면 앨린수사는 더 이상 지불하지 않아도 된다.

일반적으로 앨린수사는 2건의 보험을 사례별로 분석하지 않고, 일 년 동안 한 환자에게 적용되는 총계로 계산하는데, 이러한 처리방식이 문제의 소지를 안고 있다는 점을 직원들은 잘 알고 있다. 이전의 청구가 다음 번 보험 청구 금액에 영향을 미치기 때문에 보험 급부금에 대한 계산은 다소 임의적이다. 대체로 지불되는 것이 정상이었던 사례가 보험금이 지불되지 않게 되기도 하고, 반대로 갑자기 지불이 되기도 한다. 단지 중간에 어떤 일이 있었는지에 따라서 보험금 지불 여부가 결정되기도 한다. 이러한 상황에 부딪히면 고객들은 대개 당황하거나 화를 내기도 한다.

급부금을 총괄적으로 계산하기 위해서 보험 청구를 처리하는 직원들은 [그림 0-4]에 제시된 것과 같은 회계용 시산용지를 사용하고 있었다. 급부금 조정용 청구 서류를 사용하는 방법에 관해서는 직원교육 때 간단하게 소개받았다. 당시에 교육을 담당한 강사는 조정 개념 등에 대해서 자세하게 알려 주지 않았고 교육을 받는 직원들도 그에 대해 더 이상 묻지 않았다. 이렇게 간단하게 소개만 하고 나서 바로 시산용지를 어떻게 사용하는지에 대한 교육으로 넘어갔다. 청구 서류에 제시되어 있는 각 줄의 제목이 무엇을 의미하는지에는 신경 쓰지 않고 가상적으로 제공되는 몇 개의 숫자들 가지고 그것들이 어떻게 정산되는지 교육받았다. 담당 강사는 직원들에게 각 라인에 해당하는 값을 어디서 찾아서 입력해야 하는지와 C, F, J 줄에서 나온 값들을 어디에 저장해야 하는지를 보여 주었다. 몇 번을 연습하고 난

급부금 조정 서류

A. Al 이전 총 보상액	$ _____	(C 이전 표)
B. Al 현 청구액	+ _____	
C. Al 총 보상액	= _____	
D. 총 이전 메디케어 보상액	_____	(D 이전 표)
E. 메디케어 현 청구액	+ _____	
F. 토탈 메디케어 총 보상액	_____	
G. Al 총 배상액	_____	
H. Al 이전 지불금	− _____	(J 이전 표)
I. 현재 보상액	= _____	
J. Al 총 급부금	$ _____	

**C, F, J는 이후 정산을 위해 반드시 청구 파일에 기록해야 함.

[그림 0-4] 급부금 조정 시산용지

후에야 비로소 직원들은 정산방법을 터득할 수 있었다.

그러나 직원교육에서 받았던 간단한 소개 정도로는 일을 하기에 부족한 부분이 많았다. 교육받으면서 사용한 가상적인 숫자들만 가지고는 실제적인 지식을 습득할 수 없었던 것이다. 사무실에 와서 실전을 접하고서야 비로소 진정한 업무 파악이 되기 시작했다. 실전에서 급부금 조정 업무는 많은 문제점들을 야기했다. 그래서 청구처리 직원들은 모두 그 업무를 기피하려고 했다. 직원들이 청구 서류에 지시되어 있는 공식에 따라 계산을 해내는 데에는 별 문제가 없었지만 결과는 항상 오류투성이였다.

고객들이 보험 급부금을 받지 못하는 경우는 대부분이 이러한 방식으로 보험 적용을 받은 것이다. 아무런 보상을 제공하지 못하면서도 일은 굉장히 많다. 그래서 보험금 청구에 아무런 급부금도 제공하지 못한다는 것이 약간은 당황스럽다고 한다.

따라서 경험이 부족한 보험처리사들은 이런 종류의 계산을 해내야 하는 경우가 생기면 다른 사람들에게 도움을 청하곤 한다. 어떻게 해야 하는지는 알고 있지만, 단지 좀 더 경험이 많은 직원들에게 확인받고 싶은 것이다. 그러나 그들을 도와주는 경험과 지식이 좀 더 많은 직원들조차도 왜 그런 결과들이 나오는지 이유를 모를 때가 많다. 어떻게든 정해진 계산에 의해서 산출된 결과라면 믿어도 좋다는 것을 단순히 경험을 통해 습득한 것이다. 비록 자신은 어떻게 그 결과가 나올 수 있는지 납득하기 어려운 경우에도 그러한 결과들이 상급 심의기관을 무사히 통과하는 것을 지켜봐 왔기 때문이다. 물론 계산과정조차도 정확하게 이해하고 있는 것은 아니다.

만약 보험처리사들이 하는 일이 단순하게 보험 금액을 산정하는 데에만 그친다면, 급부금 삭감 조정 작업은 좀 더 큰 의미에서 볼 때 그들의 업무가 아니었을 것이다. 그러나 급부금 삭감 조정 작업은 대체로 고객들의 항의 전화로 귀결된다. 고객들은 회사에서 보낸 다음과 같은 간단한 메시지만을 가지고 보험 청구가 왜 거부되었는지 납득할 수 없을 것이다.

> 노인 건강보험과 중복 적용되는 부분의 급부금에 대해서는 중복 적용 조항에 의거하여 급부금이 조정될 것임을 알려 드리는 바입니다.

직원들은 이러한 경우에 다음과 같이 생각하기 마련이다. “이거 또 전화 오겠군. 안 올 리가 없지.” 게다가 이런 이유로 오는 전화는 상당히 곤란한 경우가 많다. “고객이 또 화내겠네. 왜 안 그러겠어. 화내는 게 이해는 가지.” 무작위적으로 적용되는 보험금에 대해서 고객들만 화를 내는 것이 아니라 직원들도 보험금 산정의 논리를 이해할 수 없는 것이 못마땅한 것이다.

“이건 나도 내 차가 굴러간다는 건 아는데 어떻게 굴러가게 됐는지를 이해 못하는 거랑 같은 거야. 하지만 고객들이 전화해서 그들의 돈에 무슨 일이 생겼는지 알고 싶어 할 때 이런 변명은 통하지 않아. 특히, 전화를 받아서 이런 말을 지껄여야 한다면 더욱 당황스럽게 되지.” “저도 어떻게 해서 그런 결과가 나왔는지는 모릅니다. 하지만 계산 결과가 그렇다면 단지 고객님께서 받으실 보험 금액은 그것입니다. 죄송합니다." 직원으로서 충분한 정보를 가지지 못한 것이 정말 당황스럽기까지 하다.

회의에서도 이 문제가 회부된 적이 있었는데, 보험 적용에 대한 개념이나 고객들에게 제시할 수 있는 합리적인 이유를 청구처리 직원에게 충분하게 설명해 주지 못했다. 그들은 단지 고객에게 총액이 계산해서 나온 '공정한' 수치임을 설명해 주라는 말만 반복할 뿐이다. 이런 설명으로 미루어 보아 몇 가지 곤란한 사항들은 총액 계산방식의 특성에서 비롯되었다는 것을 짐작할 수 있을 뿐이다. 회의는 이후에 '총액'에 대한 단순한 의미 규정에 초점이 맞추어졌다. 결론적으로 총액의 의미는 추상적인 것이지만 공평하면서도 모호한 개념이라는 것이 밝혀졌다. 게다가 이러한 용어들과 청구서류를 사용하는 일상적인 업무는 전혀 관련이 없었다. 이번에도 총액이 어떤 역할을 하는지, 총액 계산방식에 의해서 발생하는 '공정함'이라는 것이 어떤 종류의 공정함을 말하는 것인지, 혹은 어떤 원리에 의해서 청구 서류의 계산이 이루어지는지에 대한 논의는 전혀 없었다. 또한 고객들의 관심사가 무엇인지, 고객들이 자주 질문하는 것들이 어떤 것인지, 그들이 원하는 정보가 어떤 것인지에 대한 논의도 하지 않았다. 다른 보험처리사들도 회의는 별로 도움이 되지 않는다고 불만을 토로하기도 했다.

에티엔: 이해가 되셨어요?

쉴 라: 이해는 했지만 고객에게는 어떻게 설명해야 할지 모르겠네요. 컴퓨터로 어떻게 작업하는지도 알고 있어요. 하지만 C, F, J항에 대한 것만 아니라면 설명해 낼 수 있어요. 하지만 그 항들에 대한 건 글쎄요. 저도 당신이 회의에서 말한 것과 같군요. 고객들에게 "이 줄의 값을 그 줄에서 뺀 것입니다."라고 설명할 순 없잖아요. 고객들에게 뭐라고 설명해야 할지 정말 막막하네요.

에티엔: 그럼 회사가 의도하는 바를 정확하게 이해했다고 볼 순 없겠네요?

쉴 라: 그렇다고 봐야죠.

에티엔: 그래요? 그럼, 교육 담당자가 참석했던 회의도 별 도움이 안 됐나요?

쉴 라: 도움이 안 됐죠. 왜냐하면 교육 담당자는 우리가 그 작업을 하는 이유는 설명해 주지 않고 단지 "이렇게 하는 겁니다."라고 말한 것뿐이니까요. 그러니까 진짜 이유는 설명을 안 해 준 거죠.

모 린: 그런 말은 해 준 적이 없죠. 교육 담당자는 일 년 내내 총액 계산에 대한 것만 말했고, 그러니까 우린 그냥 그것만 하면 되는 거 아니겠어요? 총액 계산이라잖아요.

사무실에서 쓰는 용어들은 보험처리사들이 삭감에 의한 보험 급부금 조정 업무에 대해서 갖고 있는 피상적인 이해를 반영한다. 그들은 그 업무를 공식적인 이름으로 부르지 않고 'C, F, J항'이라고 부르고 있었다.

요약
이해

흔히 직원들이 급부금 조정 청구 서류를 부를 때 'C, F, J항'이라고 하는 데에는 나름대로 의미가 있다. 그것은 직원들이 보험 업무의 개념이 아닌 청구 서류에 기재되어 있는 항목으로 그 이름을 부른다는 사실이다. 자료의 위치와 계산방법은 청구 서류 내부의 각 항목에 규정되어 있어서 이를 따라 직원들이 각 단계들을 처리해 가는데, 청구 서류에 깔려 있는 암묵적인 목적이 무엇인지에 대해 일일이 반드시 신경 쓸 필요가 없다. 청구 서류가 올바르게 제작되었다고 생각한다면 누구든 그 계산 결과나 그에 따른 계약 이행에 대해서 사실상 어떠한 책임감도 가질 필요가 없을 것이다. 사실 청구 서류를 제작한 것도 바로 이러한 가정 때문이었을 것이라고 생각해 볼 수 있다. 애초에 청구 서류를 설계할 때 설계자는 어떻게 하면 담당 직원들이 그 계산방식에 대해 깊이 이해하도록 하겠는가보다는 각각의 단계들을 가능한 한 간편하게 처리할 수 있는 방법을 고안하고자 했을 것이다. 청구 서류의 양식은 오직 절차의 실행에만 관심을 두고 만들어졌을 뿐, 그 절차가 가지고 있는 의미나 그에 대한 책임 문제와는 상관없다.

업무에서 서류가 갖는 이러한 속성은 보험처리 업무에서만 독특하게 나타나는 특징이 아니다. 그것은 대부분 업무에서도 마찬가지다. 예를 들어,

납세 신고서를 담당하는 직원들도 다양한 양식과 표, 계산방식에 관해서 그것을 제작한 사람의 의도를 설명해 보라고 한다면 진땀을 뺄 것이다. 서류 양식을 그냥 믿고 따르는 것이 업무처리에서는 더 명료할 수 있다. 에리얼과 그 동료들이 급부금 조정 청구 서류에 대해 얼마나 이해하고 있는지는 단정할 수 없다. 청구 서류에 대한 직원들의 평가도 제각각이어서 어떤 사람은 명료한 것으로, 또 어떤 사람은 석연치 않은 구석이 있는 것으로 보기도 한다.

- 업무과정에서 보면 보험처리사들은 급부금 조정 청구 서류가 명료하게 되어 있다고 생각한다. 업무 절차가 알기 쉽게 명시되어 있기 때문이다. 이렇게 보면 청구 서류에는 아무런 문제가 없다.
- 그러나 다른 측면에서 보면 청구 서류에는 직원들이 회사의 의도를 파악하기에 다소 어려운 부분들이 있다. 즉, 단순명료한 정산 시스템으로 인해 오히려 직원들은 시스템 전체의 작동방식, 법적인 계약관계, 보험 용어들의 의미, 경제적인 문제들, 공정성, 고용관계 등에 관해서는 상대적으로 무지할 수밖에 없다. 이런 점에서 청구 서류가 결코 업무 내용을 확실하게 반영하는 명료한 수단이라고 볼 수는 없다.[1]
- 위에서 제시한 문제들에 대해서 직원들이 자신이 관여하고 있는 업무의 절차에 관해 더욱 명료하게 이해하기 위해서는 그들에게 제공되는 설명만으로는 부족하다. 사실 부서 회의나 직원 에티켓 교육 영상물을 제외하고 고객들을 상대하는 데 필요한 정보는 턱없이 부족하다. 결국 급부금 조정 업무에서 드러나는 총체적인 문젯거리들은 해소할 수 없다. 단지 업무처리 경험이 늘어가면서 해소되는 것처럼 보일 뿐이다.

1 웽거(Wenger, 1990)는 그의 이전 저서에서 이러한 차이를 가리켜 '문화적 투명성'과 '절차적 투명성'의 차이로 개념화한 바 있다. 이 개념을 적용해 보면, 청구 서류라는 도구는 업무와 관련해서 절차적 투명성은 담보하고 있지만 문화적 투명성은 담보하고 있지 못하다.

> 직원들은 업무과정에 관해 속속들이 알고 싶어 할지도 모른다. 설사 안다고 해서, 이에 이전과는 다른 방식으로 업무에 임한다고 해서 그에 대한 보상이 긍정적이지만은 않을 것이다. 고객 전화가 당황스럽고 불편하기는 하지만 그렇게 자주 오는 것은 아니다. 대개 직원들은 이런 문제들에 대해서 고민하는 데 노력을 쏟느니, 시스템에 관해 자세한 내막을 모르더라도 업무를 주어진 절차대로 잘 처리할 수 있는 업무환경의 분위기를 유지하는 데에 좀 더 노력을 기울이려고 할 것이다. 업무 현장의 관점에서 보면 바로 이러한 노력과 능력이 해당 직원들에게 요구하는 역량이다. 이렇게 보면 담당 직원들은 나름대로 청구서류에 관해 잘 알고 있으며, 그에 관해 사전에 충분히 교육받았고 제대로 사용하고 있다고 말할 수 있다. 직원들은 자신들에게 떨어진 직위와 업무에 관해서 회사가 무엇을 기대하고 있는지 그 역할에 관해서 잘 이해하고 있다고 할 수 있다. 결과적으로 보면 청구 서류는 투명한 도구임에는 틀림없다.

앨린수사 보험처리사의 업무는 지시된 절차를 이해하고 그것을 잘 수행하며 각종 도구들, 즉 문서 양식이나 계산 방식, 컴퓨터 화면, 안내서 등을 적재적소에 알맞게 이용하는 일이라고 볼 수 있다. 직원들은 직원교육에서 이러한 일을 처음 접하게 되고 현장에서 수행해 간다. 직원들이 이렇게 배우는 것들은 특정한 기술이나 지식이라고 할 수도 없다. 또한 그것들이 유용한지 그렇지 않은지, 기능적인지 역기능적인지도 분명하지 않다. 직원들은 그저 업무 현장에서 일에 직접 부딪히고 배우면서 자신들이 하고 있는 일에 대해 의미를 부여하는 방법을 배우게 된다. 또한 그들이 배우는 것은 그뿐만이 아니다. 그들은 무엇을 배우고 무엇을 배우지 않아도 되는지에 관해서도 배운다. 그들은 그 회사의 직원답게 보이는 방법도 배우는데, 예컨대 책상 앞에 등을 구부정하게 하고 앉아 있는 방법도 배우고 손가락을 바쁘게 움직이는 것도 배운다. 회사 규칙을 따르는 것을 배울 뿐만 아니라 규칙을 어기는 방법도 배운다. 그들은 지위가 요구하는 기대 역할뿐만 아니라 지위에 상관없이 자기 자신을 운신하는 방법을 배우기도 한다. 그들은 동료들과 협동하여 업무를 수행하는 법도 배우고 사적인 관계를 유지하는 방법에 대해서도 배운다. 그리고 작은 기쁨들을 찾는 법을 배우는가 하면 스트레스를 푸는 방법도 배운다. 그들이 알고 모르는 것은 오직 정체성과 관련될 때에 비로소 제 의미를 갖게 된다. 정체성은 세상만큼이나 큰 것이면서 동시에 컴퓨터 화면만큼이나 작은 것이다. 정체성은 그들이 터득해온 기술이나 지식, 그리고 거기에 부여하는 의미들의 총체와 다름 아니다. 그것이 곧 보험 청구 담당 직원이 '된다'는 것의 의미 아닌가?

이러한 맥락에서 볼 때 '이해'와 같은 개념을 쓸 때에는 한 가지 명심해야 할 것이 있다. 일반적으로 이해라 하면 그에 관해 어떤 보편적인 기준이 존재할 것이라는 암묵적인 가정을 할 수 있다. 또한 추상적으로 앎과 무지는 분명히 상반된 개념이다. 그러나 현실의 삶 속에서는 그러한 구분에 명확하지 않은 구석이 있다. 우리가 정체성을 형성해 나가야 하는 이 세상에서는 무지가 말 그대로 무지가 아니다. 또한 우리가 무언가에 관해 알고 있느냐 그렇지 못하냐 하는 것은 곧 우리가 어떤 정보를 가지고 있느냐 없느냐 하는 단순한 문제가 아니다. 무언가를 알고 모르는 문제는 실제 현실에서는 기대 역할의 수행이나 사회적 운신과 같은 정체성 관리 등의 문제와 깊숙이 관련되어 있기 때문에 사실상 앎과 무지 사이의 구분이 모호하다. 우리가 살아가면서 무언가를 이해했다고 하는 것은 무엇을 알아야 하고 무엇을 몰라도 되는지에 관한 선택의 문제 또는 선택방법의 문제이기 때문이다.

실천

제 1 부

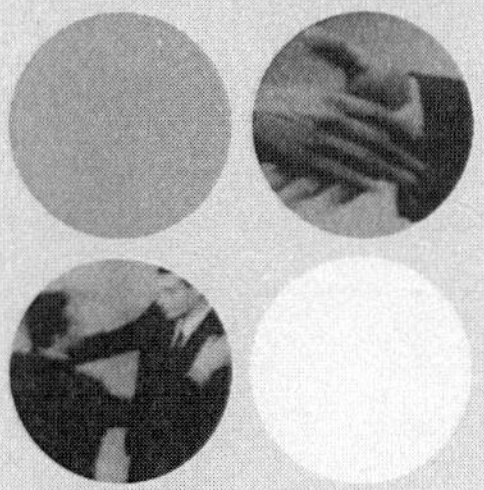

도입 I
실천의 개념

인간으로서 살아 있다는 것은 하나의 생물체로서 생존해 나가기 위해 하는 일부터 고매한 유희에 이르기까지 온갖 종류의 일에 쉬지 않고 관여하고 있다는 것을 뜻한다. 우리는 그러한 일들을 다른 사람들과 어울려 함께 해 나가는 이상 상대방 또는 세상과 상호 작용하며 살아갈 수밖에 없다. 이에 따라 우리는 그들과 모종의 관계를 형성하게 된다. 즉, 우리는 학습을 하며 살아간다.

오랫동안 학습은 실천을 낳고 그 실천은 우리의 노력과 사회적 관계를 반영해 왔다. 이들 실천은 오랜 시간 함께 일궈 온 공동체의 자산이다. 바로 이러한 공동체를 가리켜 실천공동체라고 할 수 있다.

실천공동체로서의 보험처리사직

에리얼과 그의 동료들은 실천공동체를 위해 앨린수사에 온 것은 아니다. 그들은 그저 생계를 위해 왔을 뿐이다. 그들은 업무관계로 사무실에 모여 있으며, 자신의 할당 업무를 완수하는 것이 당장의 목표다. 그들은 자신들의 생활을 꾸려 나가기 위해 돈을 벌어야 한다. 업무에 열중하지만, 시간을 보며 퇴근할 시간만을 기다리기도 한다. 사무실에서 보내는 대부분의 시간 동안 그들은 다른 곳에서의 다른 일들을 꿈꾸기도 한다. 모두가 다 그렇다. 고용주든 직원이든 간에 말이다.

그러나 한편으로 보아 가정으로 돌아가기를 원하는 그들의 소망조차도 결국은 함께 공유하는 것이다. 그들은 이를 잘 알고 있으며 이러한 사실을 놓고 서로 이야기하기도 하고 농담을 주고받기도 하면서 서로 상호 작용한다. 동일한 조건에서 남들과 함께 일하는 것이 업무의 핵심 요인이다. 때때로 그들 사이에는 비난과 의견 갈등도 있지만, 결국에는 업무를 해 나가기 위해서 서로에게 맞추어 나가지 않으면 안 되고 대인관계 또한 매우 중요하다. 보험처리 업무는 공동으로 진행될 수밖에 없는 업무이기 때문이다.

추상적으로만 보면, 업무는 직원 개인의 문제라고 생각되기 때문에 직원들이 자신의 능력을 지속해서 발휘해 나가는 데 상당 부분 실천공동체가 관여해 있다고 생각하기란 쉽지 않다. 연구 초기에 내가 연구 허락을 받기 위해 여러 관리자들에게 연구의 관심 분야에 관해 이야기했을 때 그들은 상당히 의아해했다. 그들은 자신들의 업무가 단순한 '서류 조합 절차'일 뿐이라며 내 연구 주제인 사회적 학습과 맞지 않을 것이라고 우려했다. 그들은 자신들의 업무를 개인적이고 단순한 절차의 성격의 업무라고 보고 있었다. 회사의 방침이나 회사 훈련 프로그램을 봐도 그렇고, 한 사람이 하나의 청구건을 처음부터 끝까지 한 번에 처리하도록 되어 있는 전산 시스템을 봐도 그렇다.

그러나 업무 상황을 자세히 들여다보면 이들 방침이나 프로그램 전산 시스템과는 잘 맞지 않는 구석이 있다. 거기에는 사례 I에서 나온 것처럼 전혀 다른 상황이 존재한다. 나는 그들 업무에서 회사의 요구가 관철될 수 있는 것은 결국 함께 구성해 가는 현장의 실천 때문이라고 본다. 보험처리사들은 하나의 실천공동체로서 현실에서 벌어지는 실제 상황에 맞도록 회사의 요구를 조정하는 방식으로 그들의 업무를 처리해 나간다.

① 그들의 실천은 회사가 빚어낸 갈등, 예컨대 업무와 통화 시간이라는 일과 평가 사이의 모순과 같은 갈등을 해소하는 기제로 작용한다.
② 그들의 실천은 직원 개개인들이 업무 전체의 모든 것에 대해 세세하게 알지 못하더라도 자신들의 업무를 처리해 나갈 수 있도록 공동의 기억 역할을 한다.
③ 그들의 실천은 신참들이 공동체의 실천에 참여할 수 있도록 지원하는 역할을 한다.
④ 그들의 실천은 특정한 시각이나 말을 만들어 내어 자신에게 할당된 업무를 자신들의 스타일에 맞추어 처리해 나가도록 하는 역할을 한다.
⑤ 그들의 실천은 업무에서 의미 없고 단조로운 측면들을 공동체적인 삶에서의 관례나 이야기, 드라마, 사건, 리듬 등으로 엮어 줌으로써 업무가 자동적으로 지속 가능할 수 있도록 하는 역할을 한다.

외관상으로는 보험처리사들이 개인적으로 업무를 처리해 나가므로 그 업무가 개인적인 성격의 일처럼 보이지만, 사실 그들은 서로의 업무 수행에서 매우 중요하다. 내가 그들에게 훗날 이 직장에 관해 남을 기억이 있다면 무엇이겠느냐 하고 물을 때마다 그들은 '함께 한 사람들'이라고 대답하였다. 그들 역시 서로가 있어서 업무 수행이 가능하였고 분위기가 좋았다는 사실에 대해 잘 알고 있다. 그들은 정보를 서로 주고받으며 새로운 전략이나 아이디어들을 공유하고 동료관계를 맺고 서로의 업무 분위기를 돋구워 주는 등 서로에 대해 자산으로서 작용한다.

사회적 실천

실천이라고 하는 것은 보험처리사들이 그들의 업무를 처리하고 그 과정에서 만족스러운 경험을 갖기 위해 발전시켜 나가는 특정 활동들을 가리킨다. 실천 개념은 활동을 포함하지만 활동 자체는 아니다. 그것은 우리가 하고 있는 일에 의미와 구조를 부여해 주는 역사적이고 사회적인 맥락 내에서의 활동을 말한다. 이러한 의미에서 실천은 항상 사회적 실천이다.

실천 개념에는 명시적 부분과 암묵적 부분이 모두 포함되어 있다. 거기에는 또한 표현된 부분과 그렇지 않은 부분이 모두 함축되어 있다. 그리고 실천에는 언어, 도구, 서류, 이미지, 상징, 역할, 준거, 명시화된 절차, 규정, 계약 등과 같은 외현화된 차원의 것들도 있고, 암묵적인 관례나 관계, 대략적인 실제적 방법, 미묘한 단서, 직감, 지각, 감수성, 구체적인 이해, 숨겨진 가정, 세상을 보는 관점 등과 같은 숨겨진 차원도 있다. 이들 모두를 일일이 열거할 수는 없지만 그것들은 분명 실천공동체의 존재를 말해 주는 것들로서 업무가 성공적으로 수행되는 데에 매우 중요한 것들이다.

물론 암묵적이라고 하는 것들은 대개 우리가 그에 대해 너무도 당연시하여 배경 속으로 감추어져 있는 것들을 말한다. 우리가 그것들을 잊지 않는 한 그것들은 우리의 무의식 속에 존재하면서 즉각적으로 의식되고 자연스럽게 나온다. 그렇지만 암묵적인 것이라 하여 명시적인 것보다 더 개인적이거나 자연스러운 것은 아니다. 상식은 함께 공유한다는 의미에서 상식이다. 실천공동체는 하나의 최우선 맥락으로 우리는 그 안에서 서로 상호 작용하면서 상식을 통용한다. 따라서 실천 개념은 우리 삶에 내재되어 있는 명시적인 지식뿐만 아니라 암묵적인 지식까지도 포함한 사회적 속성을 가리킨다고 볼 수 있다.[1]

더 일반적으로 말하자면, 내가 사용하고자 하는 실천 개념은 행위와 앎을 구분하거나 구체성과 추상성을 분리해서 생각하는 전통적인 이분법에 따른 것이 아니다. 실천에의 참여는 앎과 행동을 동시에 실현하는 전인성(全人性)을 염두에 둔 것이다. 실천의 측면에서 볼 때는 기술적인 활동이라

1 암묵적 지식과 명시적 지식 간의 관계에 대해서는 제1장의 후반부에서 더 자세히 논의할 것이다.

고 해서 생각없이 하는 행동은 아니고, 반대로 정신적인 활동이라고 해서 추상적인 것만은 아니다. 마찬가지로 구체적인 것이라고 해서 자명한 것도 아니고, 추상적인 것이라고 해서 초월적인 것만은 아니다. 이 두 측면은 구체적인 실천 안에서 제 의미를 가지며 다양하게 해석될 수 있다.

실천이라는 용어는 때로는 이론이나 관념, 이상이나 말과 대조되는 의미로 쓰인다. 그러나 이 책의 맥락에서 실제적인 것과 이론적인 것의 구분이나 이상과 현실, 혹은 말과 행동의 구분은 더 이상 통하지 않는다. 설사 그들 사이에 일치되지 않는 부분이 발생한다 하더라도 실천공동체는 이들 모두의 차원이 일어나는 공간이다. 우리 모두는 각자 나름대로 이론과 관점을 가지고 있다. 실천공동체는 그 각각의 이론과 관점들이 서로 어울려 발전하기도 하고 서로 타협하기도 하며 서로 공유되는 공간이다.

이론 자체가 목표가 되는 상황에서도 이론은 그 상황을 초월한 추상적인 결과물이 아니라 특정한 실천의 맥락에서 나온 결과물이다. 어떤 공동체들은 이론 생산을 목표로 하지만 실천 역시 마찬가지다. 이론과 실제의 구분은 일의 종류의 차이일 뿐, 인간의 경험과 지식의 질에서의 근본적인 구분을 말하지 않는다.

실제와 이론 간의 관계는 항상 복잡하고 서로 상호 작용한다. 이러한 점에서 보았을 때 이론은 결코 이상적인 것도 실용적이지 않은 것도 아니다. 실천은 이론의 영향을 받지 않을 수 없으며, 이론의 실현물이나 이론의 미완된 결과물 또한 아니다.[2] 물론 실천공동체에 따라서는 실천에 대해 좀 더 성찰적인 공동체도 있고 덜 성찰적인 공동체도 있지만, 이러한 점은 공동체 차원의 학습과 관련해서 매우 중요한 속성이다. 그렇지만 이를 이론과 실제의 이분법 문제로 볼 수는 없다. 이론가들이 남들보다도 자신의 실천에 더 성찰적이라고 하는 증거는 문화기술적인 설명 어디에서도 찾아볼 수

2 도널드 숀(Donald Schön, 1983)은 전문직 업무에 대한 연구에서 이러한 실천의 속성을 가리켜 행위 내 성찰(reflection-in-action)이라고 지칭했다.

없다. 사실 실천의 결과물만 보면 실제적인 복잡성이나 일상적인 과정은 어디론가 숨어 버리고 그 어디에서도 찾아보기 힘들다. 분명히 보험처리사들 역시 점심 시간이나 휴식 시간 동안에 이루어지는 비형식인 성찰에 많은 시간을 보낸다. 그렇다고 그들은 자신들이 이론가라고 생각하지 않는다. 그들은 자신들의 업무에 관해 장황스럽게 대답하기도 하고 의견을 구하는 기회로 활용하기도 하면서 자연스럽게 성찰과정에 임한다.

이론을 생산할 때조차도 실천은 실천이다. 거기에도 업무 수행, 관계 유지, 과정의 창안, 상황 해석, 인공물의 생산, 갈등 해소 등이 개입되지 않을 수 없다. 업무가 다르고 실천이 다를 뿐이다. 그럼에도 불구하고 항상 똑같은 부분이 있다. 참여에서 오는 구체적이고 미묘하며 적극적이고 사회적이며 상호 조율적인 복잡한 과정은 어디에나 항상 존재하기 마련이다.

제1부의 구조

제1부에서는 실천 개념과 실천을 통해 구성되는 사회공동체에 관해 논의할 것이다. 다만 내용 전개상 실천공동체의 내적인 구조에 관해 먼저 이야기함으로써 이 책의 내용을 시작하려고 한다. 그리고 그 자세한 내용에 관해서는 제1부의 마지막 두 장에서 본격적으로 다룰 것이다.

- 의미(meaning)로서의 실천 제1장은 실천이 의미의 사회적 구성과 어떻게 관련되는지에 관해 논의할 것이다. 이와 관련해서 제1부뿐만 아니라 이 책을 통틀어 가장 중요한 세 가지 기본 개념, 즉 의미의 협상, 참여, 객체화에 관해 소개할 것이다.
- 공동체(community)로서의 실천 제2장에서는 실천을 공동체라는 응집력의 원천으로 규정하면서 실천공동체의 개념에 관해 살펴볼 것이다. 여기서 실천공동체의 세 가지 차원, 즉 호혜적 관여, 공동 업무, 공동

자산에 관해 다루기로 한다.

- 학습(learning)으로서의 실천　　제3장에서는 실천공동체의 발전에 관해 다룰 것이다. 제1장에서 다룬 주제에 기초하여 실천공동체가 지속되거나 단절되는 데에 영향을 미치는 요인이 무엇인지 정리할 것이다. 그리고 제2장의 논의에 입각하여 실천이 학습의 과정이고, 이에 실천공동체는 생성 구조로서 결코 변하지 않는 고정된 것도 아니고 아무렇게나 변할 수 있는 것도 아니라는 점에 관해 이야기할 것이다. 마지막 부분에서는 신참이 실천공동체에 참여하면서 경험해 나가는 학습과 실천에 관해 살펴볼 것이다.
- 경계(boundary)로서의 실천　　제4장에서는 경계 개념에 관해 논의할 것이다. 제1, 2장의 내용에 기초하여 실천공동체가 여타의 세상과 어떻게 구분되며 연계되는지를 살펴보겠다. 실천의 경계는 단순히 내부와 외부를 구분하는 구획 기준과는 다르다는 점, 그리고 그것은 경계와 주변 영역이라는 복잡한 사회적 지형을 결정짓는 영역이라는 점에 관해 이야기할 것이다.
- 공간(locality)으로서의 실천　　제5장에서는 실천공동체의 범위와 한계에 관해 다룬다. 여기에서는 언제 사회 집단을 하나의 공동체로 볼 수 있는지, 또는 실천공동체들로 이루어진 하나의 배치군으로 볼 수 있는지 논의할 것이다. 사회구조의 심급에 관한 논의에서 출발하되, 여전히 실천이라는 측면을 견지할 것이다. 구조화 과정에 대한 여타의 논의에 대해서는 제2부의 내용으로 다루기로 한다.
- 실천으로서의 앎(knowing in practice)　　제1부 결론의 내용은 결국 실천으로서의 앎이 무엇인가 하는 질문에 대한 답으로 되어 있다. 여기에서는 제1부에서 다루고자 하는 내용을 계속해서 강조하면서 각 장에서 다룬 주제들을 요약 정리하는 방식으로 구성했다. 결국 그 모든 내용은 실천으로서의 앎이 도대체 무엇인가에 대한 답이기도 하다. 그리고 이러한 틀에 입각하여 학습은 경험과 역량의 상호 작용임을 제시할 것

이다.

제1부 결론은 제1부의 개관으로 작성된 것이다. 이 개관을 읽은 후에 제1부의 내용을 본다면 새롭게 등장하는 용어들에 대해 좀 더 친숙한 방식으로 읽고, 이후에 그 개념의 정의에 대해 접할 수 있는 식으로 논리의 흐름을 더욱 매끄럽게 이어갈 수 있을 것이다. 즉, 구체적인 맥락과 연관지어 전체 논의를 살펴보고 난 후에 세부 내용에 관해 이야기하는 식으로 내용을 전개해 나갈 것이다.

제1장
지식 창출의 이중성

인간의 삶에 관해 이해하고자 할 때에는 수많은 질문들이 연관되어 제기될 수 있다. 예컨대, 우주의 기원이나 우리 뇌의 작동방식이라든지 우리의 모든 생각이나 인생의 목적까지도 거론될 수 있다. 이렇게 광범위한 질문 가운데 한 가지로 실천에 관해서 물을 수 있고, 그 개념을 통해 우리 삶의 한 단면을 훌륭하게 포착할 수 있다. 실천의 개념이 우리에게 보여 줄 수 있는 삶의 단편은 곧 의미에 대한 경험이다. 다름 아니라 실천의 과정은 우리가 살아가는 세계를 경험하고 그에 대해 의미를 부여하는 과정이기 때문이다.

물론 실천의 과정에 참여한다는 것은 우리가 세계 안에 살아가고 있다는 것을 전제로 한다. 우리가 사회공동체 안에 참여하기 위해서는 우리 두뇌가 기능해야 할 뿐만 아니라 우리 몸이 살아 움직여야 한다. 타인들과 소통하는 것 또한 필요조건 가운데 하나다. 한편, 우리의 실천행위가 어떠한 의미를 갖고 있는지에 관해서는 기능주의적인 관점으로 도저히 납득하기 어렵다. 기능주의적 관점은 우리가 어떤 일을 성취하는 데 관여하는 작동 기제가 무엇인지 보여 주는 데 도움을 준다. 그러나 이 책에서는 우리 삶 가운데 실천의 측면을 살펴봄으로써 우리 몸이나 두뇌의 작동 이상의 차원에 관해 다루고자 한다. 그것은 곧 우리 몸의 동작과 두뇌의 작동에 대해 우리가 어떻게 의미를 부여하는가 하는 것이다.[1]

더 쉽게 설명하기 위해 미술 작품에 빗대어 보자. 하나의 회화 작품을 창작하는 데에는 다양한 도구와 기술이 동원된다. 거기에는 캔버스나 붓의 질감이 작용할 것이며, 컬러 물감의 질과 화가의 능숙한 손놀림 역시 중요한 요인으로 영향을 미칠 것이다. 여기서 캔버스 위에 그려진 그림의 이미지 자체만을 놓고 본다면 그것은 얄팍한 겉치장에 불과하다. 그러나 한 작품의 이미지를 단순히 천 위에 칠해진 겉치레로만 보는 화가나 감상객이 있을까? 물론 없다. 그들은 작품을 볼 때 물감으로 치장된 겉치레가 아닌 어떤 의미를 담고 있는 대상으로 보고 접근한다. 사람들의 관심은 그 작품이 주는 의미가 무엇이며 그것을 어떻게 받아들일 것인가에 있다. 마찬가지로 우리는 세상만사에 관여하면서 살아가는데, 중요한 것은 우리가 경험하는 의미가 무엇이냐 하는 점이다.

한 가지 명심해야 할 것은 여기서 말하는 의미란 그것이 가지고 있는 기술적 정의에 관한 것이 아니라는 점이다. 또한 사전에서 기술하고 있는 바로서의 의미에 관해서도 아니고, 기표와 기의의 관계로서의 의미나 인생의 의미와 같은 고매한 질문으로서의 거대 담론에 관해서도 아니다. 그보다 실천적 관점에서 다루고자 하는 의미는 우리가 일상생활을 통해 갖게 되는 경험을 가리킨다.

내가 관심을 가지고 의미를 부여하는 대상이란 결국 우리가 경험한 내용일 것이다. 만약 그러한 의미가 사전적 정의나 철학적 질문을 통해서 구할 수 있는 것이 아니라면, 우리가 생각해 볼 수 있는 질문은 우리가 그것을

1 이러한 측면에서 보면, 실천의 관점은 인간의 경험 과정이 어떻게 이루어지는지 그 기저의 메커니즘을 밝히고자 하는 신경생리학적 관점이나 인지적 접근과는 뚜렷이 차별성을 가지고 있다(Edelman, 1993; Clancey, 1997). 마찬가지로 이 관점은 최근에 집단의 직무 수행과정의 작동 기제를 밝히고자 활발히 연구되고 있는 '인지생태주의(distributed cognition)'라고 알려진 분야와도 다르다는 점을 분명히 해 두고 싶다(Hutchins, 1995).

어디서 어떻게 경험했는지에 관한 것일 수 있다. 이 장에서 다루려고 하는 내용은 다음과 같다.

① 의미의 생성은 협상 과정에서, 그리고 협상 과정으로써 이루어진다.
② 의미의 협상 과정은 참여와 객체화 과정으로 되어 있다.
③ 의미의 경험 과정을 동전에 비유한다면 참여와 객체화는 동전의 양면과 같으며, 이는 곧 실천행위의 근본적인 속성이기도 하다.

이들 개념은 이 책에서 말하려고 하는 논지의 핵심 개념이기도 하다. 이제부터 그러한 개념들을 통해 말하고자 하는 바가 무엇이며 그것이 왜 중요한지 살펴보도록 하겠다.

의미의 협상

의미에 대한 경험은 느닷없이 나타나는 것도 아니며, 일상이나 절차를 통해 자동적으로 생겨나는 것도 아니다. 에리얼의 경우, 그녀가 하는 일이란 결국 다양한 보험 청구건들을 표준화된 형식에 따라 분류하여 자동적으로 처리할 수 있도록 하는 일이다. 그리고 이러한 일은 매일 되풀이되어 일어나는 만큼 절차화되고 일상화되어 있다. 그럼에도 불구하고 그녀의 일에는 청구 내용에 따라 매번 처리할 때마다 새롭게 경험되는 측면이 있다.

마찬가지로 사람들이 어떤 실천에 참여한다고 할 때에는 거기서 일종의 패턴을 발견할 수 있다. 그런데 그 패턴은 항상 동일한 모습을 유지하는 것이 아니라 상황마다 그 모습을 달리하여 나타나고, 그에 따라 경험하는 의미 또한 달라진다. 예컨대, 동료들과 식당에서 점심식사를 하며 나누는 대화는 매일 되풀이하여 경험하는 상황이다. 여기에는 상투적인 절차가 있기 마련이다. 오늘의 메뉴가 무엇인지 기억할 수도 있으며, 그것이 자신이 좋아하는 음식인지 싫어하는 음식인지도 안다. 또한 음식을 맛보고 식사를 하는 일상이 되풀이된다. 식사를 하면서 나누는 동료들과의 대화 또한 그러한 일상 가운데 하나다. 서로에 대해 잘 알고 있으며, 매번 유사한 화젯거리에 관해서 이야기한다. 이미 과거에 한 일이나 이야기했던 화제이기도 하지만 이야기를 주고받는 동안 새삼스레 그 의미를 떠올릴 수도 있다. 다소 추상적으로 표현하자면 새로운 의미를 생성해 낸 것이다. 이렇게 살아간다는 것은 삶에 부여하는 의미를 부단히 새롭게 생성해 가는 과정이라고 할 수 있다.

이와 같이 우리가 세상에 적극적으로 참여하고 경험하면서 그 경험 내용이 의미를 갖게 되는 과정을 의미의 협상(negotiation of meaning)이라고 할 수 있다.[2] 우리가 누구와 이야기를 하거나 모종의 행위에 가담하고자 할 때, 최근에 부딪힌 문제에 대해 해결하고자 할 때, 골똘히 생각에 잠겨 있거나 혹은 몽상을 할 때조차도, 우리는 그러한 일들이 우리에게 의미하는 바가 무엇인지 따져 보는 등 그 의미에 관해 생각한다. 보험 청구처리나 카페테리아에서의 식사와 같은 일상적인 활동들조차 남과 의미를 주고받는 일은 우리 삶에서 매우 중요한 부분이다. 하물며 우리가 전전긍긍하며 개입하는 일들이나 우리에게 새롭게 닥친 사건들의 경우에는 두말할 나위가 없을 것이다. 예컨대, 아름다운 경치를 보고 감탄할 때, 오랫동안 우리의 골치를 아프게 한 어려운 문제를 해결했을 때, 감동스러운 음악 운율을 들을 때에나 유익한 책을 읽고 있을 때, 그리고 친구의 장례식장에서 우리는

2 여기서 세계라는 것은 그 자체로 우리의 경험은 아니지만 그 안에서 살고 있고 경험을 얻게 되는 상황이나 맥락을 가리킨다. 또한 우리가 경험하는 비인격적 대상으로서의 세계라기보다는 타자들까지도 포함하는 의미에서의 세계다. 이러한 점에서 의미의 협상이란 철학자 하이데거(Heidegger, 1927; Dreyfus, 1991)가 '세계 내 존재'라고 한 것을 달리 표현한 것이기도 하다. 물론 양자의 표현에는 미묘한 의미 차이가 있는데, 전자는 후자에 비해 보다 역동적이고 생성적인 과정을 나타낸다. 그러므로 이 책에서 말하는 존재란 추상적인 개념으로서의 존재나 모든 것의 시원지로서의 존재가 아닌, 세상 안에서 살고 있으면서 의미를 얻게 되는 구체적인 경험의 흐름으로서의 존재를 가리킨다.

그러한 일들이 우리에게 주는 의미가 무엇인지에 관해 되새기게 된다. 이처럼 인간으로서 우리가 살고 있는 이 세계에 참여한다는 것은 처음부터 끝까지 온통 의미를 주고받는 과정, 즉 의미의 협상 과정이라고 볼 수 있다.[3]

흔히 의미를 두고서 협상한다고 했을 때는 언어나 말이 반드시 매개 역할을 한다고 생각하지만 항상 그런 것은 아니다. 다시 말해, 의미의 협상 과정에는 사회적 관계라는 것이 전제되어 있지만, 그것은 사람과 사람 사이의 소통으로 국한되지 않는다. 전형적으로 영어의 negotiation이라는 개념은 가격을 흥정할 때처럼 두 사람 사이에 합의가 이루어질 때 사용한다. 그러나 행위자가 주의를 기울이면서 어떤 일을 해낸다는 의미로도 사용되는 것처럼, 사람과 물건 혹은 환경 간의 상호 작용을 가리킬 때에도 사용 가능하다. 예컨대, 영어식 표현에서 negotiating a sharp curve, 즉 '커브 길에서도 잘 빠져 나갔다'라고 할 때에 negotiation을 사용한다.

이 책에서는 지속적인 상호 작용이나 점진적인 성취의 과정, 혹은 서로가 주거니 받거니 하는 과정이라는 뉘앙스를 지칭하고자 할 때 의미의 협상이라는 표현을 사용하고자 한다. 세상을 살아가면서 우리는 세상과 별도로 의미를 만들어 내지 않는다. 마찬가지로 의미란 단순하게 세상이 우리에게 부과하는 어떤 것이 아니다. 의미의 협상은 우리의 행위가 개입된 적극적인 구성의 과정이며, 의미란 사전에 우리 바깥에 존재해 있는 것도, 우리의 주관이 마음대로 만들어 내는 그 어떤 것도 아니다. 그것은 오랫동안

3 여기서 말하고자 하는 것은 우리의 행위가 의미를 갖게 되는 것이 행위 자체로서가 아니라 협상 과정이라는 상황, 맥락 안에서라는 점이다. 즉, 그 자체로, 그리고 그 자체의 의미를 갖는 활동이란 있을 수 없으며 의미란 의미의 협상이 이루어지는 실천의 과정에서(그것이 곧 상황이자 맥락이기도 함) 나온다는 점을 강조하고 싶다. 따라서 앞으로 알게 되겠지만 이 책에서 분석의 단위를 특정 활동이나 활동체계에 두지 않는 것도 그러한 이유에서다. 이러한 차이는 매우 중요한데, 예컨대 실천에 관한 이론과 최근 대두된 문화심리학적 입장인 활동이론(Leont'ev, 1981; Wertsch, 1985) 사이에는 존재론적 전제에 관한 한 깊은 골이 있다.

세상 안에서 다듬어져 온 역사성을 가지고 있으며, 동시에 모든 의미는 역동적이고 상황 즉각적이어서 매번 발생하고 경험되는 그 어떠한 의미도 경우마다 미묘하게 다르다.

의미의 협상은 복합적인 요인들에 의해 결정되며 다시 그러한 요인들에 영향을 미친다. 그 결과 우리의 협상행위는 상황의 성격을 부단히 변화시키면서 그 상황에 참여한 사람들에게 영향을 미친다. 이러한 협상행위에는 어떤 사건에 대해 해석한다거나 하는 사고의 과정뿐만 아니라 사건에 맞닥뜨려 취하게 되는 행위도 포함된다. 사실 이러한 시각에서 본다면 사고와 행위의 구분은 더 이상 적절하지 않다. 왜냐하면, 행위와 사고란 결국 의미의 협상 과정 속에서 제 의미를 갖기 때문이다.[4]

이런 관점에서 보면, 의미란 항상 협상행위의 산물이며 협상행위가 전개되는 과정 가운데 존재하는 것이다. 다시 말하자면, 의미란 우리 안에 존재하는 것도 아니고 우리와 별도로 세계 속에 존재하는 것도 아니다. 그것은 어디까지나 세계 안에서 살아 숨쉬는 삶의 역동적인 관계 안에서 존재한다.

의미의 역동성

앞에서 다룬 보험처리 업무에 관한 사례는 의미의 협상 과정에 관해 잘 보여 준다고 할 수 있다. 업무에 영향을 미치는 요인은 막대하여 보험회사 조직, 업무 담당 직원의 공식적·비공식적 훈련 과정, 경험, 하루 일과, 동료, 현재 발생하는 일 등이 업무가 진행되는 상황을 구성한다. 이렇게 업무에 영향을 미치는 상황은 실로 제한된 시공간 범위를 넘어선다.

4 순전히 해석으로 보이는 활동, 예컨대 책을 읽는 행위조차도 의미의 협상이라고 할 수 있는가를 묻는다면 다음과 같이 대답할 수 있다. 책을 읽는다는 것에는 책을 읽는 상황이 조장되었다는 것, 상상을 한다는 것, 그리고 책을 읽는 속에서 의미들을 찾는다는 것이 포함되어 있다는 점에서 의미의 협상이라고 볼 수 있다. 이러한 점에서 책 읽기와 같은 해석행위와 문제해결과 같은 세계 내 행위 사이에는 근본적으로 차이가 없다고 할 수 있다.

간혹 다루기 까다로운 청구건이 들어온다고 해도 업무는 그리 어렵지만은 않다. 설사 업무 처리과정에서 문제가 발생하더라도 다소 괴로워하겠지만 그리 당황하지는 않을 것이며 종국에는 어떤 식으로든 해결되기 마련이다. 물론 일을 시작할 당시 처음부터 그 업무에 익숙했던 것은 아니다. 연수받는 동안 업무가 어떻게 돌아가는지가 신기하기만 했고 처리하는 청구건마다 문제가 발생하기도 했다. 그러나 이제는 업무에 관해 상당히 익숙해진 것이다.

이처럼 긴 여정을 거치는 것은 사람만이 아니다. 보험 청구 또한 나름대로 긴 여정을 거쳐 처리된다. 예컨대, 그것은 앨린수사에서 작성한 표준화된 서류의 코딩부터 시작하여 회사의 승인을 거쳐 다시 고객의 손으로 돌아가게 된다. 그러면 고객은 다시 일부 서류 항목에 해당 사항을 기입하고 진료기관에 제출하며 거기에서 나머지 항목을 채우게 된다. 그리고 그것은 다시 보험회사로 돌아와 에리얼의 서류철에 들어가게 되고 그녀의 책상 위에서 최종 처리를 기다리게 된다.

보험 청구처리 업무에는 청구 서류를 다루는 고유하고 독특한 방식이 있다. 최종 서류에는 그 청구건이나 에리얼이 겪은 전 과정이 반영되어 있고, 서류에 담긴 내용을 이해한다는 것은 곧 그 과정에 관해 잘 알고 있다는 것을 의미한다. 즉, 에리얼은 업무를 성공적으로 처리하고 있으며, 서류 양식 또한 그러한 실천을 잘 반영하고 있다. 이렇게 보험처리 담당 직원이 겪는 긴 여정을 가리켜 실천공동체의 구성원이 경험하는 참여라고 할 수 있다. 마찬가지로 보험 청구는 이러한 과정을 거쳐 결국 특정한 형태로서 객체화되는데, 이 길고도 복잡한 과정을 객체화의 과정이라고 할 수 있다.

참여와 객체화의 개념은 의미의 협상 과정에 담겨진 이러한 이중적인 측면을 잘 나타낸다. 먼저 이 두 개념이 왜 중요한지 각각의 용어에 관해서 알아보고, 이중적인 두 개념에 함축되어 있는 상보적인 기능에 관해 살펴보기로 하자.

참여

이 책에서 사용하고자 하는 참여(participation)라는 용어는 일반 상식에서 통용되는 의미와 별반 다르지 않다. 웹스터 사전에서 제시하고 있는 참여의 사전적 정의는 '다른 사람들과 일이나 활동을 공유한다.'는 것이다. 즉, 참여란 말 그대로 어떤 일의 한 부분에 끼여 들어가고 이로써 다른 사람들과 함께 모종의 관계를 맺는다는 것을 의미한다. 참여 개념의 핵심 사항은 세상과의 소통행위, 그리고 타인과의 관계 맺기에 있다.

이 책에서는 이러한 상식적 의미를 확대하여 참여의 개념을 사회공동체에서 멤버십을 가지고 살아가면서 얻게 되는 사회적 경험과 활동으로 보고자 한다. 여기서 참여의 개념은 개인적인 의미를 나타내기도 하고 동시에 사회적인 의미를 담기도 한다. 그것은 우리의 행동방식이나 말하는 방식, 생각하는 방식, 느끼는 방식, 소속감 등이 서로 어우러진 복잡한 과정을 의미하기도 한다. 또한 우리의 몸이나 마음, 정서 및 사회적 관계를 포괄하는 전인적 의미를 나타내기도 한다.

참여란 우리의 몸과 마음이 세계 안에서 열려 있으면서 적극적으로 개입해 가는 과정을 뜻하는 것으로 볼 수도 있으나, 더불어 우리가 한 일원으로서 공동체에 참여하는 과정을 말한다는 점을 강조하고 싶다. 한 예로 컴퓨터를 생각해 보자. 컴퓨터는 분명히 우리의 일상 활동에 깊숙이 관여하면서 모종의 기능을 수행한다. 그러나 우리는 컴퓨터가 실천공동체에 참여한다고 말하지 않는다.[5] 마찬가지로 거실에서 기르고 있는 어항 안 관상어는

5 바로 이 점은 이 책에서 이야기하는 실천론이 기능주의나 사이버네틱, 시스템 이론과 어떻게 다른지 잘 보여 주는 대목이다. 후자의 접근들은 인간의 행위가 되었든 사물의 작용이 되었든 간에 모든 행위들을 시스템의 일부로 보는 입장을 취한다. 예컨대, 라투어(Latour)가 말하는 '행위소(行爲素, actant)'라는 개념이 해당된다. 이러한 접근은 분명 사회 세계가 어떻게 하나의 시스템으로 작동하는지를 설명하는 데 유익하다. 사실 기계나 장치 등의 인공물도 우리 인

가정의 일부로서 제 기능을 수행하고 있지만, 그렇다고 가족의 일원으로 참여하고 있다고 말한다면 어색한 표현이 될 것이다. 하지만 어떤 가정에 마치 한 가족처럼 어울려 지내는 애견이 있다면, 비록 제한적이기는 하나 그것이 가족의 일원으로 참여한다고 말하는 것은 전혀 어색하지 않다. 이러한 측면에서 보면, 구성원들 간에 쌍방향적인 소통이 있는지 없는지 하는 것은 참여의 중요한 요인이다. 여기서 쌍방향적인 소통이 있다는 것은 곧 참여자들이 서로의 정체성에 관해 인정한다는 것을 뜻한다. 예컨대, 목재나 점토를 가지고 무엇인가를 만들 때 우리가 그 객체화에 대해 어떤 행위를 가하는가에 따라 그 모양새는 결정된다. 그러나 우리의 손놀림이 나무나 점토에게 어떤 의미를 주는 것은 아니다. 반면, 대화를 나누는 동안 우리는 상대방에게서 자신의 생각을 발견할 수도 있으며 자신의 일부를 확인하기도 한다. 이때 우리가 확인한 것은 의미를 주고받는 데에서 발휘되는 우리의 쌍방향 소통 능력과 맞물려 있다. 물론 이러한 과정에 쌍방 간의 평등성이나 상대방에 대한 존중의식 등이 반드시 전제되어야 하는 것은 아니다. 부모자녀 관계라든지 노무직과 감독직 간의 관계는 그들이 서로에게 영향을 미친다는 점에서 쌍방향적 관계라고 할 수 있고, 그러한 관계 속에서 상대편에게서 자기 자신을 확인하고 실현한다고 볼 수 있다. 그러나 꼭 그렇다고 해서 양자가 평등한 관계에 있는 것은 아니다. 왜냐하면, 불평등한 관계 속에서 경험하는 의미조차도 쌍방향 간 소통의 상황에서 생성되기 때문이다.

간과 별반 다름없이 세상에 대해 작용이 가해지도록 설계되어 있다는 점에서 이러한 설명방식은 일면 타당하다고 볼 수 있다. 예컨대, 화재가 일어났다면 경보기가 울릴 것이라든지, 수표를 처리했다면 은행 계좌에서 빠져 나갈 것이라는 것은 일종의 행위들의 연쇄 반응이라 할 수 있다. 그리고 그러한 연쇄 과정 가운데 사실상 절반 이상에는 인공물들이 개입되어 있다. 결과에만 주목하는 기능주의 관점에서 보면 참여와 객체화 간의 조합은 문제가 되지 않을 수 있다. 그러나 나의 관심은 이와는 사뭇 다르다. 주된 관심이 시스템의 기능보다는 의미나 학습에 관해 설명하고 이해하는 데 있기 때문이다. 비록 인간과 사물이 동일 체계 안에서 같은 행위소로 기능할지라도, 의미의 교환이나 의미의 경험에 관한 한 문제는 전혀 달라진다.

쌍방향의 소통 안에서 우리는 정체성을 형성해 나간다. 참여의 쌍방향적 성격을 이해함으로써 우리는 서로의 정체성의 일부를 형성해 간다. 정체성의 문제는 매우 중요한 이슈로 이에 관해서는 제2부에서 자세히 다룰 것이다. 다만, 여기서는 참여관계를 통해 형성된 정체성에 관해서 짚고 넘어가기로 한다.

참여와 관련하여 지금까지 논의한 내용은 다음과 같이 정리될 수 있다.

- 참여는 협동 이상의 의미를 갖는다. 다른 구성원들과 화합하거나 긴밀한 유대를 맺는 것 이상으로 갈등 관계도 있을 수 있으며, 정치적이거나 경쟁적인 관계 역시 참여에 해당한다고 볼 수 있다.
- 사회공동체에의 참여 과정은 우리가 무엇을 경험하는지에 대해 결정적일 뿐만 아니라 우리가 속해 있는 공동체가 어떤 형태로 구축될 것인지에 대해서도 결정적이다. 공동체의 실천에 영향을 미치게 될 개인들의 역량 역시 참여 경험의 일부다.
- 참여는 실천에 관여하는 것으로만 끝나지 않는다. 예컨대, 보험청구 담당 직원의 일은 직장의 업무 시간과 사무실에 제한되지 않는다. 업무 시간도 중요하지만 동료들과 밀접한 관계를 유지하는 것 또한 중요하다. 보험회사 직원으로서의 정체성은 오후 5시로 끝나는 것 또한 아니다. 참여는 특정 상황에만 제한적으로 적용되는 것이 아니다. 참여는 그들 자신의 정체성의 일부로서 그들의 이동 경로를 따라 함께 이동하면서 지속된다. 이러한 점에서 볼 때 참여는 특정한 활동에 직접 관여하거나 특정한 사람들과 직접 관계하는 것 이상의 의미를 갖는다. 의미의 협상은 우리가 속해 있는 여러 공동체들 안에서 자신을 운신해 가는 과정에서도 일어난다. 그리고 의미를 협상해 가는 행위가 곧 우리의 정체성을 형성한다. 참여 과정이 사람들의 정체성과 맞물려 있는 한, 그것은 시공간의 제약을 초월하여 일어난다.

이러한 시각에서 살펴본다면, 우리가 세상과 모종의 연관을 맺고 상호 작용하며 살아가는 우리의 소통행위는 사회적이라고 할 수 있다. 이는 누군가와 교류하거나 심지어 타자와의 상호 작용이 없을 때조차도 마찬가지다. 예컨대, 연구실에 앉아 다음날 컨퍼런스에서 발표하게 될 슬라이드를 가지고 씨름하고 있다고 하자. 그러한 상황은 겉으로 보기에는 사회적인 것은 아니지만 의미로 따져 볼 경우 사회적인 것이라고 볼 수 있다.

학교 숙제를 끙끙대며 하고 있는 아이, 진찰 결과를 결정해야 하는 의사, 책을 읽으며 차 안에 앉아 있는 여행객 등의 모든 활동들은 겉으로 보기에는 개인적인 상황으로 보이지만 타자의 부재를 전제로 성립할 수 없다. 우리가 해 나가는 활동들이 사회 울타리를 벗어나 제 의미를 가지게 되는 법은 없다. 다시 말해, '사회성'이라는 개념은 가족 모임이나 회사 연찬회, 혹은 교회당에서의 신도 교제와 같은 상황만을 가리키지 않는다. 심지어는 유폐생활이나 금욕적인 은둔, 저술활동과 같이 철저하게 고립된 개인적인 생활조차도 사회적 참여라는 차원에서 바라볼 때 비로소 제 의미를 찾을 수 있다. 이 책에서는 우리 삶의 경험에 내재된 이러한 사회적 측면을 제대로 이해하기 위해 참여라는 개념을 사용하기로 한다.

객체화

객체화(reification)라는 개념은 참여에 비해 다소 일상적이지 않은 용어다. 그럼에도 불구하고 이 책에서는 객체화라는 개념을 사용하고자 한다. 왜냐하면, 이 개념은 우리가 세상을 살아가면서 어떻게 의미를 구성하는지 보여 주는 데 매우 유용한 단어이기 때문이다. 우선 사전적 의미에서 객체화라는 개념은 말 그대로 추상적인 것을 마치 실체가 있는 것처럼, 예컨대 구체적인 물건이나 형태로서 대한다는 뜻을 담고 있다.[6]

어원상 객체화라는 개념에는 '형태를 갖춘다'는 의미가 있다. 일상적으로 사용하는 단어들 가운데에는 형태로 보았을 때에는 구체적이지만 실제 그 의미를 보면 추상적인 경우도 많다. 예컨대, 눈을 가린 채 저울을 들고 있는 동상은 '정의'를 표현하는 형상물이다.

마찬가지로 민주주의나 경제와 같은 용어는 추상적이지만 일상 어법을 보면 의인화하여 사용하는 경우를 흔히 볼 수 있다. 예컨대, "군사정권으로 인해 민주주의가 움츠려들었다." "경제가 정부의 조치에 따라 서서히 반응을 보인다."와 같은 표현을 사용하기도 한다. 이처럼 추상적인 것을 객체화하여 표현하는 방식은 다른 사람과의 소통을 원활하게 해 주는 편리한 수단이다.

우리는 세상일에 대해 의미를 부여하는데, 그 의미와 관련하여 마치 그것이 이 세상에서 애초부터 존재해 왔던 것처럼 생각한다. 예컨대, 이 책에서 다루고자 하는 객체화라는 개념 역시 이러한 예에 견주어 설명할 수 있다. 즉, 객체화라는 개념은 이 책에서 말하고자 하는 바를 잘 보여 주는 하나의 구안물인 것이다. 한편, 개념이라는 것은 하나의 추상물로서 스스로 작동하지 못한다. 추상물은 어디까지나 사용하면서 비로소 생명력을 얻게 된다. 우리는 실천에 함께 참여함으로써 서로의 존재에서 자기 자신을 발견한다. 또한 객체화를 통해 우리는 우리 자신을 세상에 투영해 볼 수 있으며 세상사에서 의미를 발견할 수 있다. 상호 의존적 관계와 자기 투영의 과정이 나타내는 서로 다른 모습이 곧 참여와 객체화 간의 핵심적인 차이를

6 객체화(reification), 즉 흔히 물화라고 알려져 있는 이 개념은 사회이론에서 다양한 용법으로 사용되어 왔다. 기든스(Giddens, 1984)는 객체화의 세 가지 용법에 관해 다음과 같이 지적하고 있다. 첫 번째 용법은 애니미즘과 같은 성격으로서 사물이나 관계에 대해 인격적 속성을 부여하는 것으로 보는 입장이다. 두 번째 용법은 마르크스로 거슬러 올라가는데, 그는 상품의 교환가치가 노동의 사회적 관계를 결정하고 현실화한다고 보았다. (원래 객체화 개념에 관한 보다 체계적인 논의는 게오르크 루카치(Georg Lukacs, 1922)로 거슬러 올라갈 수 있다.) 또한 기든스(1979)에게 객체화의 의미는 사회 현상이 사회적 생산과 재생산을 숨기는 방식으로 구체화되는 과정이기도 하다. 세 번째 용법은 사회이론가들에게 해당하는 것으로, 그들이 사용하는 개념을 마치 객체인 것처럼 다룰 때 객체화되었다는 표현을 사용한다.

잘 보여 준다.

객체화의 개념

이 책에서는 객체화를, 객체를 만들어 냄으로써 경험에 형태를 부여하는 과정을 가리키는 의미로 사용하고자 한다. 이러한 객체화 덕분에 우리는 주의와 노력을 분산하지 않고 효율적으로 실천에 임할 수 있다. 예컨대, 이 책에서 객체화라는 용어를 사용하는 것 자체가 객체화의 의미를 보여 주는 좋은 예가 될 수 있다. 법을 정하거나 절차를 만들거나 도구를 사용하는 데에는 서로 비슷한 점이 있다. 이해에는 모종의 형태가 전제되어 있기 마련이다. 이러한 형태가 없다면 우리가 서로의 의미에 관해 협상하고 새로운 의미를 창출하는 데 어떠한 기준도 가질 수 없을 것이다. 법이 논쟁을 전개하는 데에 일종의 기준이 되듯이, 절차나 도구는 일에서 기준 역할을 한다.

객체화의 과정은 실천의 핵심 과정이기도 하다. 어떤 실천공동체라도 자신들이 관여하는 실천을 일정한 형태로 객체화시키는 추상물이나 도구, 상징, 이야기, 용어나 개념을 만들어 내지 않는 경우는 전혀 없다. 이러한 객체화 개념은 사전적 의미보다 훨씬 큰 의미를 나타낸다. 물론 여기에는 구체성이나 우리의 행위가 투영된 실재를 가리키는 사전적 정의도 여전히 포함된다. 어떠한 추상물이나 도구 또는 상징물도 구체적인 상황에서 일어나는 실천을 제대로 포착할 수는 없다. 가령 진료 청구의 경우, 진료기관 측에서는 진료 서비스에 대한 청구 권리나 표준화된 절차의 이행 의무가, 그리고 보험회사 측에서는 청구심사에 대한 권리나 청구 이행 의무를 포함하여 수많은 관례나 기대, 권리와 의무 등이 서로 복잡하게 뒤엉켜 반영되어 있다.[7]

7 이러한 예를 제공해 준 메리앨리스 조던-매시(Maryalice Jordan-Mash)에게 감사를 표한다.

객체화 개념이 의미하는 바는 실로 광범위하여 무언가를 만들거나 표현하는 것, 명명이나 코딩 작업, 기술과 해석, 사용 및 재활용 과정 등을 모두 지칭한다. 일지 작성에서 역사 기록, 시에서 사전, 이름에서 분류체계, 헌장에서 신용카드의 서명, 요리책에서 진료 절차, 플래시 광고에서 의견 조사 데이터, 개념 하나에서 이론체계, 저녁 뉴스에서 공문서 기록 보관소, 수업 지도안에서 교과서, 개인주소 목록에서 신용정보 데이터베이스, 그리고 정치적 강연에서 전화번호부에 이르기까지 객체화의 예는 헤아릴 수 없이 매우 다양하다. 이들은 모두 사람들의 경험과 실천을 구체적인 형태로 대상화한 것들이다.

이러한 객체화는 우리의 경험에 의해 만들어지지만, 그것은 다시 우리가 무엇을 경험하는지에 결정적인 영향을 미친다. 우리가 어떤 활동을 할 때 어떤 도구를 사용하느냐에 따라 그 활동의 성격은 변하기 마련이다. 예컨대, 워드프로세서는 글쓰기 방식뿐만 아니라 글쓰기 행위에 대한 우리의 생각도 뒤바꾸어 놓았다. 물론 객체화가 우리의 행동이나 사고에 직접적으로 영향을 미치지 않는 경우도 있다. 그 예로, 중력 개념의 도입은 우리에게 미치는 중력의 효과를 바꾸어 놓은 것이 아니다. 그렇지만 그 개념의 도입으로 우리는 세상을 달리 보게 되었고 새롭게 이해하게 되었다. 또 몸무게를 측정한다고 해서 몸무게 자체가 달라지는 것은 아니지만 이를 통해 우리는 자신의 몸무게를 관리할 수 있다. 정기적인 휴식 시간조차도 우리가 일을 계속 해야 하는지 그렇지 않은지를 나타내 주는 객체화의 예로 볼 수 있다.

객체화의 개념을 사용하는 데 몇 가지 더 명확히 해 둘 필요가 있다.

- 우선 객체화는 과정과 결과 모두를 가리킨다. 앞서 지적한 바와 같이 의미란 항상 협상의 과정에서 생성되는 것이고 이러한 의미의 차원에서 볼 때 과정과 결과는 서로 구분되지 않기 때문이다. 객체화는 단순히 객체와 동일한 의미가 아니다. 그것은 객체가 최종 목표가 되어 끝

나는 것이 아니기 때문이다. 또한 그것은 의미를 객체화하는 것을 가리키는 것도 아니다. 그렇게 받아들였다면 완전히 오산이다. 오히려 객체화의 용어를 통해 여기서 나타내려고 한 바는 의미를 객체화하는 것이 전혀 가능하지 않다는 점이다. 그리고 과정과 결과의 구분은 양자가 서로를 전제로 하고 있다는 점에서 어디까지나 상대적인 것이다.

- 청구처리 업무는 일처리 절차나 규칙을 어떻게 구성하느냐 하는 설계의 문제가 아니라 그것들을 어떻게 실제로 실천하느냐 하는 수행의 문제다. 보험회사와 같은 조직환경에서는 막대한 객체화 영역이 업무 수행 상황의 외부로부터 들어오게 된다. 그런 경우에도 객체화 업무가 제 의미를 갖기 위해서는 현장에서 업무를 수행함으로써 재전유화되어야 한다.[8]
- 객체화의 과정은 설계를 통해서만 나오는 것이 아니다. 탐정들은 문고리에서 지문을 찾느라 진땀을 뺀다. 고고학자는 동굴에서 원시인들의 거취를 탐색한다. 이처럼 대부분 인간의 활동은 물리적인 표시를 남긴다. 이들 표시가 곧 흔적이다. 그것들은 과거 사람들이 거쳐 간 행위의 순간을 자취로 남기며 지속하여 존재하기도 하고 사라지기도 한다. 그 동안 그것들은 객체화의 과정을 거쳐 새로운 의미를 가지고 세상에 다시 드러나기도 한다.
- 객체화의 결과는 다양한 형태를 띠고 나타난다. 즉, 고대 피라미드, 수학 공식, 콘크리트 트럭, 자그마한 로고나 거대한 정보처리 시스템, 페이지 한쪽에 메모된 낱말과 책 한 권 분량의 복잡한 논쟁, 말썽 많은 광장의 동상, 나비를 그린 인상주의 회화, 곤충 수집에서의 과학적 표본 등이 있다.

8 객체화 양식들을 다루는 것이 근대 생활에서는 매우 일상화되었다. 객체화의 양식들이 제도적 시스템으로 자리 잡아 만성화되었다는 사실에 대해 기든스(1990, 1991)는 '후기 근대의 과(過)성찰성'이라고 불렀다. 앨린수사와 같은 서비스 조직에서 수행하는 정보처리 과정이 전형적인 예가 된다.

여기서 중요한 점은 이들 모두 빙산의 일각에 불과하다는 점이다. 왜냐하면, 그것들은 어디까지나 사람들의 실천의 산물이고 그 실천의 전체 맥락 가운데 일부에 지나지 않기 때문이다. 다시 한번 강조하지만 객체화의 산물은 단순히 객체가 아니다. 객체화에는 인간의 실천이 반영되어 있고, 그것을 통해 실천의 의미들은 지속적으로 재생산된다.

객체화의 이중성

객체화의 과정은 매우 강력하다. 정치인이라면 지지를 구하는 한마디 말로 민심을 모으기도 한다. 사용 기능이 최적화되어 있는 물건은 좋은 연장이라고 할 수 있다. 그리고 적용하기만 하면 자동적으로 수행될 경우 잘 설계된 절차라고 할 수 있다. 물리 공식은 몇 마디 안 되는 기호로 우주를 통째로 꿰뚫는 규칙을 표현하기도 한다.

한편, 객체화의 강력한 파워는 때로는 위험을 자초하기도 한다. 정치인의 슬로건은 자칫 진정성을 담지 못하고 헛된 구호로 전락하기 쉽다. 도구는 그 사용처가 명확할수록 단순해지기 쉽고, 절차는 자동적으로 수행되는 가운데 그 의미를 잃어버리기 쉽다. 그리고 물리 공식에 관한 지식은 자칫 우리가 우주 만물의 원리를 이해하고 있다는 착각마저 불러일으킬 수 있다.

이처럼 객체화의 강력한 파워는 이중적 모습을 띠고 있다. 사람들을 범주에 따라 분류하게 되면 쉽게 찾을 수 있으나, 객체화된 범주는 실제로 사람들이 가지고 있는 모습과 다소 다른 것을 나타낼 수 있다. 또한 회사의 로비에 걸린 사훈은 그 조직이 추구하는 목표를 나타낸다. 회사 직원들은 사훈에 대해 왈가왈부한다. 그러나 때로 그 사훈은 생생한 경험을 전하지 못하는 문구로 전락하거나 잘못 판독될 가능성도 있다. 때로는 실천과 유리되어 애초에 의도한 바를 담아내지 못하고 아이러니하게 수단으로 전락하여 냉소주의를 불러일으킬 수도 있다.

지시체와 지시물, 연장과 기능, 현상과 해석이 일대일로 상응한다고 생각하기 쉬운데, 이 책에서 사용하는 객체화 개념은 그렇지 않다. 그보다 객체화의 결과물은 자기 생명력을 얻어 그것이 생성된 맥락을 초월한다. 자율성을 획득하고 자기 재생산을 하기 시작하는 것이다. 객체화의 결과물은 그 의미가 사용 방식에 따라 달라질 뿐 사전에 결정되어 있지 않다.

의미의 이중성

[그림 1-1]에서 보여 주는 바와 같이, 참여와 객체화는 서로 구분될 것 같으면서도 상보적인 기능을 하고 있다.[9] 헌법이라는 객체화는 단순히 하나의 형식이다. 그 자체가 시민의식과 동등한 것은 아니다. 시민들의 참여와 결부되지 않으면 그것은 빈껍데기에 불과하다. 객체화를 만들어 내기 위해서는 사람들이 결부되어야 하고 그들에게 영향을 미치는 협상에서 결정적

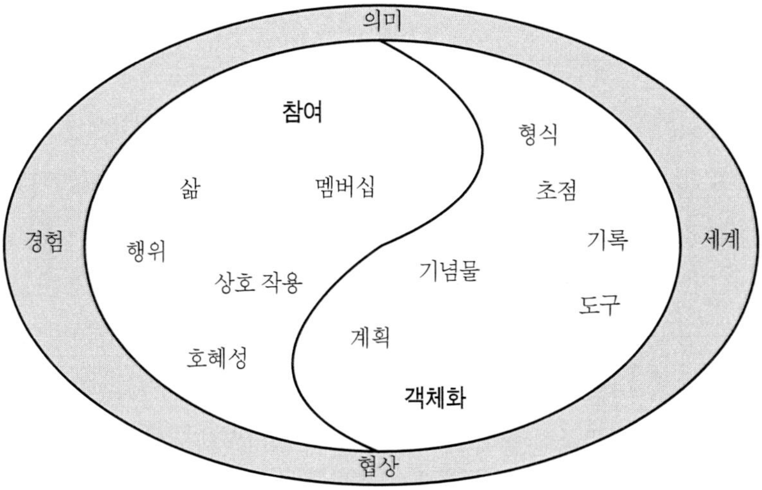

[그림 1-1] 참여와 객체화의 이중성

9 이 그림의 창안에 관해서는 에스티 솔로몬-그레이(Estee Solomon-Gray)의 도움이 컸다.

이어야만 한다. 헌법이라는 객체를 통해 사람들은 서로의 다양하고 상이한 이해관계나 시각들을 함께 조율해 나감으로써 결국에는 시민의식을 공유할 수 있다.

그림에서 알 수 있듯이 참여와 객체화는 우리 생활에서 항상 짝을 이루면서 발생하며 결코 분리되는 법이 없다. 이중성을 간직한 채 하나의 의미와 현실을 구성하고 있는 것이다. 서로를 분리시켜 따져 보는 것도 서로의 속성을 잘 이해하는 데 유용한 탐구방식이 되겠지만, 종국적으로 하나를 이해하기 위해서는 다른 하나를 건드리지 않으면 안 된다. 참여와 객체화는 다양한 방식으로 조합되어 수많은 의미를 창출해 낸다.

우리가 의미에 관해 경험할 때, 보통 참여와 객체화가 서로 상호 작용한다는 사실에 관해서는 별로 의식하지 못하기 때문에 의미의 경험에 이러한 이중성이 있다는 사실을 쉽게 간과한다. 객체화의 과정과 참여행위는 워낙 서로 불가분의 관계로 엮여 있기 때문에 양자를 구분하거나 분리한다는 것은 생각하기 힘들다. 면대면 대화에서 말의 사용이 그 좋은 예다. 단어는 의미의 반영물로서 하나의 객체화다. 한편, 면대면 대화에서 주고받는 말은 너무나 순간적이다. 그러나 서로가 대화에 참여하는 가운데 단어의 제 의미를 알게 된다. 또한 단어가 있음으로써 소통이 원활히 일어날 수 있는 탄탄한 지름길이 생기기도 한다. 참여와 객체화 간의 이러한 밀월적인 조합을 통해서 대화는 강력한 소통의 수단이 된다.

의미란 것은 항상 제각각이어서 자기 완결적인 존재성을 갖는다. 진료 청구는 말 그대로 진료 청구이고, 미소는 미소이며 농담은 농담이다. 진료 청구는 실제로 진료 청구다. 그것은 애초부터 진료 청구였기 때문에 우리가 살고 있는 문명화된 질서 안에서 그것을 둘러싸고 일어나는 모든 것은 진료 청구가 되는 것이다. 진료 청구는 참여를 통해 결정되며 상황적 의미로 존재한다. 그러므로 내재적이고 보편적인 의미로서의 진료 청구란 있을 수 없다.

참여와 객체화의 상보성

참여와 객체화 간의 상보성은 우리의 일상 활동의 기저를 이루고 있다. 우리의 상황적 행위의 의미가 시공간의 제약을 넘어 일관성을 갖는 것도 다 양자 간의 상보성 덕분이다. 참여와 객체화는 각각 서로의 한계를 보완해 주는 속성을 가지고 있다.

- 참여는 객체화가 가지고 있는 한계를 보완할 수 있다. 예컨대, 조약 국가에 외교관을 파견하기도 하고, 법리를 해석하기 위해 변호사를 고용하기도 한다. 새로운 정책을 발표하고 나서 오해나 혼동을 막기 위해 정책 설명회를 개최할 수도 있다. 또한 책을 읽고 나서 토론회를 가질 수도 있다. 이 모든 행위를 참여라고 볼 수 있다. 참여는 객체화를 우리의 의도에 맞게 정정하고 조율하는 활동이다. 객체화는 워낙 고정되어 있으며 모호하고 근시안적이어서 참여를 통해 보완된다.
- 반면, 우리는 객체화를 통해 참여의 한계를 어느 정도 보완할 수 있다. 예컨대, 망자를 기리기 위해 비석을 세울 수도 있고, 중요한 일을 다시 상기하기 위해 메모해 두거나 그것을 다른 동료들에게 전할 수도 있다. 우리는 함께 경험한 동일한 일에 대해서 다른 식으로 이야기하는 경우도 종종 경험한다. 개념이나 용어를 동원하여 우리 생각을 표현하기도 하며, 시계가 있어서 시간에 맞추어 생활할 수도 있다. 이 모두가 객체화에 의존해 살아가는 우리의 모습이다. 우리는 이러한 객체화에 의존하여 자칫 흐트러질 수 있는 생각이나 행위를 제대로 추스릴 수 있다. 참여는 워낙 무형식적이고 유연하며 국지적이어서 객체화의 도움을 받아 정상적인 길을 찾아 나갈 수 있다.

결국 의미의 협상이라는 것도 참여와 객체화의 상보적 과정에서 나온다. 그렇다면 이러한 측면에서 어떻게 의미가 상황 의존적으로 생성되며 무엇이 객체화되어 남고 어디까지 참여가 개입할 수 있는지 따져 볼 수 있다.

- 컴퓨터 프로그램은 대상화된 객체화의 극단적인 예다. 컴퓨터는 자신이 보관하고 전달하는 정보들을 해석할 수는 있지만 그 의미에 참여하지는 못한다.
- 반대로 시는 우리의 참여활동이 객체화가 가지는 한계를 어떻게 보완하는지 잘 보여 준다. 시의 문구 자체가 함축하고 있는 의미는 매우 모호하다. 그러나 시를 통해 우리는 독특하고 새로운 의미들을 만들어 낼 수 있다.

이러한 점에서 볼 때 커뮤니케이션은 양의 문제가 아니다. 예를 들어, 한 권 분량의 해석이 있다고 한들 한 구절의 시를 완전히 섭렵할 수 있겠는가? 여전히 그 시 구절을 이해하기 위해서는 우리의 해석이 가해질 여지가 남아 있다. 얼마만큼 우리의 해석이 가해지고 얼마만큼 표현 양식이 동원되느냐에 따라 그 의미는 달라질 것이다.

이러한 상보적 속성은 커뮤니케이션이나 설계, 지도나 협동 작업의 경우에 더 여실히 나타난다. 이들 활동의 경우 참여와 표현 양식이 얼마나 적절하게 조합되었는가에 따라 그 활동의 결과가 다르게 나타난다. 여기서 지나치게 한쪽으로 치우치는 경우 문제가 발생할 소지가 높다.

- 서로 의견을 나누고 공유만 하고 그 결과물을 객체화시키지 못한다면 절충점이 객체화되지 않아 논의를 더 이상 진전시키기 어렵다. 이 때문에 법률가들은 문서화하는 것을 선호한다.
- 객체화만 잔뜩 있고 서로 그 의미에 관해 소통하고 공유할 수 있는 기회가 없다면 그 객체화는 아무런 의미도 갖지 못한다. 위에서 말한 법률가의 경우, 문서화한다고 해서 곧 문제가 해결되는 것은 아니다.

참여와 객체화가 가지고 있는 상보적 속성을 염두에 둔다면, 문제에 접근하는 우리의 태도 또한 재고해 볼 수 있다. 즉, 우리가 경험하는 많은 문제들은 참여와 객체화가 서로 균형 있게 적절히 구사되지 않아서 발생했을 소지가 크다. 따라서 왜 문제가 발생했는지 상황을 분석하고 그 해결책을 고안하기 위해서는 우리가 직접 그 문제에 어떻게 개입할 것인지, 그리고 어떤 객체화를 취해 사용할 것인지 그 양자를 적절히 조합하여 접근하는 것이 필요하다. 어느 한편에 치우쳐 문제에 접근하는 것은 별로 도움이 되지 않는다.

이분법과 이중성의 차이

이 책에서는 참여와 객체화의 이중성을 반복해서 다루고 있다. 이 이중성이야말로 실천공동체나 공동체의 발전, 사회적 관계, 자아 정체성이나 전체 사회구조를 떠받치고 있는 실질적인 토대다.

앞의 [그림 1-1]에서 강조했듯이, 이러한 이중성은 단순히 이분법적인 대조로 보아서는 안 된다. 이 점에 대해 좀 더 언급하고 이 장을 마치기로 한다. 좀 더 주의를 기울여 이 책에서 말하고자 하는 논점을 따른다면, 참여와 객체화의 이분법과는 전혀 다른 이중성에 관해서 이야기하고 있음을 눈치 챌 수 있다. 사실 단편적인 이분법이 아닌 복잡한 이중성이 이 책에서 이야기하고자 하는 내용의 핵심 틀이기도 하다.

참여와 객체화가 서로 분리될 수 없고 상보적으로 기능하므로 우리가 살고 있는 세상은 복잡하고 역동적으로 돌아간다. 이 책에서 이야기하는 참여와 객체화 간의 이중성이 전통적인 이분법, 즉 암묵성과 명시성, 형식성과 무형식성, 개인과 집단, 사생활성과 공공성, 앎과 무지, 사람과 사물 등의 이분법과는 분명히 다르다는 점을 설명하기 위해서 이분법과 이중성의 차이에 관해 짚고 넘어갈 필요가 있다.

◆참여와 객체화는 서로 대조적인 것이 아니라 이중적인 관계에 있다.

참여와 객체화는 서로 배타적인 개념이 아니다. 암묵성은 명시성이 아니라는 점에서, 무형식성은 형식성이 아니라는 점에서 서로 배타적인 상대적 개념이다. 그러나 참여와 객체화는 그렇지 않다. 참여는 객체화가 아닌 것을 뜻하지는 않는다. 그보다 의미가 구성되기 위해서는 참여와 객체화 양자가 동시에 필요하다. 참여와 객체화는 상보적이라는 점에서 이중적인 관계에 있다.

객체화를 만들어 내고 해석하거나 사용하기 위해서는 참여가 가해져야 한다. 그런 점에서 참여 없이 객체화는 존재할 수 없다. 반면, 다른 사람과 상호 작용하고 의견 일치에 도달하기 위해서는 편리하게 소통하는 방법을 강구해야 한다. 그러한 방법 없이 우리의 참여는 의미를 찾을 수 없다.

◆참여와 객체화는 스펙트럼상에 있는 것으로 규정될 수 없고 서로 다른 차원에 존재한다.

이분법적 개념을 피하는 한 가지 방법은 이분법적 개념이 일종의 스펙트럼상에 있다고 보는 것이다. 더 명시적인 지식이 있고 덜 명시적인 지식이 있다. 마찬가지로 더 형식적인 학습이 있고 덜 형식적인 학습이 있다. 그리고 더 사적인 의미가 있고 덜 사적인 의미가 있다. 그러나 이렇게 대조적인 두 개념이 연장선상에 있다고 보는 것 역시 이분법적 논리에 근거해 있다. 이 경우 어느 한쪽으로 치우친다는 것은 다른 한쪽으로부터 멀어진다는 것을 뜻한다. 또 어느 한쪽이 더 많다는 것은 다른 한쪽이 적다는 것을 의미한다.

그러나 이중성의 구도는 그와는 다르다. 참여와 객체화는 서로를 상쇄함 없이 항상 공존한다. 더구나 참여나 객체화가 함께 강력하게 영향력을 행사하는 경우도 있다. 이런 경우는 널리 알려진 과학자나 예술가의 천재성에서 흔히 찾아볼 수 있다. 아인슈타인과 같은 과학자나 바하와 같은 음악가는 수식이나 악보와 같은 표현에 뛰어난 영감을 불어넣은 좋은 예다. 이

점은 또한 교육적으로 시사해 주는 바가 있다. 지식을 과도하게 강조하면서 그에 상응하는 참여를 유도하지 못하거나, 거꾸로 참여의 경험들을 지식으로 담는 데 소홀하면 자칫 무의미한 학습으로 끝나기 쉽다는 것이다.

◆참여와 객체화는 서로를 전제로 존재하지만 서로를 대체하지는 못한다.

참여나 객체화는 어느 한쪽이 다른 한쪽을 상쇄하는 방식으로 기능하지 않고 서로를 필요로 한다. 객체화가 제 의미를 갖기 위해서는 참여에 의존할 수밖에 없다. 객체화에는 행위자가 겪은 과거의 행적이 반영된다. 그리고 그러한 행적을 바탕으로 그 객체화를 해석한다. 또한 참여는 개념이나 인공물, 또는 말 등의 객체화를 중심으로 구성된다.

명시적 지식은 암묵적 지식을 기반으로 성립된다. 그리고 형식적 과정은 무형식적 과정을 기반으로 형성된다. $E=mc^2$과 같은 물리 공식은 물리학 공동체와 결부되어 제 의미를 갖는다. 이렇게 볼 때 누군가 매우 어려운 물리학 공식을 사용한다면, 그가 물리학 공동체와 관련 있는 사람이라고 짐작할 수 있다.

이러한 점에서 명시적 지식으로 바꾼다거나 암묵적 지식을 없애는 것, 또는 형식적인 것만 남기고 무형식적인 것을 제거하는 것은 불가능하다. 단지 양자 간의 관계 양상을 바꾸는 것만 가능할 뿐이다.

◆참여와 객체화 간의 관계 양상은 달라질 수 있지만 어느 한쪽으로 환원될 수는 없다.

이분법적 구분에서는 어느 한쪽이 다른 한쪽으로 전환해 가는 방식으로, 서로 다르지만 균형 잡힌 상태로 전환될 수 있다. 예컨대, 암묵적 지식을 명시적 지식으로 바꿀 수 있으며 그 반대도 가능하다. 무형식 학습에 형식성을 부여할 수도 있다. 내가 갖고 있는 개인적인 생각을 남과 공유할 수 있고, 느낀 감정을 스스로 확인할 수도 있다. 그러나 참여와 객체화 간의 관계 양상의 변화는 중립적이지 않다. 의미가 그대로 있으면서 어느 한쪽을 강조하기란 불가능하다. 설령 가능하다 해도 이미 그 의미는 달라진다.

- 참여는 어떤 지침을 실행에 옮기는 것 이상의 의미를 갖는다. 예컨대, 어떤 지침에 나와 있는 활동을 직접 해 보는 것은 그 지침을 그대로 실천에 옮기는 것 이상이다. 왜냐하면, 연출된 상황과 거기에서 경험하는 의미는 매번 미묘하게 다르고 새롭기 때문이다.
- 객체화는 이미 존재하는 어떤 것을 나타내는 것 이상의 의미를 갖는다. 가치 진술, 그림그리기, 도구 제작, 생각이나 감정의 표현은 기존의 의미에 대해 새로운 표현을 부여하는 것 이상의 의미를 갖는다. 왜냐하면, 객체화 자체가 또 다른 새로운 의미를 창출하는 조건으로 작용하기 때문이다.

이렇게 놓고 보면, 지식을 명시화하고 형식을 부여하고 남과 공유하는 과정에서 그 지식의 의미는 부단히 새롭게 생성된다. 즉, 참여와 객체화 중 어느 한쪽을 강조하는 행위 자체로도 그 의미는 달라진다.

◆참여와 객체화의 구분은 대상을 분류하는 준거가 될 수 없다. 그 대신 양자 간의 상호 작용은 해명해야 할 대상이다.

전통적인 이원론은 자칫 놓치기 쉬운 측면에 대해 생각해 보게 하는 데 나름대로 유용한 틀을 제공한다. 그러나 그것은 의미나 앎, 지식을 이해하는 데 피상적 수준을 벗어나지 못하고 명확한 틀을 제공해 주지 못한다. 예컨대, 명시적 지식과 암묵적 지식의 구분은 언술화할 수 없는 지식이 있다는 것을 보여 준다. 또한 무엇인가를 할 수 있는 것과 그에 관해 말할 수 있는 것은 서로 다른 일이라는 것도 보여 준다.

그러나 어떤 지식이 명시적인지 암묵적인지를 구분하는 것은 쉽지 않다. 어떤 지식에도 두 측면이 동시에 존재하기 때문이다. 예를 들면, 자전거를 탈 줄은 알아도 자전거 타는 법을 말로 설명하기란 쉽지 않다. 또 넘어지지 않기 위해서 어떻게 핸들을 꺾어야 하는지 설명하기란 무척 어렵다.[10] 그렇다고 해서 자전거 타는 법이 암묵적 지식이라고만은 할 수 없다. 페달을 밟아 구르고 핸들을 꽉 쥐고 몸을 똑바로 한다는 것 등은 전혀 표현 못할 것도 아니기 때문이다. 어떤 지식이 명시적이냐 암묵적이냐 하는 것은 상황에 따라 달라질 수 있는 상대적인 문제다.

물리학자는 누구보다도 고도로 체계화된 명시적 지식을 가지고 있다. 그러나 정작 그에게 시간과 공간, 힘이라는 개념을 어떻게 사용하는지 알기 쉽게 설명해 달라고 하면 난처해할 것이다. 마치 자전거 타는 사람에게 자전거 타는 법을 설명해 달라고 부탁하는 것처럼 말이다. 실제로 무언가를 할 때 명시적 지식이 통하는 데에는 한계가 있다. 암묵적인 차원의 지식은 항상 존재하기 마련이다. 이러한 명시적 지식과 암묵적 지식의 구분은 다름 아닌 참여와 객체화의 이중성에서 비롯된 것이다.

우리가 말을 하거나 감정과 생각을 표현하는 능력을 갖출 수 있는 것도 참여와 객체화의 이중성 덕분이다. 그런고로 이러한 이중성을 이분법적 사고로 환원시켜 생각해서는 안 된다.

- 참여라고 해서 그것이 암묵적이거나 무의식적이고 무형식적이라고 생각해서는 안 된다. 대화하거나 가르치는 행위는 참여행위이지만 명시적인 것에 가깝다. 더욱이 대부분의 참여에는 항상 행위자의 동기가 반영되어 있어서 그리 무의식적이지도 않다.
- 객체화라고 해서 반드시 명시적인 것만은 아니다. 말로 표현할 수 없는 객체화도 있을 수 있다. 예컨대, 그림은 대상에 대해 이해하고 지각한 바를 표현한 것이라는 점에서는 객체화에 해당한다. 그러나 그 그

10 이러한 예는 마이클 폴라니(Michael Polanyi, 1958)의 암묵적 지식에 관한 설명에서 찾아볼 수 있다. 명시적 지식과 암묵적 지식 간의 차이에 관한 논의는 폴라니 말고도 여러 학자들에 의해 다양한 방식으로 다루어져 왔다. 예컨대, 명제적 지식 대 비명제적 지식(Johnson, 1987), 선언적 지식 대 절차적 지식(J. R. Anderson, 1983), 방법적 지식 대 명제적 지식(Dewey, 1922)의 논의를 보라.

림의 표현이 명시적인지 암묵적인지는 말하기 어렵다.

- 참여와 객체화를 각각 개인적인 것과 사회적인 것으로 구분하는 것은 옳지 않다. 참여는 개인적인 것이기도 하고 동시에 사회적이기도 하다. 마찬가지로 객체화 역시 타인과의 관계를 전제로 한다는 점에서 사회적인 것이기도 하고, 개인의 정체성에 영향을 미치는 만큼 개인적인 것이기도 하다.
- 객체화는 실체적인 객체를 만든다는 점에서 보면 사회적이다. 또한 참여 역시 관찰 가능하다는 면에서 보면 사회적이다. 이렇듯 참여와 객체화가 사회적인 것인지 개인적인 것인지 분간하기란 쉽지 않다.

결국 참여와 객체화의 차이는 단순히 사람과 사물 간의 차이는 아니다. 참여는 사람이 하는 것이고 객체화는 사물이라는 것은 사실이다. 그러나 의미에 관한 한 사람이나 사물을 서로 독립적인 것으로 구분하기는 쉽지 않다. 마찬가지로 참여와 객체화는 사람과 사물의 차이 그 이상이다.

- 우리는 세상을 이해하고 개입하는 만큼 세상을 경험한다. 예컨대, 와인 감별사는 보통 사람들과는 달리 와인의 맛을 다양하게 표현할 수 있다.
- 어떤 사물은 우리 삶 속에서 실천의 일부로 자리 잡아 결국 자아의 일부로 여겨지기도 한다. 예컨대, 누군가 와인 감별 용어를 익히고 자유자재로 사용한다는 것은 곧 그러한 용어가 그의 자아의 한 부분이 되었다는 것을 의미한다.

무엇이 사람이고 무엇이 사물이냐 하는 것은 참여와 객체화 간의 관계에서 결정된다. 이러한 점에서 사람과 사물의 의미를 애초부터 우리에게 결정되어 주어진 것처럼 보아서는 안 된다. 그보다는 실천에의 참여가 그 의미를 결정한다. 사람과 사물이 제자리에서 기능하는 것은 참여와 객체화가 서로 상호 작용하면서 의미를 생성하기 때문에 가능하다.

세상과 우리 경험의 관계는 산과 하천의 관계에 빗대어 말할 수 있다. 그들은 자기 영역 안에 독자적으로 머물고 있으면서 동시에 서로 영향을 주고받는다. 어느 한쪽이 다른 한쪽으로 변해 버리는 것도 아니면서 서로의 변화에 영향을 준다. 누가 먼저라 할 것 없이 하천 줄기가 산의 지형을 침식시키기도 하고 산세가 하천 줄기의 방향을 터 주는 것처럼 말이다.

제2장

공동체의 성립과 발전

이 장에서는 우리가 참여하는 실천이 어떻게 공동체의 성립과 발전에 결부되어 있는지 살펴보고자 한다. 실천과 공동체 간의 관계에 관해서 본격적으로 이야기하기에 앞서 오해의 소지가 있는 생각에 대해 짚고 넘어가기로 한다. 그것은 모든 공동체에 서로 다른 특정한 실천 양식이 있을 것이라고 생각하는 것이다. 우리가 하는 모든 활동에 반드시 특정 공동체가 결부되어 있을 것이라고 생각할 필요는 없다. 예를 들어, 가까운 이웃을 가리켜 흔히 공동체라고 하지만 그것은 여기서 말하고자 하는 실천공동체와는 다르다. 또한 피아노 연습은 일종의 실천이지만 그것이 특정 실천공동체를 염두에 두고 있는 것이라고 볼 수 없다. 실천 개념과 공동체 개념을 한데 엮어 그 연관성을 찾고자 할 때에는 다음의 두 가지 차원에서 생각해 볼 수 있다.

먼저 여기서 다루고자 하는 실천과 공동체는 특정한 형태의 실천과 공동체다. 즉, 실천공동체는 모든 형태의 실천이 아닌 특정한 형태의 실천에 국한된다. 또한 모든 형태의 공동체 가운데에서도 실천공동체라는 특정 형태의 공동체로 한정된다. 실천공동체라는 개념은 이러한 두 개념이 조합된 하나의 단위로 보면 될 것이다. 실천과 공동체가 어떻게 서로 결부되는지

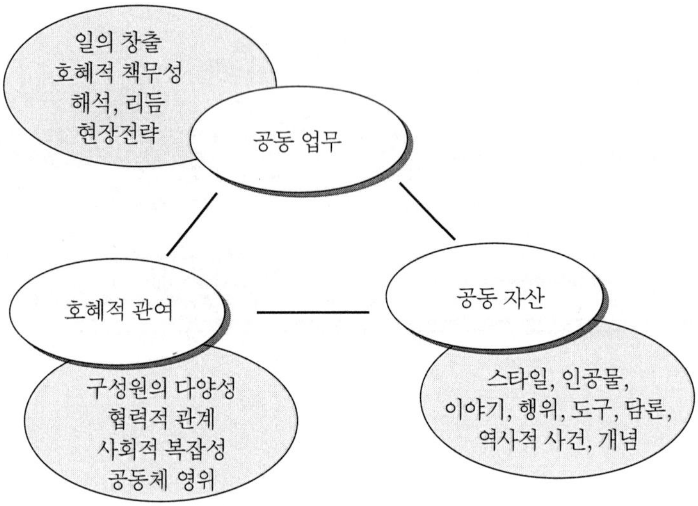

[그림 2-1] 공동체의 속성으로서의 실천의 다양한 차원들

양자 간의 상호 관련성에 관해서는 다음에 나오는 세 가지 차원, 즉 호혜적 관여(mutual engagement), 공동 업무(a joint enterprise), 공동 자산(a shared repertoire)으로 이야기할 수 있다([그림 2-1] 참조). 이 장에서는 이들 각각의 차원들이 무엇인지 살펴본다.

호혜적 관여

공동체가 유지 · 존속하는 데 요구되는 첫 번째 특징은 참여자들 간의 인간관계다. 실천은 추상적으로 존재하지 않는다. 실천은 사람들이 서로에 대해 의미를 가지고 상호 작용하는 가운데 존재한다. 이러한 점에서 보면, 책이나 도구는 실천이 일어나는 데 반드시 필요한 것이지만 그렇다고 그것들의 존재가 실천 자체의 재생산을 보장해 주지는 못한다. 또한 실천은 어떠한 구조로 환원하여 규정하기도 어렵고 역사적으로 진공 상태에서 생겨나는 것도 아니다. 보험처리사 업무는 에리얼이나 그의 동료들이 그 현장에 오기 이전부터 존재해 왔지만 그렇다고 그들의 업무 수행과정이 미리부터 결정된 것처럼 일어난다고 보기는 어렵다. 실천은 공동체 내 참여자들이 서로에 대해 관여하는 가운데 일어난다.

개인이 실천공동체에서 멤버십을 얻게 되는 것은 인간관계의 변화로 볼 수 있고, 바로 그것이 우리가 어떤 집단을 공동체라고 보는 이유이기도 하다. 실천공동체는 단순히 어떤 특성을 공유하는 사람들의 집단만을 의미하지는 않는다. 공동체에는 그룹이나 팀 혹은 네트워크와는 다른 별도의 의미가 있다.

- 실천공동체에서의 자격은 사회적 범주의 차원과는 다르다. 예컨대, 사람들이 서로 결탁하고 조직을 결성하여 간판을 세우고 개인적으로 친분관계를 갖는다고 해서 실천공동체가 형성되었다고 보기는 어렵다.
- 실천공동체는 누가 누구를 알고 누가 누구에게 말을 건네는 등의 정보가 교류되는 사람들 간 관계의 네트워크와 동일한 개념이라고 볼 수 없다.[1]
- 공동체의 결속 여부는 지리적 인접성의 문제도 아니다. 물론 인간관계는 서로에게 영향을 미치는 상호 작용에 기반을 두고 있고, 이때 지리적인 인접성이 중요한 요인이 될 수도 있다. 그러나 보험처리사들이 하나의 실천공동체를 형성하고 있는 것은 그들이 같은 사무실에서 일하고 있기 때문이 아니다. 그들이 실천공동체로 자리 잡을 수 있는 것은 자신들 업무와 관련해서 형성해 온 두터운 인간관계 때문이다.

1 이런 점에서 여기서 말하는 공동체는 네트워크 이론에서 말하는 '강한 유대'의 노드라는 아이디어와 유사하다. 그러나 이 공동체는 관계의 네트워크나 정보의 유통보다는 과정상의 의미로서의 실천을 더 비중 있게 다룬다는 점에서 미묘한 차이를 가지고 있다(Wellman & Berkowitz, 1988).

인간관계의 관리

실천에는 일이나 업무 내용만 포함되는 것이 아니다. 구성원 사이의 상호 작용에 영향을 미치는 어떠한 행위도 실천을 구성하는 중요한 부분으로 포함된다. 예를 들어, 보험처리사들이 사무실에 출근하는 것도 실천의 한 부분이다. 그렇게 하여 그들은 일하는 동안 이야기를 나누고 서로를 마주하게 된다.[2] 가족의 경우 함께 저녁식사를 한다든지 주말 여행을 다녀올 수 있다. 전화 통화나 전자메일 교환 등도 호혜적 관계를 유지하는 데 중요한 부분이라고 볼 수 있다.

하나의 실천공동체가 어떻게 일관성을 가지고 제 기능을 수행해 나갈 수 있는가 하는 것은 매우 미묘한 문제다. 예컨대, 보험처리사들에게 업무와 관련된 특정 정보와 사무실 분위기 중 어느 것이 우선이냐고 하면 대답하기 쉽지 않다. 또는 일에 관한 이야기와 사적인 잡담은 일상의 대화 안에서 서로 구분되지 않는다. 공동체의 일원이 되기 위해서는 최근에 나온 가십거리나 메모 내용까지도 알 필요가 있다.

여기서 중요한 것은 사람들이 서로 맺고 있는 호혜적 관계가 어떻게 하나의 실천공동체라는 일관된 현실로 구성되는가 하는 점이다. 구성원들 간의 상호 작용이 공동체의 유지와 발전으로 이어지기 위해서 구성원들은 나름대로 노력을 기울이지 않으면 안 된다. 이러한 노력을 가리켜 '공동체의 관리'라고 할 수 있으며, 그것은 구성원들이 관여하는 실천을 구성하는 중요한 요소라는 점을 분명히 할 필요가 있다. 즉, 공동체의 경영 관리는 업무 수행에서 도구적 기능이 아니라 바로 업무 수행 자체다. 이러한 사실에 관해 너무도 잘 알고 있지만 암묵적이어서 인식하지 못할 뿐이다. 그 결과 공동체를 관리하는 일을 흔히 가치절하하거나 무시하기도 한다.

2 물론 재택근무와 같은 형태의 직장도 생각해 볼 수 있지만, 새로운 형태의 상호 작용 방식의 도입은 조직에서 심각한 문제를 초래할 수도 있다.

이 책의 서두에서 나온 사례 I에서 로버타는 직원들에게 계속해서 스낵 같은 것을 가져다주는데, 직원들은 그로 인해 업무 수행에서 활력소를 찾기도 한다. 그녀의 행동은 나름대로 공동체가 형성되고 굴러가는 데에 기여하고 있는 셈이다. 그렇다고 해서 그녀가 그러한 헌신 노력에 대해서 별도의 보너스를 받는 것도 아니다. 참여자들이 업무 관련 배경지식을 상당히 공유하고 있는 상황에서도 함께 서로의 의견과 행동을 맞추어 나가는 데에는 지속적인 노력이 필요하다.

이질성과 개별성

앞서 살펴본 바와 같이 구성원들 간의 호혜적 관계와 그에 대한 헌신이 실천공동체를 하나의 공동체로 묶어 주는 역할을 한다면, 공동체는 결코 동질성을 전제로 해서만 성립하는 것이 아니라는 점에 관해서도 잘 이해할 수 있을 것이다. 사실 우리가 깊숙이 관여하고 있는 실천이 실현 가능하고 최종 결과물을 생산해 낼 수 있는 것은 참여자들의 속성이 동질적이지 않고 이질적이기 때문이다. 예컨대, 보험처리사들은 채용 광고를 통해 모집된 다양한 배경을 가진 가지각색의 사람들이다. 다양한 사람들이 경력과 상관없이 충분히 연수 기회를 제공해 준다는 조건의 채용 광고에 이끌려 지원한다. 어느 누구도 의료보험에 각별한 관심을 가지고 온 것은 아니다. 거기에는 젊은 사람과 나이가 지긋한 사람, 진보적인 성향과 보수적인 성향, 외향적인 사람과 내성적인 사람이 섞여 있다. 그들은 서로 다르며 개개인들이 안고 있는 문제나 생각들도 각양각색이다. 그러나 일단 일을 시작하게 되면 각자의 개성보다는 서로와의 관계가 전면에 등장하게 된다. 항상 함께 일하고 정보와 의견을 나누는 가운데 서로에게 직접적으로 영향을 미친다. 이러한 호혜적 관여로 인해 그들 조직은 실천공동체로 거듭날 수 있게 된다.

보험처리사 업무는 동질성보다는 이질성을 바탕으로 성립한다. 각 부서의 관리자는 실천공동체의 일원이다. 그러나 그들에게 요구되는 업무나 부과된 권위, 그리고 그들이 맺고 있는 회사와의 관계는 평직원들과는 분명히 다르다. 실천공동체의 참여자들은 각각 고유한 지위와 정체성을 가지고 있다. 이들 정체성은 호혜적 관계를 통해 성립하지만 절대로 하나의 정체성이 되는 법은 없다.[3] 호혜적 관계를 맺고 있는 구성원들 사이에는 이질적인 측면이 존재하기 마련이다. 구성원들 사이에 개인차가 없다는 것은 실천공동체가 발전하기 위해 필요한 사전 조건도 아니고 또 발전의 결과로 나타나는 것도 아니다.

호혜적 관여가 성립하기 위해서는 자기 자신의 역량뿐만 아니라 구성원들 모두의 역량이 요구된다. 즉, 우리가 무엇을 알고 있으며 무엇을 할 수 있는가만이 중요한 것은 아니다. 내가 모르고 있는 것과 할 수 없는 것, 곧 남이 알고 있고 할 수 있는 부분을 어떻게 자신의 업무로 의미 있게 연결시킬 수 있는가 하는 점이 중요하다. 이런 점에서 본다면 호혜적 관여는 언제나 부분적일 수밖에 없다. 그러나 공동 실천이라는 맥락에서, 부분적 관여는 참여의 한계이기도 하지만 원천이 되기도 한다. 이러한 점은 특히 참여자들이 하는 역할이 서로 다를 때, 예컨대 서로의 다른 역할이 상호 보완적 기능을 하는 의료 수술진과 같은 경우에 더 확연히 드러난다. 물론 서로의 역할이 유사한 보험처리의 경우에도 호혜적 관여는 분명히 존재한다. 모두 한 실천공동체에 속해 있고 서로 역할이 유사하기 때문에 한 직원이 모든 것에 관해 섭렵하려고 하는 것은 시간 낭비일 뿐, 필요로 하는 도움을 어떻게 주고받는지 아는 것이 더 중요하다.

상보적 역할로 구성된 공동체와 유사한 역할로 구성된 공동체 모두 실천을 발전시켜 나가기 위해서는 호혜적 관여가 필수적이다. 물론 이 두 유형의 공동체에서 구성원들의 관계는 서로 다르기 때문에 그로 인해 생기는

---

3 이런 점에서 실천공동체에서의 유대는 뒤르켐(Durkheim, 1893)이 지적한 '기계적인 유대감(mechanical solidarity)'과는 분명히 다르다.

효과 역시 다르다. 따라서 두 유형의 공동체에 동시에 속해 활동하는 것은 시너지 효과를 내는 데 아주 좋은 방법이다. 예컨대, 다양한 구성원으로 구성된 팀에 속한 전문가는 자신이 속한 전문가 집단에서 더 많은 혜택을 누리기도 한다.

호혜적 관계

호혜적 관여는 구성원들의 동질성을 전제로 하지 않는다. 구성원들 사이에 각자의 개성이 존재하고 생각이 서로 다르기 때문에 그들 간에 관계라는 것이 생길 수 있는 것이다. 그들 간의 관계가 미치는 영향력은 개인의 개성이나 어떠한 사회적 범주보다도 더 강력하다. 실천공동체는 개인들을 묶어 주는 유대의 힘으로 작용한다.

공동체라는 용어는 워낙 긍정적인 의미를 내포하고 있기 때문에[4] 이상적인 모습의 공동체와 그 안에서의 사회적 관계 같은 것을 생각하기 쉽다. 그러나 평화나 행복, 조화만이 실천공동체의 핵심 속성은 아니다. 불협화음이나 긴장, 갈등은 구성원들 사이에 항시 존재한다. 앨린수사와 같은 성공적인 기업 문화에서도 서로에 대한 질투나 파벌 의식 등은 흔히 발생한다.

서로 관계하면서 유지하는 대부분의 업무 상황들은 어느 정도 긴장과 갈등을 내포하고 있다. 파탄지경에 이른 가정에서처럼 갈등과 불행조차 실천의 핵심 속성이기도 하다. 실천공동체는 이상향도 아니고 정치사회적 영향력으로부터 자유로운 고립 무원도 아니다. 의견 상충이나 도전, 경쟁 역시 참여의 한 형태다. 공동체에의 헌신 정도라는 측면에서는 폭동 분자가 소극적인 지지자보다 더 나을 수 있다.

참여자들은 실천 안에서 다양하고 복잡한 방식으로 서로 관계를 맺고 있

4 레이몬드 윌리엄스(Raymond Williams, 1976)는 실지로 '공동체' 개념만큼 사회이론에서 꾸준히 긍정적인 의미를 담고 사용된 개념은 없다고 지적한 바 있다.

다. 그들이 상호 작용하는 복잡한 양상은 그들 관계에 그대로 반영되어 있다. 그들의 관계는 힘이나 경쟁, 협동, 경제적 관계, 정보처리 등 어떠한 하나의 원칙으로도 환원될 수 없다. 실제 삶에서 호혜적 관계는 힘과 의존, 기쁨과 고통, 전문 역량과 무기력함, 성공과 실패, 협력과 경쟁, 재미와 지루함, 신뢰와 의심, 우정과 증오 등이 얽히고설켜 복잡한 양상을 띠며 구성되고 유지된다. 이 모든 것이 실천공동체에서 찾아볼 수 있는 속성들이다.

공동 업무

실천공동체에서 주목할 만한 또 다른 속성으로는 공동 업무를 들 수 있다. 이와 관련하여 다음의 세 가지 점을 들 수 있다.

① 업무는 구성원들 간 상호 작용의 결과로 나타나는 것이며 호혜적 관여의 복잡한 양상을 그대로 반영한다.
② 업무 내용은 다른 무엇보다도 업무 추진과정에서 결정된다. 따라서 업무 결과의 성패 여부는 다양한 요인에 의해 영향을 받지만 궁극적으로는 그것을 수행하는 구성원들에게 달려 있다.
③ 업무 내용은 어디에도 명시화되지 않는다. 그것은 참여자들 간 상호 책무성의 관계 안에서 수립된다.

업무 공유

업무는 우리의 삶만큼이나 복잡하다. 거기에는 역할이나 성격, 인간관계가 다 포함된다. 예를 들어, 보험처리사의 실천은 그들의 직장생활을 그대로 반영한다. 수입을 얻고 성인으로서 살아가는 것이나 보험처리사 일을 잘하는 것, 현재의 자리를 지키고 미래에 관하여 염려하는 것, 심지어 따분함을 조절하는 것까지도 그들 업무의 일환으로 진행된다. 비록 보험처리 일 자체는 다양하고 많은 역할을 수행해야 하는 것은 아니지만 그들은 다양한 일을 하면서 하나의 일관된 정체성을 견지해 나간다. 그들은 회사 조직에서 다소 주변적 지위에 있기 때문에 일이나 회사에 관해 냉소적으로 이야기하기도 하지만 그러면서도 자신들의 업무를 충실히 추진해 간다.

따라서 그들 업무는 단지 보험 청구처리에 그치지 않는다. 물론 보험처리가 주된 업무이고 직원들이 앨린수사의 수익을 올리기 위해 애쓴다는 점은 틀림없는 사실이다. 관리직은 그러한 요구를 상징적으로 대변하는 지위다. 그러나 보험처리사가 하는 실제 업무는 그보다 훨씬 복잡하다. 왜냐하면, 그곳은 단지 업무를 수행하는 곳일 뿐만 아니라 일상적 생활 공간으로서 참여자들이 투여하는 모든 에너지를 함축하고 있기 때문이다.

실천공동체는 동질성을 바탕으로 하지 않기 때문에 공동의 업무 창출이 구성원들 간에 아무런 이견도 없다는 것을 의미하지는 않는다. 이견이 있다는 것은 곧 업무에서 발전의 소지가 남아 있다는 것을 뜻한다. 다시 말하면, 일을 추진하면서 협력관계를 유지한다는 것은 모든 구성원들이 동일한 것을 믿고 모든 것에 의견이 일치한다는 것을 의미하는 것이 아니다. 대신 서로 타협하고 조절할 수 있는 여지를 가지고 있다는 것을 의미한다. 구성원들이 처한 상황과 그들이 취하는 전략은 사람마다 다르고 날마다 각기 다르다. 그렇지만 서로 간에 부단히 교류하고 소통하는 가운데 그들이 취하게 되는 전략들은 전형화되고 구조화되어 있다. 그들은 공동으로 업무를 수행하는 법을 배우지 않으면 안 된다. 심지어 각자의 다양한 개성까지도 껴안고 맞추어 나가는 법을 배워야 한다. 업무에 대한 직원들의 이해나 노력의 결과가 조직이 생산하는 하나의 결과물이 되기 위해서는 반드시 획일적일 필요는 없다.

고유 업무

실천공동체는 외부와 유리된 자생 조직이 아니다. 그것은 정치, 경제, 제도의 거시환경 속에서 발전한다. 어떤 조건들은 명시화되어 있으며, 어떤 조건들은 암묵적이지만 구속력을 갖는다. 공동체를 둘러싼 외부 환경은 공동체에 적지 않은 영향을 미치지만, 일상의 현실은 그러한 조건에 대처해 가는 구성원들의 실천에 의해 구성된다. 그리고 그러한 일상의 현실이 곧 그들이 하는 일이기도 하다.

① 광범위한 시스템 내에서의 지위: 그들의 업무는 거대 기업의 일부이며 오랜 역사를 통해 발전해 왔다. 그들이 직접 업무를 만들어 낸 것도 아니며 그들이 그 일에 끼칠 수 있는 영향력도 미미하다.

② 제도의 영향: 직원들의 업무 수행에 미치는 회사의 영향력은 실로 막대하며, 심지어 직원들의 직장생활 전반까지도 영향을 미친다.

일상적인 업무 수행과정은 구성원들이 제도가 조장하는 상황들에 대응하기 위해 일종의 전략으로 개발해 온 것이다. 구성원들의 전략에는 회사가 요구하는 것만 있는 것은 아니고 나름대로 독창적인 구석이 존재한다.

- 보험처리사들은 자기들 나름대로 개발한 업무 처리방식을 가지고 있다. 예를 들어, 사례 I에서 에리얼은 낸시에게서 어떻게 하면 일을 신속하게 처리할 수 있는지 배운다. 신참들은 대개 주어진 원칙과 절차를 그대로 따르려고 하는 반면, 고참들은 보다 실용적이면서 유연하게 대처한다.
- 직원들의 업무 수행방식을 보면, 그들은 회사의 방침을 그대로 따르기보다 상황에 맞도록 유연하게 적용한다. 자신의 스타일에 맞도록 업무 조건을 만들어 나가는 것이다. 업무를 수행하면서 동시에 재미도 느끼

고, 지루함을 다독거리기도 하고, 스낵을 즐기기도 하며, 농담을 주고 받기도 하는 등의 직장생활을 영위해 나간다.

외부 세계가 공동체에 직접적으로 영향을 미치는 경우는 드물다. 외부의 영향은 공동체 구성원들의 호혜적 관여에 의해 걸러지기 마련이다. 외부의 영향이 한층 커진다 한들 실제 현장에서 업무 수행이 이루어지는 논리와 실천은 따로 있다. 설사 소수에게 권력이 집중되는 경우에도 일이 어떻게 추진되는지는 공동체 구성원이 떠맡아야 할 공동의 몫이다. 다시 말하면, 어떠한 외부 세력도 공동체 실천의 산물에 직접 영향을 미치지는 못한다. 업무 결과에 대한 책임은 최종적으로는 공동체 자신의 몫이기 때문이다.

호혜적 책무성

실천공동체에서는 조직이 내세운 목표와 실제 업무 내용 사이에 괴리가 존재한다. 조직의 목표가 공동체를 운영하는 것은 아니다. 구성원들 간의 호혜적 책무성은 호혜적 실천과정에서 형성된다. 무엇이 중요하고 무엇이 중요하지 않은지, 왜 그것이 중요한지, 무엇을 해야 하며 하지 않아도 되는지, 주의를 기울여야 할 것과 무시해도 될 것, 이야기해야 할 것과 하지 않아도 될 것, 애써 정당화해야 하는 것과 그렇지 않은 것 등을 결정하는 것도 호혜적 책무성이다.

보험처리사의 경우 업무가 보험처리 일로 한정되지 않는다. 더 인간적인 관계를 형성하고 각종 정보나 자료를 서로 교환하며 다른 구성원들의 원만한 직장생활을 위해 자신의 책무를 다하는 것 역시 업무의 일환이다. 때때로 이러한 관계를 해치는 일이 생기면 조직생활의 중요성을 환기하도록 주의받기도 한다.[5] 이러한 호혜적 책무성 체제가 결국 그들이 근무하는 환경

5 이와 유사하게 에밀 뒤르켐(Emil Durkheim, 1893) 역시 도덕적 일체감의 증거로 범죄 개념을 든 바 있다.

에 절대적인 영향을 미치는 것이다.

사훈이나 업무 지침, 목표 등과 같이 구체적으로 명시되어 있는 책무성도 있지만 암묵적으로 추구하고 있는 책무성도 있다. 능숙한 업무 수행 능력은 업무 결과에 대해 판단할 수 있는 암묵적인 감각을 갖추는 것과도 같다. 이러한 암묵적 지식을 공유해야만 실천공동체로서의 면모를 제대로 갖출 수 있다.[6]

책무성은 실천의 한 부분이다. 따라서 어느 누구도 책무성의 내용에 관해 쉽게 말로 표현할 수 없다.[7] 업무 규정이 있지만 실제 업무 수행은 그 규정을 그대로 수용한다기보다는 재해석하는 방식으로 이루어진다. 실제 업무 수행과정에는 명시화된 책무성과 그에 대한 구성원들의 해석과 실제 수행과정까지도 포함된다. 경력 사원만이 명시적 규정에 구속받지 않고 자신이 가진 실천 역량을 제대로 발휘할 수 있다.[8]

공동 업무는 딱히 명시화된 규정으로 정형화되어 있지도 않다. 그것은 실천과정에서 끊임없이 변화해 간다. 그것은 불변의 규칙도 고정된 조건도 아니다. 책무관계는 구성원들 간의 일사불란한 단결에서 수립되는 것이 아니다. 그보다 주어진 업무를 중심으로 자신들의 생각과 행동을 서로 조율해 가는 가운데 수립된다. 구성원들 사이의 조율과정은 업무 수행에서 결

6 플루트 제작에 관한 연구에서 철학자 스콧 쿡(Scott Cook)은 플루트 제작자들이 세대를 거쳐 오면서 질 좋은 플루트의 기준에 관해서 어떻게 해석하고 변용해 오는지 이야기하고 있다. 그에 따르면 그들이 세상에서 가장 질 좋은 플루트를 만드는 것도 다 이러한 암묵적으로 공유하고 있는 책무성 덕분이다(Cook, 1982; Cook & Yanow, 1993).

7 인류학자 데이빗 무어(David Moore, 1994)는 책무성의 내용이란 결국 자신이 하는 일에 대해 설명할 수 있는 능력이라고 말한다. 그러나 그 지적은 외적인 것을 지나치게 강조한 것이다. 책무성에는 참여적 측면이 분명히 존재하고, 따라서 그것을 모두 명시적으로 표현하기란 어렵다.

8 기업 경영에 관한 연구에서 로버트 자칼(Robert Jackall, 1988)은 합리적 기준이 담론수준으로만 지켜지고 있을 뿐 실제 업무는 다분히 편의주의적으로 수행된다는 점을 보여 주었다. 관리자급에서 보면 합리적 원칙과 편의적 판단 사이의 결정이 적절히 다루어져야 할 문제로서, 분명히 업무의 중요한 일부이면서 동시에 부정하고 싶은 현실이기도 하다. 앞서 지적했듯이 책무성을 분배하고 공유하는 일은 항상 그렇듯 그리 순조롭지만은 않다.

림돌인 동시에 원동력이기도 하다. 결국 업무가 원하는 방향으로 수행되는 것도 다 이러한 조율과정이 있기 때문이다. 주어진 업무를 중심으로 구성원들은 목표를 추진해 간다. 그것은 마치 음악에서 리듬과도 같다.

리듬에도 모종의 질서가 있으며 발산의 효과가 있다. 리듬 때문에 음악은 비로소 생기를 얻는다. 연주 없는 리듬은 무기력하고 무의미한 것이다. 그러나 일단 연주가 시작되면 우리는 리듬으로 인해 음악을 감상하고 이해할 수도 있다. 리듬이 있어서 함께 듣고 그 느낌을 공유할 수 있는 음악이 존재할 수 있다. 이처럼 리듬이 음악의 일부이듯 업무는 실천의 일부다.

공동 자산

실천공동체가 가지고 있는 세 번째 속성으로 공동 자산을 들 수 있다. 실천공동체라면 자신들의 관심사를 추진하는 데 필요한 고유한 공동 자산을 가지고 있다. 보험처리사의 경우 의료 전문 용어는 그들의 업무에 필요해 사용하는 지적 자산이다. 책상 위에 수북이 쌓인 파일들 또한 업무처리 상황을 잘 보여 준다. 직원들의 자리 배치는 그들 간에 존재하는 관계의 양상을 반영한 결과로 나온 것이다. 수행활동이나 조직 내 대인관계, 업무에 필요한 각종 기자재 등은 서로 조화를 이루며 일련의 업무와 업무환경을 조성한다. 컴퓨터 화면의 보험청구 양식이나 책상 위에 걸려 있는 애완견 사진조차도 업무 상황의 일부로 영향을 준다. 수많은 이질적인 것들이 업무를 수행하는 데 필요한 공동 자산이 되는 것이다. 그것들이 업무에 필요한 자산이 될 수 있는 것은 각각이 업무와 관련해서 제 의미와 기능을 가지기 때문이라기보다는 그것들이 실천공동체의 일환으로 작동하기 때문이다.

실천공동체의 공동 자산에는 일상의 관례, 말, 각종 도구나 행동방식, 이야기, 제스처, 장르,[9] 개념 등이 있다. 공동 자산은 참여와 객체화의 조합에서 나온다. 업무나 구성원들 사이에 주고받는 정체성에 대한 표현들 또한 실천공동체의 공동 자산이라고 할 수 있다.

공동 자산의 속성: 역사성과 모호성

공동 자산은 단기간에 명확한 의도를 가지고 형성될 수 있는 것이 아니다. 그것은 오랜 기간 축적되어 나온 결과물로 고정되어 있지 않은 무정형의 지식으로 남아 있으면서 구성원들 간에 조율되어 나오는 의미의 원천이 된다.[10] 공동 지적 자산이 갖는 속성으로는 다음 두 가지를 찾아볼 수 있다.

① 공동 자산은 공동체가 거쳐 온 역사를 반영한다.
② 공동 자산은 사용에 따라 그 의미가 결정된다.

공동체라면 구성원들 사이에 공유하고 있는 해석적 틀이 존재하기 마련이다. 그리고 그러한 해석적 틀은 하루아침에 나온 것이 아니고 오랜 기간을 거쳐 형성되어 온 것이다. 그런 만큼 공동체에 관여하고 있는 각종 업무 행위나 인공물 등은 공동체가 거쳐 온 해석 역사의 토대 위에서 제 의미를 갖는다. 특정 용어나 인공물, 제스처나 일상들이 제 기능을 하는 것은 과거의 관례 때문만은 아니다. 그것은 현재의 새로운 상황에도 여전히 적용된다는 점에서 그렇다. 이는 언어뿐만 아니라 비언어적인 것의 경우도 마찬가지다.[11] 공동체의 공동 자산들은 그와 연루된 해석적 틀을 갖추고 있다.

---

9 스콧 쿡과 존 실리 브라운(Scott Cook & John Seely Brown, 1996)은 공동의 암묵지를 가리켜 장르라고 지칭한 바 있다.

10 이런 점에서 공동 자산은 물적인 형태를 띤다기보다는 수행방식의 형태에 가깝다고 할 수 있다.

11 활동이론(Wertch, 1981, 1985), 비판심리학(Garner, 1986; Holzkamp, 1983, 1987)의 관점에서 도구와 상징은 서로 동일하지 않다. 이러한 관점에 따르면, 도구는 그 사용방식과 밀접히 관련되어 있지만 상징은 그렇지 않다. 즉, 도구의 의미는 그 형태에서 나오는 반면, 상징의 의미는 관례에서 나온다. 다시 말하자면, 도구의 형태는 그 사용방식을 결정짓지만 상징

그리고 그러한 해석적 틀은 지속적으로 변화해 가면서 새로운 의미를 창출해 낸다. 새롭게 창출된 의미는 과거의 답습에서 나온 것일 수도 있고 전혀 예기치 못한 방향으로 나간 것일 수도 있다.

우리는 즉석에서 떠오른 비유적 표현을 흔히 쓰는데, 그것은 의미가 어떻게 창출되어 나오는지를 잘 보여 주는 아주 적절한 예다. 관례적인 해석틀은 새로운 의미를 창출시키는 데 굴레가 아닌 가능성으로 작용한다. 모호함은 의미의 부재나 결핍을 뜻하지 않는다. 그것은 새로운 의미의 창출이나 그 조건을 예고한다.

공동 자산: 호혜적 관여의 원천

공동 자산은 그 의미가 확정되지 않은 채 모호하기 때문에 그것을 통한 커뮤니케이션이나 기획, 협동 작업의 수행은 쉽지 않다. 그러나 한편으로 새로운 지식이 창출될 수 있는 것은 다 이러한 모호함 덕분이다. 구성원들 간에 서로 의사소통이 필요하다는 것은 걸림돌일 수도 있지만 동시에 새로운 지식이 생길 수 있는 기회이기도 하다. 이런 점에서 모호함은 제거해야 할 장애가 아니라 일에 생기를 불어넣을 수 있는 내재적인 조건이다. 효과적인 커뮤니케이션이나 훌륭한 기획이란 지식을 고스란히 있는 그대로 교환하고 보급한다는 것을 뜻하지 않는다. 모호함을 제거하려는 노력은 부질없다. 대신 그러한 모호함을 본격적으로 다룰 수 있는 새로운 조건을 조성하는 것이 필요하다. 커뮤니케이션이나 기획에서 중요한 관건은 문제가 어

의 형태는 그렇지 못하다. 비고츠키(Vygotsky, 1934)가 지적한 대로, 상징은 그 의미가 결정되어 있지 않고 사용자의 의도에 따라 자유자재로 사용 가능한 속성을 가지고 있다. 물론 도구도 사용자에 따라 원래의 목적과 다르게 사용할 수 있다. 예컨대, 경우에 따라 망치는 훌륭한 문진이 되기도 한다. 또 컴퓨터와 같이 어떤 도구는 기능적 목적을 넘어서서 상징적 의미를 갖기도 한다. 이런 점에서 도구와 상징의 구분은 온당치 않다. 왜냐하면, 그 의미는 상황에 따라 결정되기 때문이다.

디서 유래했는지 확인하고 구성원들 간의 상호 조율을 통해 이를 해결하는 데 필요한 제반 조치를 취하는 데 있다.[12] 이러한 조치하에서 공동체가 직면해 온 문제들은 더 이상 공동체 발전의 걸림돌이 아닌 새로운 발전으로 도약할 수 있는 기반이 된다. 구성원들 간의 상호 조율을 통해 일정한 합의에 도달하는 것은 직면한 위기를 발전의 계기로 전환하는 데 아주 중요한 관건이 된다.

요약

실천공동체라고 해서 반드시 공동체의 외형을 갖추고 있는 것은 아니다. 실천공동체는 참여자들의 체험 속에서 구현되기 때문이다. 다음은 지금까지 살펴본 실천공동체의 세 가지 속성이다. 이러한 속성들은 암묵적 차원에서 기능한다.

① 호혜적이다.
② 공동 업무를 중심으로 상호 책무성이 형성된다.
③ 참여의 역사가 곧 업무 수행에서 공동 자산이다.

사람들은 누구나 그들 생활에서 이 세 가지 사회적 경험을 하며 살아간다. 이들 세 가지 속성이 개인들의 사회생활에 깊숙이 관여하고 있기 때문에 그들의 일상을 바꾸는 것은 쉽지 않다. 우리가 속해 있는 다양한 실천공동체가 우리에게 얼마나 중요한지에 관해 두 가지로 말할 수 있다. 즉, 우

12 예컨대, 이야기의 공유라는 개념은 신념, 전제(Turner, 1994), 정신모형(Senge, 1990)과는 다르다. 이야기는 업무나 실천공동체가 가지고 있는 입장을 반영한다. 이야기는 세상사에 대해 표현하고 일을 서로 조율할 수 있는 사회적 원천이다. 이러한 입장에 관해서는 미셸 푸코(Michel Foucault, 1971)나 제임스 기(James Gee, 1992)를 보라.

리는 실천공동체와 관련해서 각각의 경험들이 갖는 제 의미를 발견할 수 있으며, 우리의 삶은 그러한 의미에 얽매어 있다.

또한 실천공동체를 우리가 의미를 발견하는 공간으로 볼 수는 있지만 그것을 낭만주의적으로 이해해서는 안 된다. 다시 한번 강조한다.

① 실천을 공유한다는 것이 곧 구성원들 간의 조화나 협력을 의미하는 것은 아니다.
② 공동체는 자율적으로 자신의 실천을 재생산한다. 그러나 그것이 곧 실천공동체가 해방을 위한 모종의 힘으로 작용한다는 것을 의미하지는 않는다.

실천공동체가 자율적으로 유지되고 존속하는 데에는 강점과 약점이 동시에 존재한다. 즉, 공동체는 독창적 성과를 내놓을 수도 있지만 실패할 가능성 또한 항상 도사리고 있다. 또한 외부의 강요나 압력에 대해 저항할 수도 있지만 그러한 조건을 재생산하기도 한다. 그것은 자아의 요람인 동시에 영혼을 가두는 쇠창살이기도 하다.

실천공동체는 그 자체가 선하지도 악하지도 않으며 긍정적이지도 부정적이지도 않다. 공동체는 참여행위가 일어나고 사회적 관계가 형성되며 구성원들 간에 지식을 공유할 수 있는 시공간으로서 모든 혁신은 그에 기반을 두고 일어난다. 기관 차원의 통제나 개인의 권위와 같은 외부의 힘이 갖는 영향력이 중요하지 않은 것은 아니지만, 그것들은 공동체에서의 조율과정을 통해서만 제 기능을 발휘할 수 있다.

제3장

공동체의 실천, 개인의 학습

우리가 다른 사람들과 더불어 의미를 교환하고 공유하는 일은 시간의 경과에 따라 전개되는 과정이라 할 수 있다. 따라서 실천이 어떻게 일어나는지 알기 위해서는 실천의 시간적 속성에 관해 살펴볼 필요가 있다. 어떤 공동체는 수세기를 거쳐 존속해 왔는데, 예컨대 우리 주변에서 수세대에 걸쳐 기술을 전수 · 발전시켜 온 장인들의 공동체를 찾아볼 수 있다. 또한 비록 짧은 기간 존속했지만 응집력과 생산력이 출중하여 고유한 실천 양식을 창출하고 독자적인 정체성 기반을 형성해 온 공동체도 찾아볼 수 있다. 공동체가 생성되어 발전하기까지는 꽤 많은 시간이 걸린다. 물론 이 책의 관심은 공동체의 존속 기간에 있는 것이 아니라 공동체의 존속 기간이 구성원들의 학습경험에 어떻게 영향을 미치는지에 있다. 그리고 이러한 관점에서 실천공동체를 구성원들의 학습사(學習史)로 개념화해 볼 수 있다.

이 장에서는 학습사가 어떻게 구성되는지 그 내적인 구조에 관해 생각해 본다. 이를 위해 앞서 다룬 내용들을 시간과 학습이라는 차원에서 다시 한 번 살펴볼 필요가 있다.

① 참여와 객체화는 우리의 경험을 기억시키는 하나의 장치와 같다. 실

천의 지속 가능성은 바로 참여와 객체화에 달려 있다. 그것들은 실천에 지속적으로 관여하도록 하는 일종의 채널과 같은 기능을 한다.

② 학습은 공동체의 세 가지 속성, 즉 호혜적 관여, 공동 업무, 공동 자산에 기반을 두고 일어난다.

③ 신참이 고참이 되고 세대 간에 단절이 생겨나는 것도 모두 학습 때문이다.

이 장에서는 학습의 사회적 속성에 관해 다룰 것이다. 학습의 개인적 속성에 관해서는 제2부에서 다루게 될 정체성 부분에서 좀 더 자세히 논의할 것이다.

학습사의 이중성

실천은 구성원들끼리 공유하는 학습의 역사다. 학습사는 개인이나 집단 어느 한쪽만의 역사가 아니다. 또한 학습사는 물적 도구나 제도의 역사도 아니다. 그것은 오랫동안 참여와 객체화가 서로 융합되어 나타난 결과다.

참여와 객체화는 시간의 경과에 따라 나타나는 존재의 이중적인 모습이다. 참여와 객체화는 서로에게 영향을 주지만 서로 다른 영역에서 제 기능을 발휘한다. 예컨대, 에리얼과 같은 보험처리사가 불현듯 새로운 일을 찾아 일을 그만둔다고 하자. 이러한 상황에서 그녀가 사용하던 전산 시스템에는 그녀가 입력한 자료들이 남아 있다. 그러나 그녀가 고객의 파일에 붙여 놓은 메모가 무엇을 의미하는지는 아무도 알 수 없다. 반대로 어느 날 갑자기 컴퓨터 서버가 다운된다고 해도 그녀는 여전히 해당 업무를 담당하는 직원이며 그녀의 업무 수행은 계속될 것이다.

결국 여기서 말하려고 하는 바는 참여와 객체화가 서로 맞물려 진행되지만 각각이 기능하는 영역은 독립적인 것이어서 서로 완전히 융합되는 것이 아니라는 점이다.

• 수년이 지나 고향 마을에 찾아간 상황을 예로 들어 보자. 거리도 수년 전과 변함없이 그대로이고, 건물들이며 가로수, 길가 표지판 등의 모든 것들이 별로 변하지 않은 경우에도 오랜만에 찾은 고향 마을의 모습들은 우리에게 매우 낯설게 느껴진다. 그렇게 낯설게 느껴지는 이유는 우리가 변했기 때문이라고 할 수 있다. 우리 자신이 바뀌어서 고향 마을이 상대적으로 낯설게 느껴질 수 있기 때문이다.
• 반대의 경우를 생각해 보자. 거리는 새로 포장되어 있고, 집들은 새롭게 단장되어 있으며, 오래된 가로수는 온데 간데 없고, 골목 가게는 슈퍼마켓으로 바뀌고, 뛰놀던 놀이터에는 주차장이 들어서 있다고 하자. 그런데도 불구하고 오래 전 알고 있던 이웃들이 근처에 아직도 살고 있는 것같이 느낀다. 마치 우리 안에 있는 기억들이 현재에도 숨쉬고 있는 듯 느껴지는 것처럼 말이다. 아마도 그러한 착각은 우리 자신 안에 감추어진 변하지 않은 부분을 반영한 것이라고 생각할 수 있다.

기억과 망각

참여와 객체화가 시간적 존재 양식으로 나타난 것을 기억과 망각이라고 할 수 있다. 어떤 실천이 지속되느냐 단절되느냐 하는 것은 참여와 객체화를 통해 현실화된다. 예컨대, 우리는 업무를 수행하는 과정에서 특정 업무와 관련된 문서를 분쇄기에 넣어 폐기처분할 수 있다. 그러나 문서를 파기했다고 해서 그 업무의 실천 자체를 우리의 기억에서 완전히 지워 버릴 수는 없다. 우리가 그 실천에 참여하고 있는 한 그 기억은 여전히 지속된다. 반대로 어떤 사건에 대해 까맣게 잊는 경우도 있다. 그런 경우에도 그 사건이 남기고 간 객체화된 각종 흔적들로 인해 언제든 다시금 그에 관해 기억을 떠올리기도 한다. 이처럼 실천이 지속되고 단절되는 것과 우리가 어떤 일에 관해 기억하거나 망각하게 되는 것은 참여나 객체화와 밀접히 관련되어 있다.

- 업무의 수행과 관련하여 생산된 객체화는 그 자체의 논리에 따라 그대로 지속되기도 하고 변화하기도 한다. 그리고 객체화의 생산과정은 결과적으로 기억과 망각을 초래하는 원인을 제공한다. 특히, 객체는 그 특성상 사용자의 의도에 맞게 자유자재로 변모할 수 있는 유연함과 함께 애초에 의도했던 의미를 그대로 보존할 수 있는 견고함을 동시에 지니고 있다. 따라서 그것은 실천을 지속 가능케 하는 기억의 장치로 기능한다. 객체의 이러한 기능 덕분에 참여자들에게 닥치게 될 미래는 불확실하거나 불투명하게 끝없이 펼쳐진 세계가 아니라 예측 가능한 세계로 인식된다. 객체화의 과정을 통해 과거에 이루어진 업적이나 실천방식이 주는 의미는 우리의 현 상황에 맞게 다시금 재해석할 수 있다. 마치 우리 몸에 새겨진 상처가 과거의 어리석음이나 한때의 영웅적인 무모함을 환기시켜 주듯이 말이다.

  한편, 세상 자체도 계속 변화해 가고 부단히 재해석되기 때문에 실천에 동원되는 객체들은 다양하게 해석될 여지를 가지고 있다. 객체는 세상에 그 존재를 드러내자마자 자신만의 고유한 생명력을 갖게 된다. 예컨대, 우리는 세상을 향해 내뱉어져 추스르기에 이미 늦은 말을 두고 후회하는 경우가 종종 있다. 또한 오랫동안 잊고 있다가 어느 날 우연히 발견한 편지의 경우도 마찬가지다. 객체화된 형태를 통해 드러나는 것들, 즉 인공물을 비롯한 각종 객체를 통해 접할 수 있는 의미들은 단순히 과거를 회상함으로써 나온 것이 아니다. 그것은 끊임없이 새로운 모습으로 우리에게 다가오며, 그로 인하여 우리는 세상이 달라 보이는 경험을 하기도 한다.
- 우리는 참여를 통해 우리 자신의 정체성을 형성하거나 지나간 과거의 정체성에 관해 성찰하거나 지양하기도 한다. 바로 이러한 이유 때문에

참여 경험은 기억과 망각을 가져다주는 원천으로 작용한다고 볼 수 있다. 우리의 뇌는 참여 경험을 재생 가능한 형태로 저장해 주지만 그 의미 자체를 가져다줄 수는 없다. 우리가 가지고 있는 기억이나 우리가 내린 해석은 삶의 맥락 안에서 비로소 제 의미를 갖는다. 기억의 문제를 정체성과 결부시켜 본다면 우리가 삶 속에서 어떻게 연속성 또는 일관성을 유지하면서 살아가는지를 이해할 수 있다.[1] 또한 기억은 두뇌의 작동이나 그에 남겨진 흔적과는 다른 차원의 의미를 갖는다는 점도 깨닫게 될 것이다.

물론 기억의 과정은 그 의미가 결정되어 있지 않고 다양한 해석에 대해 열려 있다. 우리의 기억이 훗날 부여되는 의미에 대해 한없이 열려 있는 것은 단지 우리가 경험한 일들을 완벽하게 기억하거나 망각해서, 혹은 일부분만을 기억하거나 망각해서가 아니다. 그보다는 우리의 참여가 지속적으로 변화해 가고 세상을 보는 우리의 눈이 달라짐에 따라 삶 자체도 새로운 방식을 경험해 가기 때문이다.

참여와 객체화가 어떻게 상호 작용하느냐에 따라 기억이 생성되기도 하고 망각이 초래되기도 한다. 우리가 지나간 과거에 다가갈 수 있는 것은 이러한 참여와 객체화의 상호 작용을 통해서다. 고대 도자기 유물에 대한 연구를 예로 들어 보자. 한편으로 그것은 오래 전에 당대인들의 생활양식에서 나온 것으로, 화산의 잿더미 속에서 오랫동안 보존되어 있던 것이다. 그러나 다른 한편으로 우리가 그 도자기에 접근하는 것은 고고학적 관심에서

1 샬롯 린드(1993)는 생애 이야기 연구에서 사람들이 자신의 정체성에 관한 서사를 유지해 나가기 위해 자신들이 경험해 온 과거 사건들을 재해석함으로써 삶의 궤적에 모종의 일관성을 부여하려고 한다는 점을 보여 주었다. 또한 그녀는 일관된 서사를 구성하려는 이러한 재해석의 과정이 어떻게 해석할 수 있는 사회적 과정인지 잘 보여 주고 있다. 왜냐하면, 과거 경험을 어떤 식으로 해석하고 표현할 것인가 하는 것은 이야기를 통해 구체화되는 과정에서 정황적으로 상호 조율을 거쳐 나올 수밖에 없기 때문이다.

이고, 그것은 곧 도자기에 관련된 우리 자신의 정체성이다. 우리는 시대를 관철하면서 전해 내려온 다양한 형태의 인공물을 통해, 또는 세대에 걸쳐 전수되어 온 생활양식에 함께 참여함으로써 과거의 역사와 조우하기도 하고 그 안에서 정체성을 형성하기도 한다. 이런 점에서 학습사는 기억과 망각의 두 과정이 부단히 맞물려 전개되어 온 과정이라고 할 수 있다.

실천의 연속성과 단절성

시간이 경과함에 따라, 실천공동체는 참여와 객체화를 확대하기 위해 더욱 노력을 경주할 것이다.

- 우리는 어떤 실천에 참여하게 될 때 그에 온 힘을 쏟을 뿐만 아니라 그 실천에 함께 참여한 다른 사람들에게도 영향을 미치게 된다. 그래서 실천에의 참여는 타자들과 함께 역사를 구성하는 과정이라고 할 수 있다. 이때 우리의 정체성은 우리가 하는 일에 의해 규정될 뿐만 아니라 함께 참여한 타자들에 의해서 결정되기도 한다. 따라서 내가 어떤 공동체에 속하든 나의 정체성을 완전히 바꾸는 것은 있을 수 없다.
- 실천공동체는 자신의 지속적인 재생산을 위해 실천의 결과를 반영한 인공물 등을 꾸준히 창출해 낸다. 도구나 표현을 위해 동원된 인공물, 예컨대 개념, 용어 등은 모두가 실천공동체의 고유한 관점이나 이해관계를 반영한다. 이러한 인공물들은 실천에의 기반 위에서 그것들이 생산되었던 애초의 맥락을 초월하여 지속 가능한 실천의 원천으로 자리매김한다. 예컨대, 철자법은 쉽게 틀릴 수 있다는 점에서 보면 불편한 도구일 수 있지만 수세대에 걸쳐 사용되어 왔다. 철자법을 익히는 것이 그나마 언어를 통째로 바꾸고 그에 새롭게 적응하는 것보다는 훨씬 효과적이라는 점을 사람들이 잘 알고 있기 때문이다. 또 전통적인 미국식 단위인 인치나 갤런은 미터나 리터가 도입된 이후에도 여전히 통

용되고 있다. 그리고 자판을 두드려서 글자를 조합하는 식의 초기 타자기부터 볼 수 있었던 통상적인 배열의 키보드는 디지털 시대의 최첨단 컴퓨터에도 그대로 존재하고 있다.

참여와 객체화는 실천의 연속성과 단절성을 가져오는 기제로 작용한다. 참여와 객체화와 관련해서 언제까지고 지속되리라는 영구성은 있을 수 없다. 거기에는 항상 한계가 있기 마련이다. 따라서 어떤 실천이 재생산되는 과정에서 비연속성, 즉 단절은 피할 수 없다. 예컨대, 한 공동체에서는 구성원들이 전면적으로 교체되거나, 혹은 기존의 참여자들이 은퇴하거나 사망함으로써 새로운 세대들이 참여할 수 있는 공간의 여지가 지속적으로 창출된다. 마찬가지로 새로운 인공물이나 아이디어 혹은 용어나 개념, 이미지, 도구들은 부단히 새롭게 생산되고 차용되면서 낡은 것들을 대체한다.

실천공동체의 관점에서 세대란 실천공동체가 재생산되는 주기를 말한다. 앨린수사의 사례에서 보면, 신규 채용이 많다는 것은 곧 조직 내에 새로운 세대들이 더 많이 유입된다는 것을 뜻한다(일반적으로는 매년 몇 개의 연수반이 조직되는 것이 상례다). 그리고 그 조직에서 세대교체가 완전히 이루어지기까지의 재생산 주기는 상당히 길다. 신입 연수생에서 8급의 지위까지 가는 데 2년에서 4년 정도가 소요된다. 물론 이러한 계산은 세대교체를 고려하지 않은 것으로 세대교체를 감안하면 실제로는 좀 더 많은 시간이 걸린다. 즉, 말단 사무원 단계에서 중간 관리직의 지위까지 올라가는 데에는 짧게는 6년에서 길게는 10년 정도의 기간이 걸린다.

실천공동체는 참여의 과정이 정형화되어 있는 하나의 시스템이다. 따라서 실천의 단절 또한 실천공동체 안에서는 자연스러운 과정이다. 예컨대, 실천공동체 안에 새로운 구성원들이 들어오게 되면 세대 간 단절이 다양한 차원에서 발생한다. 이때 신참이냐 고참이냐 하는 것은 어디까지나 상대적인 문제다. 작년에 연수생이었던 사람이 올해에는 새로운 연수생들을 지도하는 지위로 승진하는 경우도 있다. 이러한 승진 방식은 별로 새로울 것이 없는 자연스러운 현상이나 그러한 승진체계가 초래하는 파급 효과는 실로 막대하다. 갓 들어온 구성원은 신참의 눈으로 공동체의 실천을 바라보며 새로운 정체성을 형성한다. 이러한 변화 과정은 때로는 순조롭게 이루어지기도 하고 때로는 어렵사리 이루어지기도 한다. 이러한 과정 속에서 신참들은 눈에 띄지 않는 방식으로 한발 한발 성장의 발걸음을 내딛는다. 예컨대, 그들은 어느 날 갑자기 자신이 다른 직원을 지도하고 도와주는 지위까지 왔음을 의식하고 지난 과거가 배움의 긴 여정이었음을 깨닫는다. 동시에 현재 자신이 할 수 있는 것 이상의, 예전과는 다른 뭔가 새로운 일을 하고 있음을 알 수도 있다. 실천의 역사는 여러 세대에 걸쳐 내려오면서 그 안에 스며들어 있으며, 이를 통해 공동체는 자신의 기반을 더욱 공고히 다진다. 공동체 안에 과거와 현재 그리고 미래가 공존하고 있는 것이다.

실천 간에 단절을 가져다주는 세대라는 것은 사람에게만 있는 것이 아니다. 그것은 인공물을 포함한 모든 지적 · 물적 자산들에도 존재한다. 보험회사에서 컴퓨터 시스템의 도입은 수세대 동안 내려온 실천 양식에 대해 대규모의 단절을 예고하는 것이었다. 과거 세대에 속한 사람들은 그러한 설비가 가져다준 엄청난 변화에 관해 아직도 이야기한다. 그들은 고객들의 파일로 가득 차 있는 커다란 캐비닛이 존재하던 옛 시절을 회상하며 지금과는 전혀 판이한 시대였다고 중얼거린다. 지금은 병원에서 직접 넘겨받은 자료를 보관하고 보다 편리한 절차를 거쳐 자동적으로 처리할 수 있는 새로운 시스템에 관해 이야기한다. 그러한 시스템의 도입으로 인해 모든 일의 처리가 전문적으로 분화되었고 그 결과로 야기된 변화는 실로 막대하다. 이전에 사용된 일련의 문서들이며 도구들은 새로 나온 기자재들로 점차적으로 대치되면서 이제는 구식이 되어 버렸다. 새로운 인공물들이 지속적으로 개발되고 투입되면서 실천 양식이 끊임없이 변화해 가기 때문에 어느 정도는 과거와 단절적일 수밖에 없다.

참여와 객체화의 정치학

지금까지 참여와 객체화는 시간에 따른 존재 양식이고 기억과 망각, 실천의 지속과 단절을 가져다주는 원천이기도 하다는 점에 관해 이야기했다. 참여와 객체화는 공동체의 실천방식을 결정짓는 중요한 두 가지 핵심 요인이다.

① 특정 사람들과 관계를 형성한다.
② 특정 인공물을 생산하는 데 관여한다.

이러한 의미에서 참여와 객체화는 참여자들에게 각기 다른 방식으로 영향력을 행사한다.

① 참여의 힘으로 개인의 권위나 카리스마, 신뢰, 우정, 야망 등이 나타난다.
② 객체화의 힘으로 제도화, 강령, 지침, 통계 수치, 계약 조건, 기획, 설계 등의 형태가 나타난다.

예를 들어, 우정을 돈독히 하면서 팀의 응집력을 다지는 것은 기획이나 계획을 세우는 일과는 성격이 다르다. 그리고 참여자들에게 도덕적인 헌신을 요구하는 것과 어떤 업무에 관해 통계 수치를 정리하여 발표하는 것은 전혀 다른 성격의 일이다. 참여와 객체화의 생산은 그 성격이 분명히 다르지만, 궁극적으로 양자 모두 해당 실천을 발전시키고 변화시키는 데에는 어느 것이 더 중요하다고 할 것 없이 양자 모두 중요하다.

① 공동체가 따라야 할 강령이나 지침이 지나치게 관료화되고 경직되어 비생산적인 경우가 종종 발생하기도 하는데, 이때 인간관계에 따른

유연한 처리가 도움이 된다.

② 인간관계에 따른 유연한 처리는 공동체의 운영을 자칫 편파적으로 몰아갈 수 있기 때문에 객관적인 강령이나 지침의 설정이 필요하다.

예를 들어, 보험처리사들은 자신들에게 주어진 업무를 추진할 때 회사 방침에서 크게 벗어나지 않도록 하기 위해 관리직 상사들과의 개인적인 인간관계를 유지하고 그에 의존한다. 물론 그들은 자신의 업무 성과가 객관적으로 산출된다는 사실 또한 잘 알고 있다. 사실 그들이 처음에 그 직장에 매력을 느끼고 들어온 것은 순전히 업무 자체만을 보고서다. 인간관계가 아닌 업무 자체의 성과에 대한 객관적 지표가 엄연히 존재하기 때문에 그들은 직장 내에서 자신들의 장래나 운명을 스스로 책임지고 개척해 나갈 수 있다. 그렇지 않다면 그들의 고용을 책임지고 있는 상사의 자의적인 결정에 자신들의 처지가 전적으로 맡겨질 수밖에 없는데, 이런 경우 업무 성과에 대한 객관적 지표는 일종의 방어장치 역할을 한다. 결국 참여와 객체화의 생산은 실천공동체와 그 실천 내용을 유지하고 발전시키는 데에 상보적인 역할을 하며, 그 어느 한쪽이 결여되어도 공동체의 존속은 어렵게 된다.

- 객체화는 공동체의 실천에서 의미를 갖기 위해 무엇보다도 해당 공동체에 의해 수용되어야 한다. 인공물 자체는 아무런 작용을 하지 못하기 때문에 객체화의 수용은 어디까지나 구성원들의 참여를 전제로 한다.
- 반대로 구성원들은 의견이나 실천을 서로 조율해 가면서 무엇이 집중해야 할 업무인지를 알게 되는데, 이는 각종 객체화 덕분이다. 따라서 구성원들은 업무와 관련된 객체화를 사용할 수 있는 능력을 키워야 한다.

의미의 창출은 참여와 객체화의 생산이 교차되는 가운데 생겨날 수 있는 산물이기 때문에 참여와 객체화를 통제한다는 것은 곧 실천이 갖게 되는 의미나 구성원들이 갖게 될 정체성의 모습을 통제하는 것이기도 하다. 이러한 관점에서 역사적으로 많은 전제주의 정권들이 왜 서적을 불사르고 회합의 권리를 규제하려고 했는지 이해할 만하다.

의미는 상황에 따라 매번 새롭게 발생하고 결정된다. 그리고 참여와 객체화는 서로 부단히 맞물려 다양한 조합방식으로 이루어진다. 이러한 연유로 많은 일들은 항시 결정되지 않은 채 존재하게 되는데, 바로 이 때문에 새로운 실천이 생겨날 가능성 또한 존재할 수 있다. 장래에 있게 될 일들을 미리 결정할 수 있는 통제력이란 존재하지도 존재할 수도 없다. 그러한 통제력이라는 것도 자신들이 추구하는 정체성과 업무에서 일관성을 유지해 가기 위해서 부단히 실천하는 과정에서 재생산될 뿐이다.

학습사

이제부터 실천은 어떻게 구성원들이 집단적으로 기억하는 것들을 간직하게 되는지에 관해서 이야기해 보고자 한다. 통상적으로 기억이란 반드시 집단 구성원들의 머릿속에만 존재하는 것이 아니다. 기억은 사물의 형태를 띠고 존재하여 구성원들이 참여하게 되는 실천에 자연스럽게 반영된다. 이러한 점에서 볼 때 한 집단이 공유하고 있는 실천 양식은 곧 그 집단 구성원들이 공유하는 학습사 자체라고 할 수 있다. 이 점을 보다 명확하게 이해하기 위해 염두에 두어야 할 실천의 속성 세 가지를 들면 다음과 같다.

① 실천이란 고정되어 있는 것이 아니라 지속적인 측면과 단절적인 측면이 함께 어우러져 일어나는 매우 유동적인 과정이다.

② 제2장에서 지적한 바와 같이, 실천을 통한 학습에는 세 가지 차원이 있다.

③ 실천은 그 속성으로 보면 대상이나 물건 등과 같은 객체가 아니다. 실천은 섭동(攝動, perturbable)과 복귀(resilient)가 지속되는 가운데 생

성하는 일종의 구조와 같은 것이다.[2]

실천의 지속과 단절

보험처리사 업무는 오랜 역사를 통해 점차적으로 제도적 면모를 갖추어 왔으며 최근에는 전산화에 힘입어 눈부실 만큼 발전하였다. 이러한 긴 여정은 매우 안정적으로 이루어져 온 실천의 과정이라고 볼 수 있다. 그러나 그 내막을 보면 현재까지 오게 된 과정에는 통상적인 업무의 일과를 뒤집어엎는 몇 차례의 혁신과정이 있었다. 그리고 현재 업무는 비교적 안정적인데, 그것은 발생하는 온갖 일들을 업무의 수행과정으로 수렴하기 위해 부단히 노력하는 공동체적인 노력 덕분이다.

지속적으로 변화하는 세상과 사회 조건과 맞물려 업무 수행과정이 계속 혁신해 가기 때문에 결과적으로 구성원들 사이에는 '항시 동일한 업무'로 보인다. 일반적으로 직원들은 업무 수행에서 어려움이라고 하면 흔히 혁신이나 변화를 든다. 사무실에 있다 보면 규정이나 절차의 개정, 심지어는 전산 시스템 개정, 개정에 대한 개정 등에 관한 공지 사항이 끊임없이 들어온다. 이러한 과정 안에서 업무 인력 또한 계속해서 교체된다.

보험처리사들은 급변하는 세상의 요구에 대처해야 한다. 따라서 그들이 학습하는 것은 고작해야 세상에 대한 반응 정도일 것이라고 생각한다면 오산이다. 변화의 과정은 외부 영향을 수용하는 것 이상이다. 업무와 인간관계에 열심히 매달리다 보면 변화로 이어지기도 한다. 업무과정에서 던진 질문 하나가 종국에는 업무 규정을 바꾸기도 한다. 또한 누군가의 아이디

2 여기서 구조란 구조주의에서 흔히 사용하는 의미 그대로라고 보면 된다. 저자가 실천이 사물이 아니라고 한 것은 그것이 구체성과 추상성을 동시에 갖추었기 때문이고, 구조로서 생성된다는 것은 전체의 추상성이 국지적 현상의 구체성을 통해 동시에 드러난다는 의미다. 또한 섭동과 복귀의 반복에 관해 말한 것은 실천이 갖는 자율 통제에 의한 변형의 속성 때문이다. 이 모든 속성들이 곧 구조의 속성이기도 하다.-역주

어가 수용되고 그로 인해 업무 조건이 좋아지기도 하고 나빠지기도 한다.

한편, 변화는 워낙 서서히 진행되기 때문에 업무 일상에서 그것을 알아채기란 쉽지 않다. 심지어는 기존의 실천 가운데 일부가 단절되는 큰 규모의 혁신인 경우에도 업무는 평상시와 다름없이 진행된다. 공동체는 여하간에 존속 · 유지되기 마련이다. 구성원의 유출입은 실천의 단절로 이어지지 않는다.

실천을 통한 학습

보험처리사나 관리직들은 자신들의 업무에 관해 말할 때 학습과 연관 지어 이야기하는 것이 드물다. 그렇지만 변화나 새로 도입된 아이디어, 옛 시절에 관해서 이야기하는 것으로 미루어 보아 그들에게 학습이 일어나지 않는다고 단정 지어 말하기는 어렵고 분명히 학습은 계속해서 일어난다. 물론 신입 사원의 경우에는 더욱더 학습을 경험한다고 말할 수 있다. 한번은 직접 이러한 질문에 관해 물어본 적이 있는데, 의외로 보험처리사들은 모두가 한결같이 자신들은 여전히 업무에 관해 배워 가는 입장이라고 대답했다. 대개 사람들은 직장 업무의 수행과정이 매우 실제적이어서 학습이라고 생각하지 않는 경향이 있다. 그러나 학습을 외재적인 목표나 특정 활동, 혹은 자격 조건 등을 획득하기 위한 수단으로만 생각할 필요는 없다. 실천은 학습이 일어나는 맥락적인 조건으로서, 어떤 실천에 참여한다는 것은 그 자체가 곧 무대이기도 하고 대상이기도 하며 길이기도 하고 목적지이기도 하다. 여기서 학습은 정해진 지식의 획득이 아니라 실천의 전개과정 그 자체다. 실천이 호혜적 관여의 역사로 형성된 것이라고 본다면 학습에는 호혜적 관계의 형성, 일에 관한 지식, 공동 자산의 개발이 포함되어야 한다.

이런 관점에서는 학습을 지속적인 실천 양상으로 보지만, 우리가 관여하는 모든 것이 학습이라고 지나치게 비화시킬 필요는 없다. 단지 어떤 개인에게 중요한 의미를 갖는 학습이라면, 위에서 말한 세 가지 요소에 어떤 방식으로든 영향을 미칠 것이라는 점을 염두에 둘 필요가 있다. 이런 식의 학습이란 개인의 머릿속에서 일어나는 신경에 의한 기억, 혹은 기계적인 습관화와 같은 정신적 과정도 포함되겠지만, 더 나아가 그 이상의 의미를 가진다.[3] 여기서 학습이란 실천의 발전 및 협상 능력과 관련된다. 학습은 기억이나 습관, 혹은 기술의 습득 이상으로 정체성 형성의 문제다. 우리의 경험은 정체성이나 멤버십의 형성에 영향을 미친다. 역으로 정체성이나 멤버십은 우리가 무엇을 경험해 왔고 현재 무엇을 경험하고 있으며 앞으로 무엇을 경험할 것인지에 결정적인 영향을 미치고 그 경험 내용을 바꾸어 놓기도 한다.

실천의 생성 구조

학습은 실천의 원동력이다. 그리고 실천은 학습의 역사다. 따라서 실천공동체에는 마치 개인의 삶처럼 구성원들의 학습사를 반영하는 생애 주기가 있다. 공동체가 탄생하면 시간이 흐르면서 발전해 나가고 종국적으로는 존속하거나 멸망한다. 공동체가 주기에 따라 변해 가는 모습은 제도적인 형식을 갖추고 있는 조직체와는 달라서 그 시작과 끝이 확연치 않다. 출범이나 해체 시점이 별도로 있는 것도 아니다. 그런 점에서 실천공동체는 태스크포스나 프로젝트팀과는 다르다. 태스크포스나 프로젝트팀은 임무나 과제를 가지고 시작해서 끝을 맺는다. 하지만 실천공동체는 업무가 시작되

3 철학자 스티븐 터너(Stephen Turner, 1994)는 개인의 아비투스화(habituation)라는 개념이 사회구조와 개인 간의 인과적 관계를 따지거나 개인의 구체적인 행위를 가리키므로 사회이론의 토대를 설명하는 데 실천 개념보다 더 적절하다고 지적한 바 있다. 나는 그가 기계론적 설명방식을 취하고 있다고 보아 이 책에서 말하고자 하는 내용과는 정반대의 이야기를 하고 있다고 생각하지 않는다. 그리고 아비투스가 학습과 실천을 연결 짓는 중요한 개념이라는 점에 대해서는 의심하지 않는다. 그럼에도 불구하고 실천이라는 개념이 상호 작용적 수준, 즉 의미의 상호 조정수준에 대해서 말하고자 한다는 점은 분명히 해 둘 필요가 있다.

어도 쉽게 생겨나지는 않으며, 반대로 일이 종료되어도 여전히 존속하기도 한다. 이러한 사실은 곧 실천공동체가 시작과 끝이 있는 업무에 바탕을 두고 성립되는 것이 아니라는 점과 아울러, 실천공동체의 존재는 구성원들이 호혜적으로 경험해 가는 학습의 과정에 기반을 두고 성립된다는 점을 잘 보여 준다.

구성원들의 학습으로 인해 실천공동체가 존립한다는 것은 곧 학습이 사회구조가 성립하도록 하는 일종의 토대 기능을 한다고 보는 것과 다를 바 없다. 물론 여기서 구조란 그 자체로, 그리고 그 자체의 힘으로 존재할 수 있기에 그것을 생성케 한 과정과 분리시켜 생각해 볼 수 있는 물적인 형태를 띤 대상이 아니다. 그보다 학습은 과정 안에서, 그리고 과정으로 계속해서 생성되는 구조의 형태를 띤다.[4]

사실상 실천은 궁극적으로는 구성원들에 의해 공유되는 의미의 상호 작용 속에서 생성된다. 이러한 의미의 상호 작용에는 항시 새로운 요인들이 잠재되어 있어서 실천은 새로운 가능성에 대해 끊임없이 열려 있는 방식으로 전개된다. 실천은 또한 끊임없는 재생산의 과정이기도 하다. 그 안에서 어떤 것들은 변함없이 지속되고, 어떤 것들은 새롭게 재평가되며, 또 어떤 것들은 새로운 형태를 띠고 재생산되면서 끊임없이 그 모습을 바꾸어 나간다. 실천이란 소위 섭동과 복귀의 과정이 서로 반복하여 일어나는 생성 구조다.

• 학습의 세 가지 속성은 서로 긴밀하게 연결되어 하나의 시스템으로 엮

4 이런 점에서 학습은 숨겨진 구조의 실현된 형태라고 볼 수는 없다. 예를 들어, 부르디외(Bourdieu, 1972, 1980)는 실천이 구조에서 출현하는 것으로 보고 이를 '아비투스'라고 개념화하고 있다. 그러나 이 책에서 말하고자 하는 구조의 생성으로서의 학습은 선재하는 기저의 구조에 의해 창출되는 것이라기보다는 상호 작용의 실천을 통해 생성되는 것이라고 본다. 이러한 입장은 기든스의 구조화 개념에 더 가깝다고 할 수 있다. 이 입장에서의 실천은 행위자의 인식이나 행위와 함께 구성된 것인 동시에 다시 그의 인식과 행위를 속박하는 것이다(Giddens, 1984, 서론 부분 참고).

여 있다. 예컨대, 새로운 구성원이 들어오면 그로 인해 구성원들 간에 새로운 관계가 형성된다. 그리고 새롭게 형성된 관계는 새로운 관심사를 초래하고, 이는 결국 업무를 쇄신하며 새로운 자산을 축적하는 데 일조한다. 일부에서 시작된 미묘한 섭동이 시스템 전체를 변화시키게 되는 것이다.[5] 보험처리사와 같은 조직에서 흥미로운 소문이 모든 직원들에게 퍼지는 것은 순식간이듯, 새로운 아이디어의 확산도 마찬가지 방식으로 일어난다.

- 실천공동체에서의 실천은 관례의 문제가 아니다. 물론, 관례 또한 실천의 일환으로 중요하다. 그러나 실천은 업무 수행을 기계적으로 재생산하는 식의 관례와는 다르다. 실천은 공동체와 구성원들의 정체성과 직결되기 때문에 물리적인 체계와는 다르다. 즉, 구성원들은 단독으로 혹은 기계적으로 행동하지 않는다. 대신 그들은 실천과 정체성을 유지해 나가기 위해 자신들의 생각과 행동을 다른 구성원들과 부단히 조율해 나가며 일에 임한다.[6]

어떤 실천이 정착되기 위해서는 섭동과 복귀의 과정을 거치지 않으면 안 된다. 학습에는 질서와 혼돈 간의 상호 작용이 있기 마련이다.[7] 구조의 지

5 이런 점에서 실천은 일면 '혼돈'스러운 속성을 가지고 있다(Goerner, 1994). 그러나 이를 사물처럼 비유하는 것은 잘못이다. 왜냐하면, 사람들의 행위는 기계적인 반응과는 다르기 때문이다. 사람들은 분명히 자신들에게 부닥친 일들에 대해 그동안의 지식과 자기만의 방식에 기반을 두어 해석하고 행동하기 때문이다.

6 피시(Fish, 1989)는 지속 가능한 실천이란 모든 것이 한꺼번에 변하지 않기 때문에 가능하다고 보았다. 이러한 생각도 일리가 있지만 실천의 지속성을 설명하는 데는 충분치 못하다. 어떤 실천이 지속 가능한 것은 구성원들의 정체성이 부단히 구성되기 때문이라고 보는 것이 더 합당하다.

7 시스템의 자기 조직적 속성에 관심을 둔 학자들은 '혼돈의 주변'이 갖는 생성적 속성에 대해 종종 이야기한다(Kauffman, 1993; Wheatley, 1995). 구조와 역동성을 모두 포섭하고 혼돈과 질서 사이를 절묘하게 오갈 수 있는 능력이야말로 실천공동체에서 찾을 수 있는 창조성의 원천이라고 볼 수 있다. 이런 점에서 실천공동체는 조직이론가 디 혹(Dee Hock, 1995)이 말한 '혼돈의 조직'이기도 하다.

속성은 안정성에서 나온다기보다는 적응성에서 나온다고 보는 것이 옳다. 실천 또한 생성 구조로서 창발되는 것이기 때문에 본래의 속성이 안정성이라거나 불안정성이라고 보기는 어렵다. 만약 무언가가 원인이 되어 변화를 촉발시키지 않는 한 변화가 일어나지 않는다면 그것은 구조라고 할 수 없다. 구조는 그 자체에 자정 능력을 지니고 있기 때문에 함부로 변하거나 혼돈으로 빠져들지 않는다.[8]

안정성과 불안정성은 실제로 일어나고 있고 일어날 수 있지만, 그렇다고 그것들이 본래 일어나기 마련이라고 전제해서는 안 된다. 그것들이 일어났다면 왜 일어났는지 규명해 보아야 한다.

- 분명히 실천의 변화에 영향을 미치는 안정성의 요인들이 있을 수 있다. 예컨대, 앨린수사는 안정적인 시스템을 구축해 그들 업무가 일관성 있게 처리될 수 있도록 해 왔다. 보험처리사들은 현장에 맞는 지침들을 세워 특별한 건이 생길 때마다 일관성 있게 처리할 수 있도록 하고 있다. 영향력 있는 직원 한 명이 더욱 안정성 있는 업무처리 방식을 위해 어떠한 타협이나 편법을 거부하는 것 또한 있을 수 있는 일이다. 그러나 그렇게 되기까지는 모종의 작업이 수반되지 않으면 안 된다. 그가 추구하고자 하는 안정성은 저절로 이루어지는 것이 아니다. 그것이 실현되기 위해서는 변화와 함께 여러 가지 복잡한 일들이 결부되게 마련이다.
- 거꾸로 조직을 동요시키는 사건이 있을 수 있다. 앨린수사가 보다 조건 좋은 노동시장을 찾아 회사 일부를 중소도시로 이전하기로 맨 처음

8 이 점은 실천을 이론화하려는 목적으로 다루거나 관리 대상으로 다루려는 경향이 강한 연구자들에게서 느낀 바를 서술한 것이다. 예를 들면, 경영학 연구에서는 대개 조직혁신과 관련해서 반드시 변화에 대한 저항이 뒤따른다고 본다. 이에 대해 나는 실천공동체가 저항하려고 하는 것이 변화 그 자체라기보다는 현장의 실천에 대해 잘 알지도 못하면서 변화를 촉구하는 시각에 대해서라는 점을 주장하고 싶다.

결정했을 때 보험처리사들 업무에 다소간 차질이 있었다. 경쟁 회사는 경력 직원들을 빼돌리기까지 했다. 이런 식의 동요는 언제나 발생하기 마련이다. 그러나 실천공동체라면 자신들이 가지고 있는 경험들을 지속시킬 수 있는 방향으로 나름대로의 대처 방안을 강구해 내고 수습할 역량을 발휘한다.

대조적으로 변화와 학습은 실천의 속성 자체이기도 하다. 변화와 학습은 일어나게끔 되어 있고 항상 단절적인 부분과 지속성을 동시에 포괄한다. 그래서 실천공동체에 관해서 생각할 때에는 학습이라는 측면을 염두에 두어야 한다. 그렇지 않으면 실천은 자칫 유연하지 못하거나 예측 불가능하게 될 수도 있다.

- 안정성은 기본적으로 존재하기 마련이므로, 때로는 변화의 충격이 필요하다고 생각하는 사람에게 실천공동체는 저항을 위한 기지 정도로 생각될 것이다.
- 조직이 그 속성상 불안정할 수밖에 없다고 생각하는 사람은 질서를 유지하기 위해 과도한 장치를 만들어 내는 경향이 있다. 이런 시각에서 보면 실천은 구조성을 결여하고 있으며 신뢰할 만한 것이 아니다.

이러한 두 가지 가정에 입각하여 단절이나 안정성을 의도하게 되면 자칫 현재 이미 이루어지고 있는 변화나 이미 지속되고 있는 안정성을 저해할 위험이 있다. 의미의 협상은 단순한 의미의 지속성이나 단절을 뜻하지 않는다. 따라서 그렇게 단순하게 접근하기보다는 현재의 상태에 대해 왜 그렇게 되어 왔는지 세심히 살펴보아야 한다. 다시 말해, 실천은 반드시 보수적일 수밖에 없다고 생각하는 것이나 실천은 워낙 불규칙해서 별도의 처리가 필요하다고 보는 것은 잘못이다.

세대 단절

실천공동체의 멤버십은 구성원들이 새롭게 들어오고 나감에 따라 끊임없이 변한다. 어떤 실천이 존속하기 위해서는 새로운 세대의 충원이 있어야 한다. 세대교체에 따라 공동체에서 수용하는 멤버십의 조건은 변화하기 때문에 새로운 세대의 유입이 가능하다. 세대교체 현상은 학습이라고 생각해 볼 수 있는 실천의 한 단면을 잘 보여 준다. 여기에서는 공동체가 공유하는 실천이 세대 간 단절 속에서도 어떻게 지속될 수 있는지 살펴본다.

세대교체

보험회사에서 신입 사원들의 학습은 두드러진 현상이다. 연수생이라는 신분은 연수 기간이나 근무 초기에는 직원들 사이에 특별한 눈총의 대상이 된다. 많은 조직에서는 업무과정이 순조롭게 진행될 수 있도록 하기 위해 신입 사원의 선발과 연수과정을 따로 두고 있다. 그렇지만 일상 업무와 별도로 일어나는 공식적인 연수과정만이 세대교체가 일어나는 핵심 공간은 아니다. 연수생들은 비록 별도의 독립된 공간에서 연수를 받지만, 회사라는 동일한 공간 안에서 지낼 수 있게 됨으로써 고참 선배들의 근무생활을 어깨 너머로 보고 배운다. 그동안 그들은 재빨리 그 상황에 적응하고 동화되어 간다. 연수과정이 끝나고 현장에 투입되면 실천공동체에의 참여가 비로소 시작된다.

에티엔: 실제 업무 지식은 어디서 얻게 되었다고 생각하나요? 연수과정에서 다루어지나요?

쉴 라: 업무를 해 보고 나서 제대로 알게 되지요.

메 리: 맞아요.

모 린: 연수과정에서는 업무에 관해 단지 감각만 알게 되지요. 실제로 해 보면서 많은 것들을 알게 되지요. 연수과정에서는 계약 부분에 관

해서는 말해 주지 않아요.

에티엔: 실제로 해 보면서요, 아니면 다른 직원들과 이야기하면서요?

쉴 라: 실제로 해 보면서이지요. 그래도 납득이 가지 않는다면 누군가에게 물을 수도 있고요. 그러면 그에게서 설명을 듣게 되요. 그러고 나서 실제로 해 보면 "아, 그렇구나!" 할 것입니다.

보험처리사가 연수에서 교육받은 지식을 실제 업무과정에 적용하는 것은 쉽지 않다. 따라서 신입 사원들은 연수 기간이 너무 짧다고 불평하곤 한다. 그러나 과연 연수 기간 자체가 문제일까? 그렇지 않다. 더 본질적인 문제는 연수 기간보다 신참으로서 실천공동체에 진입하기가 쉽지 않다는 데 있다. 실제 현장에 투입되면, 그들은 기존 직원들의 주목을 받는 상황 속에서 그들과 원만한 관계를 이루어 나가야 한다. 그때야 비로소 그들은 전임 참여자로서 업무를 볼 수 있게 된다. 고참들 또한 신입 사원들을 자기네 일상 업무로 끌어들이기 위해 나름대로 노력한다. 그러나 그러한 노력은 어디까지나 고참 개인의 몫이며 그에 상응하는 대가는 바랄 수 없다. 그 또한 자기 업무가 따로 있기 때문에 그에 전념하기 바빠 신참을 챙겨 주는 것은 쉽지 않다. 사실 현장에서 고참들이 신참을 지도하는 것이 연수 기간을 늘리는 것보다 훨씬 효과적일 수도 있다.

이전에 다른 책을 통해 레이브와 나는 신참이 실천공동체에 동화되는 과정을 '합법적 주변 참여'라고 개념화한 적이 있다. 이 개념은 다소 정련되지 않았지만 사람들이 한 공동체의 일원이 되는 조건이 무엇인지를 잘 보여 주고 있다. 여기에서 우리는 학습이 정련된 커리큘럼을 통해서가 아니라 신참이 그의 위치에서 접근 가능한 실천에 참여함으로써 일어난다는 사실을 보여 주고 싶었다. 주변성이나 합법성은 실천공동체에 참여하면서 일어나는 변화의 두 가지 다른 유형을 나타내는 개념이다.[9]

9 Lave & Wenger(1991).

- 주변성은 전임 참여에 가까이 접근할 수 있는 위치를 말해 준다. 이것은 다양한 방법으로 획득될 수 있다. 거기에는 이야기나 말도 포함된다. 물론 해당 실천에 관해 실천 밖에서 하는 이야기와 실천 내에서 실천의 일환으로 주고받는 이야기 사이에는 커다란 차이가 있다. 초기 견습과정이 중요한 것은 그것이 참여의 일환으로서 이루어지기 때문이다. 초보자가 공동체의 한 일원이 되기 위해서는 실천이 가지고 있는 세 가지 측면, 즉 호혜적 관여, 공동 업무, 그리고 공동 자산에 관해 학습할 필요가 있다. 그리고 실천공동체 자체가 곧 커리큘럼임을 명심할 필요가 있다. 강사나 장인, 선배와 같은 역할 모델이 신참들에게 중요한 이유는 그들이 공동체 내에서 차지하는 지위 때문이다.
- 주어진 경로 밖으로 밀려 나가지 않기 위해서 신참은 합법적 지위를 갖추어야 한다. 만약 구성원들 눈 밖에 날 경우 조직생활은 순탄치 않을 것이다. 전통적인 도제교육에서는 장인만 허락한다면 도제는 실천의 과정에 접근할 수 있었다. 따라서 누가 장인이 되느냐 하는 것은 매우 중요한 일이었다. 이러한 풍습은 오늘날 대학원 제도에서 쉽게 볼 수 있는데, 박사과정에는 지도교수제가 있어 학생들이 교수를 통해 학문공동체에 입문한다. 신참들은 아직 역량이 미숙하기 때문에 누군가가 나서서 그들에게 합법적 참여의 기회를 제공해 줄 필요가 있다. 일단 합법성을 얻게 되면 좀처럼 국외자로 몰리는 경우는 많지 않다. 설령 잘못하는 경우가 있다고 하더라도 학습의 기회라고 너그러이 봐 주기도 한다.

학습으로서의 실천

다시 한번 강조하건대, 도제교육과 같이 참여를 통한 학습이 효과적인 이유는 그 방법적인 이유 때문만은 아니다. 참여를 통한 학습은 지식론의 관점에서 볼 때에도 적절한 방법이다. 참여를 통한 학습에서야말로 지식과 학습, 그리고 학습자가 갖추게 될 역량과 학습의 과정 간에 있을 수 있는 괴리를 극복할 수 있다.

실천은 학습의 사회사다. 그것은 한 세대에서 다음 세대로 물려줄 수 있는 물건이 아니다. 실천은 사회적이며 상호 작용의 과정이고, 신참의 유입 자체도 실천의 일환으로 일어난다. 구성원들이 서로 정보를 교환하고 가르치며 배우는 과정은 이미 실천의 일환으로 하고 있는 일이다. 그리고 실천공동체가 추구하는 멤버십의 재생산은 곧 실천의 재생산과 다름 아니다. 구성원들은 실천을 통해 자신들이 가지고 있는 역량을 다음 세대와 공유한다. 신규 인력을 충원하는 방식은 공동체마다 독특하고 다르지만 학습의 과정 자체는 다르지 않다.[10]

10 여기에는 다소 미묘한 쟁점이 있다. 예를 들어, 터너(Turner, 1994)는 실천이 암묵적인 지식이고 전달 가능하다고 주장한다. 만약 암묵적 지식이 전달 가능하지 않다면 이를 실천 개념으로 다루는 것 또한 타당하지 않다는 것이다. 그러나 실천의 재생산을 전달이나 내면화와 같이 별도의 메커니즘을 상정해 설명하는 것은 온당치 않다(Vygotsky, 1934; Parsons, 1962; Bandura, 1977). 즉, 실천의 전달을 위해 그 실천과는 별도의 과정이 있다고 보는 것은 옳지 않다는 것이다. 실천을 전달하기 위한 과정은 여기서 말하는 의미의 조율, 재조율의 과정으로서 실천과 별도로 일어날 리 없다. 바로 그것이 곧 실천 자체를 구성하는 중요한 부분이기 때문이다. 이런 관점에서 본다면 세대교체도 단순히 연속성이나 단절성만으로 이야기하기는 힘들다. 세대교체는 양자의 상호 작용으로 일어난다. 이렇게 보면 세대교체는 유산의 상속이나 자리의 대물림 이상이다. 그것은 단절을 통해 실천공동체를 재구성해 가는 과정이다.

제4장
공동체의 정체성과 경계

앞 장에서는 실천공동체를 통해 사람들이 어떻게 각자의 학습을 공유하게 되는지 살펴보았다. 시간이 지남에 따라 공동체에 남아 있는 사람들과 그렇지 못한 사람들 간에는 단절이 생기게 마련이다. 이러한 단절 또한 구성원들의 학습에 의해 가능하며, 거기에는 공동체가 겪게 될 변화의 과정이 뒤따르게 마련이다. 그러한 과정에서 실천공동체는 경계를 형성하고 자신만의 정체성을 구축해 나간다. 여기서 실천공동체가 자기를 둘러싼 경계를 형성한다는 것은 여타의 세상이나 공동체들과 분명한 차별성을 추구하며 자기만의 관계 고리를 구현한다는 것을 의미한다.

지금까지는 실천공동체 자체의 구조만을 염두에 두고 논의해 왔다. 그러나 실천공동체는 여타의 세상과 별도로 존재할 수 없다. 공동체에서 일어나는 수많은 일들은 실상 바깥 세상에서 일어나는 일들과 밀접하게 연계되어 있다. 한 실천공동체에서 찾아볼 수 있는 구성원들이나 각종 인공물들 또한 그 공동체에만 소속되어 있는 것은 아니고 동시에 여타의 다양한 공동체에 속해 있기도 하다.

따라서 한 공동체에 속한다는 것은 다른 공동체와도 관계한다는 것을 뜻하기도 한다. 보험처리사 업무의 경우 다소는 활동 반경이 그다지 크지 않은 일이라고 생각되지만, 실제로는 여타의 다양한 일들과 복잡하게 얽혀 있다. 회사 내부만 보더라도 다른 수많은 보험처리사들이 있고 경리 직원들, 의료나 법률 담당 직원들, 관리층 등이 있다. 갓 들어온 신참들은 신속히 그들과 관계를 형성해 나가야 한다. 한 실천공동체에 입문하면 일을 익히게 될 뿐만 아니라 바깥 세상과의 관계 또한 수립해 나가게 된다.

앞 장에서 실천의 연속성과 단절성을 실천공동체가 겪어 나가는 시간의 경과 측면에서 이야기했다면, 이 장에서는 실천공동체가 차지하는 공간적 위치와 관련하여 살펴보겠다.[1]

① 참여와 객체화의 과정이 어떻게 경계를 구축하는지 살펴본다.
② 공동체 간에 경계와 연계가 어떻게 형성되는지 살펴본다.
③ 경계 영역과 주변부에 관해 살펴봄으로써 실천공동체가 어떤 모습으로 나타나는지 알아본다.

경계 영역의 이중성

한 실천공동체를 여타의 세계와 구분 짓는 경계 역시 참여와 객체화에 따라 결정된다. 어떤 경우 그러한 경계가 아주 뚜렷이 나타나기도 한다. 물론 경계를 나타내는 상징이 가지는 힘은 그것이 참여자들에게 미치는 영향의 정도에 따라 발휘될 것이다. 그러나 명확한 구분을 나타내는 상징이 없다고 해서 경계가 없는 것은 아니다. 겉으로는 경계 구분이 없는 것 같아도 실제로는 보이지 않는 경계가 작용하는 경우가 허다하다. 겉으로는 울타리

1 일부 현대적 해석에서 경계란 것이 가능하면 회피해야 할 것으로 다루어지는 데에 반해, 여기에서는 경계란 것이 초월되고 해소되어야 할지언정 불가피하며 존재할 수밖에 없는 것으로 받아들인다(조직 상황과 관련해서 어떻게 사용될 수 있는지는 제11장을 보라).

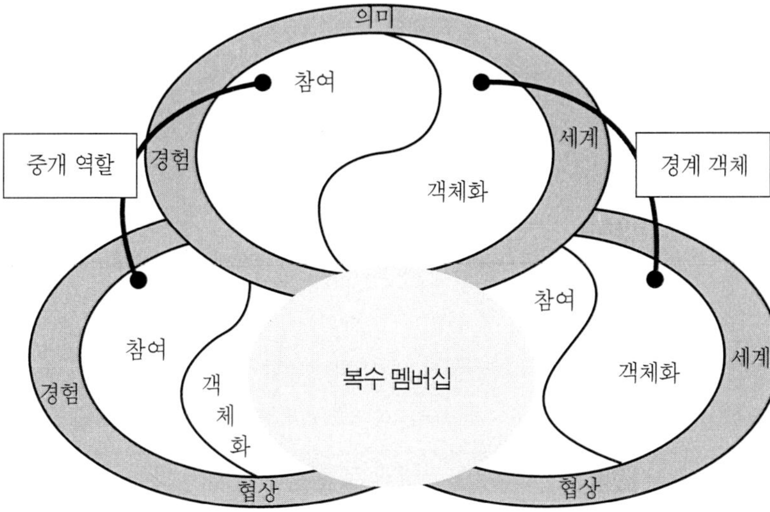

[그림 4-1] 연계 실천으로서의 참여와 객체화

가 없어 보이는 학교 운동장도 외부인으로서는 함부로 드나들 수 없다. 전문가 집단이 공유하고 있는 용어나 말은 외부인들과의 경계 구분을 명확히 해 주는 기제다. 독자적인 개성이 없는 회사 조직은 꿈 많은 사원들에게는 일류 대학의 학위가 없는 것과 마찬가지로 그들에게 박탈감을 안겨 줄 것이다. 때로는 통유리 천장으로 꾸며진 사무실 환경이 그 분위기로 신입 사원 지원자들을 압도하기도 한다.

그러나 실천공동체에는 [그림 4-1]에서 보는 바와 같이 다른 세계와의 경계 구분과 연속성이 항상 공존한다.

- 대부분의 객체화는 한 공동체의 경계 영역을 초월하여 다른 공동체에서도 유효하다. 예컨대, 앨린수사 빌딩은 보험처리사들에게도 상관이 있지만 동시에 건축가들이나 도시 계획자, 건물 관리나 토지 등을 관리하는 사람들과도 관련된다. 그 빌딩은 그들 각자의 업무 성격에 따라 다른 방식으로 취급된다. 하나의 인공물로서 그 빌딩은 다양한 실

천들이 모인 집합소다.

- 대부분의 사람들은 동시에 두 개 이상의 실천공동체에 참여하고 있다. 사례에서 보면 부서 관리자는 관리자 그룹에도 속하면서 동시에 자신들의 개별 부서에 속해 있다. 자기 부서의 경계 영역을 넓혀 나가는 것이 부서 관리자의 업무이기도 하다. 한 사람이 여러 공동체에 관여함으로써 공동체 간에 다양한 방식으로 연계하는 것이 가능하다.

공동체들 간의 연계는 다음의 두 가지 방식으로 이루어진다.

① 경계 객체: 동일한 객체를 두고서 두 공동체가 공유하는 경우
② 중개 역할: 동일한 실천에 대해서 두 공동체가 공유하는 경우

경계 객체

과학사회학자 레이 스타(Leigh Star)는 이질적인 다양한 실천들을 서로 중개하고 연결하는 객체를 가리켜 경계 객체(boundary objects)라고 개념화한 바 있다.[2] 보험처리사의 예에서 보면, 청구 양식은 의료 상담이나 서비스를 보험처리 보고서 형태로 통역해 주는 기능을 한다. 이 경우 청구 양식은 표준화된 양식을 통해 보험처리와 다른 세계를 연결시켜 주는 기능을 한다는 점에서 경계 객체라고 할 수 있다.

경계 객체는 보험처리 업무 자체에서나 그 업무가 관여하는 일에서 핵심적인 역할을 한다. 보험처리 업무 자체만 본다면 그 기능은 정보처리다. 보험처리 업무는 의료 서비스에 관하여 표준화된 양식으로 정보를 만들고, 그것을 계약 조건이나 약관, 절차에 나와 있는 명시적 규칙들에 따라 최종적으로 보험료 납부에 관한 정보로 변환하는 일이라고 볼 수 있다. 그 업무

2 Star(1989); Star & Griesemer(1989).

의 종국적 산출물이란 보험료 납입 정보를 명세서 형태로 출력하고 그것을 납부자들에게 보내는 것이다. 여기서 업무라고 간주할 수 있는 대부분의 일들은 결국 이러한 변환 작업에 필요한 정보들을 만들어 내는 것이다. 보험처리사들은 표준화된 정보들을 통해 그들이 직접 경험하지 않은 세상사에 간접적으로 관여하게 된다. 예컨대, 그들은 알지 못할 뿐더러 그 건강 상태에 대해 전혀 들어본 적도 없는 사람들이 제출한 청구건들을 처리해야 한다. 그들은 또한 자신들이 전혀 관여해 본 적 없는 의료 절차에 관해 보고서를 접수한다. 그들이 처리하는 정산금에 관해서 그 출처가 어디인지 알 수도 알 필요도 없다.

보험처리사들은 청구를 제출하는 개인들의 사정들에 대해서는 알지 못할 뿐더러 아무런 관심도 없지만 자신들이 맡은 건들을 처리한다. 이런 점에서 보험처리사 사무실은 해당 공동체의 안팎으로부터 도입된 온갖 종류의 경계 객체들로 가득 차 있는 공간으로 볼 수도 있다.[3]

경계 객체라는 개념이 말해 주듯이, 일상생활 속에서 우리는 우리가 속하지 않은 여타의 수많은 실천공동체들과 엮일 수 있는 인공물들에 지속적으로 노출되어 있다. 청구 양식과 같이 정보를 표준화하여 기록함으로써 인공물들은 경계 객체로 기능할 수 있다. 인공물이 경계 객체로 작동하기 위해 필요한 조건은 다음과 같이 정리해 볼 수 있다.

① 모듈화(modularity): 하나의 시각으로 한 측면에만 주목할 수 있어야 한다. 예컨대, 신문은 여러 종류의 기사를 게재할 수 있도록 편집되어

3 라투어(Latour, 1986)는 아이디어나 개념을 표현하기 위해 동원되는 표준화된 인공물을 '고정성 유동체(immutable mobiles)'라고 하였다. 우리가 사용하는 많은 표현도구들은 세상에 대해 새로운 관점을 창출하는 방식으로 수집되고 조합되어 새로운 패턴을 만들어 내고 다시 세상에 대해 힘을 발휘한다는 점에서 하나의 자율적인 인공물이다. 예를 들어, 코드화의 힘은 보험처리 업무의 범위를 넘어서게 되는데, 가령 의료 진단이나 절차가 일단 코드로 변환되면 통계처리와 결부되어 병이나 치료에 관하여 새로운 정보를 생성한다(의료 정보의 코드화에 관한 논의는 Bower & Star, 1995를 보라).

있어 독자에 따라 자신의 취향에 맞는 기사를 골라 읽을 수 있다.

② 추상화(abstraction): 모든 시각에서 볼 수 있는 것을 한눈에 조망할 수 있기 위해서는 각각의 시각으로 걸러지는 세세한 특징들은 무시할 수 있어야 한다. 예컨대, 지도는 실제 지형에서 특정한 속성만을 취해 추상화시킨 것이다.

③ 수용 능력(accommodation): 경계 객체는 다양한 성격의 활동들을 포괄할 수 있도록 설계되어야 한다. 예컨대, 한 회사의 빌딩에는 다양한 일을 가진 사람들이 상주해 있다.

④ 표준화(standardization): 경계 객체에 담겨질 정보들은 어떠한 목적으로도 사용 가능할 수 있도록 표준화된 방식으로 저장되어 있어야 한다. 예를 들어, 설문 문항들은 응답 유형이 정형화될 수 있도록 제작된다.

모든 경계 객체가 반드시 인공물이나 코드화된 정보 형태를 갖추고 있는 것은 아니다. 예를 들어, 숲은 등산객들, 생태주의자 혹은 생물학자, 토지 소유주 사이에서 하나의 경계 객체다. 그들은 산림 문제에 관한 한 자신들의 견해를 서로에게 관철시키거나 조율하기 위해 온갖 방법을 강구한다. 그렇다고 세상의 모든 것들이 다 경계 객체는 아니다. 그럼에도 불구하고 세상의 모든 것들은 사람들 사이의 다양한 실천 양식 안에 속할 수 있다. 따라서 그것이 사람들의 견해나 관점들을 서로 연결하여 반영할 수 있는 만큼, 다양한 시각 사이에 조정과 합의가 필요한 시점 그 언제라도 경계 객체가 될 수 있는 잠재성을 가지고 있다. 예를 들어, 같은 글이라도 작가의 의도와 독자가 파악하는 의미가 똑같지는 않다. 하나의 인공물이 경계 객체로 사용되기 위해서는 이질적인 두 이해방식에서 출발하여 하나의 합의에 도달하려는 상호 조정과 통역의 노력이 필요하다. 다시 말하면, 경계 객체로 파악되는 인공물은 그 자체가 완결된 하나의 고정된 의미를 갖기보다는 그와 연관된 다양한 실천들에 내포된 다양한 관점들을 함께 반영하는 일종의 타협의 산물로서 맥락에 따라 다양한 의미를 갖는다.

일상적으로 사람들은 인공물을 하나의 자기 완결적 객체로 경험하기 때문에, 그것의 의미가 다양한 관점들이 서로 타협하면서 어우러져 나온 하나의 교차점이라는 것을 흔히 간과한다. 그러나 인공물이 하나의 의미에 정착될 수 있는 것은 상이하게 다양한 관점들이 교차하는 가운데 가능하다. 예컨대, 업무와 관련하여 작성된 메모를 생각해 보라. 우리는 흔히 그러한 메모에 나와 있는 글 자체가 나름대로의 의미를 가지고 있다고 생각한다. 그러나 그것이 나타내려고 하는 의미란 결국 여러 실천들 간에 모종의 관계가 형성되는 과정에서 도출된다는 사실에 대해서 쉽게 간과한다. 어떤 사람이 그 메모를 읽으면서 파악하는 의미는 그 사람과 메모 간의 관계를 반영할 뿐만 아니라 실천공동체 간의 관계, 즉 그 메모가 작성된 공동체와 읽는 사람이 속해 있는 공동체 간의 관계 역시 반영한다. 이렇게 볼 때 커뮤니케이션의 문제는 참여와 객체화의 문제일 뿐만 아니라 공동체 내부 또는 공동체 사이에서 어떻게 의미를 창출해 나가느냐의 문제와 직결된다.

이러한 맥락에서 인공물, 예컨대 문서나 시스템 혹은 도구에 대한 설계는 경계 객체에 대한 설계라고 볼 수도 있다. 예를 들어, 컴퓨터 시스템의 설계는 주로 사용방식에 염두를 두고 이루어지고 있으며, 이 경우 '유저(user)'라는 용어를 사용한다. 이러한 관점에서 '사용(use)'이라는 개념은 유저와 인공물 간의 관계를 말한다. 여기서 유저에게는 자기가 관여하는 일이 있고 자신이 속한 공동체가 있을 것이다. 바로 그때 인공물은 경계 객체의 성격을 갖는다. 그리고 인공물의 설계는 단순히 사용방식에 대한 설계만이 아닌 참여방식에 대한 설계를 말한다. 여기서 핵심 이슈는 설계의 실천을 사용의 실천에 어떻게 연계시킬 수 있겠는가 하는 것이다. 관여된 공동체들을 서로 연계시키는 문제나 어떤 공동체에 속한 실천인지 그 경계를 관리하는 것이 곧 객체 설계에서 무엇보다 중요한 과제다.[4]

중개 역할

서로 다른 공동체 간의 연계는 객체와 같은 인공물을 통해서만 가능한 것이 아니다. 예를 들어, 보험처리사의 경우 서로 다른 부서는 업무도 다르고 그에 따라 일을 처리하는 방식 또한 다르다. 이 경우 각 부서의 관리자들은 업무 사이에 있을 수 있는 각 부서의 입장 차이를 놓고 조정 역할을 한다. 두 개 이상의 공동체에 통용되는 지위를 이용하여 하나의 업무를 다른 업무와 연계시키는 일을 중개 역할(brokering)이라고 한다. 중개 역할이라는 개념은 페넬로프 에커트(Penelope Eckert)에게서 빌려온 것으로, 그는 이 개념을 통해 학교에서 공부에 잘 참여하지 못하는 아이들이 끊임없이 새로운 아이디어나 재밋거리, 새로운 스타일의 음악, 용모나 옷차림 등을 찾아내어 또래 친구들과 공유하려고 한다는 점을 관찰했다.[5] 그렇다고 해서 다양한 실천에 관여하고 있는 모두가 다 중개 역할을 하고 있는 것으로 생각해서는 안 된다. 서로 분리되어 있으면서 전혀 공통 분모를 갖지 않는 참여의 형태들 또한 있을 수 있다.

실천공동체에는 중개인들이 있어서 외부의 다른 세계와 관계를 유지하게 된다. 예를 들어, 안전 프로그램 회사의 직원에게는 업무와 관련해서 경험하는 학습이 회사라는 공동체 울타리 내부에서만 일어나는 것이 아니다. 어느 날 퇴근하고 집에 와서 가족들의 행태를 유심히 보면서 업무와 관련해 고민하던 부분에 관한 해결책을 우연히 생각해 낼 수도 있다.[6] 또한 한

4 '참여적 설계'라고 알려져 있는 이러한 접근방식은 컴퓨터 과학자 펠레 엔(Pelle Ehn, 1988)의 도구적 관점에서 잘 엿볼 수 있다.

5 그녀가 학교 아이들 사이에서 벌어지는 중개 역할에 관하여 관찰한 바를 분석한 것은 매우 흥미롭다. 학교 밖의 새로운 것들, 예컨대 새로운 음악이라든지 새로운 패션을 학교 안으로 유입하려고 하는 이들은 하위 집단 가운데 리더들이 아닌 주변부의 아이들이다. 왜냐하면, 집단의 리더들은 그 집단이 공유하고 있는 기성의 것들에 이미 너무 젖어 있기 때문이다(Eckert, 개인 면담).

부서 조직의 총괄 관리자에게는 분명히 중개인으로서의 역할이 있다.[7] 관리자로서의 역할은 부서 내 직원들을 관리 감독하는 것이지만, 업무를 완성해 내기 위해서는 다른 부서들과 업무를 조정하는 등의 중개 역할을 해야 한다.

중개 역할은 각 실천공동체 간에 연결 고리를 새롭게 만들 수 있고, 때로 양자 간에 갈등이 있을 때에는 이를 조정할 수도 있다. 게다가 훌륭한 중개인이라면 업무와 관련하여 새로운 가능성을 만들어 내기도 한다. 우리 모두는 의도하든 그렇지 않든 부분적으로나마 중개 역할을 하며 살아간다. 혹은 우리 주변에는 중개 역할을 매우 좋아하여 아예 직업으로 하는 사람들조차 있다. 그들은 무언가 연결 고리를 만들어 내고 싶어 하며, 이쪽에 무언가를 들여오고 저쪽에 무언가를 가져다 심는 일을 즐겨한다. 또한 한 실천공동체 안에서 핵심 지위에 오르는 것보다 다양한 공동체 사이를 오가며 그 경계 영역에만 머물러 있기를 원하는 사람들도 있다.

물론 중개 역할은 간단치만은 않다. 때론 통역도 해야 하고 때로는 상호 조정의 역할도 해야 한다. 자신이 중개하는 공동체의 발전에 대해 영향을 미치기도 하며, 다른 공동체의 실천에 관심을 갖도록 유도해 내기도 한다.[8] 필요하다면 공동체에 상충하는 이해관계조차 받아들이도록 내부 구성원들을 설득해야 할 경우도 있는데, 이때 중개인은 공동체가 인정하는 상당한 수준의 지위에 있어야 한다. 중개 역할은 서로 다른 두 실천 사이에 상호 왕래가 원활히 일어날 수 있도록 하며 한쪽이 가지고 있는 지식이나 실천을 다른 쪽에 소개함으로써 학습이 일어나도록 부추기기도 한다. 이러한

6 이 점은 듀폰사의 로빈 캐롤(Robin Karol)과의 면담을 통해 얻은 이야기다. 이 회사는 위험 소지가 있는 화학물을 다루기 때문에 안전 프로그램 확충에 대해 각별히 신경 써 왔다.

7 스타(Star, 1990a)는 많은 프로젝트들이 부서 차원을 넘어서 수행 가능한 이유가 이들 '전형적인 관리자들' 때문이라고 지적한 바 있다.

8 라투어(Latour, 1986)는 '고정성 유동체'라는 개념을 사용하여 과학적 사실이나 이론들이 과학자 공동체 내부에서 어떻게 통용되는지를 설명했다.

중개 역할은 다양한 공동체에 속해 있으면서 새로운 의미를 창출할 수 있는 능력을 통해 발휘될 수 있다.

중개 역할은 때로 관여하는 두 실천공동체 모두를 지향해야 한다는 쌍방향적인 속성이 필요하다. 예를 들어, 보험처리 관리자에게는 노사 양측 사이에서 어느 한편에 쏠리지 않기 위해 신경 써야 하는 경우가 있다. 따라서 어느 때에는 양측 모두에 관여하기도 하고 어느 때에는 양측 모두에 전혀 관여하지 않기도 한다. 그는 사측이나 노측에서 볼 때 관리자는 아니지만, 소위 '잘나가는 사람'이다.

중개인들은 구조조정을 자신들의 일을 잃을 수도 있는 커다란 위험으로 받아들인다. 공동체는 자신의 일에만 관심을 두기 때문에 이런 관점에서 보면 경계에 있는 사람들이 해당 업무에 대해 잘 모른다고 본다. 그로 인해 공동체는 중개 역할의 가치를 평가절하하거나 무시해 버리기도 한다. 따라서 중개인들은 중개 업무와 관련된 구조조정을 자기 탓으로 돌려 해석하기도 한다. 그러나 개인이나 공동체를 생각한다면 그러한 경험은 중개인 개인적인 문제가 아닌 중개 업무 자체에 대한 위기로 생각해 볼 필요가 있다. 중개인들은 이러한 어려움에 처할 경우 다른 중개인들과 연합하여 함께 대처해 나가기도 한다. 그것은 사람들이 구조조정이라는 위기에 처했을 때 대처하는 한 가지 방법이기도 하다.

중개인은 양극단의 성향, 즉 내부자로서 성공하거나 외부자로서 거부당하는 일은 피해야 한다. 사실 그가 공동체에 기여할 수 있는 것은 오직 그가 내부와 외부 어느 한쪽에 치우쳐 있지 않을 때다. 중개인에게는 이를 세심하게 관리하고 운용하는 능력, 즉 공동체와 거리를 유지하며 다른 견해를 견지할 수 있는 능력과 자신의 이야기가 통할 수 있도록 상당한 지위를 유지하는 능력이 절대적으로 필요하다.

상보적 연계

서로 다른 두 공동체는 참여와 객체화를 통해 서로 연계할 수도 있다. 두 공동체가 하나의 인공물을 공유한다고 해서 반드시 그들 실천 자체도 중복되는 것은 아니다. 또한 두 공동체에 속해 있는 구성원이 한 공동체에서 다른 공동체로 이동하는 데 반드시 복잡한 절차를 거쳐야 하는 것은 아니다.

객체화는 시공간의 한계를 초월하는 힘을 가지고 있다. 우리는 외국에서 일어나는 일들도 뉴스를 통해서 쉽게 접한다. 또한 오래 전에 남겨진 글에 관해 공부할 수도 있다. 이런 점에서 보면 객체화는 우리에게 무한한 가능성을 제시해 주는 것처럼 보인다. 그러나 객체화는 모두 어느 정도 모호한 구석이 있기 마련이어서 그에 대해 확정된 의미를 부여하기 위해서는 별도의 노력이 필요하다. 객체화가 가질 수 있는 가능성과 한계에 관해서는 다음과 같이 생각해 볼 수 있다.

① 호혜적 관여에서 나타나는 시공간적인 한계는 초월할 수 있다.
② 다양한 의미들을 수용할 수 있도록 모호함과 오해의 소지가 항상 존재한다.
③ 사람들의 참여를 유도할 수도 있지만 역으로 그들의 접근을 차단할 수도 있다.

어떤 실천에 대해 직접 참여하지 않고도 그에 관하여 생생하게 경험하는 경우가 있다. 예컨대, 암벽 등반 마니아를 절친한 친구로 둔 사람은 암벽 등반에 관해 잘 알 수 있다. 그리고 가까운 이웃이 아프리카 출신이어서 아프리카 문화에 익숙할 수도 있다. 또한 학교 식당에서 자주 자리를 같이하는 과학자들에게 그들 공동체에서 일어나는 뒷이야기나 정치적인 이슈에 관해 들을 수도 있다. 이런 경우 그 실천에 대한 지식이 부분적일 수밖에 없고 따라서 이때 우리는 그 공동체의 주변부에 있는 사람이라고 할 수 있다.

① 어느 누구도 일 또는 공동체 전체를 대표할 수는 없다.
② 누구의 지식도 그 자신의 구체적인 경험에 의존할 수밖에 없다.
③ 역할은 실천공동체와 관련해서 제 의미를 가질 수 있다.

서로 다른 두 실천을 연계시킬 때 인공물을 사용하는 것만큼 좋은 방법은 없다. 하나의 문서는 그 자체로 제한적이지만 우리의 해석이 가해져 제 의미를 갖는다. 객체화의 모호함과 참여의 부분성이 서로를 보완해 주며 하나의 의미를 창출할 수 있다. 누구라도 공동체에의 접근이 허용된다면 인공물의 매개에 힘입어 주어진 일을 훌륭히 해낼 수 있을 것이다.

경계 접속과 의미 조율

서로 다른 두 공동체 간의 경계 접속(boundary encounters)은 [그림 4-2]에서 보는 바와 같이 다양한 형태로 일어난다. 그리고 이러한 상호 작용은 서로의 정체성과 서로 간의 관계에 영향을 미친다.

• 두 공동체의 구성원들 사이에 일어나는 일대일 대화 상황이 있을 수

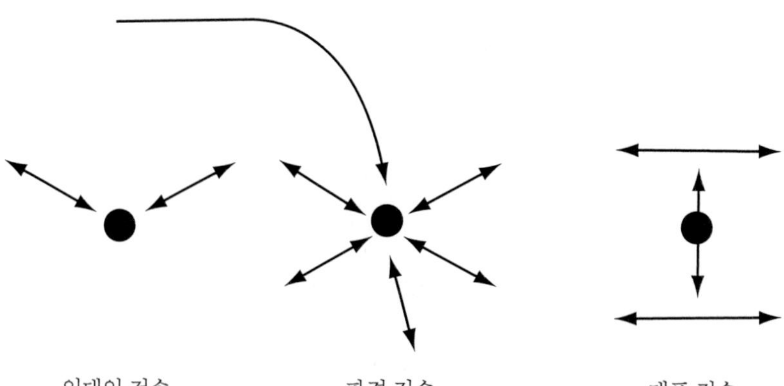

[그림 4-2] 경계 접속의 유형

있다. 여기서 양자 간의 사적인 대화가 갖는 장점은 무슨 내용의 대화가 오갔는지 아는 사람이 오직 그들뿐이라는 점이다. 따라서 이 경우에 사람들은 자신들의 사정을 상대방에게 솔직하게 이야기하면서 상대방과의 관계를 돈독히 한다. 그러나 이러한 관계에서는 상대의 말만 믿게 되어 매우 제한적인 지식과 정보를 공유하기 쉽다.

• 한동안 다른 공동체의 일을 경험하는 경우도 있다. 이 경우 사람들은 자신의 선입견에 기초하여 현지인들의 실천을 바라보면서 서로 간의 관계를 발전시키고 상대에게 보다 개방적인 태도를 취하게 하며, 결국에는 상대의 실천 자체에까지 영향을 미치기도 한다. 그러나 대부분의 경우 이러한 과정은 일방적인 관계로 끝나기 쉽다. 한쪽 입장에서는 상대편을 관찰하고 심지어 그들에게 영향을 미칠 수 있는 기회가 있는 반면에, 상대에게는 그런 기회가 주어지지 않는 등 쌍방향적인 관계가 이루어지기 어렵기 때문이다.

• 각 공동체를 대표하는 자격의 구성원들이 서로 만나는 경우다. 이 경우에는 각자 공동체의 일과 양자 간의 관계에 영향을 미칠 수 있다. 여기에는 두 가지 장점이 있다.

- 의미의 협상과 결정이 양측 공동체에서 동시에 일어난다.
- 상대측 공동체 안에서 의미의 협상과 결정이 어떻게 이루어지는지 알 수 있다.

이 경우 쌍방향의 관계를 형성 · 유지하는 데에는 문제가 없으나, 자칫 양측 참여자들이 각기 자신들의 이해관계나 생각에만 집착하게 될 가능성이 있다.

여기서 나는 경계 접속과 관련된 활동들이 본연의 실천과는 별도로 일어나는 일인 것처럼 묘사해 왔다. 그러나 이러한 활동 또한 그것이 오랫동안 지속되는 한, 본연의 실천의 일부로 정착되기도 하는데, 이에 관해서는 이하에서 살펴보기로 하자.

공동체 간 연계로서의 실천

경계의 구축은 다음과 같이 2장에서 소개한 세 가지 차원에 따라 실천을 통해서 이루어진다.

① 참여자들은 서로에 대해 밀접한 관계를 형성하고 서로를 대하는 나름대로의 독특한 방식들을 갖게 되는데, 외부자들은 이러한 관계 안에 쉽게 들어오지 못한다.
② 참여자들은 업무에 대해 나름대로의 이해방식대로 아주 세세한 부분까지 익히고 있는데, 이것이 외부자들에게는 낯설기만 하다.
③ 참여자들은 업무에 관해 이야기하는 방식을 만들어 내는데, 이 또한 외부자들에게는 생소하기만 하다.

경계 영역은 외부자들이 공동체의 실천에 접근하는 것을 차단하기 위해서만 존재하는 것은 아니다. 그것은 내부자들을 단속하는 기능 또한 가지고 있다. 우리는 동일한 업무를 하고 있는 사람들과 교분을 쌓는 데에는 상당한 시간을 소요하면서도 업무와 상관없는 것들에 대해서는 신경 쓰지 않는다. 외부자와의 대화에서 공동체의 사정, 특히 말하기 곤란한 내부 문제가 나왔을 때는 그에 관해 자세히 언급하지 않는다. 그렇게 하는 것은 괜한 시간 소모라고 생각하고 대충 얼버무리기도 한다.

공동체는 다른 공동체와의 구분을 위해 경계를 만들어 내기도 하지만, 한편으로 다른 공동체와 연계할 수 있는 방안 또한 구현한다. 다른 공동체와의 연계는 경계 실천, 중복 참여, 주변 참여의 방식으로 나타날 수 있다([그림 4-3] 참조).

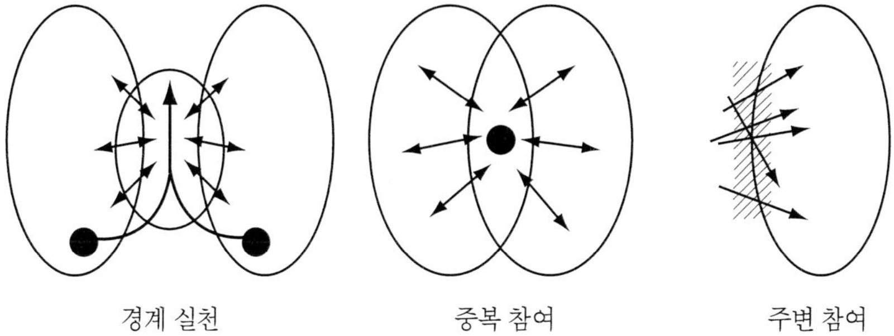

[그림 4-3] 연계 유형

경계 실천

서로 다른 실천이 연계되는 첫 번째 유형은 경계 실천(boundary practices)이다. 일단 서로의 경계가 맞부딪치고 서로 간에 상호 작용이 활발해지면 새로운 실천이 자리를 잡기 시작한다. 그리고 두 실천 간에 경계 영역을 조정하고 넘나들면서 본격적으로 중개 역할이 생겨난다.

경계 실천에 해당하는 예로는 태스크포스, 운영위원회, 프로젝트팀 등을 들 수 있다. 보험처리사 사무실의 경우, 관리 경영자들의 업무가 보험처리사 업무와 동일한 것은 아니지만 보험처리사 업무를 회사 전체 업무 차원에서 조정하는 역할을 맡는다. 또한 경계 실천은 이렇게 공식적으로만 이루어지는 것이 아니다. 공급회사의 엔지니어와 판매회사의 엔지니어는 제도적인 관계는 맺고 있지 않지만 하나의 실천공동체를 형성하며 거기에서 서로 긴밀하고도 비공식적인 관계를 맺어 나갈 수 있다.

경계 실천은 자족적 실천이 아닌 경우에 비로소 작동한다. 예컨대, 직무연수 과정은 공동체와 강의실 밖 세계 간에 이루어지는 경계 실천으로 볼 수 있다. 그러나 직무연수 프로그램이 경계 실천의 성격에서 벗어난다면 바깥 세계와의 어떠한 연관성조차 더 이상 찾기 어렵게 될 것이다. 바깥 세상에서 일어나는 일과 유리된 채 프로그램 내에서 다루어지는 지식에만 빠져 든다면 결국 연수 강사는 그 어떤 실천을 대표하는 대리인이라고 볼 수 없게 될 것이며, 그가 다루는 지식 또한 강의실 밖 세계의 어느 실천에도 연관성을 갖지 않는 지식이 되고 말 것이다.

자족적인 공동체가 생겨난다는 것은 경계 실천의 위기로 볼 수 있다. 그것은 해당 실천이 다른 실천과의 경계적인 의미를 상실했다는 것을 뜻하기 때문이다. 동시에 그러한 위기는 새로운 기회를 의미하기도 한다. 사실 오랫동안 존속해 온 수많은 실천공동체들의 기원을 보면 서로 다른 두 실천을 하나로 통합하려고 노력하는 가운데 생성된 경우가 적지 않다. 학문의 경우 그러한 여러 실례를 찾아볼 수 있는데, 생화학이나 사회언어학 또는 신경면역학은 이미 그 이름에 그러한 역사가 반영되어 있듯이 서로 다른 두 영역을 통합하려는 가운데 나온 산물이다. 이러한 경우들을 염두에 두면, 장래성 있는 새로운 실천 영역의 태동에 관해 미리 알아채기는 쉽지 않다는 점을 잘 알 수 있다. 왜냐하면, 새로운 실천들은 기존의 실천 영역이 가지고 있는 판단 준거에 잘 들어맞지 않는 경우가 허다하기 때문이다.

중복 참여

서로 다른 두 실천이 연계되는 두 번째 유형은 두 실천이 중복되어 일어나는 경우다. 보험처리사의 경우를 예로 들어 보자. 앨린수사 보험청구 담당 직원에는 두 부류가 있다. 일반 보험처리사들은 일반 보험청구 업무를 담당한다. 그리고 보험청구 조사반의 직원들은 거액이 걸린 청구나 법률조사, 또는 보다 자세한 조사가 필요한 건들을 담당한다. 보험처리사들은 문제가 있는 건에 대해서는 조사반에 담당 업무를 넘긴다.

과거에는 모든 부서마다 조사반이 다 있었다. 거기에서 조사반 직원들은 보험처리사들과 함께 일하도록 되어 있었다. 그러나 그러한 시스템에는 별 문제가 없었지만 어느 순간부터 경영진에서는 조사반 업무가 지나치게 방만해지는 것을 우려해 그들을 한 부서로 몰아 운영하도록 했다. 그들 업무가 보다 일관될 수 있도록 서로 간에 소통이 원활해질 수 있는 효율적인 환경을 만든다는 것이 경영진의 의도였다.

새로운 업무 조건에서 보험처리사들은 조사 대상 건들을 모아 놓았다가 한꺼번에 조사반으로 이관하고 한참 후에나 그 결과를 다시 전달받았다. 과연 새로운 환경이 보다 나은 업무 조건을 조성했을까? 대답은 그렇지 않다는 것이다. 우선 조사반 직원들은 일반 보험처리사의 업무로부터 유리되기 시작했다. 그들은 일반 업무에서 부딪히는 문제에 대해 둔감해지고 업무에 관해 보험처리사들과 공감할 수 있는 수준도 낮아지기 시작했다. 전 같으면 함께 있으면서 간단히 처리하고 말았을 작은 문제들도 조사반에 보내지기 시작하여 조사반이 처리해야 할 업무량이 훨씬 많아지기까지 했다.

몇 년이 지나서야 경영진들은 청구 건수가 급격히 늘어난다는 사실을 깨닫고 근무환경을 원상복귀하도록 지시했고, 조사반 직원들도 그러한 문제에 관해 잘 인식하고 있었기 때문에 그 결정에 수긍했다. 그렇지만 조사반 직원들은 자신들만의 부서와 업무 공간, 그리고 운영체계는 그대로 남겨두기로 했다. 그리하여 결국 그들은 보험처리사 사무실로 다시 분산되었고 정기적으로 자신들의 부서에 모여 회의를 하게 되었다. 그제야 보험처리사들은 문제에 봉착할 때마다 수시로 조사 직원들과 의논하면서 해결할 수 있게 되었다. 다양한 청구건들이 즉각적으로 처리될 수 있는 서로 간의 긴밀한 협조체제가 가능해진 것이다.

여기서 조사반 직원이 각 부서에 편입되었다고 해서 서로 다른 두 공동체가 하나로 된 것은 아니다. 그들은 여전히 서로 다른 영역에서 서로 다른 업무를 보는 것으로 남아 있다. 두 공동체에 동시에 참여함으로써 두 실천 모두에 관여할 수 있게 된 것이다. 한때 조사반 부서를 따로 두도록 결정한 경영진은 중복 참여가 가져다주는 이러한 학습 효과에 대해서는 생각지 못한 것이다.

주변적 접근

실천 간 연계의 세 번째 유형은 주변적 접근(peripheries)이다. 외부자라도 실천공동체의 일에 관해서 주변적인 경험 정도는 해볼 수 있다. 실천공동체는 외부자에게 전임적인 참여는 아니지만 자신들의 실천 영역 주변에 접근할 수 있도록 어느 정도는 허용한다. 이때 외부자에게는 공동체의 일이 어떻게 돌아가는지 엿볼 수 있는 기회가 된다. 그리고 그 기회는 관찰 이상의 의미를 갖는다. 즉, 그것은 실제로 그 실천에 참여하지는 않아도 그 일에 입문했다는 것을 의미한다.

주변부는 완전히 안에 있는 것도 아니면서 완전히 밖에 있는 영역도 아닌 정도의 참여 수준을 가리킨다. 전문가 집단은 자신들의 서비스를 수혜받도록 한다거나 외부 감사를 받는다든지 하여 외부자들의 접근을 어느 정도는 허락한다. 예컨대, 친절한 건축업자들은 고객에게 설계에 관해 설명하기도 하며, 어떤 재판과정은 방송을 타기도 한다.

실천공동체 입장에서는 다양한 수준의 참여가 있는 것이 매우 중요하다. 사실 어떤 실천공동체의 일에 관해 학습할 기회는 멤버십에 의해 제공되는 것이 아니라 참여방식에 따라 결정되기 때문에 해당 공동체에 다양한 수준으로 접근해 갈 수 있다.

이런 관점에서 본다면 실천공동체란 핵심부에 속한 참여자들과 주변부 참여자들에 이르기까지 다양한 층위들 사이에 놓인 연결 고리라고 할 수 있다. 다양한 층위 간의 상호 작용으로 여러 방식의 학습 기회가 창출된다. 그리고 다양한 사람들이 그들과 공동체 사이의 관계에 따라 다양하게 학습 기회를 얻게 되는 셈이다.

이러한 다양한 층위 간의 상호 작용이 실천공동체가 변화해 갈 수 있는 역학의 원천이 되기도 한다. 앞 장에서 나는 실천을 섭동과 복귀의 과정이라고 주장했는데, 주변부가 있어서 실천공동체는 지속적으로 변화해 나갈 수 있는 것이다.

① 주변부는 부분적으로 공동체 밖에 존재하고 있으면서 다른 관점들과 접촉할 수 있는 기회의 영역이다.
② 주변부는 부분적으로 안에 존재하면서 공동체 내 섭동을 전파할 수 있는 영역이다.

결국 공동체의 실천은 그 핵심부와 주변부가 끊임없이 상호 작용하면서 발전해 간다고 할 수 있다.

실천공동체의 외형적 측면

실천공동체들은 사회 안에서 다양하게 관계하며 존재하기 때문에 복잡한 양상의 모습으로 드러난다. 그렇지만 다음의 두 가지는 실천공동체의 외형을 결정하는 속성으로 분명히 찾아볼 수 있다. 첫째, 실천공동체의 안과 밖을 구분하는 경계는 참여자들의 실천에 의해 구축되며 제도적인 규정으로 나타나지 않는다. 둘째, 실천공동체의 외형은 그를 둘러싼 경계 영역과 주변 영역으로 결정된다.

실천을 통한 경계 구축

실천공동체는 사람들이 실천에 직접 관여하여 운영되는 만큼 다분히 무형식적일 수밖에 없다. 그러나 그것이 실천공동체가 실천이 체계화되어 있지 않다거나 형식적 역할이 없다는 의미는 결코 아니다. 공동체의 생명력은 구성원들 개개인들에 의존해서 유지되어 마치 유기체와 같이 운영되기 때문에 그 운영방식을 완벽하게 도식화하거나 통제할 수 있는 길은 있을 수 없다. 어떠한 제도도 실천을 고스란히 담아내지는 못하기 때문에 실천이 어떻게 일어나는지 포괄적으로 설명하기란 불가능하다. 즉, 공동체는 제도적 시스템에 상당 부분 의존하여 유지되지만, 결코 그것으로 환원되지는 않는다.

- 실천공동체의 경계는 제도적 경계와 맞아떨어지지 않는 경우가 허다하다. 왜냐하면, 멤버십은 제도적으로 규정되는 것이 아니기 때문이다. 누가 속하고 누가 속하지 않는지, 또 경계는 어떻게 규정되고 어느 주변부에 대해 접근이 허용되어 있는지는 참여의 문제이자 정체성의 문제다.
- 제도적 경계는 실천공동체의 외형을 결정하지 못한다. 하나의 업무 집단이나 학급 또는 위원회, 이웃이라고 해서 실제로 실천공동체를 이루는 것은 아니다. 그들은 다양한 실천공동체로 구성되어 있거나 공동 관심사를 갖지 않는 경우가 허다하다.

각 조직에 퍼져 있으면서 하나의 실천공동체를 형성하고 있는 집단도 있을 수 있다. 예컨대, 서로 다른 현장에서 일하면서 동질감을 갖는 전문가 집단이 그러하다. 그리고 각각의 경쟁 업체에 소속된 첨단 기술자와 같이 서로 다른 조직에 걸쳐 존재하는 실천공동체도 있다.

이러한 맥락에서 보면, 실천공동체가 제도적 맥락 내에서 작동한다고 볼 수 있을 때조차도 그 경계는 제도적 경계와 일치할 수도 있고 그렇지 않을 수도 있다. 혹은 실천공동체가 제도적 경계에 따라 형성되었다고 할 수 있을 때조차도 주변 관계들은 그러한 경계의 존재를 무색케 할 정도로 경계의 구분을 사실상 유명무실하게 만든다. 제도적 경계는 내부와 외부를 분명히 선을 그어 구분하지만, 실천에서의 경계는 부단히 재구성되면서 유동적으로 작동하는 가상적 존재일 뿐이다.

경계성과 주변성

경계성(boundaries)이나 주변성(peripheries) 개념은 모두 공동체의 '언저리', 즉 한 공동체가 다른 세계와 접하고 있는 영역을 가리킨다. 그만큼 이 두 개념은 상당히 유사한 의미를 갖는 것처럼 보인다. 그러나 두 개념에는 상이한 의미 또한 함축되어 있다. 즉, 경계성 개념은 내부와 외부 사이에 존재하는 단절된 측면을 가리키는 반면, 주변성은 양자 사이에 존재하는 연속적인 측면을 가정하고 있다.

경계성이나 주변성은 마치 동전의 양면과도 같아 한쪽이 반드시 다른 한쪽을 항상 뒤따라 다닌다. 나의 경우 참여 관찰을 허락받아 마치 전임 참여자라도 된 듯이 회사 사무실에 나갔다. 그러나 시간이 점점 흐르면서 부딪히는 여러 상황들을 통해 나는 여전히 외부자일 수밖에 없다는 생각을 떨쳐 버릴 수 없었다. 예컨대, 나로서는 이해할 수 없는 미묘한 표현들이라든지 일을 시키고도 못 미더워하는 관리자의 표정이나 구성원들 사이에 오가는 과거 사건에 관한 언급, 심지어는 오후 5시 일과 후 어느 보험처리사의 입가에서 흘러나오는 안도의 한숨조차 생소하게만 느껴졌다.

주변적 위치는 그 역할이 분명치 않은 모호한 지위임에 틀림없다. 그 위치에서는 공동체의 실천에 대해 접근이 가능한 만큼이나 더 이상의 접근 또한 꽁꽁 막혀 있다. 공동체는 외부인들에게 그 문을 활짝 열 수도 있고, 반대로 완전 봉쇄한 채 더 이상의 접근을 차단할 수도 있다. 주변적 위치는 공동체에서 일어나는 일에 대해 접근할 수 있는 위치인 반면, 동시에 더 이상 내부로 들어갈 수 없도록 차단된 위치이기도 하다.

보험처리사는 의사들이나 의료 기록, 심지어는 의학 전문 용어에 상당히 익숙하다. 이는 어디까지나 주변적인 수준의 접근에서 나온 경험일 뿐이지만, 어쨌든 그것은 의사-환자 관계에 영향을 미치기도 한다. 그러나 의료 활동에 내해 주변에서 관찰해서 얻는 이러한 경험에는 주변적 위치에서 흔히 볼 수 있는 양면적인 성격이 잘 드러나 있다. 다음의 면담 내용은 그러한 사실을 잘 보여 준다.

에티엔: 의사와 이야기할 때 어때요? 뭔가 좀 다른가요?
모 린: 아니요.
쉴 라: 의사들이 무슨 이야기를 하는지 다 알아요. 일전에 치과에 갔는데 의사가 이쪽이 너무 안 좋다고 하더라구요. TMJ이지요. 의사가 무슨 말을 하는지 나도 다 알아요.
모 린: 자가 진단이로군.
쉴 라: 맞아요! 바로 그거예요. 병원에 가는 것이 더 신경 쓰여요. 이 아픈 사람들 좀 봐요! 글쎄, 모르겠어요…… 너무 오랫동안 병원에 안 가 봤네요.
모 린: 왜 수술 보고서도 읽었잖아요. 그러면서 '나도 비슷한 증상인데.' 라고 했잖아요.
쉴 라: 아니면 우울증일지도 모르지…… 그래, 맞아! 병원에나 가 볼까?

이와 같이 보험처리사가 아무리 의학 관련 정보를 많이 가지고 있다고 해도 의사가 될 수는 없다. 사실 그들은 의학 정보와 아울러 업무 관련 지식을 축적한다. 한 고참 보험처리사에 따르면 그는 수많은 보고서를 경험하면서 의학 관련 용어나 지식을 적지 않게 알고 있었으며 그에 대해 나름대로의 식견을 갖추고 있었다. 그러나 실제로 그가 업무에 임할 때에는 의료행위에 관해 지나치게 많은 지식을 내보이거나 지나친 질문은 가급적 자제하려고 한다. 의사와 고객 사이에 전형적인 의사-환자 관계가 유지될 수 있도록 암묵적으로 일조하고 있는 것이다. 즉, 주변적 본분에서 벗어나지 않고 경계의 선을 지키려는 것이다. 이와 같이 실천공동체는 경계성과 주변성의 범위를 설정함으로써 자신들의 실천 가운데 무엇이 접근 가능하고 가능하지 않은지를 분명히 하고자 한다.

제5장

실천의 사회생태학

지금까지 실천공동체가 가지고 있는 속성들에 관해 알아보았다. 그럼에도 불구하고 여전히 어떤 집단을 가리켜 실천공동체라고 할 수 있는지 분명치 않다. 예컨대, 보험처리직은 실천공동체인가? 한 회사 전체의 경우는 어떠한가? 대학의 학과 또는 교실은 어떠한가? 가족은 실천공동체라고 할 수 있는가? 주말 부부나 평생을 함께 살아온 부부는 실천공동체에 해당하는가? 한 국가나 공동 언어권에 속한 사람들은 하나의 실천공동체를 이루고 있다고 할 수 있는가? 연극 공연에 모인 관객들은 실천공동체라고 할 수 있는가? 하나의 군집을 이루고 사는 고릴라는 어떤가? 이처럼 어떤 경우는 실천공동체라는 틀에 딱 들어맞는 것 같고 어떤 경우는 전혀 맞지 않는 것 같다.

사실 사람들이 모여서 이루고 있는 모든 집단을 실천공동체로 볼 수는 없다. 반대로 그 개념을 지나치게 제한적으로 사용해야 할 이유 또한 없다. 집단의 규모나 존속 기간, 구성원들 사이의 인접 거리, 상호 작용의 수준, 활동 유형 등을 기준으로 하여 사회 집단을 명확하게 분류하는 것 또한 별 의미가 없다.

그보다는 실천을 무엇이라고 규정할 것이며 그에 준하여 어떠한 사회 집단을 실천공동체로 범주화할 것인지의 이론적인 틀을 마련할 필요가 있다. 이 장에서는 앞서 제시한 실천공동체의 속성들에 비추어 분석의 범주로서 실천공동체의 범위에 관해 살펴볼 것이다.

① 실천의 공간과 실천공동체 개념의 관련 범위에 관해 살펴본다.
② 실천의 배치라는 개념을 통해 실천공동체에 내재되어 있는 사회구조에 관해 알아본다.
③ 국지성과 전체성의 상호 작용이라는 차원에서 실천공동체가 자리 잡고 있는 사회구조에 관해 다뤄 본다.

이 장에서는 지금까지와 다른 수준, 즉 거시적 사회구조와의 연관성이라는 차원에서 실천공동체를 다룰 것이지만 실천에의 참여라는 기본 관점에는 변함이 없다. 실천공동체가 가지고 있는 사회구조적 측면에 관해 살펴보는 데에는 두 가지 이점이 있을 수 있다.

① 필요 이상으로 모든 사회 현상을 실천공동체와 같은 하나의 개념으로 설명하려고 하는 함정에 빠지지 않을 수 있다.
② 거시적인 사회구조와 관련하여 다양한 분석 층위들을 살펴봄으로써 실천공동체뿐만 아니라 사회 전체의 속성에 대해 더욱 분명하게 이해할 수 있다.

실천의 공간

세상은 다양한 층위를 가지고 있으며 어디에 초점을 맞추는가에 따라 전혀 다른 세상이 펼쳐질 수 있다. 이 책에서 나는 보험처리사들의 실천공동체를 통해 그들이 일상적인 업무를 어떻게 수행하는지와 일상에 대해 어떻게 의미를 부여하고 있는지를 이해하고자 했다. 보험처리사 사례는 호혜적 참여과정의 전형을 보여 주고 있다. 그들은 현재 하고 있는 일이나 규범, 회사와의 관계, 사용 도구 등에 관해서 서로와의 타협과 조율을 이루어업무를 추진해 간다. 일상 업무와 그에 포함된 각종 인공물들도 그러한 과정을 통해 구성된다. 그들은 업무의 원활한 추진을 위해 언제 누구에게 도움을 요청할 수 있는지 잘 알고 있다. 또한 새로운 인력 충원을 어떻게 하는지에 대해서도 알고 있다.

어느 사회 집단이든 다양한 층위들이 존재한다. 몇몇 동료 집단부터 전체 회사 직원, 동종 전문직 전체까지 그 층위는 다양하다. 이러한 층위는 다음과 같이 정리해 볼 수 있다.

① 동료 집단으로 구성되는 일상의 차원
② 회사 등의 조직 차원
③ 동종 직업 세계의 차원

이들 세 층위의 경우에 참여 경험은 다양하게 나타난다. 예컨대, 친한 동료들과의 점심식사나 회사 사무실에서의 크리스마스 파티, 전문직 모임 등은 각 층위에서 있을 수 있는 행사로서 구성원들에게 소속감을 불어넣어 준다. 그러나 여기에서 각각의 층위들은 나름대로의 약점을 가지고 있다.

- 동료 간 점심 모임은 보다 형식적이고 광범위한 규모의 모임에 비해 지속하기 어렵다.
- 각 회사 조직은 통일된 규정에 따라 움직이지만 그 안의 각 부서는 그와 별도로 자체 내 관례를 가진다. 회사는 개별 직원들이 업무를 수행할 때 부분적으로만 영향을 주는 물리적이고 조직적인 환경이다.
- 보험처리사직이 내세우는 공식적인 직무 규정은 그 직업에 종사하는 사람들이 실제로 하는 일 자체를 말해 주지는 않는다. 직업적 특성은

아주 특별한 일, 예컨대 다른 회사의 보험처리사와 통화한다든지 다른 회사로의 전출 등 이외에는 그 직업을 수행하는 일상 업무와 전적으로 관련을 갖지 못한다. 보험처리사 업무가 가지고 있는 배경 지식은 이미 회사나 직무 규정에 어느 정도 반영되어 있으며, 보험처리사 개인은 그에 관해 별로 신경 쓰지 않는다.

위에서 언급한 세 가지 층위에 속한 집단들을 가리켜 실천공동체로 보기는 어렵다. 앨린수사는 각 보험처리사들에게 다소는 광범위하고 추상적인 집단이며 그 안의 실천들 또한 다양하고 이질적이다. 소규모 부서의 경우도 마찬가지다. 어느 층위의 집단만을 가리켜 실천공동체라고 한다면 그 개념을 지나치게 협소하게 해석한 것이다. 다시 말해, 이들 층위의 집단들은 실천공동체라고 할 수 없다. 실천공동체라고 보기에 어떤 층위 집단이 수행하는 실천은 너무나 다양하고 이질적이고, 또 어떤 층위 집단의 실천은 너무 국지적이고 일시적이기 때문이다.

분석 수준

실천공동체 개념은 분석 틀로 보면 중간 층위의 범주 정도에 해당한다고 볼 수 있다. 지나치게 협소한 범위의 상호 작용만을 가리키는 것도 아니고 또 너무 추상적이고 거시적인 집단의 실천만을 가리키는 것도 아니기 때문이다.

- 특정한 범위의 상호 작용만을 실천공동체로 본다면 우리가 경험하는 유의미한 학습의 원천을 지나치게 협소하게 규정하는 결과를 가져다 줄 것이다. 개인들의 행위나 그들 간에 오가는 상호 작용은 그들이 지속적으로 관여하는 일과 그들의 정체성과 결부될 때 비로소 제 의미를 가질 수 있다. 지나치게 미시적인 접근은 우리의 학습에 중대한 영향

을 미치는 지속 가능한 실천과 관계, 그리고 궁극적으로는 공동체적인 측면을 간과하기 쉽다.

- 거꾸로 한 국가나 문화 도시, 그리고 기업을 하나의 실천공동체로 보고자 한 것은 이들 집단이 공유하고 있는 학습에 중점을 두고 그 집단이 갖는 장단점을 파악해 보자는 의도에서다. 그러나 이러한 관점을 취하게 되면 다양한 공간 사이에 존재하는 이질성과 단절성에 대해서는 자칫 무시해 버리기 쉽다. 지나치게 거시적으로 봄으로써 사실상 그 내부에서 일어나는 국지적인 실천이 갖는 다양한 측면이나 현장 생성적인 국면에 관해서는 무시하게 되고, 결과적으로는 거대 집단이 가지고 있는 유명무실한 측면만을 강조할 수 있다.

실천공동체는 어떠한 형식으로도 지표화되기 어렵다. 그럼에도 불구하고 실천공동체의 조성 수준을 따져 볼 수 있는 몇 가지 지표를 다음과 같이 정리해 볼 수 있다.

① 호혜적 관계의 유지
② 협동관계의 유무
③ 지식의 유통과 혁신의 전파 속도
④ 소통에서의 탈형식 정도
⑤ 의제 상정과 협의에서의 탈형식 정도
⑥ 소속감 정도
⑦ 구성원들 간 직무, 역량, 기여도에 관한 상호 인지 정도
⑧ 정체성의 호혜 정도
⑨ 자신들만의 평가방법
⑩ 자신들만의 도구나 표현방식
⑪ 자신들만의 이야기 내용이나 이야기 방식 또는 내부 농담
⑫ 생산과 소통에서 자신들만의 노하우 공유 정도

⑬ 멤버십을 나타내 주는 자신들만의 스타일

⑭ 세상사에 대한 자신들만의 관점이나 말하는 방식

이들 지표가 나타내는 실천공동체의 조성 수준은 앞서 정리한 실천공동체의 세 가지 속성인 호혜적 관여, 공동 업무, 그리고 공동 자산이 얼마만큼 잘 갖추어져 있는지에 따라 결정될 것이다.

- 구성원들은 반드시 긴밀한 협동관계에 있을 필요는 없다. 하지만 그렇지 않은 경우에는 실천공동체라고 하기보다는 개별적인 네트워크 정도로 볼 수 있을 것이다.
- 반드시 업무를 공동으로 창출할 필요는 없다. 하지만 그렇지 않은 경우 서로 소통하고 교류함으로써만 달성되는 일이 존재하는지 의심해 볼 수 있다.[1]
- 공동 자산은 반드시 자신들만의 고유한 자산일 필요는 없다. 사실 상당 부분의 자산은 외부 세계로부터 유입된 것들이다. 그러나 자신들만의 독창적인 자산이 없다면 과연 그 집단을 실천공동체라고 할 수 있는지 의심해 볼 수 있다.

실천이라는 개념은 구성원들 사이에 학습을 공유하는 수준의 사회구조와 관련되어 있다. 또한 실천은 이론적인 분석의 틀이기도 하지만 그 대상인 사람들의 경험이기도 하다. 실천공동체는 형식적으로 제도화된 차원의

1 이러한 점에서 실천이라는 개념은 문화 개념과는 분명히 다르다. 이와 관련해서는 인류학과 사회학, 그리고 더 최근에는 조직이론에서 본격적으로 다루고 있다(Ortner, 1984; Martin, 1992). 실천 개념은 일이나 공동체를 설명하는 데에 문화 개념보다는 훨씬 더 개별적인 의미를 담고 있다. 공동체는 호혜적 관여적 실천과 그러한 실천에 동원되어 사용되는 레퍼토리로 구성되어 있다고 할 수 있다. 문화는 후자, 즉 일종의 레퍼토리 성격을 갖는 것으로 생각해 볼 수 있다.

범주는 아니기 때문에 일반 사람들이 자신들의 삶이나 정체성에 관해서 말할 때 이러한 용어는 사용하지 않는다. 이러한 점에서 실천공동체는 분명히 이론적인 개념이라고 할 수 있다. 그러나 이론적인 개념이면서도 실천공동체는 삶 속에서 경험하는 일상의 국면들을 잘 드러내 준다는 점에서 추상적인 개념이라고 할 수 없다.

배치: 실천의 공간적 배열 구도에 관하여

어떤 사회 집단의 경우에는 그 규모가 워낙 커서 하나의 실천공동체를 형성하고 있다고 보기 어려운 경우가 있다. 글로벌 경제나 공동 언어권 사람들, 도시, 사회운동에 참여하는 사람들과 같은 대규모 집단은 물론이거니와 학교나 공장, 사무실 수준의 보다 작은 규모의 집단인 경우도 마찬가지다. 집단에서 일어나는 실천이 너무나 다양하고 이질적이어서 서로 단절되어 있는 경우, 이러한 집단의 성격을 실천의 공간적인 배치 구도라는 의미로서의 배치(constellations)라는 관점에서 다시 살펴볼 필요가 있다.

앨린수사와 같은 큰 규모의 회사는 배치라는 관점에서 이해할 수 있는 좋은 예다. 그 회사는 제도상으로 보면 분명 하나의 조직이다. 그렇지만 실제 현장을 보면 각 부서들에는 나름대로의 고유한 업무와 업무처리 방식이 있어서 자신들만의 실천공동체를 형성하고 있다.

건강보험 회사와 같은 큰 규모의 회사의 경우에는 수많은 지엽적인 공동체들이 수행하는 업무들로 이루어진다. 이들 공동체들은 보험처리사 공동체마냥 자신들만의 일과 관심을 가지고 있다. 회사 전체에 대한 기여도 역시 공동체마다 독창적이고 다양하다. 각 직업군이나 종교계, 스포츠 세계, 한 언어권이나 한 국가에서도 마찬가지로 각각에 속한 다양한 지엽적인 공동체들로 구성되어 있는 것을 볼 수 있다.

배치라는 용어는 마치 별자리와 같이 각각이 서로 관계는 맺고 있지는 않지만 보는 관점에 따라 한 집단을 이루고 있는 경우를 가리킨다. 즉, 배치는 보는 시각에 따라 서로 긴밀한 관계에 있다고 파악할 수 있는 집단군을 말한다. 어떤 공동체의 경우 하나의 배치 형태를 이루고 있다고 볼 수 있는데 그것은 다음과 같은 이유에서다.

① 역사적인 뿌리가 같다.
② 업무가 밀접히 연동되어 있다.
③ 한 제도에 속해 있다.
④ 비슷한 조건에 처해 있다.
⑤ 구성원들을 일부 공유하고 있다.
⑥ 물적 자산을 공유하고 있다.
⑦ 지리적으로 인접해 있다.
⑧ 스타일이나 말하는 방식이 유사하다.
⑨ 동일한 자원을 놓고 서로 경쟁한다.

이러한 관계에 있는 집단은 비록 하나의 실천공동체는 아니지만 서로 긴밀한 연동체제를 이루고 있다고 볼 수 있다. 실천공동체는 이들 집단군의 일부에 해당한다고 할 수 있다. 보험처리사 업무는 일부 회사 사람들의 일이며 사무실, 건물에 근무하는 사람들이나 보험처리사 직종에 종사하는 사람들의 업무 가운데 일부다. 이렇게 실천공동체는 부분적으로 구성원들이 있는 공간의 위치에 따라 결정되기도 한다.

배치 개념은 실천공동체가 갖는 이러한 공간적인 속성을 설명하는 데 유용하다.

- 배치는 제도나 기관처럼 외형체제를 꼭 갖추고 있지는 않다.
- 배치는 그것을 존속시키기 위해 구성원들이 의도적인 노력을 가하지 않아도 된다.

• 공동체를 서로 연계시키는 경우는 의도적으로 성립할 수도 있고 우연히 발생할 수도 있다.

국지적인 실천공동체들 간의 상호 작용은 얼마든지 각 구성원들의 실천에 영향을 끼칠 수 있다. 그러나 그들이 반드시 하나의 배치군을 형성해야 하는 것은 아니다. 하나의 배치군에의 소속감을 갖지 않더라도 서로의 실천을 공유하는 경우는 얼마든지 찾아볼 수 있다.

실천, 이야기 방식, 스타일

어떠한 실천도 서로 완벽하게 동일할 수 없고 미묘한 차이와 다양성이 있기 마련이다. 따라서 어떤 실천이 한 공동체에 속하는지, 다른 공동체에 속하는지, 혹은 두 공동체의 경계 범위에 있는지 모호한 경우가 허다하다. 다양한 실천에 존재하는 차이와 다양성을 성격이 서로 다른 두 가지 종류로 구분해 볼 수 있다.

• 실천에 내재되어 있는 다양성으로서, 어떤 실천에 여럿이 함께 공동으로 관여하는 데에서 비롯된다. 앞서 지적했듯이 하나의 실천을 공유하였다고 해서 그것이 곧 의견 단합이나 상호 협조, 단결성 등을 의미하는 것은 아니다. 실천에 참여한 사람들 사이에는 미묘한 차이와 다양성이 존재하고, 그로 인해 그들은 자신들의 정체성과 이해방식을 서로에게 맞추어 나가려는 노력을 견지하고 또 그렇게 맞추어 간다.
• 한 공동체 안을 넘어서서 경계의 범위에 이르게 되는 성격의 차이와 다양성으로서, 공동체 내에 호혜적 관여의 태도와 행동이 결여되었을 때 생겨난다. 앞서 지적했듯이 경계는 공동체 내부와 외부를 두고 생기게 되지만 사실상 그 구분은 명확하지 않고 모호한 경우가 허다하다. 다만 경계라는 개념은 하나의 실천들이 다른 실천과는 다른 나름

대로의 독특한 개별성을 가지면서 엇비슷한 국지적 의미를 지속적으로 창출한다는 점을 말해 줄 뿐이다.

① 개인들의 삶의 궤적, 이주 형태, 실천공동체의 디아스포라(diaspora)를 포함한 경계 객체와 중개 역할
② 경계 실천, 중복 참여, 주변 참여
③ 사람들이 정체성 형성 과정에서 행동방식을 모방하거나 차용하고, 그리고 재해석하거나 수용함으로써 확산되는 다양한 스타일
④ 서로의 일을 조정하고 서로의 관점을 소통 가능하게 함으로써 협력체제를 구축할 수 있도록 경계를 넘나들면서 거대 서사의 한 부분을 이루고 있는 서사들

스타일과 이야기 방식은 다양한 공동체들 사이의 경계를 넘나들면서 유입되기도 하고 유출되면서 수용된다. 이때 스타일과 이야기 방식은 해당 공동체가 공유하는 실천의 성격에 맞도록 변용된다. 예를 들어 보자.

- 아이들은 흔히 영화배우와 같은 사람들의 스타일을 모방하고 따라 한다. 그러나 그렇다고 해서 그들의 행위가 배우의 행위와 동일하다고 할 수도 없거니와 그와 동일한 의미를 갖지도 않는다. 의미상으로 볼 때 그들의 행위는 배우들의 행위와 분명히 다르다.
- 보험처리사들은 업무처리 과정에서 의료 용어를 사용하는데, 이들 용어나 개념은 전문 의료진이 개입하는 상황에서의 의미와도 관련된다. 그러나 그렇다고 해서 보험처리사가 사용하는 전문 용어나 개념들이 의료 상황에서의 그것과 동일한 의미를 갖는 것은 아니다. 그들이 사용하는 용어나 개념들은 의료 상황보다는 자신들의 업무 상황과 관련되어 있다.

스타일과 이야기 방식은 지형적 조건에 구애받지 않고 다양한 실천 상황에 퍼져 있기 때문에 변화무쌍한 상황들 사이에서도 하나의 연속성을 창출해 낼 수 있으며 그 결과 국지성을 넘어서 전체성을 획득할 수 있다. 그러나 스타일과 이야기 방식 자체가 곧 실천은 아니다. 스타일과 이야기 방식은 우리가 다양한 실천 상황에서 사용할 수 있는 일종의 객체다. 우리는 그것들을 통해서 의미를 창출하고 정체성을 형성하며, 그것들은 우리가 관여하는 다양한 실천들에 스며들어 있다. 그러나 스타일과 이야기 방식이 다양한 실천을 통해 공유될 수 있다고 해서 그것들이 동일한 내용을 가지고 다양한 실천에 통합될 수 있다고 생각해서는 안 된다. 실천공동체는 그들 자신의 역사를 구성하는 과정에서 스타일과 이야기 방식을 생산하고 재생산하며, 공동체는 그 스타일과 이야기 방식을 통해 그들이 하고 있는 실천의 범위를 보다 확장할 수 있다.

실천의 지형적 조건

앞서 지적했듯이 배치 개념은 장소나 인접성, 거리 관계의 의미를 나타내는데, 여기서 인접성이나 거리의 개념은 물리적 인접성이나 기관에의 소속, 심지어 상호 교류의 빈도 등을 뜻하지는 않는다. 예를 들어, 보험처리사는 전화로 상담해 오는 고객이나 자신들이 일하는 빌딩의 관리인보다는 다른 회사에 속해 있어도 동일 업종에 종사하는 다른 보험처리사에 대해서 더욱 가까운 유대감을 가질 수 있다. 또한 그들은 자신들의 회사에 있는 최고 경영진보다 정기적으로 접촉하는 의료전문직들과 더 가깝다고 생각할 수도 있다.[2]

2 실천의 지리학 개념은 안셀름 스트라우스(Anselm Strauss, 1978)가 말하는 '사회 세계'의 의미를 담고 있다. 여러 층위의 실천들은 동일한 사회 세계에 속해 있으며 그들 간에 특정한 관계를 생성시킨다. 서로 연동된 실천공동체들의 배치라는 개념이 나타내고자 하는 바는 실천을 변화시키는 구동력으로서 학습이 갖는 구조적인 성격이다.

일과 관련된 사람들과의 관계에 따라 일이 진행되거나 결정되기도 하며, 거꾸로 일 때문에 그러한 관계가 변하기도 한다. 예컨대, 한 프로젝트에 참여하고 있는 엔지니어는 자기 팀에 있는 마케팅 담당자보다 다른 프로젝트 팀의 엔지니어와 더 강한 유대를 느낄 수도 있다. 혹은 엔지니어라도 그가 프로젝트팀의 다양한 구성원들과 함께 다양한 일을 깊숙이 경험하게 된다면 언제라도 마케팅 부문에서 뛰어난 기량을 발휘할지도 모른다. 다른 말로 하면 일에 영향을 미치게 되는 지형적인 원근관계는 개인이 경험해 나가는 학습사를 통해서 결정된다. 즉, 가깝고 먼 관계라는 것도 결국 사람들의 학습경험에 의해 구성되는 것이다.

- 인접 정도나 거리 관계는 학습을 촉진하거나 억제하는 기제로 작용하기도 한다. 예를 들면, 학연이나 지연, 친족과 같이 동일한 배경을 가진 사람들이라면 설사 그들 간에 호혜적 관여 정도가 매우 약할지라도 다른 배경을 가진 사람들보다는 실천공동체를 형성하는 것이 더 용이할 수 있다.
- 초기 형성 단계에 있는 공동체의 구성원들은 서로 멀리 떨어진 장소에 속한 채 상호 교류를 하게 되는데, 설사 자신들의 출신 배경이 다르더라도 서로의 일에 깊숙이 관여하게 되면 종국적으로는 자신들만의 국지적 공동체를 형성할 수 있다.

결국 지형적인 조건은 사람들의 관심이나 목적에 따라 형성되는 것이다. 물리적 인접성이나 기관에의 소속, 상호 교류의 빈도와 같은 지형적인 조건은 일의 수행에 어느 정도 영향을 주지만 결정적일 수는 없다.

국지성과 전체성

근대사를 지나오면서 지역공동체들이 글로벌 사회로 변화해 왔다는 데 대부분의 사회이론은 이견을 보이지 않을 것이다.[3] 그러한 관점에서 실천공동체나 면대면 상호 작용이 갖는 국지적 특성은 구시대의 잔존으로 보일지도 모른다. 그러나 실천의 지형적 조건이라는 관점에서 국지성과 지구화는 각각이 서로 다른 시대에서 나온 특성이 아니다. 그들은 항상 공존해 왔으며 참여의 수준에 따라 상대적으로 맞물려 왔다. 거대해진 사회 조직들의 세계에서 실천공동체가 갖는 가치는 여전하다.

이 대목에서 제1장에서 지적한 참여와 직접적인 상호 작용 간의 차이를 다시 한번 상기해 볼 필요가 있다. 즉, 우리는 글로벌 조직에 새로운 방식으로 참여할 수 있다. 그러나 그 조직에 참여한다는 것이 곧 글로벌 조직을 직접 상대해 간다는 것을 의미하지는 않는다. 마찬가지로 보험처리사는 설사 앨린수사에 참여한다고 하지만 그 회사의 조직이나 구성원 전체를 상대로 직접 교류하는 일은 있을 수 없다. 그들이 직접적으로 접촉하는 사람과 관여하는 일은 전체 조직 가운데 일부에 불과하며, 그것은 자신이 속한 실천공동체나 다른 일정한 범위의 사람들일 뿐이다. 아무리 세계화를 표방하는 실천에 참여하는 사람들일지라도 막상 그들이 직접 관여하는 일은 정작

3 이러한 아이디어의 기원은 19세기 유럽의 사회학자들, 특히 독일 사회학자 페르디난트 퇴니스(Ferdinand Tönnis)와 프랑스 사회학자 에밀 뒤르켐(Emile Durkheim)이 급격한 산업화를 우려하면서 표방한 이론까지 거슬러 올라간다. 퇴니스(1887)는 공동체로서의 게마인샤프트(Gemeinschaft)에서 이익사회로서의 게젤샤프트(Gesellschaft)로 변화해 가는 사회의 모습을 지적하면서 이러한 변화를 근대인들의 삶을 위협하는 사회적 쇠퇴로 보았다. 또한 뒤르켐(1893)은 유기적인 유대에서 기계적 유대로의 변화를 사회적 통합의 붕괴로 여기지는 않았지만, 점진적으로 전자가 후자를 대체해 갈 것이라는 점에 대해서는 이견을 보이지 않았다. 또한 보다 최근에 공동체주의를 표방하는 이론들은 세계화가 결국에는 공동체의 상실을 가져다 줄 것이라는 가정을 전제로 하고 있다(Etzioni, 1993).

국지성을 완전히 벗어나지 못한다. UN 본부에 있는 사무실에서 일어나는 일들은 전 세계의 일들을 다루는 일이지만, 한 조직에서 일을 처리하는 방식대로 일어날 것이므로 국지적 속성에서 완전히 자유로울 수는 없다.

직접적인 관여의 수준과 범위는 정해져 있지 않으나 그렇다고 무한정 확장될 수 있는 성질의 것도 아니다. 물론 테크놀로지의 발전이 우리가 일에 관여하는 수준이나 범위의 지평을 넓히는 데 중요하게 작용했고, 운송 수단, 텔레커뮤니케이션, 네트워크, 자동화 기술, 기록자료의 체계화, 정보에의 접근 수단과 같은 분야에서 커다란 혁신을 가져온 것은 사실이다. 그러나 테크놀로지의 진보가 아무런 대가 없이 우리가 관여할 수 있는 세계의 범위를 확대시켰을 것이라고 생각한다면 큰 오산이다. 거기에는 모종의 대가가 치러졌기 마련이다. 예를 들면, 통계분석이나 재정분석에서 사용하는 표현 수단은 우리가 파악할 수 있는 세상의 범위를 훨씬 확대시켜 주었다. 그러나 그러한 표현 수단들은 다른 측면에서 보면 우리가 직접 경험할 수 있는 다양한 상황들과 그들에 함축된 의미들을 고도로 추상화시켰다. 그리고 결과적으로는 우리가 그러한 다양한 상황들을 직접 경험할 수도 있는 기회를 원천봉쇄시켰는지도 모른다. 예컨대, 통계자료는 얼마나 많은 사람들이 이혼하였는가에 관해 정보를 줄지는 몰라도 이혼 부부들 사이에 어떠한 사연들이 있었는지에 관해서는 알려 주는 바가 없다.

보험처리사들이 매일같이 기입해야 하는 장부는 하루 일과의 객체화라 할 수 있다. 하루에 처리한 청구건들을 수치화하여 보고함으로써 하루 일과가 한눈에 파악될 수 있지만, 장부 자체가 실제로 당일에 일어난 수많은 일들에 관해서 알려 주는 바는 별로 없다. 이들 수치는 회사 경영이나 재정관리 등의 다른 실천에 대해 정보를 주는 기능을 한다. 그러한 수치들은 여타의 정보들과 함께 결국에는 회사 전체 경영을 위한 총체적 정보의 역할을 할 것이다. 하나의 실천을 다른 실천으로 가져가는 데에 필수불가결한 객체화의 구성으로 인해 이들 수치가 나오게 된 맥락이나 내용들은 놓쳐 버리기 때문에, 이들 수치를 가지고 조직 경영 전체의 청사진을 구성하는 일 또한 청구처리의 일처럼 국지적인 성격의 업무일 수밖에 없다. 그러한 객체화를 통해 성취하고자 하는 광범위한 이해에는 복잡성의 세계를 살아가고 있는 우리로서는 치러야 하는 대가가 있기 마련이다. 어쩌면 덜 보는 것이 더 많이 볼 수 있는 것일 수도 있다. 결국 우리가 각종 객체화를 통해 획득하게 되는 정보들은 어쩌면 그러한 객체화를 사용하는 맥락 자체에만 관련된 뭔가 다른 것이 될 수도 있다. 그러한 객체화를 통해서 알고자 했던 바로 그 실천과는 상대적으로 상관없이 말이다.

이렇게 대가를 치렀기 때문에 복잡성의 체계는 다른 체계로 대치된다. 이때 한 체계가 가지고 있는 한계를 완전히 극복하리라는 것은 있을 수 없고 다만 다른 체계가 가지고 있는 한계로 대치되는 것이다. 예컨대, 우리는 세계의 여기저기를 누비고 다닐 수는 있지만 바로 옆에 살고 있는 이웃에 대해서는 아는 바가 별로 없다. 마찬가지로 거대한 조직을 관리 · 경영할 수는 있지만 우리 주변의 그 누구도 신뢰할 수 없는 처지에 놓여 있을 수 있다. 또한 우리는 월드와이드웹을 통해 전 세계의 수많은 정보들에 즉시 접속할 수는 있지만 주체성을 가지고 나 자신의 삶을 살아가기 위해서 무엇을 찾아보아야 하며 무엇을 무시해야 하는지 혼란스럽기까지 하다. 여기서 말하고자 하는 핵심은 향수 어린 이상향이 아니다. 이웃과 잘 알고 지내는 것이 반드시 중요한 것은 아니다. 신뢰 관계에 있는 동료 직원이라도 언제든지 불신을 가져다줄 수 있다. 웹 서핑을 통해 새로운 지평을 개척할 수도 있으며, 어떤 공동체에 새롭게 참여할 수도 있다. 중요한 것은 우리가 관여하는 세계의 범위를 바꾼다는 것이 그 범위를 확장한다는 것이 아니라 다양한 층위의 세계들이 가지고 있는 복잡성의 구조들 사이에서 이동한다는 것을 의미한다는 점이다.

상호 작용을 통한 호혜적 관여나 의미의 공유를 강조했다고 해서 국지성만이 바람직한 것이라고 생각해서는 안 된다. 실천공동체는 학습이 일어나는 중요한 거점이라고 생각해 볼 수 있으나, 그렇다고 그 공동체 안에서 일어나는 실천의 과정을 그 내용이 어찌되었든 그 자체로 선한 것으로 판단하는 것은 잘못이다. 이러한 점에서 실천공동체를 결코 낭만적으로만 보아서는 안 된다는 점을 재차 강조할 필요가 있다. 왜냐하면, 비생산적인 유형의 실천, 예컨대 편협주의나 인종주의, 혹은 성차별주의와 같은 편파주의적 실천을 재생산하는 공동체도 얼마든지 존재할 수 있다는 사실을 우리는 잘 알고 있기 때문이다. 즉, 우리가 살고 있는 세계에 부정적인 영향을 미치는 당파적이고 편파적인 실천들을 재생산하는 곳 또한 실천공동체라는 점을 부인할 수 없다.

반면, 실천공동체의 국지적인 실천을 보다 광범위한 차원으로 수용하도록 하는 이야기 방식들도 존재한다. 그렇지만 그러한 이야기 방식들이 공동체의 실천 자체를 대치하는 일은 결코 있을 수 없다. 예를 들어, 종교나 과학, 법과 같은 제도는 대중들이 자신들이 관여하는 특정한 수준과 범위의 일들을 전문적이며 보편적인 일로 받아들이도록 자신들의 일을 포장하는 독특한 이야기 방식들을 만들어 냈다. 이들 제도에서 생산해 낸 이야기 방식들은 다양하고도 국지적인 실천들을 전체화시키는 거대 담론을 구성하고 있다. 스타일이나 이야기 방식이 실천과 일치하는지를 따지지 않고 양자를 분리시켜 생각하는 것은 국지성의 중요성을 인정하지 않는 실증주의적 방법론의 태도도 아니고, 반대로 그것을 찬양하는 상대주의적 방법론의 태도도 아니다. 그것은 우리 주변의 실제 세상에서 얼마든지 찾아볼 수 있는 실례다.[4]

4 어떤 이론가들은 국지적 전통만이 신뢰할 수 있는 것이라는 입장을 취한다(예: Oakeshott, 1933; Lyotard, 1984; Eagleton, 1990 재인용). 이들 이론가들은 이 책에서 말하고자 하는 것과 동일한 아이디어를 공유하고 있지만 거기에는 차이가 있다. 제2부에서 밝히겠지만, 이 책에서는 실천공동체의 위치를 보다 광범위한 사회구조 위에 정치시켜 이해하고자 하며, 이러한 관점은 전체성과 국지성 어느 한쪽을 더 바람직한 것으로 보는 관점이나 사회의 역사가 어느 한쪽에서 다른 한쪽으로 변화해 간다는 관점과는 분명히 다르다. 사회를 이해하는 데에 더 필요한 것은 양자에 대한 선택의 문제가 아니라 사회이론으로서의 지형적 접근이다. 그것은 데이빗 하비(David Harvey, 1989)의 '시간과 공간의 응축'으로서의 근대성 개념과 미셸 푸코(Michel Foucault, 1975)의 '훈육 테크놀로지의 광범위한 제도화'와 더 가깝다. 그것은 또한 폴 윌리스(Paul Willis, 1981)의 '문화 생산의 공간으로서의 사회적 실천'과 미셸 드 세르토

이러한 맥락에서 실천공동체는 과거의 향수나 미래의 이상의 대상이 아니다. 그것은 엄연히 우리가 살아가고 있는 세계에서 사회적 삶이라는 엄연한 현실로 존재한다. 실천공동체는 우리가 살아가면서 의미를 경험하고 학습하며 우리 자신의 정체성을 형성해 가는 의미 있는 공간이다. 여기서 실천공동체의 중요성을 강조하는 것은 막연히 지역적 가치를 찬양하기 위해서가 아니다. 그것은 국지성과 세계화가 교차되는 공간에서 우리가 어떻게 의미를 경험하고 배우며 실천을 발전시켜 나가는지, 그리고 궁극적으로는 어떻게 우리의 정체성을 형성해 가는지의 자세한 과정을 제대로 이해하기 위해서다.

(Michel De Certeau, 1984)의 '생산의 또 다른 유형으로서의 소비 행태'의 개념에서도 엿볼 수 있다. 정치철학자 세일라 벤하빕(Seyla Benhabib, 1992)은 절대적 보편주의의 순진함과 급진적 포스트모더니즘의 편협함은 실재하지 않는 허위의 이분법에 불과하다고 역설하며 상호 작용적 보편주의를 주장했다.

제1부 결론
실천지에 관하여

이 장에서는 제1부에서 다룬 내용들 가운데 핵심 아이디어인 실천지(實踐知)의 속성이 무엇인지에 관해 다소는 추상적 논의로 보일지 모르겠지만 간략하고 알기 쉽게 정리해 보고자 한다. 비록 지식의 속성에 관해 이야기하지만 그것은 어디까지나 이 책에서 말하려고 하는 내용을 효과적으로 다루기 위한 방편으로 선택되었을 뿐, 전문성이 함축하고 있는 기능적 측면만을 머릿속에 떠올린다면 이 책에서 의도하는 바와는 전혀 다른 방향으로 가고 있는 것이다. 또한 동일한 이유에서 실천공동체를 순수한 의미의 기능적인 장치로 환원시켜 보아서도 안 될 것이다. 실천공동체에서는 지식이나 앎이 중요한 문제이지만, 우리가 간과해서는 안 될 더욱 중요한 점은 지식이나 앎이라는 것이 어디까지나 구성원들이 함께 공존하면서 의미를 공유하고 정체성을 형성하며 하나의 인격체로 성장해 나가는 과정을 기반으로 해서 나오는 부차적 산물이라는 점이다.

꽃과 컴퓨터

실천지에 관해 보다 알기 쉽게 설명하기 위해 다소는 요상하게 들릴지 모르는 두 가지 질문을 해 보겠다. 첫 번째 질문은 수도승이 그의 제자에게 던지는 질문과도 같은 것이다. 꽃은 자신이 꽃이라는 것을 알고 있을까? 이를 정보시대의 질문에 맞게 바꾸어 본다면 다음과 같을 것이다. 컴퓨터는 꽃이 된다는 것에 관해 무엇을 알고 있을까?[1]

꽃은 꽃이 된다는 것에 관해 무엇을 알고 있을까 하는 질문에는 두 가지 모순된 대답이 가능하다. 우선 꽃이 된다는 것은 꽃에게는 너무나 당연한 자연스러운 일이다. 즉, 잎을 피우고 광합성 작용을 하며, 뿌리에서 영양분을 빨아들이고 자라고, 새싹을 돋게 하며 꽃을 피우고 벌에게 꿀을 제공하는 일이 꽃이 하는 일이다. 그렇다면 여기서 누군가 꽃은 꽃이 된다는 것이 어떤 것인지에 관해 누구보다도 잘 알고 있을 것이라고 대답할지도 모른다. 그러나 꽃에게 식물학 강의를 해 보라고 한다면 어떨까? 그냥 우두커니 자리를 지키며 서 있을 것이다. 아무것도 모른 채!

반대로 컴퓨터에 있는 사전 프로그램에 '꽃'이라는 단어를 쳐 넣어 보라. 그러면 꽃에 관해 필요한 모든 정보가 뜰 것이다. 마찬가지로 '광합성' '꽃잎' '줄기' 등을 쳐 넣어 보라. 그러면 거의 완벽한 정보를 얻을 수 있을 것이다. 이번에는 아예 식물에 관한 인터랙티브 멀티미디어 교육 프로그램을 구입하여 꽃을 가르치는 데 실패했던 그 클래스에 투입하고 학생들에게 프로그램 내용을 탐색해 보게 하라. 그들은 꽃에 관한 정보를 순식간에 마스

1 이러한 질문은 내가 이 책을 집필하게 된 애초의 동기이기도 하다. 즉, 나는 전산정보 모형이 인공지능 기반 구축 시스템의 상황 속에서 인간의 지식이 어떤 역할을 하는지에 관해 의문을 가지고 있었다. 컴퓨터에 관한 그런 질문은 그다지 새로운 질문은 아니다. 예컨대, 일찍이 철학자 허버트 드레이퓌스(Hubert Dreyfus, 1972)는 비슷한 질문을 제기해 인공지능 관련 학자들 사이에서 반향을 일으켰고, 인공지능 프로젝트가 왜 실패할 수밖에 없는지에 관한 논쟁을 이끌었다. 물론 그의 논리와 나의 논리가 같지는 않다. 왜냐하면, 나는 실천론에, 그는 하이데거주의 현상학에 기반을 두고 있기 때문이다. 따라서 나의 주장의 핵심은 그의 주장과는 달리 인공지능 프로그램이 실패할 것이라는 점에 있지 않다. 나는 사람의 지식이나 사고, 학습의 문제를 실천론적인 접근이 아닌 철학적 질문으로 다루는 것은 적절치 않다고 보기 때문이다.

터할 수 있을 것이다. 그러나 컴퓨터에게 학생들을 잘 가르친 보상으로 장미 한 다발을 선사했다고 하자. 그러면 컴퓨터는 거기 그대로 우두커니 자리 잡고 있으면서 오직 누군가 와서 무엇인가를 입력해 주기만을 기다릴지 모른다. 아무것도 모른 채 말이다.

물론 이런 이야기들은 그저 수사학적인 목적으로 인용한 극단적인 예에 지나지 않는다. 꽃이 꽃이 될 수 있는 것은 자기가 꽃이기 때문이다. 컴퓨터는 우리가 입력한 것을 프로그램에 맞게 반응한다. 그것이 우리가 컴퓨터에 기대하고 있는 것이다. 내가 이야기하려고 하는 핵심은 바로 거기에 있다. 우리가 던진 질문, 즉 꽃이나 컴퓨터는 꽃이 된다는 것에 관해 무엇을 알고 있을까 하는 질문이 마치 수수께끼 같다고 생각할지도 모른다. 그러한 질문이 수수께끼처럼 보이는 것은 우리가 던진 질문이 심오하거나 난해한 질문이어서가 아니다. 그것은 앎을 추상적인 것으로 규정할 수가 없음을 우리가 알고 있기 때문이다. 그런 식의 질문은 탐구의 출발점이 될 수 없다.

따라서 내가 앎이라는 차원이 아닌 실천의 차원에서 전체 논의를 시작하려고 한 것도 바로 그러한 연유에서다. 실천이 가지고 있는 제 속성들을 꼼꼼히 살펴봄으로써 위와 같은 질문, 즉 왜 앎이라는 문제가 꽃과 컴퓨터에게는 규정될 수 없는 것이면서 우리에게는 규정될 수 있는 것인지를 보다 잘 이해할 수 있을 것이다.

의미의 경험

논의의 출발점을 실천의 차원에 두었을 때 할 수 있는 첫 번째 이야기는 꽃과 컴퓨터가 의미의 경험이라는 것을 누릴 만한 차원에 있지 않다는 점이다. 앞에서 나는 의미란 객체화, 즉 인공물의 매개를 통해서, 그리고 세상에 직접 참여하면서 세상과 부단히 교류하는 과정에서 창출되어 나오는 것이라고 지적해 왔다.

꽃은 살아 있는 생물체로서의 경험을 가지고 있을지도 모르며, 그로 인해 우리와 모종의 관계를 맺고 있을 수도 있다. 그렇지만 꽃은 우리 인간이 사용하는 인공물들을 사용할 수는 없다. 예컨대, 우리가 경험을 의미화하는 데 사용하는 개념이나 이미지, 분류 범주나 말, 심지어 꽃이라는 단어 자체도 꽃에게는 아무런 의미를 주지 못한다. 그러한 인공물들은 우리의 실천 밖에 존재하는 것이 아니라 그 안에 내재되어 기능한다. 그것들이 없다면 우리는 어떠한 의미도 생성해 낼 수 없을 것이며, 결국 어떠한 실천이나 의미의 경험도 구성해 내지 못할 것이다.

역으로 컴퓨터는 우리가 사용하는 이러한 인공물들을 조작하는 데 매우 능숙하다. 컴퓨터는 프로그램만 잘 되어 있다면 매우 빠른 속도로 거대한 양의 정보를 처리하고 다양한 방식으로 투입된 정보를 산출해 내기도 한다. 그럼에도 불구하고 컴퓨터의 이러한 능력이 의미를 새롭게 조합해 내는 능력을 갖추었다고 말하지는 않는다. 컴퓨터는 자신이 다루는 정보가 어떤 의미가 있는지 확정하기 위해서 여전히 프로그래머나 유저에 의존하지 않을 수 없다. 컴퓨터의 능력에 부재한 것은 정보처리 능력이 아닌 참여의 경험이다. 컴퓨터는 일정한 규칙이 지시한 바대로 일을 처리할 수 있다. 명령과 데이터를 올바르게 해석할 수 있으며 자신의 업무를 훌륭하게 수행해 낼 수도 있다. 그렇지만 컴퓨터는 자신이 처리하는 정보가 갖는 의미가 무엇인지 확정할 수 있는 책임감을 가지지 못한다. 따라서 컴퓨터는 참여의 정체성을 형성하지 못한다. 결국 컴퓨터는 업무의 수단이 될 수는 있지만 업무의 주체가 될 수 없다. 비록 서로 반대되는 이유이지만, 꽃과 컴퓨터는 이러한 연유로 어느 정도 성숙한 인간이라면 누구나 할 수 있는 의미를 경험할 수 있는 능력을 가질 수 없다.

역량체제

꽃과 컴퓨터가 의미를 경험할 수 있는 한 가지 방법으로 각각이 어느 실천공동체에 속한 구성원이 되도록 하는 것을 생각해 볼 수 있다. 그렇게 되면 그들에게는 공동체의 실천에 참여할 수 있는 길이 열리게 되고, 그에 따라 해당 공동체가 취하고 있는 객체화를 사용할 수 있는 자격이 생기게 되는 셈이다. 이러한 과정을 거쳐 그들은 정체성을 형성할 것이며 결국 그것을 통해 경험과 더불어 의미를 가지는 수준에 이르게 될 것이다. 그러나 과연 이는 가능한 일인가? 그렇지 않다. 어느 실천공동체의 구성원 자격은 인위적으로 부여할 수 있는 것이 아니다. 공동체의 구성원이 갖추어야 할 역량은 인위적으로 갖출 수 있는 것도 아니고 개인적으로 기를 수도 없다. 왜냐하면, 그것은 공동체 내에서 다른 구성원들과의 상호 작용을 통해 길러지기 때문이다. 또한 공동체의 집단수준에서 결정되는 것도 아니다. 왜냐하면, 역량은 공동체에 참여하는 개인들 자신이 해당 실천에 참여하는 만큼 갖출 수 있는 구성원 각자의 몫이기 때문이다.

여기서 역량이란 특정한 행위를 할 수 있는 능력이나 특정 기술, 혹은 정보의 축적 이상을 가리킨다. 제2장에서 다룬 실천공동체의 세 가지 속성에 비추어 역량이 뜻하는 바가 무엇인지를 다음과 같이 정리해 볼 수 있다.

① 호혜적 관여: 다른 구성원들과 관계를 유지하고 이를 바탕으로 각자의 정체성을 형성해 나갈 수 있는 능력
② 공동 업무에의 책무성: 실천공동체의 일을 이해하고 추진해 나갈 수 있는 능력
③ 공동 자산에 대한 협상 능력: 공동 자산을 활용하고 이를 바탕으로 해당 실천을 새롭게 발전시켜 나갈 수 있는 능력

어떠한 공동체에서든 어떤 실천이 자신들이 추구하는 실천이며 어떤 실천이 배제되어야 하는 실천인지에 대하여 제시되어 있는 명확한 기준은 찾아보기 어렵다. 다만, 실천 자체를 놓고 판단할 수 있을 따름이다. 이러한 점에서 각 실천공동체는 구성원들이 갖추어야 할 역량에 관해 고유한 기준

을 가지고 있는 셈이다. 결국 지식이란 공동체가 규정하는 것이며, 한마디로 실천에 대한 참여 역량이라고 말할 수 있다. 물론 여기서 말하는 지식이란 기존의 알려진 바로서의 지식만을 가리키지는 않는다. 공동체가 내세우는 역량의 수준이란 정적인 것이 아니다. 전적으로 새로운 지식을 창출해 내는 일 또한 지식의 범위 안에 들어가며, 이는 실천에 대한 경쟁력 있는 참여에서 비롯된다.

학습: 경험과 역량

만약 컴퓨터가 화면에 어떤 정보를 적시에 띄우는 것도 하나의 능력이라고 한다면, 분명 컴퓨터는 꽃이 된다는 것이 무엇인지 안다고 말할 수도 있다. 마찬가지로 향기로운 꽃이 되는 것도 하나의 능력이라고 본다면 꽃도 꽃이 되는 것이 무엇인지 안다고 말할 수 있다. 그러나 과연 그럴까?

제3장에서 나는 실천공동체가 신참이 자신들의 실천에 접근할 수 있도록 전임 참여까지는 아니지만 합법적 지위를 부여해 주변 참여의 문을 열어 놓는다고 언급한 바 있다. 그런데 바로 이러한 점으로 인해 꽃과 컴퓨터는 앎에 관한 한 자격 미달일 수밖에 없다. 누군가 실천공동체에서 주변 참여자가 되기 위해서는 거기에서 요구하는 역량수준에 따라 학습을 해 나가야 한다. 실천공동체가 형성될 때에도 그렇고, 누군가 새롭게 참여하고자 할 때도 그렇다. 그런 종류의 학습은 능력의 문제가 아니다. 그것은 의미에 대한 경험의 문제다.

그런데 꽃과 컴퓨터는 객체화와 참여를 조합할 만한 능력을 가지고 있지 않다. 따라서 그들은 의미에 관해 경험할 수 없다. 그런고로 결국 그들에게 학습이란 가능하지 않은데, 그것은 다음과 같은 이유에서다.

① 꽃과 컴퓨터는 실천공동체의 일원이 될 수 없다. 왜냐하면, 그것들은 의미를 주고받는 등 의미에 관해 아무런 경험도 할 수 없어 호혜적 관

계를 형성할 수 없기 때문이다.

② 꽃과 컴퓨터는 실천공동체의 실천에 관해 전혀 이해할 수 없다. 왜냐하면, 그것들은 실천의 의미에 관해 아무런 경험도 할 수 없기 때문이다.

③ 꽃과 컴퓨터가 공동 자산을 가지고 협상한다는 것은 있을 수 없다. 왜냐하면, 그것들은 자산의 본질적인 의미에 관해 아무런 경험도 할 수 없기 때문이다.

실천 가운데 학습이 이루어지기 위해서는 의미의 경험은 역량수준과 서로 맞아떨어지지 않으면 안 된다. 경험과 역량은 학습의 핵심 요소이지만, 어느 한쪽이 다른 한쪽에 일방적으로 영향을 미칠 수 없으며 항상 함께 작동하여 학습의 결과를 이룬다.

- 역량수준이 경험의 내용에 영향을 미칠 수 있다. 우리의 경험은 역량수준과 들어맞아야 제 의미와 가치를 획득할 수 있다. 신참의 경우는 특히 그러하다. 공동체가 요구하는 역량수준에 도달하기 위해서 신참들은 자신들의 경험을 계속해서 바꾸어 나가지 않으면 안 된다. 물론 공동체 전체의 실천 또한 계속해서 바뀌어 가므로 고참들 역시 그에 맞춰 자신들의 경험에 변화를 꾀하지 않으면 안 된다.
- 경험의 내용이 역량수준에 영향을 미칠 수 있다. 몇몇 구성원들의 경우 그들의 경험이 공동체가 요구하는 것과 맞지 않다거나 공동체에 기존에 통용되는 말로는 도저히 표현할 수 없는 상황이 있을 수 있다. 이때 강한 소속감과 헌신을 가지고 있는 구성원은 자신들의 경험이 수용될 수 있도록 기존 체제에 대해 도전하는 경우를 찾아볼 수 있다.[2] 이때

2 이러한 경험과 역량의 구분이 개인과 사회의 이분법을 따르고자 하는 것은 아니라는 점을 분명히 해 둘 필요가 있다. 의미의 경험은 애초에 구성원들 간 상호 작용의 산물이며 역량 또한 구성원 개개인에 의해 수행된 결과이기 때문이다.

구성원들은 자신들의 경험을 인정받기 위해 공동체와 힘겨운 줄다리기를 해야 한다. 다른 구성원들이 자신들의 경험을 재경험해 볼 수 있도록 해야 하며 그들을 위해 경험 내용을 객체화하는 노력도 필요하다. 필요에 따라서 구성원들 간의 관계를 달리해야 할 경우도 있고, 심지어는 업무 자체까지도 바꾸어야 하는 상황도 있다. 때로는 자신들의 새로운 경험이 공동 자산화될 수 있도록 노력을 기울이지 않으면 안 된다. 공동체 안에서 충분히 합법적 지위를 가지고 있다면 그들의 이러한 노력은 성공할 것이며 결국 공동체는 새로운 지식을 창조하게 되는 셈이다.

경험과 역량 사이의 상호 작용은 공동체의 실천이 변화하고 발전해 가는데 중요한 기제다. 경험과 역량은 상호 작용함으로써 서로를 변화시킬 수 있다. 이는 개인이나 집단의 학습에도 마찬가지로 적용된다. 학습은 지식의 혁신과정이라고 할 수 있으며 경험과 역량의 관계 변화라 할 수 있다. 무엇이 먼저라 할 것 없이 어느 한쪽의 변화는 반드시 다른 한쪽의 변화를 수반하게 마련이다.

경계

여기에서 나는 꽃이나 컴퓨터에 대해서 어떤 논쟁을 벌이고자 하는 것이 아니다. 꽃이나 컴퓨터는 그 존재 자체로 내 삶에 즐거움과 편리함을 주는 것들이다. 꽃이 가지고 있는 육화된 경험과 컴퓨터가 가지고 있는 물화된 역량은 워낙 거대한 주제이고 대상이어서 나로서는 그것들을 다루기에 역부족이다. 그리고 꽃과 컴퓨터를 예로 든 이유는 그들 자체에 대해 궁금해서라기보다는 지식이나 역량 또는 경험에 관해 극단적인 경우를 잘 보여주는 예라고 생각했기 때문이다. 그리고 그러한 극단적인 예를 통해 지식의 유무는 어디까지나 경계에 따른 구분이라는 점을 보다 명확하게 보여 주고 싶었다.

무엇이 지식이고 무엇이 무지인지, 어떤 상태가 아는 것인지 어떤 상태가 모르는 것인지 등을 가르는 기준은 지식 또는 역량을 어떻게 규정하느냐에 따라 결정된다. 이 점에 관해서는 앞부분의 제시한 사례에서 이미 보여 주려고 한 것이기도 한데, 사례에서 나온 급부금 조정(COB) 서류도 어떻게 보느냐에 따라 투명한 것으로도 불투명한 것으로도 보일 수 있다. 그것은 해당 조직이 무엇을 역량으로 보고 있느냐 하는 역량에 관한 집단적 합의에 따른 것이다. 따라서 무엇이 지식이고 무엇이 무지인지에 대한 구분은 역량에 관한 규정에 따라 달라진다. 예컨대, 다음과 같은 시나리오를 생각해 볼 수 있다.

① 공동체 내의 오직 한 사람만이 그 서류가 무엇을 의미하는지 알고 있으며, 공동체 내의 모든 사람은 그가 누구인지 알고 있고 그와 상호작용이 가능한 경우
② 업무 내용의 규칙을 바꾸어 보험처리사들로 하여금 자신들의 계산방식, 고객, 회사, 심지어 이 책에 나오는 공동체에 대한 분석까지도 설명하도록 하는 경우
③ 완전히 새로운 용어나 개념을 도입하여 보험처리사들이 그 서류의 내용을 이해하지 못하도록 하는 경우

제1장에서 잠깐 언급했지만, 자전거 타는 사람에게 그가 어떻게 핸들을 조작하는지 설명해 보게 한다면 그는 다소 당황한 기색을 보일 것이다. 이처럼 역량을 어떻게 규정하느냐에 따라 그 내용은 달라질 수밖에 없다. 아마도 자전거를 잘 타지 못하는 사람도 핸들을 어떻게 돌려야 하는지는 말할 수 있을 것이다. 이처럼 어떤 지식이 명시적 지식이냐 암묵적 지식이냐는 어떤 영역에서의 이야기인가 하는 상대적인 규정의 문제다. 어떤 실천이라도, 심지어는 말 자체도 암묵적 차원의 지식을 가지고 있다. 그것은 그

행위 자체에서 벗어난 차원에서 보고자 할 때 비로소 드러난다. 지식을 유형화하고 범주화하려고 하는 접근방식은 경계의 문제를 제대로 다루지 못할 뿐만 아니라, 그 결과 지식의 문제를 개인적인 차원에만 초점을 맞춘 나머지 실천이 보여 주는 전체 숲 가운데에서 보지 못하는 경향이 있다(이러한 예는 몇몇 경영학 연구에서 종종 찾아볼 수 있다.[3]).

지식공동체가 규정하는 역량의 범위를 넘어서지 못한다는 지적은 한 공동체가 설정하고 있는 경계를 초월할 수 없다는 것을 의미하지 않는다. 누누이 지적했듯이 경계는 항상 초월 가능한 것이며 실제로 우리의 실천은 그러한 경계들을 가로지르며 일어나는 일들이다. 경계들 사이에서의 가로지름은 서로 다른 공동체 구성원들 사이에서 서로 교류하고 배울 수 있는 뭔가가 있으며, 그와 관련하여 서로가 호혜적 관계에 있다는 일종의 교감이 형성되어 있어야 비로소 일어날 수 있다. 제5장에서 이미 지적했듯이 학습은 지형이나 거리, 인접 정도에 의해 영향을 받기 마련이다. 여기서 핵심은 바로 이런 것이다. 즉, 학습이 일어나기 위해서는 경험이나 역량이 서

3 이쿠지로 노나카와 히로타카 타케우치(Ikujiro Nonaka & Hirotaka Takeuchi, 1995)는 조직이론에서 암묵적 지식이 어떻게 명시적 지식화하는가에 관해, 질 좋은 빵을 어떻게 만드는지 수련해 가는 제빵기계 공장의 종업원의 예를 통해 보여 주고 있다. 관찰에 따르면 제빵기계 디자인의 성공 여부를 결정하는 핵심이라고 할 수 있는 밀가루 반죽에 관해, 종업원은 개념에 가까운 지식을 키워 가고 있었다. 이러한 관찰은 탁월한 분석이라고 할 수 있으나 경계의 가로지름에 관해서는 미처 주목하지 못하는 한계를 보여 주고 있다. 또 다른 예는 쇼샤나 주보프(Shoshana Zuboff, 1984)에 의한 것으로, 그녀는 제지 생산의 전산화 과정에 관한 연구에서 '실천적' 기술과 '지적' 기술을 구분하여 사용했다. 여기서 후자는 행위의 맥락과는 상관없이 상징에 의미를 부여하는 능력 같은 것을 가리킨다. 그녀는 이전의 제지 노동자들이 손을 직접 담가 봄으로써 종이의 혼합 정도를 가늠했다가, 똑같은 혼합물이 컴퓨터 스크린에 나타날 경우에는 해석의 어려움을 겪어야만 했다는 점을 분석을 통해 잘 보여 주었다. 그러나 그녀의 분석은 실천의 경계라는 측면에서 보지 못하고 지식의 종류를 가르고 일반화시켜 개인 능력의 차원으로 환원시켜 보는 경향이 있다. 보험처리 부서의 COB 시산용지의 경우와 같이, 제지 생산의 전산 시스템 또한 그들의 실천공동체 외부에서 유입된 것이다. 따라서 제지 노동자들이 생산 시스템의 전환과정에서 겪은 어려움은 사실상 지식의 종류나 개인적인 차원의 어려움이었다기보다 다른 실천으로 옮겨가면서 생겨난 경계 영역에서 있을 법한 현상으로 보는 것이 더 타당한 해석이라고 본다.

로 너무 가까워도 너무 멀리 떨어져 있어서도 안 된다는 점이다. 그렇게 되면 한쪽이 다른 한쪽을 이끄는 데 역부족이 되는 상황이 생기기 때문이다.

우리는 경계를 가로지르면서 새로운 경험, 지식, 행동방식에 접할 수 있게 된다. 거기서 우리는 한 공동체에서 사용하는 동일한 말과 동일한 인공물이 어떻게 다른 배경 속에서 전혀 다른 의미를 가지게 되는지 경험하게 된다. 경계들 간의 가로지름은 경험과 역량 사이에 긴상관계를 조성하며 그로 인하여 결국 학습을 촉진하거나 방해하는 과정이라고 할 수 있다.

국지성과 전체성

여기까지 나는 지식 개념에 관해서는 가급적 언급을 삼가 왔고 대신 경험이나 역량, 앎 등의 용어를 사용했다. 이는 지식이라는 용어가 다소 적절치 못하다는 생각에서다. 어떤 측면에서 보면 실천 역시 지식의 또 다른 모습이다. 그리고 그러한 실천에 참여한다는 것은 앎을 의미한다.[4] 그러나 이는 두 가지 이유에서 적절치 못한 표현방법이다.

① 어느 실천공동체의 실천이건 거기에는 반드시 무지의 차원이 존재하기 마련이다. 이는 단지 모든 것을 알아야 하는 데 걸리는 시간과 노력의 부족 때문만은 아니다. 그것은 그들 실천에 실제로 전제되어 있는 원칙이다. 예를 들어, 보험처리사들이 남들이 보기에 그들의 업무에 해당하는 것들에 대해 모조리 알고 있다고 생각한다면 그것은 오산이다. 그리고 심지어 학교교육에서 종종 경험할 수 있는 몇몇 실천공동체는 학교제도가 표방하는 공식적 지식에 저항하는 능력을 키워 나가기까지 한다.[5]

4 지식과 앎 사이의 구분에 관해서는 쿡과 브라운(Cook and Brown, 1996)의 논의를 참고하라.
5 이러한 관찰은 교실 밖 행동을 연구하는 학교 문화기술지에서 종종 발견된다(Willis, 1977; Eckert, 1989; Mendoza-Denton, 1997).

② 지식이라는 용어를 사용할 때 자칫 그러한 지식에 전제되어 있는 거시적인 차원을 간과할 위험이 크다. 우리가 지식이라고 생각하는 것은 우리 자신이 경험하는 의미의 문제도 아니고 우리 자신의 역량수준의 문제도 아니다. 그것은 보다 광범위한 사회, 역사, 제도의 양식들(예: 과학, 종교, 정치, 예술 등) 가운데 우리가 참여하는 실천이 차지하고 있는 지형적 지위와 관련된 문제다.

결국 지식이라는 것은 국지적인 차원의 역량의 문제가 아니라 보다 거시적인 실천의 배치들 가운데 해당 실천이 차지하는 위상의 문제라고 할 수 있다. 어쨌든 실천공동체는 구성원들 사이의 상호 작용을 통한 업무 수행이 일어나는 맥락이라고 할 수 있다. 이러한 측면에서 본다면 실천지라는 것도 국지적인 것과 전체적인 것이 서로 상호 작용하는 가운데 도달되는 상태라고 할 수 있다.

이쯤 되면 앞서 제기한 질문, 즉 꽃과 컴퓨터는 무엇을 알고 있을까 하는 질문에 대해 답할 수 있을 거라 본다. 질문은 꽃과 컴퓨터에 관한 것이었지만 결과적으로는 우리 자신에 대해 더 잘 이해했으리라! 앎이란 특정한 실천의 맥락 속에서 경험되는 것이며, 그것은 관련 집단이 설정해 놓은 역량수준과 우리 개인이 가진 의미의 경험이 교차되는 가운데 나온 것이다. 우리의 앎이 속해 있는 세계는 단순히 그것이 개인적인 것이라고 하기에는 너무도 광대하다. 동시에 우리의 앎은 남의 것이라고 보기에는 우리 자신에게 너무나 꼭 들어맞으며 생생하고 체험적이다. 앎에의 경험은 항상 독창적이고 창의적이며 특이성을 띨 수밖에 없다.

정체성

제2부

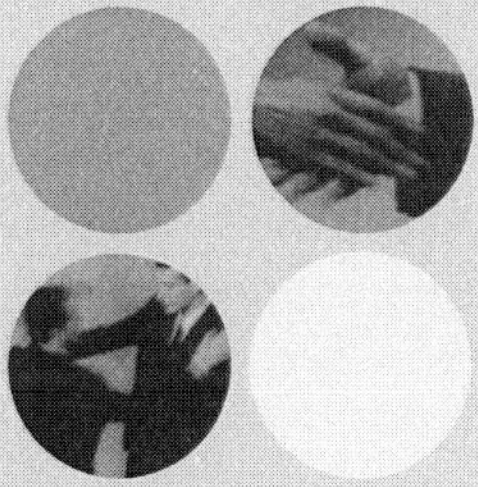

도입 II
정체성에 관하여

정체성 문제는 앞서 제1부에서 제시한 다양한 사례들에서 잠시 언급하였지만 깊이 있게 다루지 못했다. 이제 정체성에 대해서 자세히 논의할 차례다. 정체성은 실천, 공동체, 의미에 관한 문제들과 직접 관련되기 때문에 학습의 사회이론에서 중요하게 고려되어야 할 주제다. 여기서는 다음의 두 가지 논제를 중심으로 정체성에 관한 논의를 전개하고자 한다.

① 정체성에 관해서 이야기하고자 할 때 개인에게 초점을 두되 사회적 관점을 반영해야 한다.

② 구성원들 개개인이 자신의 정체성으로 동일시(identification)하고자 하는 영역에는 광범위한 사회적 과정과 구조의 차원도 포함되는 만큼 이를 고려해야 한다.

나아가서 정체성은 참여와 비참여, 수용과 배제의 문제와 관련이 있다. 왜냐하면, 정체성은 공동체와 그에 속하는 방식을 규정하는 의미를 사람들이 스스로 형성할 수 있는지 없는지의 문제와 관련이 있기 때문이다.

개인과 사회

정체성은 '개별적' 인간이 아닌 '인격적' 개인에서 비롯된다. 그리고 그것은 사회에 존재하는 다양한 공동체들 안에서 각자가 경험의 의미들을 서로 주고받는 가운데 형성된다. 정체성은 개인들이 어떻게 사회와 상호 연결되어 있는지를 보여 주는 일종의 축과도 같아, 개인과 사회(the individual and the collective)는 마치 동전의 양면처럼 정체성의 양면으로서 어느 하나를 배제하고서 다른 하나를 이야기하는 것이 불가능하다. 이렇게 볼 때 정체성은 사회를 고려하지 않는 철저한 개체 중심적 사고나 개인이 배제된 추상적인 제도 중심적 및 사회 중심적 사고를 통해서는 이해할 수 없다. 왜냐하면, 정체성은 개인의 살아 있는 경험이 반영되는 사회적, 문화적, 역사적 실재이기 때문이다.

물론 정체성을 사회적 관점으로 이해한다고 해서 개인이 완전히 무시되는 것은 아니다. 개인은 그가 속한 공동체의 입장에서 보면 이미 공동체 실천의 일부이기 때문이다. 사실 정체성을 분석하는 단위가 공동체인지 개인인지를 고민하는 것 자체가 잘못된 이분법적 발상에서 비롯된 것이다. 정체성을 제대로 분석하고 이해하기 위해서는 개인과 사회를 구분하기보다는 개인과 사회가 어떻게 서로를 구성하는지, 즉 개인과 사회의 상호 작용 과정에 초점을 맞추어야 한다.

사실 일상적 생활 세계에서도 개인적 영역과 집단적 영역을 분명하게 구분하기란 쉽지 않을 뿐더러 대개 불필요하기까지 하다. 공공 영역과 사적 영역에서 객체화와 참여 행동은 개인과 집단 간의 상호적 구성과정을 반영하고 있다. 우리가 관여하는 실천, 언어, 지적 · 물적 자산, 세계관 등에는 모두 우리를 둘러싼 사회적 관계가 반영되어 있다. 그 이유는 우리가 가지고 있는 가장 사적이고 개인적인 생각조차도 사실은 우리가 공동체에 참여하여 획득한 개념, 이미지, 관점을 적용한 결과로 형성된 것들이기 때문이다.

이분법적 관점으로는 개인과 공동체의 상호적 구성작용이 무시되고, 개인과 공동체에 대한 개념은 별개의 특성을 지닌 객체화의 결과로 간주할 수밖에 없다. 나 홀로 무엇이 된다는 것은 있을 수 없다. 개인의 개별성을 객체화시키고 생리학적으로 규정하게 되면 정체성이 지닌 상호 작용의 속성은 사라지게 된다. 반대로 공동체성으로만 우리 자신이 누구인지 결정할 수도 없다. 만일 개인을 공동체의 일원으로 일반화하거나 고정관념화하게 되면 정체성이 지닌 복잡성과 생생함에 대해서는 간과하게 되는 셈이다.

에리얼이라는 직원이 자신의 직업생활을 경험하는 방식, 자신의 현 위치를 이해하는 방식, 자신이 현재 하고 있는 일, 또는 자신이 알고 있거나 모르는 일 및 알고 싶어 하지 않는 일 등의 모든 것들은 순전히 개인적인 선택에서 비롯된 것도 아니거니와 '보험회사 직원'이라는 사회적 범주에 속한 결과로 결정된 것도 아니다. 에리얼은 자신의 일과 관련된 과업을 수행하면서 타인들과 상호 작용하고 그들과 협상하는 가운데 그런 모든 것들을 결정하고 있다. 즉, 에리얼은 특정 공동체에 속해 있으며 거기에서 해 나가는 고유한 실천을 경험하면서 자신만의 고유한 정체성을 형성해 가고 있는 것이다. 이렇게 본다면 추상적인 집단의 관점에서, 혹은 개체적인 개인의 관점에서 정체성을 바라보는 것은 옳지 않다.

몇 가지 잘못된 가정들

논의를 본격적으로 전개하기 전에 먼저 개인과 사회의 관계에 관한 잘못된 두 가지 가정들을 지적하고자 한다.

① 개인과 집단은 본질적으로 갈등의 관계에 놓여 있다는 가정
- 개인과 집단은 상이한 이해관계를 추구하고 서로 양립 불가능한 경향이 있어 근본적으로 대립적 관계에 있다.

- 이에 인간의 삶은 개인과 집단이 각자 서로에 대해 양보해 가는 가운데 나온 타협의 산물이라고 보아야 한다.

② 개인과 집단은 어느 한쪽이 선하면 다른 한쪽은 악하고, 어느 한쪽이 문제의 원인이 되면 다른 한쪽은 그 문제의 해결책이 된다는 가정

- 개인이 자유와 창조의 원천이 되는 반면, 사회는 구속과 제한의 원천이 된다. 혹은 그와 반대다.
- 사회는 조화와 질서의 원천이 되는 반면, 개인은 갈등과 분열의 원천이 된다.[1]

나는 정체성의 사회적 형성에 관한 논의를 첫 번째 가정과 같은 합의론이나, 두 번째 가정과 같은 갈등론 중 어느 한쪽에 치우쳐 보지 않을 것이다. 물론 개인과 사회 사이에 본질적 차이를 가정하지 않는다고 해서 집단의 자원과 요구, 그리고 개인의 기대 사이에 존재할 수 있는 갈등이나 긴장을 전적으로 무시하는 것은 아니다. 사실 현실에서 긴장, 갈등 혹은 양보는 항상 일어나고 있는 현상이며, 때로는 갈등 상황에 직면하여 개인과 사회가 서로 협력하여 발전을 도모하는 경우도 종종 목격할 수 있다. 다만, 개인과 집단 간에 특정한 긴장 상황이 존재할 수 있다고 인정하는 이러한 관

1 이러한 가정들은 사회이론과 정치철학뿐만 아니라 대중문화에 이르기까지 폭넓은 문헌들 속에서 널리 찾아볼 수 있다. 이처럼 그 가정들은 폭넓게 확산·침투해 있어서 관련된 사례를 언급하는 것만 해도 족히 한 권의 저서가 될 수 있다. 예를 들면, 계몽주의 철학자 루소(Rousseau, 1762)는 인간은 '선하게' 태어나지만 사회에 의해 타락하게 된다는 가정을 지니고 있었다. 또한 개인의 자유와 사회의 제한 사이의 갈등에 관한 가정은 사회적 상호 작용론(social interactionism)(Fisher & Strauss, 1978)에 관한 초기 저작들에서 찾아볼 수 있다. 이에 반대되는 가정들은 기능주의 이론에서 찾아볼 수 있는데, 이 이론에 의하면 개인들이 내면화해야 할 사회적 규범 차원에서 사회는 개인의 행동에 제약을 가하고 그 결과 야만스럽고 위협적인 개인의 행동을 자제시킬 수 있다고 본다(Parsons, 1962). 최근에는 이러한 가정들이 다양하게 변형되어 고전적 자유주의자와 공동체주의자들 간의 논쟁으로 나타나고 있다. 자유주의자들과 공동체주의자들은 개인과 집단의 극단적인 이분화 논리에 기초하여 각자의 정치적 강령을 내세우고 있다.

점은 개인과 집단을 원천적으로 구분하여 놓고 보는 이분법적 관점과는 다르다는 점을 분명히 해야 한다.

나아가서 공동체나 개인을 낭만적으로 묘사하거나 공동체나 개인에 대한 비판을 거부한다고 해서 공동체와 개인이 문제와 그 해결의 원천이 되지 못함을 강조하려는 것은 아니다. 개인의 창의성이 획일주의만을 고집하는 공동체에 의해 억압되는 경우가 있는가 하면, 사회적 차원에서 이루어지는 어떤 활동이 획기적인 통찰력을 낳는 경우도 있다. 그리고 개인의 갈등이 불화를 초래하는 경우도 있지만, 공동체의 편협한 행위에 저항하는 개인의 의지에 의하여 사회의 평화가 실현되는 경우도 있다.

이처럼 이분법적인 가정들에 대하여 반대 논리를 펼치기란 그리 어렵지 않다. 그러나 여기서 개인과 사회에 관한 이분법적 가정들에 관해 언급하는 이유는 단지 그 가정들에 전제되어 있는 모순을 지적하기 위해서가 아니라, 정체성에 관해 이야기하고자 할 때 이분법적 가정이 전혀 도움이 되지 않는다는 점을 다시 한번 강조하기 위해서다.

제2부의 구조

제2부에서는 제1부에서 소개한 바 있는 실천과 정체성의 특성을 서로 비교하면서 정체성에 관련된 이슈를 논의하고자 한다. 따라서 제2부 각 장에서는 실천공동체의 실체를 점점 더 복잡한 양상으로 몰고 가는 정체성 관련 이슈들을 다루게 될 것이다. 그리고 정체성과 관련해서 실천공동체 내부는 물론 외부 차원까지 확장시켜 볼 것이다. 사실 특정한 실천의 맥락에서 우리 각자가 가지고 있는 정체성은 공동체 내부의 문제일 뿐만 아니라 보다 광범위한 사회구조 속에서 우리 자신이 점하고 있는 위치나 우리가 속한 공동체의 지위와 관련된 문제이기도 하기 때문이다.

- 실천(practice)과 정체성(identity)　제6장에서는 제1부 각 장에서 제시된 실천의 다양한 특성들이 어떻게 정체성의 특성으로 해석될 수 있는지를 보여 주고자 한다. 이를 통해 정체성이 어떻게 실천의 복잡성 및 다의성과 관계되는 모습으로 나타나는지 보여 주고자 한다.
- 참여(participation)와 비참여(non-participation)의 정체성　제7장에서는 참여뿐만 아니라 비참여의 속성도 정체성 형성에 영향을 미치는 핵심 요소가 된다는 점을 살펴보고자 한다. 개인이 외부인(outsider)이 되느냐, 주변적 참여자(peripheral participant)가 되느냐, 또는 소외(marginalized)되느냐는 비참여의 측면을 통해 잘 이해할 수 있다.
- 소속감의 형성 기제(modes of belonging)　제8장에서는 국지적 실천공동체 차원을 넘어서 전 조직의 차원 또는 보다 거시적인 공동체 차원에서 '소속'의 의미에 대해서 다루고자 한다. 즉, 소속감의 세 가지 형성 기제, 즉 관여행위, 상상, 조정행위를 구분하고 각각의 특징과 기능에 관해 설명할 것이다.
- 동일시(identification)와 협상력(negotiability)　제9장에서는 특정 공동체와의 동일시와, 그 공동체 맥락하에서 의미를 형성하는 능력으로서의 협상력의 연관하에 소속 관련 이슈들에 관해 논의할 것이다. 공동체의 형성 과정에서 공동체 참여자들은 다양한 수준의 '의미의 주체성(owner-ship of meaning)' 차원에서 '의미의 교환 시스템(economies of mean-ing)'을 만들어 낸다. 그리고 동일시와 협상력이라는 측면에서 참여자의 소속이 어떻게 정체성과 파워의 문제로 직결되는지 살펴볼 것이다.
- 학습공동체(learning communities)　제2부 결론에서는 학습공동체가 갖는 몇 가지 기본적 특징들에 대해서 설명할 것이다. 요컨대, 학습공동체의 실천은 근본적으로 학습자의 경험과 그가 속한 공동체의 역량 간의 긴장 상태를 지속시켜 주는 역할을 하게 된다.

제6장
실천과 정체성

실천은 정체성과 서로 밀접한 관계에 있다. 실천이 창출되기 위해서는 관계자들이 서로 관여하고 상대방을 참여자로 인정해 주는 공동체의 형성이 전제되어야 한다. 결과적으로 실천에는 공동체의 맥락 속에서 개인의 존재방식에 대한 협상이 필수적으로 수반될 수밖에 없다. 물론 이러한 협상은 무의식적으로 진행되기도 한다. 즉, 참여자들이 드러내 놓고 협상한다고 하지 않더라도 협상이 진행될 수 있다는 것이다. 어쨌든 의식적이든 무의식적이든 간에 참여자들은 함께 행위에 관여하고 서로 관계를 맺음으로써 협상에 동참하게 된다. 따라서 실천의 차원은 곧 우리가 존재하는 방식이라는 심오한 차원과 연관되어 있기 마련이다. 이러한 의미에서 볼 때 실천공동체의 형성은 정체성에 관한 협상의 과정이기도 하다.

실천과 정체성의 특성을 비교하면 〈표 6-1〉과 같이 요약된다. 정체성의 각 특성들은 제1부에서 소개된 실천 관련 특성들과 연결 지어 제시했다. 제1부에서 소개된 실천 관련 특성들을 정체성의 특성과 관련지어 재진술하면 다음과 같다.

• 협상된 경험으로서의 정체성: 우리 자신과 타인들이 우리의 자아를 객

체화하는 방식에 따라, 그리고 참여를 통해 자아를 경험하는 방식에 따라 우리가 누구인지를 규정한다.

- 공동체 멤버십으로서의 정체성: 우리는 친숙한 것과 친숙하지 않은 것에 의하여 우리가 누구인지를 규정한다.
- 학습 궤적으로서의 정체성: 우리는 자신이 어디에서 왔으며 어디로 가는지에 의해서 우리가 누구인지를 규정한다.
- 복수 멤버십의 연결점으로서의 정체성: 우리는 다양한 공동체에의 소속감을 하나의 정체성으로 조화시켜 가는 방식에 의해 우리가 누구인지를 규정한다.
- 국지성과 전체성의 관계로서의 정체성: 우리는 전체 조직이 가지고 있는 스타일과 이야기를 우리가 관여하는 현장에 맞도록 협상함으로써 우리가 누구인지를 규정하게 된다.

〈표 6-1〉은 실천과 정체성의 특성들을 비교하면서 일종의 분석 단위로 활용될 수 있다. 그러나 이러한 비교는 간단한 도식에 불과하고 보다 상세한 논의는 앞으로 제2부의 각 장에서 이루어질 것이다.

〈표 6-1〉 **실천과 정체성의 관계**

실천	정체성
(참여와 객체화 차원에서) 의미의 협상	(참여와 객체화 차원에서) 협상된 경험으로서의 자아
공동체	멤버십
학습의 공유된 역사	학습의 궤적
경계와 지평	복수 멤버십의 집합체
실천의 배치들	현장 경험

협상체로서의 경험: 참여와 객체화

앞의 사례 I에서 보면, 에리얼은 그녀 자신을 '6급' 수준에 있다고 보고 있다. 앨린수사는 보험처리 직무의 역량수준을—4급에서 8급의 수준까지—일정한 성과 기준에 따라 규정, 즉 객체화시켰고 그에 따라 직원들의 이동을 공식적으로 관리하는 장치를 마련하고 있다. 즉, 직원이 역량수준이 높은 수준으로 이동하게 되면 '수준을 획득했다'고 인정됨과 동시에, 차상급 부서 책임자는 그 직원을 위하여 다른 부서 동료들 앞에서 격려사를 하고 표창장을 수여하는 등 박수와 환호로 그 직원의 성취를 축하해 주는 공식적인 행사를 마련한다. 객체화되어 있는 역량수준 체계에서 특정 역량수준에의 도달은 그 직원의 국지적 정체성을 보여 주는 구체적인 징표가 된다. 그 역량수준은 바로 자신의 전문성에 대해 소속기관이 인정한다는 것을 말하는 것이고, 그 직원에게 일정한 책임과 함께 특권을 부여하는 매개체가 된다. 그러나 개개인의 역량에 대한 이러한 기관 차원의 규정은 공동체 구성원이 되는 과정이나 공동체의 실천에 기여하는 과정의 실질적인 모습을 잘 반영하지 못한다. 역량에 대한 보다 실제적인 차원, 즉 '사무실에는 누가 있는지, 누가 어떤 일을 아는지, 누가 어떤 일에 능숙한지, 누가 성격이 좋은지, 누가 유머가 있는지, 누가 친절한지, 누가 핵심적인 인물인지, 누가 주변적인 인물인지' 등을 잘 알 수 있게 되는 것은 실천공동체의 일상 속에서다. 다시 말해, 역량수준만으로는 개인의 정체성을 충분히 반영할 수 없다.

우리는 실천 안에서 특정 참여 경험들을 갖게 되고, 그로 인해 공동체가 관심을 기울이는 것들이 곧 우리를 참여자로서 객체화시켜 주는 것임을 알 수 있게 된다. 예를 들면, 보험처리사가 됨으로써 '보험처리사'라는 직위를 부여받음과 동시에 해당 실천에 접근 가능하게 되고 결국 그 직위에 걸맞는 특정한 의미들을 누릴 위치에 서게 된다. 즉, 그 직위로 인하여 보험처리사로서 해야 할 일을 알게 되고, 그에 합당한 대우를 받게 되며, 자신에게 맞는 공동체에 속하게 되고, 회사 내의 다양한 실천들과 관계를 맺게 된다. 이러한 세세하고 복잡한 과정을 거쳐 보험처리사라는 직위 범주에 고유한 의미가 부여되는 것이다. 사례 I에서 언급한 것처럼 에리얼이 어떤 고객에게서 무례함이라도 당한다면 회사 내 자신의 지위에 대해 다시금 생각해 볼지도 모른다. 사실 그녀는 직장에서 별다른 이유 없이 소리를 질러대는 고객들을 종종 접하게 된다. 이러한 사건이 있을 때마다 그녀는 충격을 받게 되고 그 결과로 자신의 정체성에 대해 심각한 고민을 할 때도 있다. 이처럼 우리의 참여 경험이란 것은 객체화된 형태로 갖게 되기 마련이다.

실천에 따른 정체성 경험은 일종의 '세계 내 존재방식'이기도 하다. 하지만 그것은 자아 이미지와 동일한 것은 아니다. 본질적으로 정체성은 대화 혹은 성찰을 통해 형성되는 것이 아니다. 흔히 우리는 정체성을 자아에 대한 이미지로 생각한다. 그 이유는 우리가 자신이나 타인과 대화하면서 자아에 대한 이미지를 떠올리게 되는데, 바로 이것이 자신의 정체성이라고 믿기 때문이다. 물론 정체성에는 자아 이미지가 포함되기는 하지만 그것만은 아니다. 왜냐하면, 자아 이미지란 실천에 참여하면서 접하게 되는 보다 전적으로 생생한 경험과 동일한 것이 아니기 때문이다. 자아의 범주, 이미지, 이야기 등은 분명히 정체성을 구성하는 중요한 요소임에는 틀림없지만 그것들만으로는 충분치 못하다. 우리가 누구인지는 우리가 자신에 대해서 말하거나 생각하는 것에 의해서가 아니라 우리가 일상적으로 생활하는 방식에 의해 결정된다. 타인들이 우리에 대해서 말하거나 생각하는 것이 곧 우리가 누구인지를, 즉 우리의 정체성을 결정하게 되는 것도 아니다. 물론 우리 자신이나 타인들이 말하거나 생각하는 것들이 우리가 일상적으로 생활하는 방식의 일부분이 되기는 하지만 말이다. 정체성이라는 것은 실천 안에서 사회적으로 규정되는 것으로 보아야 합당하다. 정체성이란 자아 이미지나 집단의 이야기로 구체화되기도 하지만 특정 공동체에 참여하면서 갖게 되는 생생한 경험, 즉 실천 속에서 형성되는 것이다.

따라서 정체성은 개인의 경험과 그에 대한 사회적 해석이 이루어지는 참여와 객체화의 누적된 결과로서 형성된다. 우리가 세계에 대한 자신의 영향력을 경험하고 타인과의 관계를 구축해 감에 따라 참여의 경험과 객체화의 투사들이 복잡하게 연결되면서 정체성이 창출되는 것이다. 즉, 참여의 경험과 객체화의 투사가 서로 연결되면서 의미의 협상이 이루어지고, 그 결과 우리는 자신이 누구인지를 규정하게 된다. 의미가 협상에 의하여 그 존재를 드러내는 것처럼 정체성도 지속적인 협상과정 속에서 그 존재를 드러낸다. 우리의 삶의 경험이 정체성에 대한 경험이 되고 더 나아가서 진정한 인간 존재와 의식의 경험이 되는 장소가 바로 이러한 참여와 객체화의 중첩적 상호 작용 과정이라 할 수 있다.

공동체 멤버십

앞서 공동체는 호혜적 관여나 공동 업무, 공동 자산이라는 세 가지 속성들에 의거하여 규정될 수 있다고 주장한 바 있다. 그러나 실천공동체가 호혜적 관여, 공동 업무, 공동 자산처럼 외견상 식별할 수 있는 모습 그대로 객체화되어 나타나는 것은 아니기 때문에 무엇이 공동체 멤버십인지 실질적으로 알아볼 수 있는 징표는 어디에서도 찾기 어렵다. 또한 정체성은 그런 구체적인 징표를 찾아볼 수 있는 제도적인 차원에서만 형성된다고 보기는 어렵다. 실제로 우리의 정체성은 보다 순수하게 참여를 통해서 형성되는 측면이 많기 때문이다. 이런 맥락에서 공동체 멤버십이라는 것 또한 객체화된 징표만이 아니라 참여자가 발휘하는 다양한 형태의 역량에 의해 결정된다고 보는 것이 맞다. 이런 점에서 보면 정체성이란 공동체 참여자의 구체적인 경험이자 그가 지닌 역량의 표현이며, 그저 공동체에 대해서 자기 동일시하거나 자아 이미지를 만들어 낸 결과라고 볼 수는 없다.

실천공동체에서 전임 참여자(full participant)가 된다는 것은 그 실천공동체에 대해서 친숙한 느낌을 갖고 자연스러운 행동을 할 수 있게 되는 것을 말한다. 즉, 자율적으로 자신의 일을 효과적으로 처리하고, 그런 과정 속에서 자신만의 역량을 경험할 수 있으며, 타인에게서 역량을 갖춘 자로 인정받을 때 실천공동체의 전임 참여자가 되는 것이다. 또한 실천공동체의 전임 참여자는 다른 구성원들과 함께 공동체에 관여하는 방법을 터득한 사람이다. 그는 공동체 참여자들 각자가 맡은 일이 무엇이며 왜 그렇게 하는지를 알고 있는 사람이다. 그는 또한 공동체 참여자들이 각자의 활동을 수행하고 서로 소통하는 데 활용하는 자원을 공유할 수 있는 사람이다. 이처럼 실천공동체의 전임 참여자가 되기 위한 요건들은 바로 자신의 역량과 관련된 것들이어서 어떻게 보면 역량 관련 영역들이 바로 정체성의 영역들이라고 할 수 있다.

- 호혜적 관여 실천공동체에서 구성원들은 타인들과 함께 행동에 관여하는 방법들을 학습한다. 즉, 그들은 실천공동체에서 요구되는 구성원들 간의 상호 작용 방식, 인간관계 방법, 협력활동 방법 등에 대한 정해진 기대치를 학습하게 된다. 또한 구성원들은 실천공동체에 존재하는 다양한 관여의 관계들에서 일정한 역할이 부여되고, 그런 역할을 수행한 결과 자신이 지닌 역량의 가치를 공동체에서 인정받게 된다. 이는 바로 특정 공동체에서 개인이 갖게 되는 정체성의 한 단면이라 할 수 있으며 호혜적 관여에 의해 전체의 일부가 되는, 즉 개별성을 취하게 되는 방법이라고 할 수 있다. 예를 들면, 앞에서 보험처리사들이 모든 일을 스스로 알아서 처리하는 것보다는 도움을 서로 주고받는 것이 중요하다고 한 것은 바로 이 때문이다.[1] 앎이 일종의 개인적인 파워가 되고, 무지가 개인적인 결함으로 판정되는 학문공동체와는 다른 형태로 개별성이 존재할 수 있는 것도 바로 이러한 사실에 근거한 것이라 할 수 있다.[2]

- **특정 과업에 대한 책무성** 실천공동체의 어떤 과업에 전념할 때 그 과업을 수행할 수 있게 해 주는 책무성 체계에는 세상을 특정한 방식으로 바라보는 관점 또한 내포되어 있다. 보험처리사, 의사, 부모, 사회복지사, 영업사원, 거지, 민속무용가, 사진가는 제각기 지향해야 할 것이 무엇인지 알고 있다. 즉, 각자는 자신들이 처한 조건들에 대해서 잘 이해하고 있으며 자신들에게 주어진 가능성이 무엇인지도 잘 알고 있다. 이런 점에서 정체성은 세계관이기도 하다. 그렇다고 해서 특정 공동체에 속한 구성원 모두가 세상을 동일한 방식으로 바라본다는 것은 아니다. 다만, 이러한 차원과 결부되어 정체성은 특정한 해석을 낳고, 특정한 행동에 관여하고, 특정한 선택을 결정하며, 특정한 경험을 가치 있게 여기도록 하는 경향성으로 구현되어 간다. 정체성이 이러한 방식으로 형성되는 것도 바로 실천공동체의 참여 때문이다.
- **공동 자산의 협상 가능성** 실천에 지속적으로 관여하면 그 실천에 관련된 자산을 해석하고 사용할 수 있는 능력이 만들어지게 된다. 어떤 실천의 역사는 공동체의 지적 및 물적 자산을 통해서 찾아볼 수 있다. 그런 역사에 기대어 해당 자산들을 사용할 수 있는 것은 자신이 그 역

1 사실 사례 속의 보험처리사들에게 승진을 위한 경쟁은 중요하지 않았다. 왜냐하면, 누구나 한정된 직위를 경쟁을 거치지 않고 '8급'으로 승진할 수 있었기 때문이다. 이로 인하여 보험처리사는 개별적으로 정보를 수집하는 것이 하등 도움이 되지 않는 협력적 조직 풍토가 이미 조성되어 있다.

2 에커트는 고등학교에 존재하는 다양한 실천공동체들에서 이와 유사한 상황을 목격한 바 있다. 그녀는 학교활동에 참여하고 대학에 진학할 예정인 학생 집단과 학교로부터 소외된 학생 집단을 구분하면서 두 집단이 각각 서로 다른 개별성 형식을 형성하게 된다고 주장했다. 그녀가 "너는 친구들과 자신의 문제를 같이 나누는가?"라고 질문을 던졌을 때, 전자 집단은 자신의 문제를 타인들이 알기를 원치 않는다고 답한 반면, 후자 집단은 친구들이 도와주어야 할 문제라고 답했다고 한다. 또한 전자는 친구들과 서로 옷을 바꿔 입는 것을 꺼린 반면, 후자는 그런 행위를 자연스러운 것으로 생각했다고 한다(Eckert, 1989). 이 책에 제시된 사례 속의 보험처리사들은 에커트가 관찰한 '학교의 소외된 학생 집단'이었다. 이처럼 조직 내 인간관계 차원에서 보면 학교와 일터에는 흥미로운 유사점이 발견되고 있다(Eckert & Wenger, 1994).

> 사의 일부로 존재해 왔고 동시에 그 역사가 현재 자신의 일부이기 때문에 가능하다. 즉, 개인의 참여 역사는 해당 실천에 관한 집단의 역사에 기댄 채 전개되는 것이다. 따라서 정체성은 공동 자산들로부터 독창적인 새로운 것들을 창출하는 개인적 사건들, 기억들, 경험들, 준거들의 집합체로 볼 수 있다.

이처럼 역량의 영역들이 정체성의 영역을 결정하는 것으로 볼 수 있지만 그 과정은 그리 순조롭지만은 않다. 새로운 실천들을 경험하는 사람들의 입장에서 보면 낯선 영토에서 모험을 시작하는 경우와 유사한 경험이기도 하다. 앞서 언급한 세 가지 역량을 결여한 채 공동체의 주변 경계에 맴도는 사람들도 있다. 그들은 공동체 내부인들과 어떻게 어울릴 수 있는지 모른다. 그들은 공동체 본연의 업무가 어떻게 굴러가는지도 잘 모른다. 그리고 참여자들이 공유하고 있는 암묵적 준거들에 대해서도 익숙지 않다. 이처럼 낯선 것들과의 대면에서 경험하는 비멤버십(non-membership) 또한 정체성 형성에 중요한 영향을 미치게 된다.

요약하면, 실천공동체의 멤버십은 집단의 역량에 의거하여 정체성을 형성하게 된다. 이러한 차원에서 정체성은 친근한 것과 낯선 것, 분명한 것과 모호한 것, 투명한 것과 불투명한 것의 특정한 혼합 상태로서의 세계와 관계가 있다고 볼 수 있다. 다시 말하면, 사람들은 자아에 대해 경험하고 이를 표현하는데, 그것은 그들이 인식하는 것과 인식하지 못하는 것, 즉각적으로 이해하는 것과 해석할 수 없는 것, 전유할 수 있는 것과 소외된 것, 이용할 수 있는 것과 이용할 수 없는 것, 협상할 수 있는 것과 접근 불가능한 것 등의 상호 작용에 그 기반을 둔다. 즉, 내가 관여하는 실천 속에서 내가 할 수 있는 것, 내게 익숙한 것, 내가 이해할 수 있는 것, 내가 사용할 수 있는 것, 내게 협상 가능한 것 등이 곧 나라는 정체성이다. 그리고 낯선 것, 불투명한 것, 통제 불가능한 것이 곧 내 정체성이 아닌 것이다.

삶의 궤적

정체성의 생성은 참여와 객체화가 상호 작용하는 데에서 기인한다. 여기서 정체성은 대상이 아닌 과정이다. 즉, 정체성의 형성은 항상 진행 중이다. 그것은 이미 존재하고 있는 인성을 가리키는 개념이 아니다. 또는 정체성은 일정한 연령대에 완전히 자라나는 영구치처럼 일정한 시점에서 획득되는 것도 아니다. 정체성 관련 문제들이 특정 시기에 유난히 많이 불거져 나오지만, 사실상 정체성은 사람들의 삶의 전 과정에 걸쳐서 지속적으로 형성된다.

참여 경험을 연속해서 얻으면서 정체성은 단일한 실천공동체 내에서, 그리고 여러 실천공동체들에 걸쳐서 여러 가지 다양한 궤적들(trajectories)을 형성하게 된다. 여기서 궤적이라는 개념을 사용하는 이유는 다음과 같은 점들을 강조하기 위해서다.

① 정체성은 기본적으로 시간과 관련이 있다.
② 정체성의 형성은 항상 진행형이다.
③ 정체성은 사회적 맥락 속에서 구성되기 때문에 그것이 지니는 시간적 속성은 단순한 선형적 차원의 시간보다 더 복잡한 양상을 보인다.
④ 정체성들은 다양하게 나타나는 수렴적 궤적들과 발산적 궤적들이 교차하는 가운데 결정된다.

여기서 사용하는 '궤적'이라는 용어는 어떤 고정된 항로나 목표가 있다는 가정을 전제로 하지 않는다. 적어도 궤적이라는 용어는 예견될 수 있거나 상상해 볼 수 있는 어떤 길이 아니라 다양한 영향력이 작용하는 공간이고 그 자체의 추진력을 지닌 이른바 지속적인 운동으로 생각해 볼 수 있다. 요컨대, 궤적에는 과거, 현재, 미래의 시간을 관통하는 일관성이라는 의미

가 내포되어 있다.[3]

실천공동체와 관련해서 다음과 같은 유형의 궤적들이 존재할 수 있다.

- 주변적 궤적(peripheral trajectories)　자발적 선택이나 필요에 의해 몇몇 궤적들은 실천공동체에의 전임 참여로 나아가지 못하는 경우가 있다. 이때 자신의 정체성은 공동체나 그 실천에 얼마나 접근해 가느냐에 따라 규정된다.
- 내부지향 궤적(inbound trajectories)　신참들은 대개 전임 참여자가 되고자 하는 기대를 가지고 공동체의 실천에 참여한다. 그들은 비록 현재 위치가 주변에 머물지라도 앞으로 다가올 위치와 관련해서 자신의 정체성을 규정한다.
- 내부자 궤적(insider trajectories)　정체성 형성은 전임 멤버십을 획득했다고 해서 종결되는 것이 아니다. 실천은 끊임없이 진화해 나가기 때문이다. 즉, 공동체 내부에 새로운 사건이나 생각 혹은 세대들이 등장하는 순간 그들의 정체성은 재구성될 수밖에 없다.
- 경계적 궤적(boundary trajectories)　일부 궤적들은 실천공동체들의

3 궤적의 내적 논리는 정체성의 형성 과정을 설명하는 데 유용하다. 샬럿 린드(Charlotte Linde, 1993)는 그녀의 생애사 연구에서 피면담자들이 자신의 생애에 관해 이야기할 때 흔히 나름대로 논리정연하게 하려고 의식하는데, 여기서 사용하는 몇 가지 '정합성 규칙(systems of coherence)'에 대해 분석한 바 있다. 그녀의 연구는 이러한 정합성의 규칙들 중의 다수가 심리역학이나 사회경제적 요인들 등과 같이 일반 사람들이 차용하는 범형들에 따른 것임을 보여 주고 있다. 또한 앤소니 기든스(Anthony Giddens, 1991)는 근대성(modernity)을 분석하면서 자아의 궤적을 점진적인 성찰 프로젝트로 보고 있다. 기든스는 자기 수양과 자가치료에 관한 텍스트들을 검토하여 자아에 관한 관심사들이 어떻게 명시적, 제도적으로 되며 그들 생활에 철저하게 배어 가는지, 그리고 그러한 관심사들이 다시 자아개발을 위한 기법의 대상이 되어 가는지를 보여 주고 있다. 그러나 여기서 말하는 궤적은 그러한 자아의 다양한 제도적 및 기술적 구현물을 포함하기는 하지만, 기든스가 말하는 자기 성찰적 프로젝트는 아니다. 제3장에서 언급한 것처럼, 자아 프로젝트에 대한 기술적 접근을 지향하는 자조 관련 산업조차도 그러한 정체성에 대한 수정이 성공적이기 위해서는 이를 지원해 주는 집단과 결부되어야만 한다는 사실을 이미 암암리에 이용하고 있다고 보아야 한다.

경계를 확장하고 연결하는 가운데 형성된다. 여러 실천공동체들의 경계들을 가로질러 하나의 정체성을 유지한다는 것은 사실 쉽지 않은 도전이다.

- 외부지향 궤적(outbound trajectories) 일부 궤적들은 아이들의 성장처럼 공동체에서 나와서 외부에 관심을 기울이는 방향으로 형성된다. 이때 문제가 될 수 있는 것은 하나의 참여 형식이 그 다음에 나타날 참여 형식과 어떻게 연관되는가 하는 점이다. 대개 정체성의 형성은 하나의 실천공동체에 입문하기 위해 필요한 학습과 연관 지어 생각하는 것이 일반적이다. 그러나 기존에 몸담고 있던 실천공동체에서 뛰쳐나와 새로운 관계를 개척하고 새로운 위치를 모색하며 새로운 방식으로 세계와 자신을 바라보게 되는 것 또한 개인이 세상에서 흔히 경험하게 되는 궤적의 한 유형이라고 할 수 있다.

정체성과 학습

정체성을 시간적 차원에서 바라보는 것 또한 유익하다. 정체성은 계속 협상될 뿐더러 실천에의 참여가 시간적 차원의 의미를 갖게 되는 것 또한 정체성 때문이다. 사람들은 특정 상황들에 노출되고 특정 실천의 역사에 참여하게 되면서 특정한 사람으로 거듭난다. 궤적으로서의 정체성은 현재를 협상하는 과정에서 과거 및 미래와 관련을 맺게 된다.

정체성이 갖는 시간적 영역에 관한 속성은 매우 중요하다. 정체성은 통시적 차원에서 존재한다. 우리는 실천에의 참여를 통하여 자신의 정체성에 관해 계속 협상할 뿐만 아니라 이를 통시적 맥락과 연관 지어 파악한다. 우리는 특정한 실천의 역사에 참여하면서 특정한 상황들에 대처하고 동시에 특정한 사람이 되어 간다. 궤적으로서의 우리의 정체성은 현재와 협상하는 바로 그 과정 속에서 과거나 미래와 연관성을 맺는다.[4] 정체성은 자아의 확장을 가능하게 하는 시간과 관계되는 사건들에 제 의미를 부여한다. 정체성은 무엇이 의미 있는 학습이고 아닌지를 결정하는 맥락으로 작용하기도 한다. 결국 우리가 정체성 형성과 관련된 것과 그렇지 않은 것을 구분할 수 있는 것도 이러한 궤적에 대한 감각 덕분이다.

보험처리사직에도 특정한 궤적이 있다는 점을 깨닫는 것은 직무 수행에서 매우 중요하다. 즉, 자신의 업무 수행이 점점 향상되고 있다는 것을 안다는 것은 곧 자신의 발전을 의미하는 것이다. 이러한 발전을 통해 그는 자신의 궤적에 대해 나름대로 통제 감각을 갖추게 된다. 그리고 이러한 발전이 자연스러운 과정이라는 사실 또한 알게 된다. 나아가서 궤적에 대한 감각은 보험처리라는 직무를 넘어서 확장되기도 한다. 어떤 직원들은 보험처리라는 직무를 자신의 전문 분야로 간주하고, 일정한 시점이 되면 기술직이나 관리직으로 승진하기를 희망한다. 반면에 어떤 직원들은 이 분야에서 경력을 쌓는 데에 전혀 관심이 없고 대신 대학에 진학할 계획을 세우기도 한다. 이처럼 동일한 직장 내에서도 상이한 궤적들이 공존하면서 참여와 정체성과 관련해서 서로 다른 관심을 불러일으킨다. 따라서 보험처리사에게 고객 청구처리 업무는 단순히 고립적이고 개별적으로 이루어지는 활동이 아니다. 그리고 만약 그가 어떤 것에 대해 새롭게 학습한다면 그 파급효과는 단순히 그만의 국지적인 학습 행위로 그치지 않는다. 구성원 개인이 경험하게 되는 새로운 학습이 갖는 의미란 구성원들의 정체성이 경험해 나갈 궤적 자체의 수정이기도 하다.

그러므로 무엇을 학습하게 되고 어떤 형태로 참여하게 될 것인가 하는 것은 일정한 궤적에 따라 결정될 뿐만 아니라 얼마나 깊숙이 관여하고 있

4 시간성에 관한 이러한 생각은 하이데거의 생각과 유사하다. 그러나 여기서 시간성 관념은 필사성(必死性)을 전제로 하지 않는다. 오히려 그것은 자신의 궤적에서 상이한 시점에 있는 타인들과의 상호 관여라는 관계 속에서 규정될 것이다. 필사성은 타인의 죽음을 전제로 한다. 즉, 모든 시간은 종결을 가정하는데, 여기서 정체성의 시간성은 그러한 종결로서 타인의 사라짐을 전제로 하지 않는다. 그러나 이 부분에서는 하이데거처럼 존재론 차원의 문제를 다루는 것도 아니며, 나아가서 사회 세계에의 관여를 존재의 진정성, 혹은 존재의 타락이라는 가치판단 기준에 관련해 이야기하는 것도 아니다(Dreyfus, 1991).

는가 하는 관여의 정도에 따라 결정될 것이다. 예를 들면, 아무리 주변적인 참여라고 할지라도 그것이 자신에게 의미 있는 것이라면 자신의 정체성 형성에 결정적일 수 있다.

궤적의 전형

보험처리사들은 회사가 정해 놓은 경력만이 자신의 정체성이 거쳐 가야 할 궤적이라고 생각하지 않는다. 보험처리사들은 나름대로 자신들이 속한 공동체나 그것이 거쳐 온 역사와 발전 등에 입각해서 자신들만의 궤적을 구성해 나간다. 그들에게 자신보다 경험이 많은 동료들은 정보의 원천이 되고, 그들 삶의 방식 자체가 공동체 실천의 역사가 된다. 또한 동료들의 존재는 공동체 안에서 무엇이 가능하고 기대할 만한 일이며 무엇이 바람직한 것인지 알려 주는 생생한 가르침 그 자체이기도 하다.

일반적으로는 그 어떤 공동체도 그 구성원들이 따르게 될 궤적의 모델들을 갖고 있다고 할 수 있다. 그러나 그러한 '전형적인(paradigmatic)' 궤적들이 경력 계단(career ladder)이니 관행이니 하는 것들로 정해져 있는 것은 아니다. 한 공동체에 해당하는 전형적인 궤적은 구성원들의 참여와 그들의 정체성에 의해 형성되는 공동체의 역사다. 그러한 궤적은 공동체의 역사와 해당 사람들과 그들의 이야기를 담고 있다. 따라서 어떻게 보면 신참들의 학습에 가장 큰 영향을 미치는 요인들 중의 하나가 바로 그러한 궤적의 전형을 접하게 하는 것이라 하겠다. 결국 신참들이 자신의 궤적에 대해 협상하는 과정에서 접하게 되는 여러 가지 가능성들은 그 공동체의 구성원들이 구성한 것들이다.

공동체에서 이야기되고 배우고 처방되고 추천되는 것, 혹은 검증되는 것들이 무엇이든지 신참들이 그것들을 전혀 이해할 수 없을 정도로 무능력하지 않다. 일단 신참들이 공동체의 실천에 실제로 접하게 되면 그들은 무엇이 중요하고 관심을 기울여야 할 것인지를 재빨리 찾아낼 수 있게 된다.[5]

이러한 관점에서 실천공동체는 실현 가능한 궤적들이 집적된 현장이고, 그로 인해 정체성이 형성되는 실질적인 장소가 된다. 실천공동체는 그 자체가 역사이자 그것의 산물이다. 실천공동체는 참여자들이 함께 보고 들으며 숙고하고 더 나아가 관여하게 되는 과거와 미래의 장이라 할 수 있다. 실천공동체에서 참여자들은 가능한 궤적과 관련된 생생한 사례를 제공해 주는 고참들과 상호 작용하게 된다. 실천공동체는 참여자들의 관여를 요구하는 현재의 역사다. 그리고 실천공동체에서 신참들은 고참들처럼 자신의 미래에 관여할 수 있다. 고참들은 그들 스스로 실천공동체가 되어 때로는 대화로, 때로는 참여의 형태로 신참들에게 과거를 전달하고 미래를 제공해 준다. 고참들 각자는 전해 줄 이야기를 지니고 있다. 그런 이야기는 실천을 통해 현장에서 실현되기도 한다. 또한 신참들은 그들과 호혜적 관계를 쌓아 나감으로써 그런 이야기에 접하게 되고 자신들의 경험에 비추어 수용하게 된다.

물론 새롭게 창출된 궤적과 전형적인 궤적이 저절로 연결되는 것은 아니다. 신참들은 스스로 고유한 정체성을 찾아 나가야 한다. 그래서 신참들이 새로운 참여 모델들을 제공하는 경우도 있을 수 있다. 그러나 그러한 새로운 모델들이 어떤 경우에 수용되거나 거부되는지에 상관없이, 전형적인 궤적들은 신참들이 자신들의 정체성에 관해 협상하고 재협상하기 위한 실질적인 자원으로 작용한다.

세대 간 조우

궤적에 대한 협상과정으로서 세대 간 조우(generational encounters)는

5 여기서 궤적의 전형들이란 사회이론가 미드(Mead, 1934)가 말하는 '일반화된 타자'나 '역할 모델'의 개념과는 다르다. 궤적의 전형은 공동체 내의 호혜적 관여 관계를 강조하기 때문에 특정한 '역할 모델'보다는 덜 구체적이고 '일반화된 타자'보다는 더 구체적인 개념으로 이해해야 한다.

앞선 세대가 지닌 자산을 단순히 전달하는 데 그치지 않는 매우 복합적인 특성을 갖고 있다. 즉, 세대 간 조우는 다양한 갈등 양상이 전개되고 그와 함께 호혜적 관계들이 수반되는 여러 정체성들의 상호 교차적 과정이다. 이 상호 교차적 과정에 의하여 개인의 궤적들은 실천의 역사를 각기 상이한 방식으로 반영하게 된다. 이처럼 각 세대들은 실천 역사의 각기 다른 시점에서 형성되는 정체성들을 갖기 때문에 세대 간 조우 과정에서 각 세대는 자신들만의 고유한 관점들을 갖고 참여하게 된다. 구세대와 신세대에게서 자체적으로 쌓아 온 과거가 충분치 않다면 고려해야 할 역사가 적을 것이며, 기대하는 미래가 없다면 역사에 대해 재고해야 할 급박함도 덜할 것이다. 하지만 구세대로서의 고참과 신세대로서의 신참의 관점들을 그런 방식으로 간단히 설명해서는 안 될 것이다.

실천을 통한 학습이 정체성에 대해 협상하는 과정이라면, 그리고 그러한 정체성이 공동체의 과거와 미래를 반영하는 것이라면 고참과 신참은 자신의 역사 경험을 서로에게서 발견하게 된다. 따라서 고참과 신참의 관점을 단순히 과거 대 미래, 연속 대 단절, 혹은 구식 대 신식이라는 대립적 관점으로 생각하는 것은 잘못이다.

• 신참은 자신만을 위한 정체성을 형성하기는 하지만, 그렇다고 연속성을 무시하고 단절만을 원하지는 않는다. 그것은 과거와의 관련 속에서만 자신의 위상을 찾을 수 있기 때문이다. 신참이 공동체에 참여하기 위해서는 그 공동체가 지나온 역사에 대하여 설사 대리적이라 할지라도 접근 가능해야 한다. 즉, 역사에의 접근 가능성을 자신의 정체성의 일부로 만들어야 한다. 따라서 신참은 고참들보다 반드시 진보적일 필요는 없다. 다시 말해, 신참은 고참 이상으로 해당 실천을 변화시키고자 할 필요가 없다는 것이다. 신참은 연속성을 유지하는 데 자신의 노력을 더 기울이게 되는데, 그 이유는 그렇게 함으로써 공동체의 역사에 자신을 접속할 수 있기 때문이다. 그러나 자신의 정체성에 그 역사

를 연루시키고자 하는 노력과 박약함으로 인해 신참은 오히려 연속성을 추구하도록 강요받을 수도 있다.

- 반대로 고참은 자신의 실천에 전심전력하지만, 그렇다고 반드시 연속성을 추구하지는 않는다. 고참은 자신의 공동체 내에 존재하는 정치적 역학관계에 휩쓸리는 상황에서, 그리고 공동체의 역사에 관해 자신이 잘 알고 있다는 자신감을 갖고 현상 유지가 아닌 현상 파괴라는 차원에서 미래를 향하여 전력투구하고자 할 수 있다. 이러한 고참들은 아직 과거에 덜 오염된 새로운 세대들이 보여 주는 잠재력을 더 반길지도 모른다.

공동체의 특수성에 따라 세대 간의 조우는 각기 다른 결과를 낳게 된다. 즉, 공동체의 특수성에 따라 고참과 신참들은 만남의 과정에서 각자 자신의 정체성을 형성해 나갈 때 연속과 단절에 대하여 서로 다른 정도의 비중을 부여하게 된다. 세대 간의 조우는 각 세대가 공동체가 지니고 있는 실천 역사의 서로 다른 시점에 스스로를 전력투구시켜 자신의 정체성을 규정하려 시도하는 과거와 미래의 복잡한 접촉 과정으로 볼 수 있다. 신세대는 구세대가 전해 주는 것을 이어받기도 하지만 그것을 해소하기도 한다.[6] 즉, 각 세대는 각자의 개인적 궤적들이 서로 연결되어 있고 부분적인 역할을 한다는 것을 잘 알고 있다. 즉, 각 세대는 자신의 정체성이 처한 한계의 범위나 확장 가능한 범위에 관해 잘 알고 있다.

그러므로 실천 속의 정체성이란 미묘한 양상의 시간적 특징을 보인다. 즉, 정체성이 지니는 시간적 특성은 단순히 개별적 특수성을 말하는 것도 단순히 선형적인 과정을 말하는 것도 아니다. 과거, 현재, 미래가 순차적으

6 중요한 것은 실천의 발전을 위하여 연속이 항상 단절보다 바람직한 것은 아니라는 점이다. 자신의 자녀에게 자신을 투사시키고 자녀를 자신의 연속으로 바라보는 부모가 그 자녀를 잘 돌보게 되는 것은 아니다. 연속과 단절 모두 세대 간에 형성되는 정체성에 일정한 역할을 하고 있고 사회적 재생산 과정에 기본적인 요소로 작용하고 있다고 보아야 한다(Lave & Wenger, 1991).

로 전개되는 시간적 과정이 아닌 상호 교차적인 양상으로 펼쳐지는 과정을 말한다. 정체성이 지니는 시간적 특징은 사회적 양식으로 구체화되는데, 그 과정에서 과거와 미래는 공동체의 역사가 여러 세대에 걸쳐서 전개되는 가운데 상호 작용하게 된다.

요컨대, 궤적을 시간적 차원에서 바라보면 다음과 같은 특징을 정체성의 속성으로 찾아볼 수 있다.

① 현재 진행형
② 개인이 공동체에 참여하면서 유지하고자 노력하는 일관성
③ 과거와 미래에 접속된 현재의 경험
④ 전형적인 궤적들에 관한 협상의 결과
⑤ 실천사, 세대 간 역학의 산물

복수 멤버십의 집합체

우리가 참여하고 있는 공동체는 하나가 아니다. 우리 모두는 다양한 실천공동체들에 동시에 참여하고 있다. 그 실천공동체들 가운데 일부는 우리가 이전부터 참여해 온 것들이고 일부는 최근에 참여한 것들이다. 일부 실천공동체에는 전임 참여자로 속해 있지만, 일부 실천공동체에서는 주변 참여자다. 또한 어떤 실천공동체는 정체성 형성과 유지에 어떤 중요한 영향을 미치지만, 그저 부차적으로만 영향을 미치는 실천공동체도 있다. 이러한 다양한 참여 형식들은 그 성격에 상관없이 자신의 정체성 형성에 기여하게 된다. 따라서 정체성이 확립되기 위해서는 복수 멤버십(multimembership) 경험과 여러 실천공동체들의 경계를 가로질러 하나의 정체성을 유지하는 데 필요한 조정 작업이 수반되어야 한다.

복수 멤버십으로서의 정체성

한 실천공동체에의 멤버십은 자신의 정체성을 구성하는 일부일 뿐이다. 보험처리사들의 경우 그들의 정체성은 그들의 일터만으로 국한되지 않는다. 그들은 성인 혹은 청년으로서 여러 가지 실천공동체들에 속해 있다. 그들 중 일부는 여러 가지 일을 동시에 수행하기도 하고, 일부는 인근 대학에서 학위과정을 밟기도 한다. 또 어떤 사람들은 가정에서 부모 역할을 하기도 하고, 교회를 다니기도 하며, 동네 술집에 다니기도 한다. 사실 그들 중 많은 사람들은 자신의 일을 불평하기도 하지만 그 일은 그들의 정체성의 일부일 뿐이다.

정체성이란 순간적으로 나타났다가 사라지는 것이 아니므로 사람들의 다양한 참여 형식들을 단순히 시간상의 연속적인 사건들로 보아서는 안 된다. 부모의 역할을 해야 하는 보험처리사는 아이들을 어딘가에 맡겨 두고 사무실에 나간다. 그리고 퇴근 시간이 되면 아이들을 데리고 가정으로 돌아간다. 이처럼 여러 장소에서의 다양한 활동이 얼핏 연속적인 단계들로 이루어지는 것처럼 보이지만, 그렇다고 해서 일터에 오면 부모로서의 역할이 사라지는 것은 아니다. 그들은 일터에서도 자녀 문제에 관해 이야기한다. 좀 더 일반적으로 표현하면, 일터의 동료들과 업무 관련 정보를 교환하는 과정에서 간간이 일상적인 이야기를 곁들이는 모습을 보더라도 그들이 다른 실천에도 계속해서 참여하고 있음을 알 수 있다.

사람들의 다양한 참여 형식들은 자기 자신을 구성하는 부분들이 구분되는 경계들로 보기보다는 일정한 틀에 맞추어 완성시켜야 하는 퍼즐 조각들로 바라보아야 한다.[7] 그러므로 정체성은 단순히 어떤 단일한 궤적 이상의 것이다. 정체성은 복수 참여가 가지는 멤버십의 집합체(nexus)로 보아야 한다. 그런 집합체로서의 정체성은 단일한 실체를 의미하지도 않고 부분들로

7 따라서 정체성을 구성하는 다양한 부분들을 모두 정확하게 묘사할 수는 없다.

분리될 수도 없다.

- 사람들은 다양한 실천공동체에 참여하면서 서로 다른 실천에 관여한다. 각기 다른 실천에서 종종 다른 행동을 하고, 자신의 다양한 모습을 구성해 내며, 다양한 관점을 획득한다.
- 사람들이 다중적인 정체성들을 가진다고 할 때, 그들의 다양한 참여 형식들은 상호 작용하면서 서로에게 영향을 미치는 조정의 작업을 통해 하나의 정체성으로 자리 잡게 된다는 점을 잊어서는 안 될 것이다.

개인이 갖게 되는 정체성은 복수 멤버십으로 구성되는 집합체의 성격이 강하기 때문에 여기에 하나의 정체성이란 있을 수 없다. 또한 복수 멤버십으로 구성되는 집합체로서의 정체성은 각 실천공동체의 궤적들로 해체될 수도 없다. 집합체로서의 다양한 궤적들은 그것들이 서로 충돌되건 서로 강화시키건 간에 전체의 일부가 될 수밖에 없다. 요컨대, 그 궤적들은 단수인 동시에 복수인 것이다.

조정 결과로서의 정체성

복수 멤버십으로 이루어진 집합체가 부분들로 분절되는 정체성 이상의 것을 의미한다면, 어떤 사람이 개인으로 존재하기 위해서는 그가 갖고 있는 다양하고 상이한 멤버십 사이에 조정(reconcilliation) 작업이 뒤따르지 않으면 안 된다. 왜냐하면, 서로 다른 실천들은 여러 가지 경합적인 요구들을 할 것이며 그 요구들을 모두 충족시키면서 단일한 정체성에 부합되는 경험을 조합해 내기는 힘들기 때문이다. 특히, 다음과 같은 이유 때문에 더욱 그러하다고 볼 수 있다.

① 공동체에 참여하는 방식은 제각각이다.

② 동일한 상황일지라도 어떤 책무성 기준에 따르는가에 따라 서로 다른 행위가 요구된다.

③ 한 실천공동체가 지닌 공동 자산들, 즉 지적 및 물적 자산, 언어, 규범 등은 다른 실천공동체에서는 부적합하고 이해 불가능하며 때로 장애 요소가 되기도 한다.

이처럼 다양한 상황에 대처할 수 있는 역량에는 언제 무엇을 해야 하는가와 같은 규칙을 알고 있는 것 이상이 요구된다. 즉, 다양한 참여 경험들과 그 의미들을 하나의 집합체로 포섭해 낼 수 있는 역량을 지닌 정체성의 구성이 필요하다는 것이다. 정체성에 대한 협상의 과정으로서 서로 다른 멤버십들을 조정하고 조율하는 과정은 개인이 여러 개별적 상황에서 갖게 되는 신념이나 선택보다 더 심오한 의미를 갖는 것으로 보아야 한다. 의사가 의료전문직 종사자로서 책임을 다하고 동시에 병원이 제시한 요구 조건을 충족시키고자 내리는 결정들은 별개로 이루어지는 것이 아니다. 즉, 의사는 자신에게 부과되는 다양한 형태의 책무들을 일관된 '세계 내 존재방식' 으로 조정해 낼 수 있는 역량을 지닌 정체성으로 자신의 능력을 행사하는 것이다.

그런 조정 작업은 하나의 실천공동체에서 다른 실천공동체로 옮겨가는 학습자가 직면할 수 있는 가장 도전적 과제이기도 하다. 예컨대, 가정을 떠나 처음으로 학교에 가는 아이, 새로운 나라에 이주해 와서 그 나라의 문화에 적응해야 하는 이민자, 평직원에서 관리자로 승진하게 되는 직장인들의 경우가 그러하다. 그들은 각기 다른 공동체들이 갖고 있는 특수성이나 그 공동체들이 요구하는 역량이 서로 충돌하는 상황에 대처할 수 있어야 한다. 즉, 여기서 그들이 해야 하는 학습이란 서로 다른 실천공동체에서 나오는 특수성이나 그들이 요구하는 역량들을 조정하고 대처하는 능력을 키우는 것이다.

그러나 조정 작업의 결과로 획득한 집합체에는 어느 정도의 모순이 존재하기 마련이고 또 어느 정도는 필요하다. 다양한 멤버십은 항상 완전하게 해소될 수 없는 긴장관계 속에 있다. 오히려 그러한 긴장관계가 존재하기 때문에 공존 상태를 구축하려는 노력 또한 유발되는 것이다. 정체성 형성의 과정을 설명하면서 굳이 '조정'이라는 용어를 사용하는 이유는, 사람들이 여러 종류의 활동에 종사하면서 각자의 삶을 꾸려 나가는데 그 과정에서 경험할 수 있는 다양한 멤버십들이 공존할 수 있도록 방법들을 찾아 나가야 한다는 점을 지적하기 위해서다. 조정의 과정이 성공적으로 이루어져 궁극적인 해결책을 찾게 되는가, 아니면 끊임없이 그 과정이 지속되는가는 별 상관이 없다. 요컨대, 여러 실천공동체들의 경계들을 가로질러 일관성 있는 정체성을 유지하는 것은 매우 힘든 일이고 더 나아가 자신이 연루되어 있는 다양한 참여활동들을 통합하는 것이 사소한 일이 아니라는 점에 유의해야 한다는 것이다. 즉, 다양한 멤버십과 이를 조정하는 작업은 정체성 개념을 이해하는 데 가장 본질적이고 핵심적인 부분이 된다고 하겠다.

사회적 가교와 사적인 자아

복수 멤버십은 다양한 실천공동체들이 가지고 있는 경계들을 가로지르는 살아 있는 경험이다. 이러한 생생한 경험으로서의 복수 멤버십은 개인이 형성하는 정체성과 그가 관여하는 실천을 연결해 주는 일종의 관계를[8] 창출한다. 말하자면 이렇다. 개인이 자신의 다양한 궤적들을 만들어 가는 과정에서 경험하게 되는 다양한 멤버십은 그 개인의 정체성에 그가 관여하는 실천의 구조가 재생된 결과다. 그러나 이러한 재생은 수동적인 반영의 형식에 그치는 것이 아니다. 오히려 관여하는 실천의 경계들은 개인의 정체성 경험의 일부가 되고, 그러한 과정에서 실천과 정체성의 조정 작업은

8 여기서 관계란 정체성이 실천에 영향을 주고 실천이 정체성에 영향을 주는 관계를 의미한다.-역주

매우 적극적이고 창조적인 과정이 된다. 즉, 개인이 실천에 자신의 모든 것을 투입하게 됨에 따라 그의 정체성은 새로운 의미들의 협상과정에 실천에서 파생되는 다양한 관점을 반영하게 된다. 따라서 협상의 결과로 창출된 새로운 의미에는 그 개인의 활동들과 정체성, 그리고 그가 관여하는 실천공동체들에서 형성되는 관계의 역사가 반영되어 있기 마련이다. 이러한 관점에서 복수 멤버십은 단순한 개인의 정체성 문제가 아니다. 복수 멤버십은 심오한 사회적 작업으로서 정체성과 실천의 조정 작업의 결과라 할 수 있다. 즉, 개인이 자신을 만들어 가는 과정에서 겪게 되는 정체성과 실천의 조정 작업은 복수 멤버십을 낳게 되고, 그것은 항상 지속적으로 사회적 가교(social bridges)를 만들어 갈 수밖에 없다는 것이다.

그러나 정체성과 실천 사이의 조정 작업은 실천공동체가 의도한 바가 아니므로 쉽게 식별되지 않을 수 있다. 실제로 공동체의 실천이 지닌 역사와 개인이 형성해 가는 궤적들 간에는 항상 대칭적인 관계가 존재하지 않는다. 따라서 어떤 개인이 경험하는 다양한 멤버십은 사람마다 다르고 매우 사적인 것일 수밖에 없다. 개인이 가지고 있는 다양한 멤버십은 공동체의 실천에 직접적인 관련이 없을 수도 있고, 그 개인과 다른 사람의 관계에도 관련이 없을 수도 있다. 즉, 실천과 정체성을 연결해 주는 요소들이 공동체와 관련이 있다 하더라도 개인이 갖는 다양한 멤버십은 그 공동체와 관련이 없을 수 있다. 그러므로 복수 멤버십이 개인의 정체성이 된다고 하는 것은 매우 사적인 것이라 보는 것이 옳다. 사회 세계의 다양성이 개인의 규정에 반영되더라도 사회적 의미의 복수 멤버십은 개인의 정체성이 아주 심오한 개인적 의미를 갖는 개별성의 차원을 함축하고 있다고 볼 수 있다.

국지성과 전체성의 상호 작용

실천공동체가 나타내는 한 가지 중요한 특징은 공동체의 실천이 보다 넓은 범위의 맥락, 예컨대 전 조직의 차원 속에서 이해되어야 한다는 점이다. 에리얼의 경우 그녀가 보험처리 직종에 종사하거나 앨린수사와 같은 조직에 소속된다는 것은 분명 실천공동체에의 참여 경험에 영향을 미친다. 예컨대, 그녀의 동료들 중 한 사람이 라디오 방송에서 회사에 대한 좋지 못한 말을 하여 해고된 경우가 있었는데, 이때 보험처리사들은 서로가 서로에 대해 정보와 판단의 소스 역할이 될 수 있었다. 직원들이 참여하는 여러 실천공동체들은 고용주에 대한 그러한 식의 공개 비판이 적절했는지, 혹은 회사가 그 직원을 해고하는 것이 옳았는지를 논의할 수 있는 환경이 되어 주었다. 또한 스포츠 행사와 TV 쇼들은 사무실 직원들 사이에 자주 열띤 대화의 주제가 된다. 이러한 대화들은 어떻게 보면 회사 일과 관련이 없는 다른 관심이나 열정을 반영하는 것이지만, 오히려 이런 대화는 그들이 공동체에 참여하고 있음을 주지시키는 활동의 일환으로 간주될 수 있다. 물론 직원들이 그러한 관심이나 열정을 사소한 것으로 치부하는 사람들 사이에서 일하고 있다면, 그러한 관심이나 열정은 그 직원들에게 당연히 다른 의미를 갖게 될 것이다.

나아가 왼손잡이나 오른손잡이, 여자나 남자, 잘생긴 사람이나 평범한 사람, 젊은 사람이나 나이 든 사람, 고등학교 중퇴자나 박사학위자, BMW 소유자나 보잘것없는 소형차 소유자, 문맹자나 비문맹자, 실패자나 성공자 등의 분류 범주들은 실천 속에서 제 의미를 갖게 된다. 이처럼 보다 넓은 분류 범주들과 제도들이 주목을 받는 이유는 실천공동체보다 더 공적으로 구체화되어 있기 때문이다. 물론 그러한 범주들과 제도들이 생명력을 얻고 정체성으로 연결되는 것은 실천공동체 안에서이지만 말이다. 특정 정당에 대해 갖게 되는 연대의식은 점심 시간 동안 정치문제를 토의하는 집단에 대한 멤버십보다 더 공적인 것으로 비추어진다. 그러나 점심 시간 동안의 대화가 정당의 정강보다 당사자들의 사고에 더 큰 영향을 미칠 수도 있다.

실천이 단순히 국지적이지 않고 보다 광범위한 사회구조나 전 조직의 차원에 연결되는 것과 마찬가지로 정체성도 그러하다. 실천공동체에서 사람들은 주어진 계획을 실현시키고자 함께 참여할 뿐만 아니라 자신들의 참여 행위를 보다 광범위한 구조에 맞추어 나가는 방법을 같이 찾아내고자 한다. 그러므로 실천에서 정체성은 국지적인 것과 전체적인 것 사이의 상호 작용의 과정이자 결과라고 할 수 있다.

요컨대, 정체성은 풍부하고 복잡한 실천과의 관계 구조 속에서 형성된다. 정체성은 실천의 구조를 반영하는 과정이자 결과로 이해할 수 있다. 따라서 실천에서 정체성의 특성은 다음과 같이 정리해 볼 수 있다.

① 생동성(lived): 정체성은 하나의 범주, 인격적 특성, 역할 혹은 이름표가 아니다. 즉, 정체성은 참여와 객체화와 관련된 보다 근본적인 경험이어서 범주, 특성, 역할, 이름표보다 더 다양하고 복잡한 특징을 지닌다.

② 협상(negotiated): 정체성은 '되어 가는(becoming)' 것이다. 즉, 정체성은 지속적으로 서서히 형성된다. 따라서 정체성은 청소년기와 같은 특정 생애 주기에, 혹은 가족처럼 특정한 배경에 한정되지 않는다.

③ 사회성(social): 공동체 멤버십으로 인해 개인의 정체성은 사회적인 것으로 된다.

④ 학습과정(learning process): 정체성은 과거와 미래를 현재의 의미에 관련시켜 나가는 시간상의 궤적이다.

⑤ 집합체(nexus): 정체성은 다양한 멤버십들을 조정하고 조율하는 과정이다.

⑥ 국지성과 전체성의 상호 작용(local-global interplay): 정체성은 특정 활동에 국한되지 않고 추상적인 전체성을 지향하지도 않는다. 실천과 마찬가지로 정체성은 국지성과 전체성의 상호 작용 과정이자 결과다.

이상으로 개인과 실천공동체의 관계라는 국면을 중심으로 하여 정체성에 관한 기본적인 관점을 정리해 보았다. 이하에서는 실천과 정체성의 관계를 보다 분명히 이해할 수 있도록 하기 위해 정체성의 보다 구체적인 양상에 관해 살펴보고, 나아가서 정체성의 범위를 실천의 영역 이상으로 확대해 보기로 한다.

제7장

참여의 제도적 기제

사람들은 낯익은 것과 자신의 능력이 미치는 범위를 통해 자신의 정체성에 관해 뒤돌아볼 수 있고, 반대로 낯선 것과 능력의 범위를 벗어난 것을 통해 비아(非我)에 관해 깨닫게 된다. 이러한 사실은 매우 중요하다. 사람들은 자신의 정체성을 실천을 통해서 형성할 뿐만 아니라 관여하지 않는 실천에 비추어 스스로를 규정하기도 한다. 즉, 사람들의 정체성은 자신의 활동을 통해서뿐만 아니라 자신의 활동이 아닌 것을 통해서도 구성된다는 것이다. 사람들은 어찌 되었건 다른 삶의 방식들과 결별할 수 없기 때문에 자신의 활동이 아닌 것을 통해서도 스스로를 규정하는 방식이 영향을 받게 된다. 예를 들면, 사람들은 살아가면서 다양한 전문가, 가령 교사, 의사, 변호사로부터 서비스를 받을 수밖에 없는데 그들과 접촉하면서 자신이 누구인지를 규정하는 데 적지 않게 영향을 받게 된다. 사실 사람들은 그러한 전문가들이 제공하는 서비스 차원에서는 비참여자가 되지만, 그 서비스 경험은 사람들에게 자신의 활동에 포함되지 못하는 것, 자신이 어떤 사람이었으면 하는 것, 자신이 될 수 없는 것에 대해서 어느 정도 파악할 수 있게 한다. 말하자면 참여만큼 비참여도 정체성 형성에서 중요한 요인이 된다.

따라서 사람들이 실천공동체들에 대해서 관계를 맺게 되는 데는 참여와 비참여가 함께 관련된다. 이에 사람들의 정체성은 참여와 비참여가 다양하게 조합되어 형성된 결과다. 이 장에서는 비참여의 정체성(identity of non-participation)에 대하여 다음의 측면들을 중심으로 논의하고자 한다.

① 참여와 비참여의 상호 작용 범위를 규정하고, 특히 주변성(peripherality)과 소외(marginality)의 차이를 규명하고자 한다.
② 참여와 비참여의 다양한 원천들을 구분하고자 한다.
③ 보험처리 업무 사례를 통하여 비참여의 제도적 형식들과 그 형식들이 실천에 대하여 미칠 수 있는 영향의 정도에 관해 살펴보고자 한다.

비참여의 정체성

비참여의 경험들이 반드시 비참여의 정체성 구축으로 연결되는 것은 아니다. 사람들의 실천은 관련없는 다른 실천의 요소들을 대개 포함하게 되고 불가피하게 자신이 속하지 않는 실천공동체들과도 접촉하게 된다. 이 때문에 비참여는 실천의 지평에서 삶의 필수가결한 부분이 된다.

서로 얽혀 있는 실천공동체들이 복잡한 구조를 형성하는 세계 속에서 사람들은 지속적으로 경계를 가로지르는 경험을 하게 된다. 즉, 낯선 사무실을 우연히 들여다보게 되면서 다른 실재들과 그 의미들을 어렴풋이 파악하게 되고, 아주 이국적인 제도를 접하면서 그 제도의 가치를 느끼게 되며, 경계들을 가로지르는 행위를 조정하면서 이전에는 해 보지 못한 결정으로 살아가는 방법을 배우게 된다. 물론 사람들이 접촉하고 경험하는 모든 것이 느낌을 주고 의미를 주는 것은 아니다. 다만, 그러한 사건들은 나름대로의 방식으로 사람들이 정체성을 경험하는 데 기여할 수 있을 뿐이다.

만나는 사람이나 사물마다 모두 동일시할 수 있고 그렇게 해야 한다고 생각하는 것은 사실 무리다. 무수한 경계들과 주변들로 이루어지는 상황에서 확고한 정체성은 필히 내적 경험과 외적 경험이 섞여서 형성된다. 따라서 참여와 비참여를 내부자와 외부자의 관계로만 파악하게 되면 멤버십이 특정한 실천공동체에만 관련되고 다른 실천공동체와는 무관한 것으로 파악하는 오류를 범하기 쉽다. 가령, 자신이 보험처리 담당 직원이 아니라고 깨닫게 될 때 그 깨달음이 자신의 자아의식을 공고히 하는 데 어느 정도 도움이 되지만, 그 직원이 되려고 노력하지 않는다면 그러한 깨달음은 아무런 의미도 없는 것이 되고 만다. 그런 경우에 참여와 비참여는 각기 서로 관련이 없는 별개의 의미를 갖게 되고 사람들은 자신의 정체성에 서로 다른 영향을 미치게 될 뿐이다.

비참여의 경험들이 삶의 불가피한 부분이기는 하지만, 참여와 비참여가 상호적인 측면에서 서로를 규정 짓는 상황에서 그러한 비참여의 경험들은 각별히 중요하다. 예를 들면, 신참이 고참의 대화를 이해하지 못하는 경험은 매우 의미 있는 경험이 될 수 있다. 왜냐하면, 그러한 비참여의 경험을 통해 신참은 자신이 나아가야 할 바에 관해 영감을 얻을 수 있기 때문이다. 요컨대, 그러한 경험이 의미 있도록 해 주는 것은 바로 참여와 비참여가 상호 작용하면서 서로를 규정해 주기 때문이다.

여기서 일반적인 차원에서 참여와 비참여가 상호 작용하는 두 가지 사례를 제시해 보는 것이 도움이 될 듯하다.

- 주변성(peripherality)의 경우 어느 정도의 비참여는 참여의 여지를 남겨 놓는다는 의미에서 전임 이전 수준의 참여가 이루어지도록 하는 데 필요하다. 여기서 참여의 촉진 요인인 비참여를 지배하고 규정하는 것은 바로 참여다.
- 소외(marginality)의 경우 어떤 유형의 비참여는 오히려 전임 참여를 방해한다. 여기서 제한적인 참여 유형을 지배하고 규정하게 되는 것은 바로 비참여다.

주변성과 소외는 참여와 비참여가 공존하는 상태를 가리키지만 양자를 구분해 내기란 그리 쉽지 않다. 주변성과 소외는 어쨌거나 질적으로 차이가 있는 경험들과 정체성들을 낳게 된다. 따라서 주변성과 소외는 구분 지어 생각해 볼 필요가 있다. 사례 II의 급부금 조정(COB) 서류의 경우를 통하여 살펴보도록 하자.

- 신입 사원들이 교육에서 청구 서류에 대해서 처음 배우게 되었을 때 그 서류는 별 문제가 없었다. 신입 사원들은 교육을 통하여 서류로 무엇을 해야 하고 그와 관련되는 일이 무엇인지 듣는 것만으로도 즐거운 일이었다. 즉, 당시의 그런 비참여가 신입 사원들이 새로운 일에 빠르게 적응하도록 해 주는 최초의 관계맺음 방식이었다고 볼 수 있다. 그들에게 중요한 것은 일을 어떻게 시작하느냐에 집중하는 것이었다.
- 신입 사원들이 서류의 활용 절차에 대해 실제로 깨닫게 되는 것은 나중에 실제 업무를 수행하기 시작하면서부터다. 사원들은 청구 서류 작성에 관련된 기술적 능력을 갖고 있기는 했지만 업무를 능숙하게 수행할 수 있을 만한 절차적 능력을 갖지 못하고 있음을 깨닫게 되었다. 보험처리사로서 자신이 고객을 위해 청구 서류를 작성하고 그 결과에 대해서 책임감을 느낄 만큼의 충분한 참여 기회를 갖게 되었지만, 청구 서류의 활용 절차에 대해 이해를 하지 못하고 있었기 때문에 그들은 아직 소외 영역에 머무를 수밖에 없었다.

주변성과 소외의 차이는 참여 형식들의 의미를 결정하는 궤적의 맥락에서 이해할 필요가 있다.

- 예컨대, 신참은 공동체 내 누구라도 그러하듯이 내부지향의 정상 궤적에 진입하게 될 것이며 이로 인해 그는 결국 전임 참여자가 될 것이다. 내부지향적 궤적에 위치한 신참에게 비참여는 학습을 위한 기회가 된

다. 또한 주변부에 머물러 있는 사람들에게도 비참여는 참여를 촉진하는 요인이 된다.

• 반대로 공동체에 들어온 지는 오래 되었지만 계속해서 한직(閒職)과 같이 소외된 지위에 머무르는 경우가 있는데, 그런 상황이 공동체의 실천 속에서 고착화되면 그의 미래는 봉쇄당하기 마련이다. 가령, 태어나면서부터 같이 지내온 가족들에게 성인이 되어서도 가끔은 아이처럼 구는 것은 자연스럽기까지 하다. 그리고 평등한 기회를 쟁취하려고 하는 여성들에게 어떤 실천들은 그들을 비참여의 정체성으로 계속 몰아가는 것으로 비추어질 것이다. 그런 경우에 비참여의 형식들은 너무나도 실천 속에 뿌리 깊이 박혀 있어서 다른 궤적은 쉽게 허용되지 않는 경향이 있다.

따라서 비참여의 경험이 개인을 공동체의 주변부로 몰고 갈지 소외 지위로 몰고 갈지는 결국 그가 그 경험을 어떻게 받아들일지 하는 그의 참여방식에 달려 있다. 물론 완벽하게 구분할 수 있는 것이 아니라 정도의 차이는 있을 것이다. 이제 이러한 논의를 통하여 네 가지 범주로 구분되는 참여 형

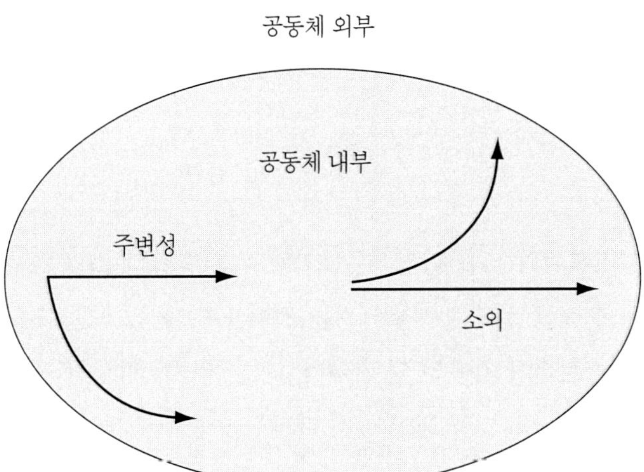

[그림 7-1] 참여와 비참여의 관계

식들을 제시할 수 있을 듯하다. [그림 7-1]에서 볼 수 있는 것처럼, 네 가지 범주의 참여 형식들은 ① 전임 참여(내부자), ② 전임 비참여(외부자), ③ 주변적 참여(비참여로 촉진되는 참여로서 전임 참여로 나아가거나 주변적 궤적에 머무를 수 있다), ④ 한계적 참여(비참여로 제한되는 참여로서 무멤버십으로 나아가거나 소외된 지위에 머무를 수 있다)다.

참여와 비참여의 원천

사람들의 정체성을 형성하는 참여와 비참여의 조합(sources of participation and non-participation)은 세계에 대한 관계를 규정하고 그 관계에 영향을 주는 개인, 그리고 공동체로서의 파워를 반영하게 된다. 결국 참여와 비참여의 조합에 의하여 다음과 같은 인간 삶의 기본적 양상들이 결정된다.

① 사회적 상황에서 자신의 위치를 찾아가는 방법
② 자신이 관심을 기울이는 것과 무시하는 것
③ 자신이 이해하고자 하는 것과 의도적으로 무시하고자 하는 것
④ 자신이 관계를 맺고 싶어 하는 사람과 회피하고자 하는 사람
⑤ 자신의 노력을 투입하는 방법
⑥ 자신의 진로를 잡아 나가는 방법

참여와 비참여의 조합으로 이루어지는 이러한 인간 삶의 모습들은 단순히 개인이 선택한 결과로 이루어지는 것이 아니다. 그러한 모습들은 사회적 관계의 방식들이 자아의 일 자체가 되는 공동체 형성의 과정들과 관련이 있다. 그 사회적 관계의 방식들은 다양한 수준에서 찾아볼 수 있다.

• 특정한 실천공동체들과 관련된 궤적들　　이러한 궤적들은 바로 지금까

지 말했던 참여와 비참여의 관계들에 의해 형성된다. 예컨대, 보험처리 부서에 소속된 두 명의 나이 든 여성들은 사실 실천공동체의 전임 참여자임에도 불구하고 그 부서의 다른 다수의 젊은이들과 거리를 두고 있다. 그들은 여러 가지 이유로 인해 그 부서에서 소외된 위치에 있었다.

- 경계적 관계와 다양한 소속 공동체의 요구　　사람들은 여러 실천공동체들의 경계 영역에 있기도 한데, 여기서 그들이 여러 공동체에 속해 있다는 사실은 참여와 비참여의 정체성들이 공존하는 상황을 초래하게 된다. 다른 공동체와의 대비하에 자신을 규정하는 공동체의 경우, 예컨대 노동자 대 관리자, 협력적 학생 대 저항적 학생, 또는 보다 거시적 차원에서 특정 인종 대 다른 인종, 특정 종교 대 다른 종교, 특정 정치 집단 대 다른 정치 집단 등 내부자(being inside)와 외부자(being outside)는 상대적 규정에 따른 지위라고 할 수 있다. 따라서 비참여는 참여를 규정하는 요인이 된다. 이러한 상황은 결국 경계 가로지르기를 어렵게 만든다. 그 이유는 각 상대가 다른 상대에 대립되는 것으로 규정되고 그로 인해서 한 공동체에 대해 가지는 소속감은 다른 공동체에서는 소외감으로 나타나기 때문이다. 이러한 참여와 비참여의 상호 규정적 양태에 수반되는 긴장 상황을 잘 보여 주는 사례가 바로 앞서 언급한 바 있는 보험처리 부서에서의 관리자의 위치다. 앞서 그 관리자는 자신의 부서에 있는 이전 동료들과 관리자 집단의 새로운 동료들 사이에 끼여 있어서 결국 두 집단 어디에도 소속되지 못하는 소외 상황에 처하고 만다. 또 다른 예로 이민자 가정의 자녀들도 자신의 가족, 새로운 학교, 거리 친구들이 지닌 가치관이 서로 다르기 때문에 그런 참여와 비참여의 정체성들이 공존하는 경험을 할 수 있다.
- 거시 조직, 거시제도 내의 사람들과 공동체들의 지위　　어떤 사람들은 실천공동체에서 소외된 채, 혹은 주변적인 지위에 머무를 수 있다. 또한 그 실천공동체 자체도 보다 광범위한 사회구조나 제도 안에서 주변적

이거나 소외된 지위에 머물 수 있다. 예를 들면, 보험처리사들이 느끼는 소외는 대개 그 직원들의 공동체가 그 기업과 보험업계에서 갖는 지위와 함수관계에 있다. 결국 직원들의 소외된 위치는 그 직원이 살아가는 환경, 즉 공동체, 기업, 보험업계에 영향을 미칠 수 있는 능력을 결정하게 된다.

제도적 차원의 비참여

비참여의 관계들은 공동체와 사람, 혹은 공동체들 사이의 직접적인 경계적 관계보다는 기관의 제도에 의해 영향을 더 받는 경우가 종종 있다. 이는 보험처리사들의 사례에서 잘 드러나고 있다. 회사 내에서 보험처리사 지위에 대한 낮은 평가, 박봉, 자발적인 업무 수행에 대한 격려 부족, 반복적인 업무 수행에 대한 자조적 인식, 표준화된 절차의 습관적인 반복, 지나치게 세분화시킨 일의 조직 등의 모든 제도들이 일종의 비참여 경험을 촉발시킨다. 이러한 경험들은 실천공동체에서 비롯된다기보다는 기관의 제도에 의한 영향의 결과라고 보는 것이 더 타당하다.

어떤 제도적 차원의 맥락 속에서 비참여가 어떻게 실천을 규정하는 특징이 되는지 알아보기 위하여 보험처리사들의 사례를 다시 논의해 보기로 한다. 이 사례가 상당히 보편적인 상황을 보여 주기는 하지만, 그렇다고 해서 모든 제도들이 그 직원들에게 소외를 경험하게 하는 것은 아니라는 점은 염두에 두어야 할 것이다.

제도적 관계로서의 비참여

비참여는 직원들이 업무를 수행하게 되는 제도적 환경의 설계까지도 이미 널리 침투해 있다. 비참여는 직원들이 일상적으로 수행하게 되는 일, 직원들이 그 일을 해야 하는 이유와 그 일을 하는 방법에 의해서 나타나게 된다. 보험처리사들의 경우 비참여의 제도적 관계는 다양한 관점으로 설명될 수 있다.

- 타협으로서의 비참여 비참여 분위기는 관리자와 보험처리 담당 직원들이 서로의 입장을 이해하는 가운데 유지되고 있었다. 전체적인 사무실 상황을 살펴보면 관리자와 담당 직원들은 서로의 목적을 존중하는 가운데 서로 도와주고 있음을 알 수 있었다. 예를 들면, 사무실 내 관리자들은 내가 연구를 빌미로 사무실 내에서 담당 직원들의 휴식 시간을 방해하지 않도록 할 것을 주문하였다. 왜냐하면, 휴식 시간은 바로 그들 직원들만의 고유 시간이기 때문이라는 것이다. 사실 사무실 내에서 직원들과 대화 내용을 녹음하려는 시도 자체에 대해서 반대하는 이는 아무도 없었지만, 내가 휴식 시간에 녹음하고자 할 경우에는 관리자들이 단호히 거부했다. 왜냐하면, 대화를 하고 녹음을 하는 자체가 자신들의 업무가 계속되고 있다는 느낌을 갖게 한다는 이유 때문이었다. 직원들은 휴식 시간 동안에는 업무에 관해 대화하기를 원치 않는다. 내가 직접 목격한 바에 따르면, 직원들은 휴식 시간 동안에도 자신들의 일에 대해서 상당한 정도로 대화를 나누고 있었다. 단지 휴식 시간 동안에 자신들의 일에 대해서 깊이 고민하는 것은 원하지 않을 뿐이었다. 자신들만을 위한 시간에 그들이 일에 관해서 대화를 나누도록 하는 것은 결국 그들이 스스로를 일과 동일시하고 있고 그들이 지키고자 노력해 온 일과 휴식의 구분을 위협하기 때문이다. 내가 확인한 것은 그들이 균형을 유지하는 데 성공해 온 것 같다는 점이다. 이렇게 볼 때 보험처리 담당 직원들이 자신들만의 실천공동체를 형성하고 노동자로서 자신의 정체성을 형성해 나갈 수 있었던 것은 바로 그러한 비참여의 상호 타협 맥락에서 가능했던 것이다.
- 전략으로서의 비참여 보험처리 담당 직원들과 회사의 관계가 지닌

내밀한 성격을 드러내 주는 소재로서 비참여는 어느 정도 양면성을 지니고 있다. 직원들에게 비참여는 탐탁지 않은 것이지만 어쩔 수 없이 인정해야 할 현실이기도 하다. 직원들의 관점에서 보면 비참여는 소외감과 무료함의 원천일 수 있지만 소중한 자아의 영역으로서 자유와 사생활의 원천이 된다. 직원들은 일로 인해 지루하고 스트레스를 받을 수 있지만, 사무실을 나서는 순간 그 일을 잊을 수 있다는 사실은 그들이 가치 있게 여기는 일에 대한 관계 정립의 한 단면을 보여 주고 있다. 그들은 종종 "이제 퇴근 시간이야. 오늘은 이만 해야지!" 라고 말한다. 그리고 그들은 자신의 정체성을 일과 관련없는 것들에서 찾기 시작한다. 그러면서 "나는 현재 내가 직장에서 하는 일이 내 인생의 전부가 되는 것은 원치 않아." 라고 말한다. 그들이 최악의 상황으로 언급한 것은 일로 인한 스트레스가 자신의 사적인 시간을 빼앗고 사무실을 나선 이후에도 일에 대해서 생각하도록 만드는 것이다.

- 은폐로서의 비참여　　질병, 파산, 사망처럼 고통스러운 처지에 있는 고객들을 대해야 하는 서비스업에서 비참여는 더 큰 갈등에 대한 방패막이로서 기능할 수 있다. "쉽지는 않겠지만 그 문제를 온정적 관점에서 바라보면 안 될 거야. 아무튼 회사 입장에서 생각하도록 해야 해." 보험처리 담당 직원들은 간혹 불만을 가진 고객들의 전화를 받게 되는데, 그런 상황에서 그들은 고객들을 인간적 입장에서 대할 수는 없다. 사례 I에서 본 것처럼 자신이 예상한 만큼의 보험금을 받지 못한 고객들이 매우 불쾌한 심정으로 보험처리 담당 직원에게 회사와 직원들의 관료적 업무처리를 비난하는 경우가 있다. 이때 직원들은 그 상황에서 고객을 인간적 입장에서 도와줄 수 없다는 무기력감으로 더 큰 도덕적 및 사회적 이해 갈등 문제를 고민할 수 있다. 여기서 그것을 막아 주는 것이 바로 비참여다. 일터에서 흔히 찾아볼 수 있는 '나는 여기서 내가 해야 할 일을 할 뿐이야.'라는 식의 사고와 행동이 바로 비참여의 전형적인 양상이다.

이러한 비참여의 관계들은 보험처리사들이 활용하는 회사의 지적 및 물적 자산, 예컨대 서류 양식, 사내 규칙, 실적 보고서 등에 광범위하게 침투해 있다. 그리고 비참여는 직원들이 회사 동료나 고객들과 맺게 되는 관계에서도 찾아볼 수 있다. 따라서 비참여 관계들이 체계적으로 기관의 제도들에 의해 영향을 받게 될 때, 그 관계들은 어떤 실천의 규정에 크게 영향을 미치게 된다.

실천으로서의 비참여

보험처리 담당 직원들의 경우 회사 내에서의 소외는 그들이 제도에 의해 일방적으로 당하는 어떤 것이 아니라 오히려 그들이 적극적으로 추구하는 것이라는 점을 관찰할 수 있다. 비참여 역시 참여만큼이나 실천에서 적극적인 부분이다. 물론 비참여에 대해서 직원들은 드러내 놓고 이야기하지 않는다. 하지만 직원들은 비참여가 존재하고 있음을 서로 암묵적으로 이해하고 있다. 예컨대, 직원들은 퇴근 시간이 기다려진다던가 주말이 빨리 오기를 바란다는 말을 함으로써 직원들 사이에 비참여가 존재한다는 점을 인정하고 있는 것이다. 직원들은 직장에서 일을 해 나가는 과정에서 서로 상호 작용하면서 사적인 삶에 대해서, 취미나 좋아하는 TV 프로그램에 대해서, 혹은 가족이나 친구에 대해서 자연스럽게 대화를 나누고 있다. 그러나 일을 마치고 사무실을 나서면서 동료들에게 작별 인사를 하고 각자의 길을 찾아가게 된다. 말하자면 직원들은 친근하고 우호적인 직장 분위기를 서로 만들어 가고 있지만, 직장 바깥에서도 그러한 탄탄한 관계를 유지해 나가는 이는 드물다. 이처럼 비참여의 경험이 축적되는 가운데 직원들의 실천은 다시 그런 비참여 관계가 재생되는 계기를 제공하게 된다.

참여와 비참여는 정체성의 두 축이다. 보험처리 담당 직원들은 자신의 일과 관련된 제도나 규칙과는 어느 정도 거리를 유지하고자 하지만, 대개 자신들의 공동체에서 자연스럽게 공유되는 실천과 멤버십에 대해서는 공감한다. 그들은 항상 만족스럽지는 않아도 자신들의 일이 제대로 돌아갈 수 있도록 해 주는 공동체의 실천과 자기 자신을 동일시하려고 한다. 이러한 실천의 공유와 관여는 직원들에게서 서로에 대한 헌신을 낳게 되고 실질적 참여의 경험을 가능하게 할 여건을 조성하기도 한다. 다시 말하면, 일과 관련된 제도나 규칙, 일과 관련된 내용 측면에서 형성된 비참여의 정체성은 실천공동체의 참여 정체성과 불가분의 관계에 있다. 직원들은 자신의 소외에 나름대로 대처해 나가면서 실천과 정체성을 경험하고 형성하게 되는데, 그 과정의 핵심에는 참여와 비참여가 복잡한 양상을 띠며 공존한다는 점을 알아야 한다.

제8장
소속감의 형성 기제

제6장에서 실천공동체에의 소속이라는 측면에서 정체성에 대해서 논의했다. 그러나 좀 더 구체적으로 제7장에서 설명한 바 있는 제도적 비참여와 같은 맥락에서 정체성의 형성 과정을 이해하기 위해서는 실천에의 참여 이외에도 우리에게 '소속감을 갖게 하는 기제들(modes of belonging)'에 관해 생각해 볼 필요가 있다. 보험처리 담당 직원들의 참여와 비참여 경험은 일상적 실천의 일부다. 그러나 그런 경험은 그들이 일하는 사무실 내에서만 이루어지는 것이 아니다. 직원들이 직무를 수행하기 위해서는 자신들의 일이 현재 자신이 소속된 실천공동체의 범위를 넘어서서 보다 광범위한 외부 세계로부터 어떻게 영향을 받는지, 그리고 그러한 거시적인 사회구조, 혹은 전 조직 안에서 자신의 위치가 어떤지에 관해 의식해야 한다. 따라서 직원들은 직접 관여하는 실천을 둘러싼 전 조직에의 참여자로서 스스로를 바라보게 될 수밖에 없을 것이다. 그들은 자신들의 관여 범위를 초월한 실천에서 오는 지적 및 물적 자산들에 관해서 이해해야 하며, 그러한 폭넓은 연관성을 이해하기 위하여 자신들의 상상력을 발휘해야 한다. 예를 들면, 직원들이 회사 내 다른 실천에 관여한 적은 없지만 상상을 통해 회사에 대한 이미지를 형성하게 되고, 이렇게 형성된 이미지는 일상적으로 수행하는 일

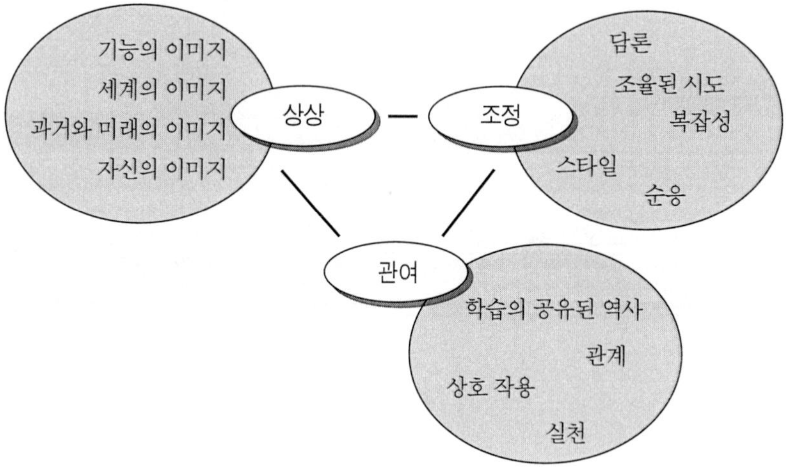

[그림 8-1] 소속감의 형성 기제

만큼이나 실질적이고 중요한 의미를 갖는다.

이와 같은 정체성 형성과 학습의 과정들을 보다 구체적으로 이해하기 위하여, 이 장에서는 소속감의 기제로 생각해 볼 수 있는 세 가지 차원에 관해 살펴볼 것이다([그림 8-1] 참조).

① 관여행위(engagement): 의미 협상 과정에 적극적으로 개입하기
② 상상(imagination): 자신의 경험에 근거하여 시공간적 차원에서 존재하는 연결성을 파악하고 세계에 대한 이미지를 창출하기
③ 조정행위(alignment): 자신의 노력과 활동을 거시적 차원에서 조율하기

이 장에서는 소속감을 불러일으키는 세 가지 기제들을 중심으로 그 구체적인 양상에 관해 알아보고, 그 기제들에 수반되는 여러 가지 효과나 우리가 특정 방식을 취했을 때에 상응하여 치르게 될 수밖에 없는 대가는 무엇인지 따져 보겠다. 그리고 서로 다른 소속의 방식들이 실현되었을 때 어떤 모습과 특징으로 나타나는지 생각해 볼 것이다. 요컨대, 각 소속감의 기제

들이 어떻게 공동체 형성에 영향을 미치는지 살펴보겠다.

관여행위

관여행위(engagement)는 '지속적인 의미 협상' '궤적의 형성' '실천사의 전개'라는 세 가지 과정이 동시에 이루어지는 삼차원적 과정이라 할 수 있다. 우리가 어떤 공동체의 실천에 관여하게 되었다면 그것은 곧 우리가 그 공동체에 속할 수 있으며, 따라서 우리의 정체성 형성에 결정적인 영향을 미칠 수 있다는 것을 뜻한다. 이렇듯 어떤 일에 관여하고 그것이 해당 공동체에의 귀속이나 정체성의 형성으로 이어질 수 있는 것은 앞의 세 가지 과정이 별개로 이루어지지 않고 서로 영향을 주고받으면서 나타나기 때문이다. 물론 어떤 일에 관여한다는 것을 해당 실천공동체 차원과 관련된 것으로 꼭 규정할 필요는 없다. 그렇지만 그러한 관여행위가 누군가 다른 사람들과 함께 한 호혜적 관여의 성격을 띤다면 결국 시간이 흘러 하나의 실천공동체를 구성하게 될 가능성이 커지게 된다. 이 때문에 관여행위와 실천공동체는 서로 밀접하게 연결되어 있다고 보아야 한다.

앞서 정체성의 원천으로서 관여행위에 대하여 상세하게 논의한 바 있지만, 다른 두 가지 소속감의 형성 기제인 상상과 조정행위의 방식과 비교하기 위하여 관여행위의 제한적 특성을 다시 한번 강조하지 않을 수 없다. 첫째, 관여행위는 시간과 공간 차원에서 명백히 물리적 한계를 지닐 수밖에 없다. 즉, 사람들은 특정 시간, 특정 장소에 존재하며 하루 중 한정된 시간만을 사용할 수 있을 뿐이라는 것이다. 둘째, 직접 통제할 수 있는 문제의 정도나 직접 개입할 수 있는 활동의 범위, 실질적으로 관계를 맺을 수 있는 사람과 지적 및 물적 자산의 총량에는 우리 몸이 관여되어 있는 만큼 생리적인 한계가 뒤따르지 않을 수 없다. 소속감의 기제로서 관여가 갖는 이러한 한계는 강점이 될 수도 있고 약점이 될 수도 있다.

관여행위의 효과와 대가

관여행위의 한계(boundedness)는 소속감의 기제로 보기에는 약점이 될 수 있지만 오히려 협상을 촉진시키는 중요한 자원이 될 수 있다. 왜냐하면, 관여행위가 갖는 한계로 인해 구성원들은 서로 간에 협조해야 할 필요가 생기게 되고 이에 따라 호혜적 관계가 성립하기 때문이다. 이러한 호혜 가능성 덕분에 공동체의 실천이 창출되고 결국 정체성도 형성될 수 있다. 달리 표현하면, 책무관계는 우리에게 주어지는 것이기도 하지만 우리가 적극적으로 형성해 나가는 것이기도 하다. 사실상 우리의 관여활동이 가능하기 때문에 공동체나 실천, 구성원들이나 지적 및 물적 자산들이 지속적으로 발전해 갈 수 있는 것이다. 이런 관점에서 관여는 흥미롭게도 일종의 파워의 단면을 내포하고 있다고 볼 수 있다. 즉, 관여행위는 공동체의 일을 창출할 수 있는 힘의 원천이며, 역량을 형성하고 그것을 경험할 수 있는 맥락 또한 그로 인해 생겨난다.

그러나 관여행위에는 다음과 같은 약점 또는 부정적 측면이 있다. 공동체 구성원들이 실천을 공유함으로써 얻게 되는 이해가 그들에게 자동적으로 실천의 역사와 그 실천을 형성하는 다른 실천과의 관계에 보다 광범위하게 다가갈 수 있도록 해 주는 것은 아니다. 관여행위로 인하여 구성원들의 역량(competence)이 점차 투명해지고 관습화되며 그것이 미치는 사회적 효과가 커질수록 오히려 그들 자신의 역량은 편협해지고 고립되는 한계에 부딪힐 수 있다. 예컨대, 그들의 역량에는 더 이상 다른 것들, 즉 다른 실천이나 생각들이 비집고 들어갈 자리가 없게 되며, 그 결과 해당 실천이 발전할 수 있는 어떠한 혼란이나 단절도 허용하지 않는 상태에 이르게 될 수 있다. 이런 경우 실천공동체는 자신의 유지에만 급급한 채 종국적으로 구성원들이 학습하고 새롭게 발전해 나가는 데 걸림돌이 될 수 있다.

상상

보험처리 업무는 주변에서 쉽게 찾아볼 수 있는 보편적인 직업이다. 보험회사인 앨린수사에 근무하는 사람이라면 누구나 다른 지역과 다른 회사에서 그들과 비슷한 일을 하는 사람들이 있다는 것을 잘 알고 있다. 흔히 보험처리 담당자들은 그들과 비슷한 일을 하는 담당자들과 직·간접적으로 접촉하고 있다. 예컨대, 경험이 없는 보험금 지불 사례에 대해서 다른 회사의 동료들에게 자문을 구하는 사례를 쉽게 찾아볼 수 있다. 이러한 현상은 보험처리 담당 직원들이 자신의 경험에 비추어 다른 사람들의 일터 삶이 어떠할 것이라는 것을 상상할 수 있기 때문에 가능하다. 다른 곳에서 일하고 있을지라도 그들도 자신의 동료들이고, 그들의 일과 자신의 일이 비슷하기 때문에 겪게 되는 문제점과 그 해결책도 비슷하리라고 생각할 수 있는 것이다.

상상(imagination)은 우리 경험에 대해 의미를 부여하는 중요한 기제다. 상상은 사람들로 하여금 각기 다른 정체성 경험을 하게 해 주고 각자의 활동에 내재된 학습의 잠재성을 발현시켜 주는 힘을 갖고 있다. 이와 같은 상상의 역할은 자신이 어떤 일을 하고 있는지 질문받은 두 명의 석공 이야기를 통해서 더욱 잘 이해할 수 있을 것이다. 누군가 두 석공에게 그들이 어떤 일을 하고 있는지 묻는다. 한 석공은 그저 쌓아 올릴 수 있는 정사각면체의 벽돌을 만들어 내고 있다고 답한다. 반면에 다른 석공은 성당을 짓고 있는 중이라고 답한다. 두 석공의 답변은 모두 옳다. 그러나 그들 답변을 통해 두 석공이 서로 다른 세계와 관계하고 있음을 알 수 있다. 물론 두 석공의 답변 차이로 인하여 한 사람은 훌륭하고 다른 한 사람은 훌륭하지 않다고 할 수 없다. 관여행위라는 차원에서 보면 두 석공 모두 동일한 일을 하고 있다. 그러나 자신의 일에 대해서 각자가 경험하는 바가 분명히 다르기에 자기 자신에 대한 생각 역시 다르다고 보아야 한다. 이러한 차이는 상상의 차원에서 바라볼 때 비로소 해석이 가능하다. 즉, '동일한' 활동을 하고 있을지라도 당사자들이 서로 다른 생각을 한다면 그들은 서로 다른 일을 하는 것이다.

상상은 시공간을 초월하여 자아를 확장하고 더 나아가서 세계와 자아에 대한 이미지를 새롭게 창조하는 과정을 말한다. 상상을 통해 우리는 사과씨를 보고 성장한 사과나무를, 피아노 연주를 하면서 거대한 콘서트홀을 볼 수 있다. 상상을 통해 우리는 교회에 들어서면서 자신이 할 기도가 다른 세계의 수백만의 사람들이 해 온 것이고 앞으로도 할 것이라고 생각할 것이며, 할아버지가 틀니를 끼워 넣는 것을 보면서 앞으로 양치질의 소중함을 다시금 깨달을 수 있다. 그리고 위인의 훌륭한 삶을 담고 있는 전기를 읽으면서 은연중에 자신이 그 위인처럼 치열한 삶을 살아가는 것처럼 느끼기도 하는데 이러한 모든 것들이 상상으로 인해 가능하다.

때로는 상상이라는 용어가 개인적인 공상, 현실로부터의 도피, 실제 사실과 반대되는 잘못된 생각이라는 의미로 사용되기도 한다. 그러나 여기서 말하는 상상은 자아를 형성시켜 주는 시공간을 초월한 새로운 이미지와 새로운 관계를 발생시키는 창조적인 과정임을 재차 강조하고자 한다. 호혜적 관여처럼 창조적 과정으로서의 상상도 다양하고 실재적이고 유의미한 정체성의 모습을 형성시키는 중요한 동인이 된다. 오히려 상상은 관여의 수준을 초월하여 자아와 세계에 대한 이미지를 창출하는 데 관계함으로써 자아가 보여 주는 또 다른 작업이라고 할 수 있다.

상상에는 사실 공상(fantasies)도 포함된다. 이는 상상이 관여행위와는 또 다른 차원의 창조적 과정이기 때문이다. 흔히 아이들에게 지구본을 보여 주면서 "여기가 우리가 사는 곳이야."라고 일러 준 경험이 있을 것이다. 그러나 이러한 행위와 주장에 대해 아이들이 이해하게 되는 과정을 생각해 보면 일종의 공상이 개입되었을 것이라고 판단할 수 있다. 즉, 분명히 아이들은 이전에 존재하지 않던 어떤 모습을 그려 보는 공상, 즉 창조적인 상상 행위를 하고 있는 것이다.

물론 상상은 실천에서 보이는 정교하고 섬세한 구조를 간과하는 고정관념에 머무를 수도 있다. 예를 들면, 스코틀랜드인 모두가 구두쇠라든지, 스위스인들은 모두 정결한 사람이라든지, 혹은 모든 미국인들은 물질주의자들이라고 가정하는 경우를 말한다. 그런 지나친 일반화는 상상이 본질적으로 잘못될 가능성이 있어서 초래되는 것은 아니다. 그것은 대개 호혜적 관여 경험에 기반을 두지 않고 자신의 경험만을 투사하는 경우에 종종 일어난다. 실천에의 참여만으로 세상이나 서로의 경험 또는 공동체의 업무를 더 잘 이해하게 되는 것은 아니다. 호혜적 관여는 단지 정체성이 형성될 수 있는 장으로서의 현실을 창출하는 역할만 할 뿐이다. 여기에는 상상이 수반되지 않으면 안 된다.

마지막으로 상상은 단순히 개인적이거나 개별적으로만 이루어지는 과정이 아니다. 보험처리 담당 직원들이 사무실 이외의 장소에서 일에 관해 나누는 이야기와 자신의 미래 진로에 대한 대화 등의 모든 것들은 그들의 집단적 상상을 촉발시켜 주기도 한다. 흔히 세계에 흩어져 있는 각 민족들이 민족의 뿌리를 찾고자 역사를 활용하는 방식을 살펴볼 때 민족의 현존을 공동 자산의 연장으로 보는 것 자체가 이미 상상을 요구하는 사회적 과정이다. 이처럼 상상은 사회적 상호 작용과 공동체적 경험에 기반을 두고 발휘된다. 이러한 측면에서 볼 때, 상상은 단순히 개인적 공상들을 만들어 내는 과정이 아니다. 개인적인 현실 도피와는 전혀 다르게 상상은 현실과 정체성의 범위를 확장시키고자 사회 세계에 항상 개입하는 소속감의 원천이라 할 수 있다.

상상의 효과와 대가

상상을 통해 사람들은 세계와 역사 속에 존재하는 자신을 찾아내고, 그 결과 자신의 기존 정체성에 새로운 의미, 가능성, 시각을 부여할 수 있다. 자신의 국지적인 경험들이 어떻게 보다 거시적인 패턴이나 관계 또는 구조와 연관되는지 인식할 수 있는 것도 바로 이러한 상상에 의해서다. 자신들이 속한 공동체에 먼 과거까지 거슬러 올라가는 역사가 있음을 인식하도록 해 주는 것도 바로 상상이다. 그리고 발전을 계획하고 대안을 모색하며 가능한 미래를 구상하도록 해 주는 것도 상상이다. 이색적인 것을 자신의 곁으로 옮겨다 놓거나 스스로 이색적인 곳으로 옮겨가 보는 상상은 사람들이 현재 자신의 위치를 새로운 시각으로 생각해 보게끔 만들 수 있다. 과거로 되돌아가 보고 미래에 미리 가 보는 상상을 해 봄으로써 현재를 돌아보고 그 현재가 지니고 있는 가능성의 범위에 관해 타진해 볼 수도 있다.

하지만 상상은 때로 일탈적이고 비효과적이다. 특정 공동체의 관점만을 반영한 채 상상이 깊어지면 자신들만의 고정관념 속으로 빠져 들어갈 수 있다. 반대로 자신의 멤버십조차 잊은 채 상상이 지나치게 되면 정체성을 상실하고 기본을 망각한 상태에 이르게 될 수 있다. 상상에서는 참여와 비참여, 외부와 내부, 현실과 미래, 실행 가능한 것과 실행 불가능한 것, 의미 있는 것과 무의미한 것 등이 종횡무진하게 다루어지기 십상이어서 정체성 형성에 다소 미묘한 부정적인 영향을 미칠 수 있다. 상상은 자칫 사회적 효능감을 잃어버리게 하여 자신의 경험에 부여하는 의미와 실제로 발휘할 수 있는 역량 간의 괴리를 초래하는 원인이 될 수도 있다.

조정행위

석공의 이야기에서 예시한 것처럼 상상은 참여 정도에 구속받지 않는다. 이는 소속감에 관한 또 다른 기제인 조정행위(alignment)에도 마찬가지로 적용된다. 조정행위는 보다 광범위한 계획들을 수립하는 데 필요한 시간과 공간을 연결시켜 참여자들이 자신들의 열정, 행위, 실천들을 조정하고 결과적으로 서로 일치될 수 있도록 하는 과정이라 할 수 있다. 조정과정을 통하여 사람들은 거시적 차원, 예컨대 전 조직의 차원을 의식하며 주어진 자신의 역할을 수행하게 된다. 조정행위는 거시적인 차원의 행위나 계획을 조율하는 범위를 고려한다는 측면에서 관여행위나 상상과 본질적으로 다른 성격을 띤다.

- 특정 실천공동체에 참여하면서 자신의 실천이 특정 기관의 요구들과 같이 보다 거시적인 차원에서 볼 때 어떤지를 신경 쓰지 않는 경우도 허다하다.
- 사람들은 상상을 통하여 타인들을 의식할 수도 있지만, 그저 의식으로 그칠 뿐 그 다음에 무엇을 해야 할 것인가에 대해서 관심이나 노력을 기울이지 않을 수도 있다.

이처럼 상상이 실제로 실천으로 이어지는 것은 아니다. 사람들은 중세의 기사가 된 자신의 모습을 상상해 볼 수 있지만, 실제로 당시의 기사도를 자신의 생활 규범으로 채택하기는 어렵다. 보험처리사들이 유사한 여건 속에서 유사한 일을 하는 다른 사람들이 많다고 상상할 수는 있지만, 그와 같은 상상이 바로 현실의 실천으로 이어지지는 않는다. 예컨대, 다른 직원들이 노조에 가입한다고 해서 자신도 노조에 가입하지는 않으며 그런 문제에 전혀 관심을 기울이지 않을 수도 있다. 즉, 자신의 직업적 정체성을 그 전문 분야에 보편화된 행위에 고정시키기보다는 그저 자신이 하는 일에 부분적으로 관여하는 수준에 그치는 경우가 허다하다. 한편으로 직원들은 관리자들, 특히 상상하기 어려울 정도로 아주 높은 지위의 관리자들 일에 정서적 친밀감을 느끼지도 않는다. 이는 앨린수사 보험처리 담당 직원의 다음 이야기를 통해서 쉽게 이해할 수 있다.

> 우선 사실 나는 그들을 잘 모른다. 복도에서 만나면 인사는 건네지만, 그들은 자신을 우리에게 알리려 하지 않는다. 우리는 그들의 이름만을 알고 있을 뿐 그들이 어떤 부류의 사람인지는 알지 못한다. 그들이 있다는 것만을 알고

있을 뿐 그들에 대해서 알고 있는 것은 전혀 없다. 말하자면 그들이 어떤 일을 하고 있는지, 어떤 부류의 사람인지에 대해서 사실상 알고 있는 바가 없다.

그렇지만 보험처리 담당 직원들은 자신의 실천활동을 관리자와 회사가 정해 놓은 방침들에 맞도록 조율해 가면서 업무를 수행해 간다. 직원들은 외부에서 손님이 방문을 하면 자신의 책상을 정리하고 복장을 단정하게 한다. 이러한 조정행위는 보다 거시적인 사회체계에 자신들이 속해 있음을 드러내 주는 일종의 표현방법이라 할 수 있다.

여기서 명심해야 할 것은 실천에 관여하고 있거나 조직 상상력을 발휘한다고 해서 조정행위가 필요 없다고 생각해서는 안 된다는 점과 거꾸로 조정 작업 자체가 호혜적 관여나 상상을 가능하게 하는 것도 아니라는 점이다.

- 일상화된 제도적 요구를 수용하고, 회사의 복장 규칙을 준수하고, 주어진 영업 목표를 달성하는 것과 같은 조정행위는 직원의 역량이나 그 기준을 구축하는 실천에의 참여와는 속성이 다르다. 그것은 사람들이 불우이웃을 돕는 행사에 성금을 내고 그러한 행사에 어느 정도 자신의 열정을 바칠 수는 있지만 바로 그 과정이 곧 특정 실천공동체에 참여하는 것은 아닌 것과 마찬가지다.
- 조정행위의 범위가 확장된다고 해서 자동적으로 상상이 가능해지는 것은 아니다. 사례 II에서 보면 보험처리 담당 직원들은 COB 서류를 업무에 활용하고 있는데, 이는 직원들이 자신의 행위를 회사의 요구에 맞게 조율하는 행위를 잘 보여 준다. 이처럼 자신의 행위를 전 조직 차원에 맞도록 조율하는 과정에서 COB 청구 서류에 대한 작성 절차가 올바르게 되어 있는지 아닌지에 대해서 상상해 보지 않는다. 앞서 언급한 두 명의 석공이 숙련된 감독자의 지시를 따라 석재를 적절한 모양으로 다듬어 낼 뿐, 자신들이 왜 그렇게 해야 하는지에 대해서 상상하지 않는 것과 마찬가지다. 물론 상상력을 동원해 각자의 역할상을

그려 볼 수 있기 때문에 상상력은 조정행위에 대한 이해와 그러한 행위를 통제할 능력의 향상에 영향을 미칠 수 있다. 설사 그렇다고 하더라도 조정행위와 상상행위는 분명 서로 다르며 어느 한쪽이 다른 한쪽을 포함하지도 않는다.

업무와 관련하여 조정행위를 한다는 것 자체가 특정 공동체에 속해 있다는 것을 나타내는 소속의 징표다. 정부제도, 과학기술, 예술 장르, 최신 유행, 정치사회 운동, 교육 목표, 사업 계획 등의 모든 것들은 사람들로 하여금 자신의 삶의 방향을 정하고 세계를 바꿀 수 있는 능력을 조정하는 역할을 하고, 조정 수단의 일환으로 공동체만이 갖는 독특한 스타일과 이야깃거리들을 제공한다.

또한 업무 조정행위에는 지시와 통제가 개입되기 때문에 파워의 문제와도 밀접한 관계에 있다. 조정행위를 위한 노력을 지시하고 통제하는 파워와 조정행위를 촉진하고 요구하는 파워가 주변에 상존하고 있다. 그러나 흔히 생각하는 것처럼 그러한 파워를 부도덕하거나 부정적인 의미로만 볼 것이 아니다. 오히려 사회적 관계에서 파워가 있음으로 인해 사람들은 자신들이 무엇을 지향해야 하고 어떤 부분들을 조율해 나가야 하는지 의식할 수 있다. 따라서 파워가 본질적으로 사악하다거나 갈등적이라고 보는 것은 옳지 않다(물론 경우에 따라서는 사악하고 갈등을 초래하는 파워도 존재한다).[1] 즉, 파워는 우리의 사회적 행위를 가능하게 하는 필수 조건이라 할 수 있다.

조정행위의 효과와 대가

조정행위들은 다양한 하위 활동이나 역량, 관점들을 서로 조율하고 연계

1 파워의 개념은 사회이론에서 많은 관심과 논쟁의 주제였다. 이러한 문제에 대한 논의는 이 책의 범위를 넘어선다. 사회이론 차원에서의 파워 개념에 대한 보다 구체적인 논의는 기든스(Giddens, 1984; 1995, 6장)를 참고하라.

를 맺는 역할을 하는데, 이를 통해 사람들은 자신들의 영향력이 미치는 범위를 확대시킬 수 있다. 따라서 조정행위들이 있음으로 인해 특정 전문 분야가 만들어 낼 수 없는 행위나 지식의 생산도 가능하다. 요컨대, 조정행위들은 복잡성과 규모의 다양한 수준을 조절해 줄 수 있어 사람들이 지닌 정체성에 새로운 의미를 더해 주기도 한다. 사람들이 파워를 키우게 되고 잠재 가능성의 범위를 확대해 나갈 수 있는 것도 이러한 조정행위 덕분이다.

그러나 한편으로 조정행위는 맹목적이고 무기력하게 만들기도 한다. 무분별한 조정행위는 사람들을 극단으로 몰고 갈 수 있다. 위협이나 폭력으로 강제되는 조정행위는 긍정적이라기보다는 부정적이라 할 수 있다. 그러한 행위는 주어지는 지시 사항을 그저 따르기만 하기 때문에 진정 수용해야 할 관점들을 위한 자리는 허용하지 않는다. 또한 그러한 행위는 보다 거시적인 차원에서 사람들이 자신의 위치에 관해 협상하고 행동할 수 있는 능력을 저해하는 성격의 과정으로 변할 수 있다. 또한 소수의 사람에게만 무소불위의 파워를 부여하고 다수의 사람을 무기력하게 만드는 갈등 상황을 초래할 수 있다. 결국 그러한 행위는 사람들의 정체성을 붕괴시키는 자아의식에 대한 모독으로 작용할 것이다.

소속감과 공동체

관여행위나 상상 그리고 조정행위는 각각 다른 방식으로 시간과 공간에 걸쳐 정체성을 확장시켜 주는 소속의 관계들을 창출한다.

① 관여행위는 제한적일 수밖에 없다.

② 상상은 관계성(relatedness)에 제한을 받지 않는다는 전제를 두고 있기 때문에 장소나 시간 또는 종류에 상관없이 다양한 정체성의 관계들을 창출해 낼 수 있다. 물론 그러한 관계들이 모두 실현 가능한 것

은 아니지만 말이다.

③ 조정행위는 사회적 차원이나 물리적 차원에서 광범위하게 적용될 수 있다. 하지만 상상과는 달리 조정행위에는 주의나 관심이 보다 집중화되는 현상이 뒤따르게 마련이다.

관여행위, 상상, 조정행위는 서로 다양한 방식으로 엮일 수 있기 때문에 실천공동체가 형성될 수 있는 가능성은 특정 공동체에만 국한되지 않고 한없이 열려 있다. 예를 들면, TV 프로그램 시청자들도 하나의 실천공동체로 생각해 볼 수 있다. 그러나 그러한 인식은 실천공동체 개념이 지닌 의미를 왜곡시킬 수도 있다. 사실 시청자들은 그들 이외에도 많은 사람들이 같은 프로그램을 시청하고 있다는 것을 잘 알고 있다. 그들은 종종 프로그램을 시청하면서 집단적 동질감을 느끼기도 하는데, 사실 이러한 감정은 오직 상상의 차원에서일 뿐이다. 물론 특정 시간대에 많은 사람들이 특정 채널을 고정시키고 동일한 프로그램을 시청하는 것을 조정에 해당하는 행위라고 할 수 있을지도 모른다. 그러나 그러한 행위는 특정 실천과 관련하여 성립된 호혜적 관계로부터가 아니라, 그저 TV와 프로그램의 분포에 의해서 이루어지는 것에 불과하다는 점을 명심해야 할 것이다. 이러한 사실 때문에 관여행위, 상상, 조정행위가 공동체를 창출하고 그 안에서 우리의 정체성을 형성하는 데 결정적인 영향을 미치지만 그 과정이 전개되는 양상은 서로 다르다는 점을 알아야 한다.

상상만으로도 공동체는 창출될 수 있다. 예를 들어, 같은 기차를 타고 여행하면서 서로 같은 신문을 읽고 있는 것을 알아챈 두 사람이 있다고 하자. 여기서 그들은 서로 그러한 종류의 출판물을 읽는 전형적인 독자라던가 공통된 특성과 경험을 지닌 사람이라고 추측할지도 모른다. 물론 이러한 생각이 옳지 않을 수도 있다. 그러나 중요한 것은 그들이 공통된 독자층으로서 상호 연결될 때 그들 스스로 속하고 있다고 여기게 되는 공동체를 창출하게 된다는 사실이다.[2] 이와 유사한 시나리오들이 특정 컴퓨터 시스템의 사용자, 특정 스포츠의 전문가, 성공한 사람들, 비만인들, 말 더듬는 사람들, 형광등을 싫어하는 사람들, 혹은 동일한 종류의 음악을 선호하는 사람들에게도 적용될 수 있다. 특정 도시 거주자들, 장애인, 동일 국적의 이민자들, 쌍둥이, 켈트 음악 애호가들 등의 집단들은 해당하는 공동체를 창출할 수 있는 무엇인가를 공유하고 있다. 그런 공동체가 실재하고 있고 자신이 그에 속하고 있다고 누군가 생각한다면, 그것은 분명 그의 정체성에 영향을 미칠 수 있다. 그가 공동체에의 소속감(belonging)[3]을 갖기 위해서 타자들과 함께 공동의 실천을 창출하고 그에 직접 관여해야 하는 것은 아니다.

또한 조정행위만으로도 공동체와 소속감은 얼마든지 창출될 수 있다. 특정 신념, 운동, 종교, 국가, 스타 연예인, 스포츠팀, 환경보존 등에 대한 헌신은 서로 다른 사람들에게서 막대한 에너지를 불러 모으는 힘을 만들어 낸다. 그들을 묶어 주는 이러한 헌신은 개인적 차원의 공통점이나 차이점과는 상관이 없다. 그리고 그러한 헌신이 실제로 표현되는 방식들과 경험 속에서 찾아볼 수 있는 헌신의 원천들은 상황마다 다르므로 따로 상정해 보기란 어렵다. 그런 측면에서 주목해 보아야 할 것이 바로 조정행위다. 예를 들면, 환경보존 운동 세력은 서로 다른 이유를 배경으로 한 동기, 신념,

2 역사가 베네딕트 앤더슨(Benedict Anderson, 1983)은 신문의 출현으로 독자들이 자신을 '상상의 공동체'의 일부로 여기게 되었기 때문에 근대 민족국가의 탄생 가능성을 배태하는 데 도움이 되었다고 주장한 바 있다. 사실, 앤더슨이 민족주의의 기원과 확산을 설명하고자 사용한 '상상의 공동체'에 의해서 나는 상상을 공동체 형성의 자원으로 생각할 수 있게 되었다. 앤더슨은 민족국가가 상상의 공동체로서 가장 잘 이해될 수 있다고 주장한다. 이러한 공동체 탄생에 대한 그의 역사적 설명에서 핵심적인 요소는 출판업과 자본주의의 상호 영향이다. 출판업자들이 새로운 시장을 찾게 됨에 따라 그들은 방대한 지역에 걸쳐 출판물을 배포할 생산 및 유통 체계를 창조하였다. 공통적으로 읽을거리의 광범위한 유통은 상상력의 기초가 되었고 사람들 간의 새로운 연결점을 낳게 되었으며, 그 결과 상상력에 기초하여 공동체들을 만들어 낼 새로운 가능성들을 낳게 되었다는 것이다.

3 이 책에서 'belonging'의 개념은 공동체에 소속되어 있다는 정태적 의미보다는 공동체에 소속되어 가거나 소속을 유지시켜 간다는 동태적 의미를 지니고 있다. 따라서 번역의 편의로 인하여 정태적 의미를 연상시키는 '소속'이라는 용어를 사용하였지만, 본래의 의미는 소속되어 가거나 소속을 유지시켜 간다는 동태적 의미로 이해해야 할 것이다.– 역주

열정의 복합적 결과로 형성된다. 다만, 환경을 보존하고자 하는 공통의 목적으로 조성된 연대행위가 거대한 공동체를 창조해 낸 것이다. 이는 연륜이 있는 생물학자와 식물 숭배사상을 가진 신세대가 어떤 측면에서는 서로 의견을 달리할 수 있지만, 습지를 보존하고자 하는 동일한 목적으로 개인적 차원의 차이는 접어 두고 환경보존 운동에 동참하게 되는 것과 같은 이치다. 오히려 환경보존이라는 공동의 목적에 의해 배태된 헌신은 참여하는 사람들의 힘과 노력을 결집시켜 강력한 공동체를 창조하게 된다.

공동체는 그 유형이 매우 다양하다. 즉, 실천의 공동체, 애호가의 공동체, 관심의 공동체, 취향의 공동체, 동일한 경제적 지위를 가진 자들의 공동체, 전문직의 공동체, 지리적 공동체, 경험의 공동체, 헌신의 공동체, 표준화의 공동체 등 이러한 공동체를 열거한다면 끝도 없다. 그리고 처해 있는 맥락에 따라 각 공동체의 유형은 무한정으로 늘어날 것이다. 따라서 유형별로 공동체를 분류하는 방식보다는 이 장에서 소개된 소속감의 기제들(modes of belonging)로 공동체들의 형성 과정을 이해해 보는 것도 의미 있을 것이다.

관여행위, 상상, 조정행위는 각기 다른 기제들이지만 서로 아무런 관계도 없는 배타적인 상태로 존재하는 것은 아니다. 관여행위, 상상, 조정행위는 서로 다양한 방식으로 조합되어 여러 형태의 공동체들을 창출해 내기 때문에 특정 공동체의 구성과정을 이해하고자 한다면 관여행위, 상상, 조정행위를 별개로 바라보아서는 안 된다. 즉, 특정 공동체를 이해하고자 할 때는 그 공동체에 호혜적 관여의 가능성은 무엇인지, 상상을 촉발한 요인들은 무엇인지, 그리고 조정행위는 어떻게 재생산되는지를 동시에 이해해야 한다. 결국 공동체를 이해하는 데 중요한 관건은 공동체를 유형별로 분류해 내는 체계 혹은 방식이 아니라 공동체 형성의 기제, 즉 공동체가 어떻게 형성되고 정체성에 어떻게 영향을 미치는지에 관해 이해하는 데 있다고 본다.

예컨대, 관여행위, 상상, 조정행위 중 한 방식이 우세하게 되면 그에 따라 공동체의 성격도 달라진다. 가령, 위기에 처한 국가의 국민들이 특수한 개인적인 이해나 차이를 유보하고 국가를 위해 목숨을 바치게 되는 것은 국가라는 공동체에 대한 소속감이 상상에서 조정행위로 그 초점이 옮겨지게 됨을 의미한다.

또한 한 방식은 다른 방식에 영향을 미치기도 한다. 실직자가 되었을 때, 자식이 동성애자임을 알게 되었을 때, 직장에서 승진하게 되었을 때, 엄청난 금액의 복권에 당첨되었을 때, 이러한 모든 상황은 조정행위로 형성된 공동체 내에서 자아상을 수정할 수 있는 계기를 제공한다. 정치 지도자들은 흔히 자연공동체의 존재를 주장하여 조정행위를 정당화하려 하는데 그 과정에서 상상행위는 중요한 역할을 한다. 이를 잘 보여 주는 역사적 사건이 바로 19세기 민족주의의 출현이다. 당시 세계의 많은 국가 지도자들이 민족주의를 부르짖고 민족주의적 연대를 위한 투쟁에 전념했을 때, 그들이 자기 민족이 지닌 공통적 뿌리와 언어의 통일성에 호소하였던 사실만 보아도 상상이 얼마나 중요한 역할을 할 수 있는지 증명해 준다.[4]

비슷한 맥락에서 공동체 형성에서 의식(儀式)이 지닌 역할을 음미해 볼 필요가 있다. 의식은 지역적 차원의 실천과 정체성을 시공간을 초월하여 다른 시대와 장소의 실천과 정체성에도 연결시켜 주는 역할을 한다. 의식은 일종의 관여방식이라 할 수 있다. 예컨대, 의식은 상상을 통하여 유사한 일을 하고 있거나 해 왔던 사람들 사이에 이해를 증진시켜 주는 역할을 하고 조정행위를 유발하여 표준화된 활동, 이야깃거리, 스타일에 자기 자신이 동화될 수 있도록 하기 때문이다.[5]

4. Anderson(1983).

5 개인의 변화를 지원하는 단체들의 성공 사례는 공동체 형성의 과정 측면에서 이해할 수 있다. 예를 들면, 알코올중독 현상 치유를 위한 알코올중독자 모임(Alcoholics Anonymous: AA)의 효과는 학습, 실천, 정체성, 그리고 공동체에의 관여행위, 상상, 조정행위의 관점에서 분석해 볼 수 있다. 가령, 모임에 새로이 가입한 신참들은 알코올중독자로서 자신을 이해하기 위한 목적으로 고참들의 친절한 지도하에 자신의 생애 이야기를 들려 주는 규칙적 모임을 수주에 걸쳐 경험하게 된다. 이러한 과정의 목적은 자신을 실천공동체에 소개하기 위함뿐만 아니라 전체 공동체가 갖는 성격에 맞춰 나가는 상황으로 인식할 수 있도록 그들 상상의 기반을 조성

관여행위나 상상, 조정행위 사이의 관계 양상은 시간이 지나도 고정되지 않기 때문에 다양한 종류의 공동체를 이해하고 시간의 흐름에 따른 공동체의 변화를 분석·이해하는 데 매우 중요한 틀을 제공해 줄 것이다.

소속감에 수반되는 노력

이상에서 다룬 소속감 형성의 세 가지 기제들은 각기 상이한 효과를 갖고 있으므로 학습과 정체성을 위한 잠재력의 측면에서 하나의 방식이 다른 방식보다 더 우월하다고 말할 수는 없다. 실제로 사람들은 대부분 관여행위, 상상, 조정행위를 적절하게 조합하면서 학습하고 정체성을 형성해 간다. 이러한 과정에서 관여행위, 상상, 조정행위 중 어느 한 가지를 좀 더 강조하게 되면 사람들의 행위와 그 의미는 다른 성격을 갖게 된다. 따라서 관여행위, 상상, 조정행위를 구분해 보는 이유는 바로 각각에 요구되는 조건과 작업을 보다 잘 이해하고자 하는 데 있다. 특정 대학을 졸업한 자나 특정 국영방송을 시청하는 자는 자신들이 특정 공동체에 속하고 있다고 생각할 수 있지만, 그들에게 대학이나 국영방송에 기부금을 요구하려면 대개 상당한 수준의 조정 작업이 수반되어야 한다. 그리고 관여행위, 상상, 조정행위에 대한 요구는 서로 학습의 잠재력을 강화시켜 주기도 하지만 서로 갈등을 빚게 되는 상황을 만들어 낼 수 있다. 예를 들면, 자신의 시야를 넓히기 위해서 어떤 학회에 참석하게 되면 학회에 참석하는 시간 때문에 직장 팀원들의 업무에 차질을 빚게 할 수 있다. 이 장을 마무리하는 차원에서

하는 데 있다. 알코올중독자들이 보다 넓은 공동체에 속해 있다고 깨닫게 됨으로써 자신을 그 모임에 동화시키도록 하는 용기를 부여하고 그 모임의 엄격한 금욕 규칙을 자신에게 적용하도록 해 주는 기대감을 심어 주게 된다. 관여행위와 상상, 그리고 조정행위의 강력한 조합으로 공동체 멤버십이 생겨나게 되고 그들은 금주를 지속할 수 있게 된다. 케인(Cain, n.d.), 레이브와 웽거(Lave & Wenger, 1991)를 참고하라.

관여행위와 상상 및 조정행위의 차원에서 수반되어야 하는 노력에 어떤 것들이 있는지 정리해 보기로 한다.

관여행위

관여행위는 실천공동체를 형성하기 위해 가장 기본적으로 따라야 할 작업이다. 관여행위를 위해서는 먼저 의미 있는 활동과 상호 작용이 있어야 하며, 공유 가능한 지적 및 물적 자산이 갖추어져야 하고, 새로운 상황들에서 협상에 참여할 수 있는 능력이 요구된다. 관여행위가 가능하기 위해서는 호혜적 관계를 유지하는 것이 필수다. 관여행위에 수반되는 과정을 요약하면 다음과 같다.

① 계획에 대한 협력과 합의
② 공유활동에 대한 호혜적 관여
③ 경험 공유사의 축적
④ 현장 역량의 형성
⑤ 인간관계의 구축
⑥ 정체성 형성에 관계되는 상호 작용적인 궤적들의 이해
⑦ 경계 영역들의 관리
⑧ 다양한 수준의 관여를 허용하는 주변 영역들에 대한 개방

관여행위가 학습으로 이어지기 위해서는 실천에의 참여와 객체화에 실질적으로 접근 가능해야 한다. 관여행위가 다른 사람들에게 접근하고 상호작용할 능력을 갖추게 될 때 비로소 참여적 실천이 되는 것이다. 또한 관여행위가 실천에 필요한 구체적인 도구들, 예컨대 상징물, 장비, 언어, 문서 등의 사용에 접근 가능할 때 비로소 객체화가 이루어질 수 있다. 사실 관여행위가 학습과 정체성 형성에 이어질 수 있는 것도 바로 참여와 객체화의

이중작용 때문이다. 요컨대, 참여나 객체화 어느 하나에라도 접근이 불가능하게 되면 학습은 창출될 수 없다.

상상

상상은 외부자의 시각으로 자신의 관여행위를 성찰할 수 있는 능력을 요구한다. 상상은 불가능한 것들을 탐색하고 도전하고 창조하는 능력을 요구한다. 따라서 상상에는 어느 정도 즐기는 자세가 필요하다. 상상이 작용될 때는 다음과 같은 과정들이 수반된다.

① 타인들이 하는 일을 알고 타인들 속에서 자신의 경험을 인식함으로써 타인의 입장을 이해하게 된다.
② 현재 하고 있는 일들을 자신의 확장된 정체성에 연결시켜 자신의 궤적을 규정함으로써 스스로를 새로운 방식으로 조망하게 된다.
③ 더 광범위한 시공간 체계 속에서 자신의 관여행위가 어디에 속해 있는지 살펴봄으로써 현 상황이 처한 사회적 구조와 형태에 관해 인식하게 된다.
④ 실천과 관련된 이야기들, 설명들, 기술들을 공유하게 된다.
⑤ 방문, 대화, 관찰, 만남 등의 접촉과 여행을 통해 접근이 힘든 실천에 접근할 수 있는 기회를 갖게 된다.
⑥ 익숙하지 않은 지적 및 물적 자산과 행위들이 지닌 의미들에 관해 생각해 보게 된다.
⑦ 모델을 창출하고 패턴을 구체화하며 표상적인 지적 및 물적 자산을 산출해 낸다.
⑧ 역사적인 성과, 사건, 변화를 수집하게 되고, 그 결과 역사와 궤적을 새로운 측면에서 재해석하게 된다. 즉, 현재는 다양한 가능성들 중 하나이고 미래를 다양한 가능성들로 보는 데 역사를 활용하게 된다.

⑨ 시나리오를 창조해 봄으로써 자신이 현재 하는 일, 다른 가능한 세계, 다른 정체성을 탐색하게 된다.

자아나 계획, 실천, 공동체를 재구성하기 위해서 상상에는 새로운 참여 형태나 객체화가 동원될 필요가 있다. 그것은 이전과는 다르게 새로운 참여와 객체화의 적절한 조합의 조건이 새로운 학습을 창출할 수 있는 상황을 조성하기 때문이다.

상상을 활성화하기 위해 참여의 문을 활짝 개방할 필요가 있다. 익숙하지 않은 것들에 스스로를 노출시키고, 낯선 주위를 둘러보면서 새로운 정체성을 점검해 보며, 새로운 관계들을 탐색하기 위한 의지, 자유, 노력, 시간이 필요하다. 상상에는 기존의 책임에 너무 얽매이지 않고 앞으로 전진해 나갈 수 있는 능력과, 비참여를 하나의 모험으로 수용할 수 있으면서 잠시나마 판단을 늦출 수 있는 능력이 요구된다. 따라서 다른 행동방식이나 새로운 계획, 다른 공동체와의 접촉이나 여행 등은 상상을 독려하는 데 일조할 수 있다.

상상에는 자료, 즉 상징이나 도구 또는 언어가 필요하다. 객체화는 상상의 자료를 제공해 준다. 즉, 객체화는 국지적인 관여활동을 통해서는 인식할 수 없는 시간과 공간상의 패턴들을 볼 수 있도록 해 주는 자료로서 도구, 예컨대 지도, 시각물, 이야기, 시뮬레이션 등을 제공한다. 그리고 객체화는 자신의 위상을 알려 주는 언어를 제공하기도 한다.

- 상상은 직접적으로 관여할 수 없는 역사 및 경계들 사이에 연결을 구축하고자 객체화를 활용한다. 따라서 객체화는 시간과 공간을 초월하는 그 자체의 능력으로 상상에 도움이 되고, 조화를 이루지 못하는 참여 형식들에 대한 해석, 즉 상상을 촉발하게 된다.
- 상상은 형식을 다룬다. 상상은 형식들에 대해서 탐색하고, 형식들을 재배치하고, 적절한 형식들의 조합을 제시한다. 이런 측면에서 객체화

는 상황들을 잠시 뒤로 물러서서 조망할 기회를 제공해 준다. 객체화는 관여에 관계없이 여러 가지 생각을 할 수 있게 해 준다. 즉, 객체화 덕분에 우리는 세계를 재배치하고 고정관념에서 벗어날 수 있다.

요컨대, 객체화가 제대로 이루어지지 않는다면 활용할 수 있는 자료가 충분하지 못하고 시간과 공간의 제약으로부터 자유로운 자료가 충분하지 못하다는 의미가 될 수 있다. 그런 경우 상상이 발휘되기는 어려울 수밖에 없다.

조정행위

조정행위는 공동 목표에 전력투구하기 위해 다양한 관점과 행위들을 조정하는 능력을 요구한다. 즉, 우리는 현장의 노력들을 거시체계의 스타일과 이야깃거리에 맞도록 조율할 필요가 있다. 그 대상이 과학이든, 예술운동이든, 사회운동이든, 조직 현장이든 간에 조정행위에는 그와 관련된 목적, 요구, 방법, 기준을 서로 소통시킬 수 있는 능력이 요구된다. 조정행위가 작용하는 과정은 다음과 같다.

① 원하는 방향으로 노력하고 그러한 노력을 조율한다.
② 다양한 관점들을 협상하고 그 공통 기반을 찾아낸다.
③ 파워와 권위를 이용하여 자신의 견해를 관철시키도록 한다.
④ 확신, 용기, 통합을 강조한다.
⑤ 다양한 정체성의 이야기를 접하여 넓은 시각과 포부를 갖도록 한다.
⑥ 전이 가능한 일의 절차, 측정, 구조를 고안하고 구축하도록 한다.
⑦ 경계들을 넘나들고 경계의 다양한 실천들을 창출하고, 나아가서 서로 다른 관점들을 조화시키도록 한다.

조정행위는 상이한 관점들과 행위들 간의 조율을 의미한다. 그리고 여기에도 특정한 형식의 참여와 객체화가 필요하다. 예컨대, 우선 경계의 실천들에 대한 참여를 촉구해야 하며 더 나아가서 경계들을 넘나들 수 있는 자격, 예컨대 복수 멤버십을 지닌 사람들을 끌어들이지 않으면 안 된다. 참여가 충분히 이루어지지 못하면 별 의미가 없는 절차만을 유지하는 선에 그칠 뿐이다. 조정행위에만 신경 쓰는 참여는 진정한 의미 형성보다는 단순히 순응전략만을 키울 뿐이다. 그런 상황에서는 공통적 조건이나 공유된 지적 및 물적 자산들이 연대 효과는 물론 단절 효과를 초래할 수도 있다.

객체화의 차원에서 조정행위는 실제로 공유할 수 있는 지적 및 물적 자산들, 즉 활동 간의 조율 기준을 창출할 수 있는 경계적 대상들을 필요로 한다. 또한 조정행위는 계획을 객체화하도록 돕고 어떤 국지적 행위들이 적절한 것인가를 판단할 수 있는 보다 광범위한 이야깃거리를 창안해 내고 채택할 필요가 있다. 객체화가 충분히 이루어지지 않을 경우 자칫 시간과 공간을 아우를 수 있는 조율활동이 당파적인 일부 참여자들에 의해 좌지우지될 수 있다. 나아가서 객체화가 충분치 못한 상태에서 조율활동은 매우 혼란스럽고 모호해지며 최악의 경우 조정행위를 불가능하게 할 수도 있다.

관여행위, 상상, 조정행위는 각각 강점과 약점이 다르지만 서로 보완이 가능한 특징을 갖고 있기도 하다. 따라서 관여행위, 상상, 조정행위가 적절하게 조합될 때 각각은 최선의 결과를 얻을 수 있다.

제2부 결론에서는 관여행위, 상상, 조정행위의 적절한 조합에 의한 실천공동체의 학습공동체로의 전화(轉化) 가능성에 대하여 논의할 것이다. 그 전에 관여행위, 상상, 조정행위가 정체성의 구성 요소가 되는 메커니즘에 대하여 면밀하게 살펴보고자 한다.

제9장
동일시와 협상력

정체성을 형성하는 참여와 비참여의 조합수준은 당사자가 종사하는 공동체와 관계가 있지만 공동체에 의미를 부여하는 그의 해석 능력과도 관계가 있다. 예를 들면, 자신들을 커플이라고 생각하는 남자와 여자가 있다고 하자. 친구들과 친지들도 그들을 커플로서 인정하고 동일시한다. 그렇다면 그들이 커플이라는 사실에는 의문의 여지가 없다. 그러나 함께 생활하는 방식으로서의 커플의 의미와 누가 그들을 커플로 인정할 것인지에 대해서는 논란의 여지가 있을 수 있다. 커플이냐 아니냐의 논쟁은 그들 스스로 자신들을 동일시하거나 주변 사람들이 그렇게 인정해 주는 것만으로는 종식될 수 없다. 커플로서 함께한다는 의미와 함께 살아가는 방식을 두고서 논란이 있을 수 있으며, 이러한 측면들을 고려해야만 커플이라는 정체성이 어떻게 형성되는지 보다 잘 이해할 수 있다. 일반적으로 정체성은 사람들이 자신들의 삶을 어떻게 해석하고 어떤 의미를 부여하느냐에서, 그리고 이러한 노력을 둘러싸고 주변과 벌이는 끊임없는 협상이라는 긴장 속에서 그 모습이 드러나게 된다. 이런 점에서 정체성의 형성 과정은 동일시와 협상력이 서로 상호 작용하면서 이루어지는 이중 과정이라고 볼 수 있다.

① 동일시는 연관성과 차별성의 관계 속에서 자아의 시간, 노력, 열의의 투입으로 정체성을 구축하는 데 다양한 경험과 재료를 제공해 준다.
② 협상력은 자아의 시간, 노력, 열의가 투입되는 의미들에 대한 통제권을 갖는 정도를 결정해 준다.

이 장에서는 정체성의 두 가지 구성 요소들의 상호 작용에 대하여 논의하고자 한다. 먼저 제2부에서 논의된 주요 개념들을 요약하여 제시하면 [그림 9-1]과 같이 나타낼 수 있다. '사회생태계로서의 정체성'이라 명명한 이 그림은 제9장에서 전개될 내용의 전체적인 구도를 보여 주고 있다. 그림의 해석방식을 간략하게 설명하면 다음과 같다.

- 가장 윗줄은 정체성이 동일시와 협상력으로 구성된다는 것을 보여 준다.
- 그 다음 동일시와 협상력은 각각 참여와 비참여를 형성하고 그 결과 네 가지 조합이 가능하게 된다.
- 다음으로 앞 장에서 언급된 소속감 형성에 관한 세 가지 기제와 관련하여 네 가지 조합의 가능성을 예증하기 위한 사례들을 제시했다. 여기서 세 가지 기제는 각기 동일시와 협상력의 원천이 된다.
  ① 관여행위: 세계에 대한 직접적 경험, 타인과의 관여방식, 타인 및 세계와의 관계가 현재 자신을 반영하는 방식 등을 통해서 동일시와 협상력의 원천이 된다.
  ② 상상: 다양한 맥락 속에서 자신을 파악하게 하는 개인적이고 집단적인 세계 이미지를 통해서 동일시와 협상력의 원천이 된다.
  ③ 조정행위: 자신과 타인의 시간, 노력, 열의를 이끌어 내는 힘을 통해서 동일시와 협상력의 원천이 된다.
- 그리고는 동일시와 협상력의 과정이 어떤 모습으로 결정되는지 보여 주는 구조적 관계들을 제시했다. 동일시는 멤버십의 형태로, 협상력은

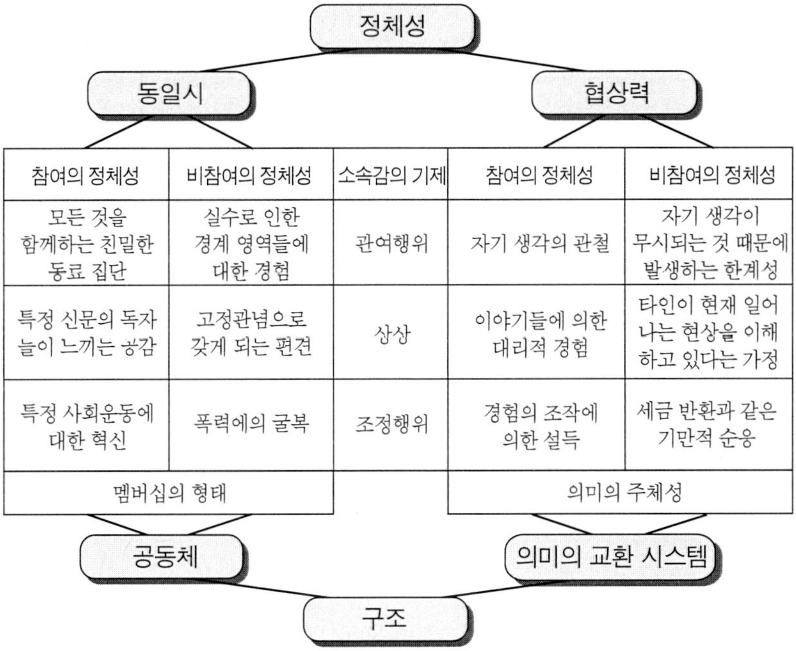

[그림 9-1] 사회생태계로서의 정체성

'의미의 주체성(ownership of meaning)'의 형태로 나타난다.

• 가장 아랫부분은 동일시와 협상력에 부합하는 사회구조의 유형을 보여 준다.

정체성 형성에 동일시와 협상력이 상호 작용적으로 영향을 미친다고 볼 때 파워의 문제가 언급되지 않을 수 없다. 그러나 여기서 힘을 갈등이나 지배라는 전통적 시각으로만 바라보아서는 안 된다. 힘은 경쟁적 이해관계의 추구보다는 추진하고자 하는 계획에 따라 행동으로 옮길 수 있는 능력으로 바라보아야 한다. 따라서 이 장에서는 힘을 전통적 권력이론의 초점인 정치제도나 경제체제가 아닌 공동체의 의미 협상과 정체성 형성이라는 관점에서 논급하고자 한다. 물론 공동체, 의미, 정체성 차원에서 힘 문제를 논의한다고 해서 보다 거시적인 차원의 정치적 및 경제적 힘 문제의 중요성을 부정하는 것은 아니다. 실제로 보험처리 담당 직원들이 느끼는 소외는 그들 회사에 상존하는 힘 집중 현상의 영향을 받는 정치경제 체제와 밀접한 연관이 있다는 점을 인정해야 한다.[1] 다만, 그런 정치경제 체제가 직원들이 형성하게 되는 공동체와 정체성을 매개로 하여 직원들의 삶에 영향을 미친다는 사실이 중요하다. 정체성 개념을 사회적 측면에서 보고자 할 때 힘에 관해 생각할 수밖에 없으며, 반대로 힘에 관한 논의는 공동체, 의미 협상, 정체성을 고려해야 한다는 점에서 사회적 삶에서 빼놓을 수 없는 중요한 측면으로 다루지 않으면 안 된다. 따라서 여기서 이야기하려고 하는 힘에 관한 문제들은 사회적 삶에 내재되어 있으며, 혹여 이상적인 정치경제 체제를 고안해 내더라도 여전히 힘의 문제가 사라지지 않을 것이라는 점을 명심해야 한다.

동일시

동일시(identification)란 관여행위, 상상, 조정행위를 통해 특정 공동체와 유대감을 형성하고 그 안에서 자신의 정체성을 구축하게 되는 과정을 가리킨다.[2] 일반적으로 국적은 동일시가 무엇인지를 잘 보여 주는 사례가 될 수 있다. 예컨대, 특정 지역의 거주 집단이 하나의 국민으로 객체화되면 그 지역에서 사는 사람들은 서로를 같은 국민으로 동일시한다. 즉, 그 지역의 사

1 파워 집중과 정치경제 체제의 관계에 대한 분석은 '보험업의 성장'(Starr, 1982), '자동화와 기능 저하'(Braverman, 1971; Barely, 1988; Attewell, 1987), '핑크칼라 노동력'(Kanter, 1977; Valli, 1985), '훈육기술로서의 파워'(Foucault, 1975; Zuboff, 1984)를 참고하라.

2 여기서 동일시는 단순한 내면화(internalization)를 의미하는 것이 아니라는 점을 기억해야 한다(Vygotsky, 1934; Parsons, 1962). 동일시가 세계를 있는 그대로 받아들이고 그러한 세계를 자아의 일부로 여기게 된다는 의미를 함축하고 있을지라도, 자기 자신과 세계의 관계가 완전한 내면화 혹은 단순한 외면화(externalization)의 상태로 되는 것을 의미하지 않는다. 오히려 자신과 세계의 관계를 사회적 맥락 속에서 정체성이 지속적으로 구성되어 가는 과정으로 보고 그러한 가운데 동일시가 일어난다고 보아야 한다.

람들은 국민임을 입증하는 동일시에 해당하는 서류인 국적 관련 서류를 획득하고 그 결과 국가에 대한 충성심과 연대감을 갖는 등 국적에 대한 동일시가 이루어진다는 것이다. 이런 측면에서 본다면 동일시는 다음과 같은 특징들을 갖고 있다고 할 수 있다.

- 동일시에는 참여적 속성과 객체화적 속성 둘 다 있다. 동일시는 자신을 특정 대상(사물이나 사람)과 동일한 것으로 보거나(identifying as) 자신이 특정한 대상에 동화되는 것으로 보는(being identified as) 객체화의 과정이다. 반면에 동일시는 자신을 특정 대상(사물이나 사람)과 동화시켜 나가는(identifying with) 참여의 과정이다. 즉, 동일시는 자아를 구성하는 연대적 경험을 스스로 구축해 나가는 과정이다.
- 동일시는 스스로 혹은 상대방이 행하게 되는 어떤 것을 말한다. 사람들은 스스로 특정 공동체와 동일시하기도 하지만, 거꾸로 타인에 의해 자신이 특정 공동체의 구성원으로 동일시되기도 한다. 즉, 자신이 어떤 부류임을 말하는 명칭, 가령 성인이라든지 내성적인 사람, 오페라 애호가 등의 명칭을 스스로 부여하거나, 반대로 타인이 자신을 좋은 학생 혹은 나쁜 학생, 멋진 교사 혹은 싫은 교사, 인기 있는 학생 혹은 별 볼일 없는 학생 등으로 분류하기도 한다. 이렇게 본다면 동일시는 다분히 관계적이고 경험적이며 주관적이고 집단적인 과정이라 할 수 있다.
- 동일시는 자신에 해당되는 것과 자신에게 해당되지 않은 것 간의 관계를 다루기 때문에 긍정적인 동시에 부정적인 성격을 갖고 있다. 예컨대, 사람들은 동일시를 통해 통해 자신이 관계하는 것과 그렇지 않은 것을 구분하고, 이에 따라 참여의 정체성과 비참여의 정체성을 동시에 형성한다. 즉, 사람들은 특정 공동체에 속할 수도 있고 특정 공동체로부터 배제될 수도 있는데, 이 두 가지 상황 모두는 동일시의 문제와 관련되어 있다. 어떤 사람은 자신이 수학자라는 사실에 대해서 자부심을

가질 수 있지만, 한편으로 단지 멍청이가 아니라는 사실에 대해서도 자부심을 가질 수 있다. 어떤 사람은 자신이 약물중독자라는 사실에 대해서 수치심을 가질 수 있지만, 한편으로 자신이 수학을 이해하지 못한다는 사실에 대해서 수치심을 가질 수도 있다.

동일시의 개념은 일반적으로 심리학에서 특정 부류의 사람들 사이의 관계를 지칭하는 데 사용되고 있다. 여기서도 동일시 개념의 용법은 크게 다르지 않다고 할 수 있지만, 앞서 소개한 관여행위, 상상, 조정행위와 관련지어 보다 넓은 의미에서 다룰 것이다. 이런 맥락에서 동일시는 정체성에 대해서 공동체들과 멤버십의 형식들이 어떻게 작용하는가를 보여 주는 특징을 지닌다 할 수 있다.

우리가 우리 자신으로 동일시하는 것에는 사람들 간의 관계만이 아니라 참여자들과 참여자들의 사회적 존재를 구성하는 요소들, 예컨대 다른 참여자, 제도, 범주, 계획, 행위, 지적 및 물적 자산 등과의 관계까지도 포함되어 있다. 이러한 동일시 행위는 개인적인 주관적 경험에 그치지 않고 사회적으로 구조화되기도 한다. 동일시 행위는 정적이기도 하지만 역동적이며 발생적인 과정이기도 하다. 동일시 행위에는 자아의 노력이 투입되므로 이러한 노력이 공동체 차원으로 전가될 때 사회적 에너지를 발생시키는 역할을 한다.[3] 이와 같은 동일시의 개념을 다양한 측면에서 탐색해 보기 위해 관여행위, 상상, 조정행위의 맥락에 비추어 생각해 보고자 한다.

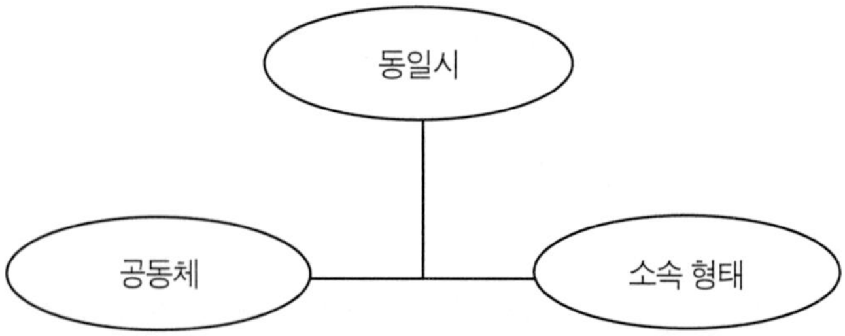

[그림 9-2] 동일시의 도식

관여행위에 의한 동일시

앞서 관여행위를 동일시의 원천이 되는 다양한 과정들과 연관 지어 설명했지만, 여기서는 몇 가지 중요한 사항에 대해서 좀 더 깊이 있게 논의하고자 한다. 정체성의 형성이라는 측면에서 보면 관여행위는 상당히 이중적이다. 왜냐하면, 일에 관여하는 동안 그의 신경은 온통 자신의 일에 대해서뿐만 아니라 타인과의 관계로도 향해 있기 때문이다. 다시 말해, 실천공동체가 구축되어 감에 따라 그 공동체에 속한 사람들은 타인들 및 세계와 관계를 형성해 나가며 종국에는 자신이 누구인지에 대해 생생한 의미를 획득하게 된다.

실천에 관여함으로써 사람들은 세계에 대한 자신의 영향력을 직접 목격하고 자신이 선호하는 것에 대해서 세계가 어떻게 반응하는지를 알게 된다. 또한 실천에 관여함으로써 타인들과 함께하는 능력, 즉 실천과 관련된 활동들에 참여하는 방법과 무엇을 할 수 있고 그렇지 못한지를 탐색할 수 있게 된다. 이러한 모든 것들은 실천 속에서 이루어짐을 명심해야 한다. 즉, 다양한 활동과 사회적 상호 작용에 참여하는 가운데 자신의 계획과 역량이 바로 정체성을 형성한다는 것이다.

관여의 맥락에서 동일시는 실천 속에서 발생하기 때문에 역량의 개발,

3 연대(Durkheim, 1893)와 헌신(Farley, 1986)과 같은 관계적 개념과 동일시 개념을 비교해 보는 것은 의미가 있다. 연대는 개인들의 모임이라 할 수 있는 집단이 기능할 수 있는 필수 조건이다. 연대는 도덕적 선택이 수반된 응집력의 원천이 된다. 또한 공동체 참여에서 개인들의 헌신은 도덕적 명령이다. 따라서 연대와 헌신은 둘 다 공동체의 결집을 낳을 수 있는 사회적 삶의 필요 조건이라 할 수 있다. 연대와 헌신은 특정 공동체의 성장과 성공의 핵심이며, 특정 공동체 내의 조화로운 관계 증진에 기여할 수 있다. 반면에 동일시는 참여자들과 사회집단들이 상호적으로 구성되는 과정에서 연대와 헌신을 가능하게 하는 보다 근본적인 과정이라 할 수 있다. 여기서는 동일시를 공동체 내 개인들에게 도덕성을 요구하는 집단적 조건으로 보아서는 안 된다. 동일시는 사람들의 자아를 구성하는 데 기여하는 것이지 사회체제 결집의 열망에 의해 해야 할 일과 그렇지 않은 일을 결정해 주는 그런 것이 아니다. 즉, 동일시는 사람들이 존재하는 데 본질적인 요소라고 할 수 있다.

궤적에 대한 협상, 경계의 조화는 당사자들이 의식하지 않는 가운데 일어난다. 따라서 관여를 통한 동일시는 사회적 관계들이 구체화되지 않은 상태에서도 일어날 수 있다. 이런 경우 대개 사람들은 자신들의 관여행위가 자신의 정체성 형성에 영향을 미치고 있다는 것을 의식하지 못하기도 한다. 의도적으로 정체성 형성에 노력을 경주하지 않더라도 이미 실천에 관여한다는 것 자체가 정체성 형성을 의미하는 것이기 때문에 대개 정체성의 형성 과정은 그저 있는 그대로 자연스럽게 일어난다.

그러나 여기서 주의할 점이 있다. 관여행위는 사람들을 혼란스럽게 만들고, 오히려 관여행위 자체가 창조하는 정체성의 투명성을 파괴할 수 있다. 예컨대, 기대하지 않았던 성공으로 인하여 힘을 얻게 된 사람이 있다고 하자. 이런 경우 그가 소리를 지르고 힘을 행사할 때 당하는 상대들은 자신이 무기력하다고 느끼게 된다. 이러한 상황에서는 흔히 정체성 형성 과정이 공정한지에 대하여 불신이 생기게 되고 위기 상황까지 이어질 수 있다. 물론 이러한 상황은 제6장에서 본 것처럼 다양한 참여가 허용되고 보장됨으로써 극복될 수 있다.

실천 속에서 정체성은 친숙한 것과 그렇지 않은 것들을 경험하는 가운데 형성되기 마련이다. 사람들은 때때로 자신이 어떤 활동에 전적으로 관여하지 못하게 될 때나 대화에 참여하지 못하게 될 경우, 또 시급한 과제를 처리하지 못할 경우나 암묵적인 기대나 눈치를 알아차리지 못할 경우에 흔히 자신이 주변에 맴돌고 있다는 느낌을 갖게 된다. 그러한 주변적인 느낌은 당황스럽게 갑자기 닥쳐올 수 있는데, 그런 상황에서는 우리 자신의 정체성에 대한 느낌조차도 용납하기 힘들다.

관여에 의한 동일시 과정에서 핵심적인 것은 바로 실천공동체의 특징이라고 할 수 있는 호혜성에 대한 직접적인 경험이다. 상대방을 참여자로 인정해 줌으로써 사람들은 스스로 자신의 사회적 자아에 생기를 불어넣을 수 있게 된다. 사람들 사이에서 일어나는 직접적인 상호 작용은 그들의 정체성 형성에 영향을 미치고 여기서 동일시는 쌍방향으로 일어나게 된다. 서로 주고받는 식의 이러한 과정이 보여 주는 호혜성으로 인해 실천공동체는 중요한 사회적 에너지의 원천이 될 수 있다. 그러나 그런 호혜성에 대한 경험과 집착이 오히려 사람들로 하여금 옴짝달싹 못하게 하는 원인이 될 수 있다. 역으로 호혜성이 지나치게 없다면 소외의 관계들을 양산하는 꼴이 되기 쉽다.

상상에 의한 동일시

보험처리 담당 직원이 동일시할 수 있는 영역에는 실천에의 참여뿐만 아니라 동일 직업군까지도 포괄할 수 있다. 특히, 특정 시간 및 공간과 연관된 범주, 가령 보험처리 담당직을 넓혀서 보다 광범위한 범주나 대규모 집단과 동일시하기 위해서는 상상이 필요하다. 상상을 통해 그러한 범주가 적용될 수 있는 영역을 넓혀 보기도 하고 호혜적 관계에 대해 다시 한번 생각해 보거나 그런 관계가 있다는 사실 자체에 대해 그 소중함을 깨닫고 자신이 어디에 있는지 뒤돌아보는 계기를 가질 수 있다.

따라서 상상은 관여의 수준을 뛰어넘어 동일시할 수 있는 영역의 폭과 깊이를 확장시키거나 심화시켜 볼 수 있는 중요한 원천이다. 실제로 동일시는 사람들이 구축하는 세계상과 자아상의 종류에 따라 달라진다. 그리고 동일시는 역사와 사회의 인과관계에 관해 상상할 수 있는 능력에 영향을 받을 수밖에 없다. 상상에 의해 도출된 새로운 인과관계를 통해 동일시할 수 있는 대상과 영역을 시공간을 초월하여 확장시켜 볼 수 있고, 그 결과 정체성은 새로운 모습을 갖게 될 수 있다.

탈산업사회는 현기증을 일으키게 할 정도로 상상의 자원을 광적으로 분출시키고 있다. 이 때문에 동일시할 수 있는 잠재적인 대상들이 주변에 널려 있고 그로 인하여 헤아릴 수 없을 정도의 다양한 공동체와 정체성이 등장할 가능성이 크다.

- 소비자 시장이 확대되면서 소비자들은 자신들이 선호하는 스타일, 패션, 브랜드, 음식 등에 의해 관련 제품이나 기호 공동체와 동일시하는 다양한 습성들이 나타났다.
- 연예 및 뉴스 산업이 성장함으로써 상상의 촉진제가 되는 이미지와 정보가 널리 전파되고 있다. 좀 더 일반적으로 말하면, 커뮤니케이션 테크놀로지의 발전이 동일시에 대한 시간과 공간의 제약 조건을 변화시킨 것이다.[4] 범세계적인 컴퓨터 네트워크에 의해 이전에 불가능했던 정보에의 접근성이 확보되었을 뿐만 아니라 특정 관심사를 공유하는 사람들이 서로 접속할 수 있게 되었다. 그리고 나아가 그러한 연결과정에서 전 세계의 사람들과 동일시할 수 있는 관계가 가능해졌다. 즉, 커뮤니케이션 테크놀로지에 의한 연결망 구축과 동시에 보다 확장된 상상의 가능 영역으로 인하여 사람들의 정체성은 다양해지고 있다.[5]
- 사회과학의 발전은 다양한 제도적 담론을 배태시켰으며, 그러한 담론은 인종, 성, 계급, 연령과 같은 분석 대상으로서의 사회적 범주를 보다 정교화시키는 데 공헌했다. 그러한 사회적 범주들이 바로 동일시의 자원이 되는 것이다.[6]

상상은 연결과 분리의 작업으로 사람들을 묶어 주고 구분하면서 정체성을 형성시키는 데 기여한다. 그랜드캐니언에서 우연히 만난 두 명의 파리 사람들은 그런 이국의 자연 속에서 서로 같은 도시에 거주하고 같은 언어를 사용하며 같은 거리를 걸어다닌다는 것에 대해 유대감을 느끼면서 생기

4 지리학자 데이빗 하비(David Harvey, 1989)는 새로운 사회관계와 문화 세력의 발전을 가능하게 한 시간과 공간의 통합과정으로 근대성(modernity)을 주장한 바 있다.

5 온라인 공동체들은 사업을 구상할 수 있는 다양한 기회를 제공해 주고(Armstrong & Hagel, 1996), 일반인들이 서로 연결될 수 있는 장을 마련해 주고 있다(Rheingold, 1993).

6 기든스(Giddens, 1990, 1995)는 사회과학 학문들이 근대성에 대한 성찰(reflexivity)과 밀접한 관련이 있다고 주장한다. 즉, 사회과학의 업적은 그 연구의 대상이 되는 주체들에 의존할 수밖에 없기 때문에 자연과학과는 그 성격이 다르다고 본다.

넘치는 대화에 빠져 들 수 있다. 어쩌면 장엄한 자연과의 만남으로 인해 공감하게 된 인생의 무상함이 오히려 그들이 원래 살던 도시와 동일시하고 서로 간에 친근감을 느끼게 해 준 것일지도 모른다. 물론 그들이 파리로 돌아가게 되면 서로 관계가 없는 남남으로 살아갈 것이다. 어느 날 우연히 교통, 매연, 날씨를 불평하면서 차를 몰다가 서로의 운전 과실에 대해 욕설을 퍼부으며 지나치지는 않을지.

상상은 연대감을 갖게 하여 참여의 정체성을 낳을 수 있지만, 차별성을 인식하여 비참여의 정체성을 낳게 할 수도 있다. 즉, 사람들은 공통점과 함께 차이점에 관해서도 상상한다. 부모들은 대개 자녀들에게 그들과 '다른' 이웃과 친하게 지내지 말라고 가르친다. 군대의 지휘관들은 부하들이 적성국가를 야만적 존재로 인식하도록 정신교육을 시킨다. 예술가와 사업가, 청년과 노인, 부랑자와 경찰관들은 서로 상대에 대하여 자기와는 너무도 다르다고 상상한다. 물론 서로 차이점도 많지만 그렇지 않을 수도 있다. 대개 그런 습성은 서로에 대하여 부적절하고 잘못된 고정관념을 적용하기 때문에 생겨난다. 하지만 차별화를 부정적으로만 생각할 필요는 없다. 더 중요한 것은 그런 차별화에 관한 상상이 오히려 자신의 자아를 형성하도록 한다는 데 있다. 차이를 인식함으로써 자신이 누구인지 보다 분명히 해 나갈 수 있기 때문이다.

동일시가 즉각적으로 실행될 때도 상상의 개입은 여전히 지속될 수 있다. 상상이 관여행위보다 덜 실재적인 것은 아니다. 상상은 자아가 반영되는 세계상을 구축하고 그런 세계상 속에서 자신의 위치를 파악하기 때문에 동일시에 매우 중요한 역할을 한다. 그리고 실천에의 참여에도 크게 영향을 미친다. 실천이 세계상의 구축을 위한 자원을 제공하지만, 세계상은 실천에의 참여를 이해하는 방법을 결정짓기 때문이다.

조정행위에 의한 동일시

조정행위는 대규모 집단의 정체성과 실천이 그 집단 참여자의 정체성을 형성하는 데 영향을 미친다. 그 집단 내의 개인적 혹은 집단적 파워는 사람들에게 의도적으로 자신의 정체성을 집단의 사람들과 연대하도록 조장한다. 따라서 그러한 조정행위를 통하여 사람들은 그 집단의 사람들과 자신을 동일시하게 된다. 예를 들면, 특정 전문가 집단에 의도적으로 헌신하는 구성원들이 그들 동료들과 동일시하는 것이 바로 그러한 경우다.

의도적인 헌신이나 맹목적 복종에 의한 '그저 따르는 행위' 로서의 조정행위는 자신의 파워를 확인하고 자신의 정체성을 규정해 주기 때문에 동일시의 방식이 된다. 예를 들면, 특정 팀의 야구경기에 관중들이 함께 응원하면서 그 팀이 승리하면 함께 환호하고 패배하면 함께 실망하는 모습은 바로 맹목적 복종에 의한 동일시다. 한편으로 특정 과업에 몰두하는 경우나 타협을 거부하는 경우 등은 맹목적 복종이 아닌 의도적 헌신에 의한 동일시다.

특정 제도, 운동, 사상에 관한 담론과 활동에 자신을 연계 일치시킴으로써 사람들은 자신의 정체성을 규정한다. 예컨대, 특정한 연구방법, 정치적 입장, 가족 전통에 따름으로써 조정행위에 의한 동일시, 즉 자신의 정체성을 규정하게 된다. 이러한 측면에서 조정행위에 의한 동일시는 사람들로 하여금 자신의 행위를 보다 넓은 맥락 속에 위치 지으므로 정체성을 보다 강화하는 효과를 가져다준다.

조정행위에는 파워가 개입되므로 헌신과 복종이 적절히 조합된 형태로 이루어지고, 그 결과 참여와 비참여가 미묘하게 뒤섞인 형태로 나타나게 된다. 이는 제7장에서 보험처리 담당 직원들이 자신의 직장에서 요구하는 근무 조건 속에서 겪게 되는 조정행위 경험 속에서 찾아볼 수 있다. 직원들은 자신의 지위가 갖는 한계와 위상에 만족하지 않지만, 그런 체제 속에 있을 수밖에 없다는 사실을 스스로 인정하고 있다. 따라서 직원들이 자신들의 작업 여건을 해석하는 방식이 상당히 복잡하고 모순적인 양상으로 나타난다. 예컨대, 직원들은 일자리를 유지하고 급여를 받기 때문에 고객들에게 봉사하고 고용주의 요구에 부응해야 한다는 점을 인정한다. 하지만 직원들은 불평이란 항상 있을 수 있다고 생각하고 다른 동료들에게 피해를 주지 않는 한 작은 규정 위반을 자체적으로 용인하고 있다. 직원들은 성실하고 근면한 행동이 중요하지만 즐겁게 일하는 것도 중요하다고 본다. 즉, 주어진 업무를 진지하게 수행해 나가지만 일, 학습, 직무와 회사에 대한 헌신에 자신의 노력을 얼마나 투입할 것인지는 스스로 조절하는 것이다.

이처럼 헌신과 복종을 적절히 조절하는 가운데 조정행위는 알게 모르게 직원들의 정체성의 일부가 되어 간다. 예를 들면, 보험처리 담당 직원들은 회사가 정해 놓은 생산성과 품질의 기준을 항상 기억하고 있다. 그러한 기준은 달성해야 할 대상이 아니라 직원 자신의 능력의 기준이 되기 때문이다. 즉, 회사가 정한 생산성과 품질 기준의 조건을 달성하지 못할 경우 해당 직원은 개인적으로 매우 심각한 어려움에 빠질 수 있기 때문이다.

권위와 순종의 순수한 관계로 나타나는 조정행위가 진실로 동일시의 방식이 될 수 있는지는 분명하지 않다. 그러나 그런 조정행위가 사람들의 행위를 결정하게 되면 필연적으로 그 사람들의 정체성에 영향을 미칠 수밖에 없다. 실제로 위협과 협박으로 이루어지는 조정행위는 관련되는 사람들의 정체성에 깊이 침투하는 일종의 파워관계를 담지하게 된다. 그럴 경우 억압과 학대의 희생자들은 그러한 상황에서 벗어나고자 분리를 시도함으로써 자신의 정체성에 대한 침해에 맞서게 된다.

협상력

동일시로 정체성에 관한 모든 것을 설명할 수는 없다. 동일시의 과정은 정체성 형성 과정에서 사람들에게 어떤 의미들이 중요한가를 밝혀 주기는 하지만 사람들이 그 의미들을 협상할 수 있는 능력을 갖게 해 주는 것은 아니다. 앞서 예로 든 커플의 경우, 많은 커플들이 자신이 어떻게 해 볼 도리가 없는 관계에 빠져들면서 서로를 커플로 동일시한다. 때로는 그 관계를 통제하려 해도 동일시가 가능하지 않는 경우도 있다. 즉, 동일시와 협상력이 동시에 가능할 수 있고 그렇지 않을 수도 있다. 동일시할 수 있다고 해서 협상력이 생겨나거나 협상력이 있다고 해서 동일시가 가능한 것은 아니라는 말이다.

협상력은 특정한 사회관계(social configuration)에서 중요시되는 의미들을 형성하고, 책임질 수 있으며 더 나아가서 기여할 수 있는 능력, 재주, 합법성을 말한다. 협상력은 변화된 여건하에서 적용 가능한 의미를 창출하고, 다른 사람들의 협력을 유도해 내며, 사건들을 이해하거나 자신의 멤버십을 주장할 수 있는 능력이다. 동일시가 공동체와 공동체 내 멤버십에 의해 규정되는 것처럼, 협상력도 이와 유사하게 사회제도와 사회제도 내의 위상에 의해서 규정된다. '의미의 교환 시스템(economies of meaning)' 차원에서 개인들 그리고 공동체들 사이에서 협상력은 '의미의 주체성(ownership of meaning)'과의 구조적 관계들에 의해서 형성된다. 앞서 제시된 동일시의 도식처럼, 협상력의 도식도 [그림 9-3]과 같이 제시될 수 있다.

협상력에 관한 논의에 앞서 '의미의 교환 시스템'과 '의미의 주체성'이라는 개념에 대해서 먼저 설명하고자 한다. 의미의 교환 시스템과 의미의 주

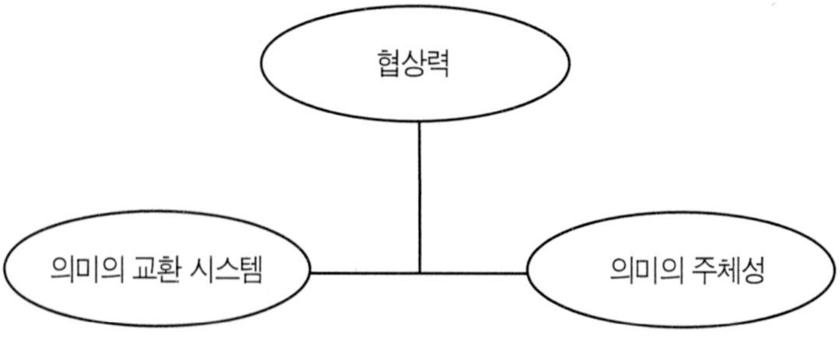

[그림 9-3] 협상력의 도식

체성의 개념을 설명하기 위하여 COB 서류 양식 사례를 참고하기로 한다.

의미의 교환 시스템

원래 COB 서류 양식은 실질적인 사용자인 보험처리 담당 직원들이 자신들의 업무를 위해서 만들어 낸 것이 아니다. COB 서류는 관련 전문가들이 설계했고, 보험처리 담당 직원들은 자신들의 실천활동에 적용할 뿐이다. 따라서 COB 서류 양식은 최소한 두 개의 실천공동체, 즉 전문가 집단과 보험처리 담당 직원 집단에 특정한 의미를 부여한다.

① 전문가들은 그들의 실천 맥락에서 COB 서류 양식에 의미를 부여한다.
② 보험처리 담당 직원들은 COB 서류 양식을 사용하는 과정 속에서 그들의 의미를 부여한다.

각 실천공동체에서 창출되는 의미들은 서로 다르다. 그리고 그 의미들은 각 공동체에서 서로 다른 위상을 갖게 된다. 불만을 가진 고객들은 직원들의 의미에는 전혀 관심이 없다. 직원들도 물론 그러한 사실을 알고 있다. 이 때문에 직원들은 자신들이 COB 서류 양식에 따라 용의주도하게 처리했다고 고객들에게 말할 수 없다는 점을 알고 있다. 예컨대, 직원들은 자신들이 어떤 항목들을 더했고 어떤 항목을 감했는지에 대해서 시시콜콜하게 말해 줄 수는 없다. 그런 처리 절차와 서류 양식이 다른 사람들에게는 다른 의미를 갖고 그런 다른 의미가 오히려 자신들의 의미보다 더 클 수 있다는 점을 잘 알고 있다. 이 점 때문에 직원들은 불만을 가진 고객들의 전화에 대응하는 데 당혹감을 갖게 된다. 사실 직원들은 자기들끼리 그 문제에 대해서 이야기하거나 연구자인 나와 이야기할 때는 당혹감을 느끼지 않았다. 왜냐하면, 직원들과 내가 구축해 온 관계가 그들로 하여금 내가 그들의 고유한 의미에 진정한 관심을 보이고 있다는 신뢰를 심어 주었기 때문이다.

그들 자신의 고유한 의미의 국지성이 외부인들에게는 관련이 없고 보다 광범위한 맥락 속에서도 통용될 수 없다고 가정하는 것은, 직원들이 그런 국지적인 의미를 다른 사람들의 이해가 부족한 것으로 판단하는 데 영향을 미치는 중요한 요인이 된다.

보험처리 담당 직원들이 COB 서류 양식에 부여하는 의미는 국지적일 뿐더러 그 의미도 서로 다른 장소에서는 서로 다른 의미를 갖게 되며, 그 서로 다른 의미들이 특정한 사건, 행위, 지적 및 물적 자산에 대해서 경쟁하게 되는 '의미의 교환 시스템'의 일부가 될 것이다. '의미의 교환 시스템' 개념은 모든 의미들이 동일한 가치를 지니지 않기 때문에 단순 비교할 수 없다고 전제한다. 따라서 의미의 교환 시스템 개념은 어떤 의미들이 특별한 지위를 획득하게 됨을 시사해 주고 있다.

COB 서류 양식에 의한 공식적인 보험처리 절차가 지닌 보편적인 기술적 의미가 직원들이 지닌 국지적 의미보다 더 현실적이라고 주장할 수 있을지도 모른다. 그러나 기술적 의미와 국지적 의미의 차이를 직원들이 청구 서류 양식을 제대로 이해하는가를 평가하는 데 적용해서는 안 된다. 사실 프롤로그의 요약에서 보여 준 것처럼, 직원들이 서류 양식을 전혀 이해하지 못하거나 완벽하게 이해하고 있다는 것은 그들이 주어진 상황을 어떻게 바라보는가에 달려 있다. 다르게 표현하면, 직원들이 서류 양식을 '이해하지 못하고 있다'고 보는 것은 직원들이 자신의 고유한 의미의 지위를 의미의 교환 시스템 차원에서 암묵적으로 고수하고 있기 때문이다.

따라서 직원들과 COB 서류 양식의 관계는 사람들과 (청구 서류와 같은) 지적 및 물적 자산 사이의 직접적 관계보다, 직원들이 창출하는 의미가 의미의 교환 시스템이라는 거시적인 맥락 속에서 규정되는 관점에서 이해되어야 한다. 직원과 COB 서류 양식의 관계를 포함한 다양한 사회관계들을 '의미의 교환 시스템' 차원에서 이해하는 이유는 '교환 시스템'이라는 개념이 매우 유용한 의미들을 내포하고 있기 때문이다.

① 가치 비교의 사회적 체제
② 가치 비교의 협상적 성격
③ '의미의 주체성'의 축적 가능성[7]
④ '의미의 주체성' 획득을 위한 지위 경쟁의 지속성
⑤ 협상 과정을 조절하는 규제체제

결국 의미의 교환 시스템을 공식적인 지위라는 관점으로 이해할 수 없다. 부모, 상사, 교사가 특정 지위와 권위를 지닐 수 있지만, 특정 상황의 의미를 해석하는 능력은 협상에 의존할 수밖에 없다. 그러므로 의미의 교환 시스템은 합법성과 파워의 관계, 즉 본질적으로 유연함을 지닌 관계를 반영하게 되고 그 관계는 의미의 협상을 통해서 형성된다.

의미의 주체성

직원들이 불만을 가진 고객들의 문의 전화에 소신 있게 대응하지 못하거나 보험처리를 위한 계산이 정확한지 스스로 확신할 수 없는 경우가 있다. 이는 COB 서류 양식에 부여된 의미에 대해 주체적이지 못하기 때문이며, 다시 의미의 교환 시스템이라는 측면에서 볼 때 그 의미가 국지적이기 때문에 그렇다. 직원들에게 COB 서류의 처리 절차에 부여된 의미는 그들이 속한 공동체의 상황을 반영할 수밖에 없기 때문에 국지적인 타당성만을 갖는다. 즉, 직원들이 COB 서류처리 절차에 대해서 가지는 의미의 주체성은 한정적일 수밖에 없다. 이는 직원들이 COB 서류처리 절차를 새롭게 창안해

7 많은 사회학자들이 경제학적 수사를 이용하여 사회적 현상이나 관계를 표현한다. 예를 들면, 부르디외는 특정 개인의 지위, 계급, 교육과 그런 요인들에 의해 결정되는 그 개인의 스타일과 행동이 지닌 파워를 설명하고자 '상징적 자본'이라는 수사를 사용한다(Bourdieu, 1972, 1979). 그러나 부르디외는 국지적 성격의 파워보다는 거시적 성격의 파워, 즉 사회 엘리트의 파워에만 관심을 두고 있다.

내어 활용하려 할 때 난관에 부딪히는 경우가 있다는 점을 보면 알 수 있다.

이러한 점에서 볼 때, 우리가 발휘할 수 있는 협상력의 수준은 의미의 주체성이라는 측면에 의해 영향을 받을 수밖에 없다. 왜냐하면, 의미의 주체성은 협상하고자 하는 의미를 이용하거나 변경하는 등의 통제 가능한 정도, 즉 보다 일반적으로 말하면 의미를 자신의 것이라고 주장할 수 있는 정도를 가리키기 때문이다. 여기서 '주체성(ownership)'이라는 용어를 사용한다고 해서 의미를 객관화하거나 상품화하고 독점적인 법적 권리를 가진 사람이 소유할 수 있는 대상으로 생각하는 것은 아니다. 다만, 주체성이라고 지칭한 까닭은 다음과 같은 뉘앙스를 나타내기 위함이다.

① 의미들은 다양한 수준의 통용성을 지닌다.
② 공동체의 참여자들은 각자 의미들을 통제할 수 있는 정도가 다르기 때문에 의미를 이용하고 수정할 수 있는 능력에서도 차이가 있다.
③ 의미 협상에는 주체성의 획득이 관계되므로 사회적 차원에서 의미는 본질적으로 논쟁적인 속성을 지니게 된다.

또한 의미의 주체성에는 항상 상대와 대립하거나 개인주의적인 이해 추구라는 측면이 내재해 있다는 식으로 파악할 필요는 없다. 오히려 의미의 주체성은 공유될 수 있고 그 수준 또한 달라질 수 있다. 의미는 사회적으로 협상되는 것이기 때문에 주체성을 공유하게 되면 의미 생산에의 참여를 확대할 수 있고, 그 결과 참여자의 주체성은 더욱 확대될 기회가 많아질 수 있다.[8] 의미의 교환 시스템은 상품의 교환 시스템과는 그 본성이 달라 반드

8 '의미의 주체성'의 공유와 '의미'의 공유를 구분해야 할 것이다. '의미의 공유'라는 말은 조심해서 사용해야 한다. 그 이유는 의미가 공유될 수 있는가라는 질문에 대한 답변이 가능한지 의문이고 실천에서 의미의 공유는 그다지 관심의 대상이 되지 못하기 때문이다. 사실 의미가 공유될 수 있는가 하는 질문 자체가 잘못된 것이다. 공유될 수 있는 것은 의미가 아니라 실천과 의미를 협상할 수 있는 능력인 의미의 주체성이다.

시 분열적이고 경쟁적인 것만은 아니다.[9]

주체성의 개념을 어떤 사건, 행위, 지적 및 물적 자산에 어떤 단일한 의미가 주어지는 것으로 해석해서는 안 된다. 의미의 교환 시스템이 의미의 협상에 다양한 관점들을 개입시키기 때문이다. 텍스트, 미소, 연장, 아이디어에 대해서 의미의 주체성을 주장한다는 것은 인정받을 만한 해석을 할 수 있다는 것을 전제한다. 그러나 그런 해석이 반드시 텍스트의 원저자, 미소를 짓는 자, 도구의 발명자, 아이디어의 주창자의 것일 필요는 없다. 그 해석은 합법적인 주장으로서 의미의 교환 시스템 내에서 통용성을 지녀야 하기 때문이다.[10]

직장에서 직원들이 자기가 완수해야 할 과업이나 사명에 대해 주체의식이 든다거나 그렇지 못하다는 식의 대화를 종종 목격할 수 있다. 이 경우에 주체성 개념은 어떤 의미들을 자신의 것으로 만든 경험과 그 의미들에 대해 다른 견해를 지닌 타인들과의 사회적 관계를 말한다. 나아가서 주체성이 의미의 통제와 관련이 있다는 점은 확실하지만, 주체성 대신에 통제라는 개념을 사용하는 것은 적절치 못한 것 같다. 오히려 통제 이상의 심오한 뜻이 내포되어 있는 의미의 주체성 개념이 보다 적절하다. 의미의 주체성 개념에 따라 의미 자체가 자신의 일부가 되고, 의미를 협상할 수 있는 능력이 자신의 일부가 된다는 뜻을 함축할 수 있기 때문이다.

의미의 주체성은 다양한 의미들의 가치들이 상호 관련적인 상태로 존재

9 의미의 경제는 상품의 경제와는 다르다. 상품의 경제는 본질적으로 경쟁적이고 분열적인 속성을 갖기 때문이다.

10 스탠리 피시(Stanley Fish, 1989)는 문학, 법 관련 서적을 해석할 수 있는 권위에 대해서 언급한 바 있다. 그는 그런 해석의 권위가 저자들의 권위에 동의함으로써 발생하는 것이 아니라 그 저자들의 공동체, 즉 해석적 공동체(interpretive community)의 실천에서 통용성을 지닐 수 있는가에 따라 주어진다고 말한다. 따라서 의미의 주체성은 특정한 해석에 권위를 부여하는 사회적 과정(a communal process)이 된다. 그리고 해석의 통용성은 관련 해석적 공동체들에 의해서 형성되는 의미의 교환 시스템이 새로운 주장을 내놓게 되면 달라질 수도 있다.

하는 의미의 교환 시스템 내에서 규정된다. 그러므로 누군가가 특정한 의미에 관한 주체성을 전용해 버리면 다른 사람들은 소외되게 된다. 그 예로 공공보건과 사회정의라는 개념을 특정 전문가 공동체가 전용하게 되면, 공공보건과 사회정의와 관련된 공적인 문제와 관련된 실천들에 대한 지적 및 물적 객체화 현상이 발생하게 된다. 그리고 그 전문가 공동체가 전유해 버린 기술적 담론들은 공공보건과 사회정의와 관련된 공적 문제들을 누가 다룰 수 있는지 그 주체성을 규정하는 조건이 되어 버린다. 이런 경우 비전문가의 이해는 별 가치가 없는 것으로 치부되고 만다.

의미의 교환 시스템 내에서 지위의 차이가 존재하기 때문에 주체성을 전용하게 되면 원래의 의미가 가려지고 해체되어 특정 사람들을 소외시키는 사태를 발생시킬 수 있다. 예를 들면, 국민을 대상으로 한 의견 조사에 대하여 정치가가 내린 해석이 국민의 의지가 되어 버리거나, 출판물의 권위를 선호하는 문화권에서 유력한 저서를 출간한 인류학자의 목소리가 원주민의 목소리를 대체하는 경우가 바로 그렇다.

의미의 교환 시스템 측면에서 보면, 외부 사람에 의한 의미 주체성의 전용이 도리어 원래 그 의미를 생산한 사람들을 소외시키는 현상을 잘 이해할 수 있다. 즉, 원래 의미를 생산한 사람들은 그들 고유의 의미들을 다시는 주장할 수 없게 되는데 의미의 교환 시스템에서 자신들의 고유한 의미들이 더 이상 통용성을 인정받을 수 없기 때문이다.

사람들이 의미의 교환 시스템에 속하게 되는 데에는 관여행위, 상상, 조정행위가 개입된다. 실천공동체에 내포된 의미의 교환 시스템은 주로 관여행위와 관련 있고, 특정 문화적 자산과 결부된 의미의 교환 시스템은 상상과 관련되며, 특정 기관의 담론에 함축된 의미의 교환 시스템은 주로 조정행위의 문제와 관련이 있다. 그러면 협상력의 개념을 관여행위, 상상, 조정행위의 차원에서 각각 논의해 보기로 하자.

관여행위에 의한 협상력

의미 협상에서 호혜적 관여는 의미의 생산과 의미의 수용 두 가지 과정으로 이루어진다. 공동으로 일을 추진할 때 그 두 가지 과정은 동시에 이루어진다. 즉, 새로운 의미 수용될 때에만 일에 도움이 된다. 달리 표현하면, 새로운 의미가 수용될 수 있을 때 그 공동체에 실효성을 갖게 된다. 의미의 수용은 의미의 생산에 필수불가결하다.[11]

그러나 의미의 생산과 수용은 긴밀하게 서로 엮여 있기 때문에 의미 협상 과정에서는 구분하기 어렵다. 브레인스토밍 과정을 보면 이러한 현상을 쉽게 이해할 수 있다. 브레인스토밍 과정에서는 의미를 생산하는 사람이 누구이고 수용하는 사람은 누구인지를 알아낼 필요가 없다. 실제로 의미의 생산과 수용을 구분하여 주체성의 문제를 밝히기 시작하면, 브레인스토밍에 관여하는 사람들의 공동 작업에 방해가 될 가능성이 높아진다. 훌륭한 브레인스토밍은 의미의 생산과 수용을 동시에 중요시할 때 가능해진다.

앞의 제3장에서 주장한 것처럼, 공동체에서 신참들이 의미들을 전유하게 되고 참여의 정체성을 형성할 수 있는 것은 바로 실천의 상호 작용 속성, 즉 의미의 생산과 수용이라는 상호 작용 때문이다. 예를 들면, 어떤 아이가 대화에 참여하고 언어를 습득하는 것은 의미의 생산과 수용이 상호 작용하기 때문에 가능하다. 여기서 생산이라는 말은 새롭게 무언가를 만들어 낸다는 것을 뜻하지 않는다. 왜냐하면, 아이가 사용하는 언어는 이미 존재하고 있기 때문이다. 수용이라는 말도 마찬가지다. 아이는 언어가 사용되는 실천에 이미 개입하고 있기 때문이다. 무슨 말인가 하면, 아이는 유의미한

11 조직이론가인 윌프레드 드레스와 찰스 팔러스(Wilfred Drath & Charles Palus, 1994)는 리더십이란 '특정 실천공동체에서 수용될 수 있는 의미를 생산해 내는 과정'으로 이해할 것을 주장하였다. 이러한 관점은 영향력이나 지배권이라는 전통적 리더십에 대비되는 참여적 리더십이라 할 수 있다. 즉, 드레스와 팔러스는 리더를 타인의 동기나 행동을 조종하고 통제하는 사람이 아니라 실천공동체에서 참여자들이 지닌 협상력의 잠재성을 강화시키는 사람이라고 본다.

언어를 생산하는 데 관여하고 그 과정에서 실천에 사용되는 언어의 의미를 탐색하면서 그 의미를 생산적으로 협상할 수 있는 능력을 만들어 간다는 것이다. 요컨대, 호혜적 관계의 기반 위에서 의미의 생산과 수용이 반복되면서 아이들은 언어를 습득할 수 있다.

호혜적 관여가 의미의 주체성을 공유할 수 있는 매개체로 작용할 수 있지만 협상력에 장애가 되는 매개체가 될 수 있고 그 결과 비참여적 경험을 낳을 수 있다. 즉, 호혜적 관여라는 상황에서 의미의 생산과 수용이 분리되는 경우가 지속적으로 발생하게 되면 소외의 문제가 나타난다는 것이다. 말하자면 의미의 생산과 수용이 분리되는 상황이 지속적으로 발생하게 되면 그러한 분리는 소외의 문제로 전화되며, 자신들의 기여가 전혀 수용되지 않는 구성원들은 점차 자신의 소외에 관해 깨닫게 되어 비참여의 정체성을 갖게 된다. 그렇게 되면 그들의 경험은 역량으로 인정받을 수 없는 무의미한 것이 되어 버린다. 제1부 결론에서 학습은 경험과 역량의 상호 작용을 필요로 한다고 주장한 바 있다. 의미의 생산과 수용의 분리는 경험과 역량의 선택 문제를 제기하기 때문에 의미를 협상할 수 있는 능력으로서 학습이 개입된다. 즉, 의미의 생산과 수용이 분리되는 경우에 사람들은 의미 생산의 근거로서 자신의 경험을 선택하거나 타인의 의미가 자신의 역량을 결정하는 공동체를 선택해야 하는 상황에 직면하게 된다. 그러나 경험과 역량이 상호 작용하는 것은 의미의 집단적 생산 때문이며, 사람들의 학습은 그러한 의미의 집단적 생산에 기여하는 능력에 의해 좌우된다.

실천공동체에서 의미의 생산과 수용의 분리 현상이 그 공동체 내 구성원들의 전형적인 관여행위 패턴으로 굳어진다면, 즉 의미를 생산하는 구성원들과 수용하는 구성원들이 서로 확연히 구분되는 양상으로 고착된다면, 그 실천공동체가 가지는 의미의 교환 시스템은 매우 불평등한 의미의 주체성을 낳게 된다. 이러한 상황이 지속될 때 소외와 학습 무능력은 서로를 강화시키는 조건으로 작용하게 된다.

상상에 의한 협상력

상상도 의미를 획득할 수 있는 한 방법이 될 수 있다. 예를 들면, 상상에 의거한 이야기들은 사람들에게 여러 가지 사건, 인물, 모험에 대한 간접 경험을 제공하기 때문에 쉽게 의미에 접근할 수 있게 해 준다. 상상에 의거한 이야기는 사람들이 자신의 경험을 이야기와 관련된 상황에 연결시키고 그 상황의 직접적인 참여자인 것처럼 관련된 의미들을 생산하도록 해 준다. 그 결과 이야기들은 단순히 객체화된 대상이 아니라 사람들의 정체성의 일부이자 개인적 경험으로 기억된다. 이야기를 비롯한 전설, 우화 등이 강력한 의사소통의 도구가 될 수 있는 것은 그것들이 바로 상상을 통해서 사람들의 협상력을 작동시키기 때문이다. 이런 관점에서 보면, 아이들이 어른세계에 담겨 있는 의미를 습득하게 되는 놀이도 일종의 협상력을 키우는 상상의 또 다른 과정이라고 볼 수 있다.

그러면 상상에 의한 협상력이 어떻게 보험처리 담당 직원에게 나타나는지를 살펴보기로 하자. 보험처리 담당 직원들이 COB 서류처리 절차를 이해하기 위해서는 그 절차를 설계한 전문가들의 공동체에 직접 참여할 필요가 없다. 다만, 관련된 사람들과 대화를 나누거나, 관련된 설명서를 읽어보거나, 혹은 관련된 사람들과 함께 시간을 보내면서 집단적 상상력을 발휘하는 것만으로도 충분하다. 그런 상황에서 COB 서류 자체는 설명을 위한 도구로서 사용될 수 있지만, COB 서류처리 절차와 관련된 해석은 그 서류에 내재되어 있는 것이 아니다. 공동체의 지적 및 물적 자산으로서 COB 서류 자체는 경험하지 못한 실천에 대해 상상을 촉발시키고 접근할 수 있도록 해 주는 대화의 도구일 뿐이다.

다시 한번 강조하지만, 상상 행위를 순수하게 개인적인 것으로 이해해서는 안 된다. 놀이 중인 아이들, 이야기를 서로 교환하는 직원들, 교재의 특정 부분을 이해하고자 애쓰는 학생들을 보면 놀이활동, 이야기 교환, 교재 이해 등의 모든 것들이 사회적 사건들임을 알 수 있다. 다른 시대와 문화를 이해하고 그와 관련된 의미를 상상에 의해 간접적으로 획득하는 역사나 인류학과 같은 학문들도 사회적 제도가 된다는 점을 충분히 짐작할 수 있다.

어떤 실천 상황에 접근이 허용되지 않아 의미를 획득할 수 없게 되는 '배제(exclusion)' 현상을 비참여로 인식하게 되는 것도 바로 상상의 과정에 의해서 이루어진다. 주어진 지시만을 따르는 컴퓨터와 달리, 직원들은 자신들에게 떨어진 지시에는 모종의 의미가 담겨 있다고 여긴다. 다만, 직원들은 그런 의미가 지시에 따른 일의 과정에 관여하는 범위를 넘어서 존재한다고 생각한다. 그 의미가 다른 누군가의 것이지 자신의 것은 아니라는 것이다. 그 의미와 관련해서 자신이 주체가 될 수 없음은 물론이거니와 접근조차도 불가능하다고 여긴다. 보험처리 업무의 경험은 달리 말해서 일이 갖는 의미에 관해 학습해 나가는 과정이다. 경험이 부족한 동료를 도와주는 고참들도 이전에 서류처리 절차에 대해 잘 이해하고 있었던 것은 아니다. 고참은 자신이 이전에 성공했던 경험을 믿고 그 경험이 누군가에게도 의미가 있었다고 학습한 것일 뿐이다.

자신이 획득할 수 없는 의미가 다른 누군가의 것이라고 생각한다면 그러한 상상 자체가 그로 하여금 더욱 소외감을 느끼도록 할 수 있다. 보험처리 담당 직원들에게 COB 서류는 계산을 위한 지침일 뿐만 아니라 보험회사 내에서 그 직원의 역할을 표상하는 일종의 객체화의 산물로서 기능한다. 그러나 서류에 대한 이러한 국지적 해석에 대해 직원들은 공개적으로 논의하거나 표현하지 못한다. 왜냐하면, 그런 행위 자체를 적절한 것으로 여기지 않기 때문이다. 따라서 낯선 의미를 획득할 수 없다는 사실은 결국 그런 해석을 내리는 사람의 정체성에 반영된다. 자신이 획득할 수 없는 낯선 의미는 그 사람에게 비참여의 의미가 된다.

물론 의미가 다른 누군가에게 혹은 다른 장소에 속해 있다고 가정하는 것이 항상 소외에 이르도록 하는 것은 아니다. 예를 들면, 종종 신참들에게 소외는 어떤 공동체에 진입하기 위한 조건이 되기도 한다. 그리고 이미 공동체에서 인정받는 구성원들에게 소외는 전체의 일부로서 자신의 영역에만 초점을 맞추게 하는 방도가 될 수 있다. 그러므로 주체성을 공유하지 않고 의미가 존재한다고 가정하는 것이 반드시 잘못된 것은 아니라는 말이다. 사람들은 항상 그렇게 할 수밖에 없다. 왜냐하면, 항상 주체성을 공유하면서 의미를 찾으려 하게 되면 사람들의 삶은 견딜 수 없이 복잡해지기 때문이다. 사람들은 자신의 한계를 알고 있고 모든 것을 알고 있는 것처럼 할 수 없다는 것도 안다. 따라서 사람들은 자신과 진정 관련된 의미에만 관심과 노력을 집중시킨다. 실제로 모든 것의 의미를 획득할 수 있다고 상상하는 사람들은 자신의 한계에 대해서 무지하고 아마도 겉치레만을 중시하여 비난받기 십상이다.

조정행위에 의한 협상력

조정행위에는 어떤 사회체제에서 의미를 협상하는 데 영향을 미칠 수 있는 능력이 요구된다. 조정행위는 다양한 행위나 관점을 서로 조정하거나 조율하는 과정으로 의미의 교환 시스템과 가장 직접적으로 연관된다. 그러나 당사자들의 조정행위가 이루어지는 다양한 과정들에는 상이한 성격의 협상력이 수반되어야 한다.

① 협상, 설득, 격려, 신뢰, 위임은 주체적인 방식으로 조정행위를 발생시키는 과정들이다.
② 반면에 순응, 관례, 폭력, 복종은 협상과는 관계없이 일방적인 조정행위를 발생시키는 과정들이다.

간혹 강압적으로 조정행위를 요구하는 것은 의미를 공유하지 않고 의미의 주체성을 확장시키는 방법이 될 수도 있다. 예를 들면, 앨린수사의 COB 서류는 회사 직원들이 그 의미에 관해 별 특별한 생각 없이 회사가 규정한 절차에 따르면 되는 사례라고 할 수 있다. 앨린수사는 COB 서류와 관련하여 자료 입력이나 계산 방법을 미리 규정하고 따라야 할 절차를 정해 놓았다. 이런 관점에서 COB 서류가 마치 일종의 컴퓨터 프로그램처럼 보이는 것은 우연의 일치가 아닐지도 모른다. 컴퓨터 프로그램은 협상이 필요 없이 조정행위를 유도시키고자 고안된 가장 극단적인 사례로서, 컴퓨터 프로그램과 유사하게 보이는 COB 서류 역시 어떠한 협상도 필요치 않은 조정행위만을 요구하는 객체화의 산물이라고 볼 수 있다.

COB 서류에 의한 순응은 어찌 보면 매우 효율적일 수 있다. 왜냐하면, 주어진 절차를 따르기만 하면 의미의 주체성이라는 것을 특별히 요구할 것도 없고 복잡한 협상의 과정들도 필요치 않기 때문이다. 그러나 동일한 이유 때문에 그런 조정행위는 오히려 예측 불가능한 상황에 따라 달라지는 어떤 환경에 좌우될 수밖에 없는 불안정한 것이 되고 만다. 즉, 순응과 같이 협상이 요구되지 않는 경우에는 객체화 차원의 조정행위만이 이루어지거나 전혀 조정행위가 이루어지지 않을 수도 있다. 이는 결국 공동체 구성원들로 하여금 새로운 환경에 대한 부적응력, 경직성, 좌절감을 갖도록 할 수 있다.

그러나 순응의 과정에 의한 조정행위가 일방적 과정이어서 협상력의 결여를 초래한다는 식으로만 볼 것은 아니다. 오히려 그런 조정행위가 의미의 주체성을 공유할 수 있는 방법이 될 수도 있기 때문이다. 즉, 강압적인 조정행위는 사람들로 하여금 어떤 일에 대한 자신의 통제력을 시험할 수 있게 하고 그들 자신에 대한 이해를 위한 지침으로 작용할 수도 있다. 강압적인 교사들의 지시에 대해 학생들이 마지못해 순응하는 과정에서 학생들은 자신이 가진 한계, 좋아하는 것과 싫어하는 것 등을 확인하여 그것을 극복하고, 그 결과 학생들이 자신에 대한 새로운 이해에 도달하게 되는 경우가 그렇다. 그런 경우 중요한 문제는 권위가 아니라 바로 협상력이 될 것이다.

정체성의 이중적 성격

앞서 든 커플의 사례가 예시하는 것처럼, 동일시와 협상력 사이 그리고 공동체와 의미의 교환 시스템 사이에는 모종의 복잡한 관계가 존재한다. 우리는 의미의 주체성을 가장 많이 느끼는 공동체와 우리 자신을 가장 동일시하려고 하는데, 이때 동일시 행위와 협상력 사이에 모종의 본질적인 긴장관계가 존재한다. 이러한 긴장관계는 다음과 같이 두 가지 모습으로 나타난다.

- 동일시 행위가 협상력을 강화하는 경우가 있다. 종종 동일시 행위는 의미의 주체성을 획득하고자 하는 투쟁으로 비화한다. 예컨대, 국가 내란과 가정 분란과 같은 갈등 사태들이 종종 격화되는 경우를 볼 수 있는데, 이는 바로 관련 당사자들이 의미의 주체성을 확보하고자 하는 투쟁을 통해 자신의 정체성을 찾으려 하기 때문이다.
- 동일시 행위가 협상력을 제한하는 경우가 있다. 광신도 집단이나 전체주의적 집단의 예가 그러하다. 물론 그런 극단적인 경우가 아니라면 다소 약한 동일시 과정은 협상 가능한 것과 그 수준을 결정할 수 있도록 해 주기도 한다. 말하자면 멤버십이 정체성 형성에 장애가 될 수도 있지만 정체성 형성을 촉진하기도 한다는 말이다.

이러한 긴장관계는 사회적 개념으로서 정체성의 본질적인 특징이다. 그리고 정체성에 대해 이해하기 위해서는 결국 힘과 소속에 관한 문제를 다루지 않을 수 없다.

힘의 이중성

정체성은 사회적 자아의 결정체인 동시에 사회적 힘의 소재지이기도 하다. 정체성은 우리가 특정 공동체에 참여하여 그 공동체 구성원으로서 합법적 권리를 갖고 특정 지위를 요구할 수 있는 파워가 되기도 한다. 동시에 정체성은 우리에게 특정 공동체에 참여하게 하고 그 공동체와 동일시하게 만드는 원천이 되기도 한다. 다시 말하면, 정체성의 힘은 사람들이 자신이 속하는 공동체에 대해 영향을 미칠 수 있는 통제력으로 획득되는 것이기도 하지만, 자신의 의지와 관계없이 공동체로부터 자연적으로 주어지는 것이기도 하다. 또한 정체성은 갈등적 성격과 조화적 성격을 동시에 지닌다. 즉, 정체성은 사회적 효율성을 창출하기 위해 합의에 의존하기도 하지만, 그런 합의가 지닌 의미를 전유하기 위해 지속적인 협상을 요구하기도 한다. 따라서 정체성의 힘에는 동일시와 협상력이 상호 교섭하는 이중적인 속성(dual nature)이 있다.

나아가서 정체성의 힘에는 동일시와 협상력의 이중 구조에 기인하는 긴장관계가 항상 존재한다.[12] 예컨대, 어떤 정치가가 다른 정치가에게 애국심이 없다고 비난하는 경우를 생각해 보자. 여기서 그들은 상대가 갖는 국적 자체에 대해서는 아무런 의심도 없다. 다만, 그들은 그러한 애국심이 특정 상황에서 어떤 의미를 갖는지에 대해서는 서로 다르게 보고 있다. 말하자면 어떤 종류의 행위가 애국심을 보여 주는 것인지에 대해서는 서로 다른 견해를 지니고 있는 것이다. 결국 한 정치가가 다른 정치가에 대하여 애국심이 부족하다고 비난하는 경우는 자신들의 동일시 행위와 협상력 사이에 존재하는 긴장관계에서 발생하는 것이 되고, 그런 긴장관계로 인해 그들 사이에 국가 정체성이라는 의미를 전유하고자 파워 투쟁이 일어났다는 것으로 해석될 수 있다.

이처럼 정치가들이 정치적 경쟁에서 도덕적 우위를 점하기 위하여 애국

12 이미 인류학자 베이트슨(Bateson, 1968)이 사용한 바 있는 '이중적 구속'이란 개념이 이 글의 맥락에서 적절한지 의문이지만, 여기서 말한 '이중 구조'의 개념과 유사한 측면이 있다. 즉, 내가 제안한 정체성에 기반을 둔 파워 이론이 파워를 단순히 무력의 행사가 아니라 공유와 논쟁 간 긴장 상태의 창조력으로 보고 있다는 점이다.

심을 힘 투쟁의 수단으로 삼는 경우뿐만 아니라 사람들의 일상에서도 유사한 경우를 찾아볼 수 있다. 보험처리 담당 직원들 간에 소위 '괜찮은' 사람은 동일시의 대상이 되지만, 그 '괜찮은'이라는 말의 의미는 도대체 무엇인가? 직원들은 '괜찮은'이라는 말을 동일시 과정 속에서 그저 이용할 수도 있지만, 그 말의 의미를 소유하기 위해서는 협상의 여지도 남아 있는 것이다. 요컨대, 사람들은 일상생활 속에서 정체성의 힘이 가지는 이러한 이중성의 문제에 끊임없이 부딪힐 수밖에 없다.[13]

정체성의 힘은 사람들이 특정한 일을 완수하고 의미 있는 삶을 살 수 있도록 하는 능력과 관련되기 때문에 신중하게 다루어야 할 주제라고 본다. 협상력이 결여된 동일시 행위는 항상 취약하고 편협하며 주변적이어서 무기력할 수밖에 없다. 반면에 동일시가 수반되지 않은 협상력은 냉소적 자유주의로 치달을 수 있으며 의미 없는 파워에 지나지 않아서 공허할 수밖에 없다. 그러나 동일시는 사람들로 하여금 자신의 정체성을 규정할 수 있는 근거를 제공하고, 협상력은 그 근거를 바탕으로 자신의 정체성에 관한 의미를 지속적으로 창출하는 역할을 한다. 결국 동일시와 협상력은 일종의 씨줄과 날줄의 역할을 하면서 사람들의 정체성 형성에 영향을 미친다는 점을 강조하고 싶다.

소속의 이중성

동일시와 협상력의 이중 구조는 공동체와 의미의 교환 시스템에 대해서도 똑같이 적용해 볼 수 있다. 관여행위, 상상, 조정행위는 동일시와 협상력의 상호 작용을 매개로 하여 다양한 수준의 공동체와 의미의 교환 시스

13 이러한 견해는 파워와 제도적 규율이 일상적인 인간 상호 작용에 침투하고 있다는 미셸 푸코(Foucault, 1975)의 이론을 반영하고 있다. 그러나 푸코의 이론은 제도적인 담론으로서 힘이 작동되는 이유를 설명하는 데 고려해야 할 정체성과 동일시의 개념들이 빠져 있다. 그 개념들을 고려하지 않는다면, 힘은 단순히 담론의 내재적 특징 자체로만 취급된다.

템을 만들어 낸다. 예컨대, 실천공동체는 하나의 공동체이자 의미의 교환 시스템이다. 실천공동체는 자신들의 일을 규정하면서 그 공동체를 하나로 묶어 주는 동일시의 원천이다. 이때 공동체의 일이 갖는 의미는 참여와 객체화의 역학관계 속에서 협상의 과정을 거쳐 확정될 수밖에 없다. 즉, 실천공동체를 묶어 주는 동일시의 과정은 다시 협상거리를 창출하고 그를 통해 의미의 교환 시스템을 창출할 수 있다.

동일시와 협상력의 상호 작용은 다른 수준에서도 발생한다. 특정 이야기나 유행이 공동체에 확산되는 경우 그것들은 동일시의 원천이 되어 그 공동체에서 그 의미에 대해 주체성을 획득하고자 전력을 기울이는 노력들이 생겨나게 된다. 그것은 바로 의미의 주체성 획득이 힘의 원천이 되기 때문이다. 이러한 현상은 과학 공동체에서 흔히 말하는 패러다임 논쟁으로 나타나기도 하고, 의사결정 시 도덕적 우위를 점유하려고 하는 과정에서나 직장 내 직무 수행 역량을 결정하는 과정에서 찾아볼 수 있다.[14]

공동체와 의미의 교환 시스템들이 서로 어떻게 연결되는지 하는 것은 다양한 집단을 두고, 그리고 다양한 소속 기제들을 통하여 이해할 필요가 있다. 보험처리 담당 직원들은 자신의 공동체에 반드시 일치하지 않는 중첩적인 의미의 교환 시스템하에서 COB 서류를 해석하고 있다. 왜냐하면, 그 해석은 보험처리의 일상적 과정을 따라 연결된 보다 광범위한 공동체들과 관련이 있기 때문이다. 이때 연결된 공동체들은 보험처리 담당 직원들에게 동일시의 대상이 아니라 그들 일에 대한 실천활동의 일부가 되기도 하고 직접적인 동일시의 대상이 되기도 한다. 다만, 보다 광범위한 공동체들과

14 페넬롭 엑커트(Penelope Eckert)는 청소년 이전 단계의 아이들이 멋있어 하는 것과 발달의 수준상 피할 수 없는 상태 사이에서 어떻게 의미를 구성해 나가는지 보여주었다. 여기서 아이디어인 즉 청소년 이전 아이들에게 있어서 좀 더 어른스럽게 보이는 것이 멋있는 것으로 비추어 진다는 것인데, 몇몇 아이들은 그들 또래들 사이에 청소년들의 행동을 취해 보여줌으로써 그들의 공동체에서 인기와 힘을 얻게 된다는 것이다. 이러한 행동은 아이들의 실천 공동체에서만 나타나는 것은 아니고 이들을 시장으로 하는 기업들 역시 이 점을 잘 이용한다(Eckert, 출간예정).

동일시가 이루어지려면 관여행위를 통해 견고한 의미의 교환 시스템이 발생되어야 한다. 그러나 복수 멤버십의 연결점이 다양한 집단과 소속의 방식, 즉 다양한 수준에 걸쳐 있을 때, 동일시와 협상력은 조화의 작업으로 해결될 수밖에 없다. 물론 그러한 작업에는 다소 지난한 노력이 수반될 수밖에 없을 것이다.

정체성의 이중적 작업

공동체와 의미의 교환 시스템은 다양한 사회적 영역들을 포괄할 수 있지만 사회적 제도의 서로 다른 측면에 강조점을 두고 있다.

① 공동체는 소속됨 혹은 소속되지 않음의 관계로 사람들의 정체성을 구성하는 사회적 제도의 능력을 강조한다.
② 의미의 교환 시스템은 의미의 사회적 생산 및 수용, 그리고 그로 인한 참여자들 사이의 불평등한 협상력과 대립적인 주체성의 가능성을 강조한다.

그 결과 동일시와 협상력에 관련하여 정체성의 이중적 작업이 요구되고 반영될 수밖에 없다. 이러한 정체성의 작업을 일반적인 용어로 제시해 보는 것은 유익할 수 있는데, 다만 이 용어들이 다른 맥락에서는 다른 의미를 지닌다는 점을 명심해야 할 것이다.

- 동일시의 작업은 사회 에너지의 결집, 수용과 배제, 헌신, 친화, 차별화, 충성, 연대성, 전형적 진로, 신뢰, 역사 공유, 용서, 경계 짓기, 수용, 감화, 정체성 관련 이야기 등과 같은 개념들로 묘사될 수 있다.
- 협상력의 작업은 정보 접근권의 개방, 다른 관점의 경청, 이유의 설명, 조직 정책과 절차의 투명성 확보, 통제력 확보, 개인 권리 규정, 권위

의 집중화 혹은 탈집중화, 공유 기준의 협상과 실행, 의사결정 과정의 개방, 논쟁, 책임 공유, 투표, 경계 넘기 등과 같은 개념들로 묘사될 수 있다.

여기서 주의할 점은 동일시와 협상력의 작업을 지나치게 추상적인 개념들로 규정하지 않도록 해야 한다는 사실이다. 왜냐하면, 추상적 개념으로 규정되는 동일시와 협상력의 작업은 서로 다른 맥락에서 별개의 행위로 이해될 수 있기 때문이다. 예를 들면, 자신의 팀이 '협력적 팀'이라고 주장하는 것은 사람들이 동일시할 수 있는 어떤 것을 제안하여 그들의 헌신을 이끌어 내는 한 가지 방법이 될 수 있다. 또는 누군가의 특정한 협력 행위를 요청하는 맥락 속에서 자신의 팀이 협력적 팀이라고 주장하는 것은 특정한 과제를 수행하기 위하여 단순히 그 공동체의 규정을 이용하는 방법에 그칠 수 있다.

나아가서 실제로 동일시와 협상력의 작업은 호혜적이다. 왜냐하면, 동일시와 협상력의 작업과정은 서로 필요 조건이 되고 있기 때문이다.

- 의미의 교환 시스템을 추구하는 협상은 의미의 주체성을 공유할 수 있게 하여 공동체를 보존하는 방법이 될 수 있다. 예를 들면, 특정한 의사결정에 관련된 모든 사람들을 참여시켜 합의를 이끌어 내는 작업은 매우 어렵고 복잡한 과정이다. 하지만 참여자들로 하여금 의미의 주체성을 공유하게 하여 공동체 헌신을 유도해 낼 수 있는 효과적인 방법이 되기도 한다.
- 동일시는 협상의 과정에서 나타나는 논쟁과 대립의 문제를 극복하도록 공동체를 묶어 주는 역할을 할 수 있다. 예를 들면, 많은 공동체들은 동일시의 공유와 헌신을 보장해 주는 제도들로 당면한 여러 논쟁과 대립의 문제들을 극복하고 있다.

동일시와 협상력의 작업들은 호혜적이지만, 그렇다고 해서 서로가 서로를 대체할 수는 없다. 동일시와 협상력의 작업은 둘 다 필요하다. 가정 분쟁이나 커플의 다툼이 때로는 극한으로 치닫게 되는 이유는 서로의 논쟁이 동일시의 작업을 방해하기 때문이다. 말하자면 '함께함'의 의미를 규정할 권리를 서로에게서 빼앗으려 노력하는 상황에서는 '함께함'의 필수 조건인 동일시가 절대로 이루어질 수 없기 때문이다. 규칙을 정하고 집행하는 시도나 그 정당성을 강변하는 행위만으로는 공동체가 형성되지 않는다. 동일시 작업은 법이나 정책 집행 이상의 것이다. 동일시 작업은 역사 공유로 형성된 상호성, 즉 과거와 미래가 연결되어 있다는 인식에 기초하기 때문이다. 따라서 동일시와 협상력의 작업은 사람들 간의 차이를 배제하거나 말살하지 않고 오히려 그 차이를 극복할 전기를 제공해 줄 수 있다.

사회적 생태계로서의 정체성

지금까지 논의된 내용을 종합해 보면, 정체성은 다음과 같은 요소들을 포함하는 일종의 사회적 생태계라 할 수 있다.

① 정체성의 영역으로서 실천의 영역
② 참여의 관계 대 비참여의 관계
③ 소속감의 기제들: 다양한 집단 수준에서의 다양한 사회제도
④ 정체성 형성의 이중적 과정: 동일시와 협상력
⑤ 사회적 구조의 이중성: 공동체와 의미의 교환 시스템
⑥ 사회적 지위의 이중성: 멤버십과 의미의 주체성

정체성 생태계에 '힘'과 '소속'의 개념을 연관 지음으로써 인간의 사회적 구성에 동일시와 협상력의 이중성이 어떻게 작용하는지를 보다 분명히

이해할 수 있게 될 것이다. 동일시와 협상력의 이중성은 단순히 집단과 개인의 대립 혹은 동화를 의미하지 않는다. 정체성 형성 차원에서 개인과 집단의 이분법적 시각은 폐기되어야 한다. 동일시나 협상력은 그 특성상 개인적이거나 집단적인 것이 아니다. 집단과 개인의 의미는 특정 상황에서 동일시와 협상력이 어떻게 상호 작용하여 정체성의 경험으로 나타나는가에 따라 다르게 규정되기 때문이다.

동일시와 협상력이 단순한 대립자가 아니므로 하나가 좋으면 다른 것은 나쁘다고 가정할 수 없다. 공동체라는 용어가 그 자체에 긍정적인 뉘앙스를 내포할지라도 공동체 형성의 과정이 항상 긍정적인 형태로 이루어지는 것은 아니다. 예를 들면, 집단의 특정 수준에서 동일시를 위한 강력한 유대감이 형성될 수는 있지만, 집단의 다른 수준에서는 공동체 형성에 장애 요인이 존재할 수 있다. 따라서 동일시는 전체 집단 수준에서 사람들을 분열시키는 원인이 될 수 있다. 역사적으로 인종차별 문제가 없었던 적이 없다. 특정 인종차별주의자들이 형성한 공동체 의식, 즉 동일시로 인하여 인종차별주의가 격화되었다. 또한 과거 세계대전의 경험을 볼 때, 각국에서 발생한 동일시 과정들은 국가 간 공동체를 분열시키는 촉진제가 되었다.

공동체가 항상 평화를 상징하지는 않으며, 의미의 교환 시스템이 공동체에 항상 갈등만을 초래하는 것은 아니다. 즉, 의미의 교환 시스템이 불쾌하고 감정적이며 흉포한 모습을 드러낼지라도 그것을 단일적인 실체로 묶어주고 즉각적인 폭력으로 변화되지 않도록 하는 것은 동일시의 과정이라는 점을 기억해야 한다. 반대로 특정 공동체가 조화를 유지하는 것처럼 보이지만, 그 공동체가 안정적인 모습을 유지하는 데는 협상력과 의미의 주체성이 작동하기 때문이라는 점을 알아야 한다.

이 책에서 동일시와 협상력에 관한 논의는 협력과 경쟁, 합의와 투쟁, 연대와 권리 등 어느 한쪽을 선택하는 데 중점을 둔 것이 아니다. 그런 도덕적 차원의 선택 문제보다는 동일시와 협상력의 이중적 과정이 지닌 성격을 해명하는 데 그 목적을 두고 있다.

- 사람들은 개인주의나 자유의 이상에 도달할 수 없기 때문에 공동체를 형성하는 것이 아니라 동일시가 사람들의 정체성 형성에 본질적인 요소이기 때문에 공동체를 형성하게 된다.
- 사람들은 사악하고 이기적이며 근시안적이기 때문에 협상을 하는 것이 아니라 협상력이 사회적 의미 창출에 본질적인 요소이기 때문에 공동체의 의미 교환 시스템의 원천이 된다.

이렇게 본다면, 여기서 인간을 바라보는 관점은 공리주의적 개인주의나 원시적 공동체주의와는 다르다. 사람의 정체성은 기본적으로 동일시와 협상력의 두 가지 과정을 거쳐 형성되고, 그 과정에서 구성되는 공동체와 의미의 교환 시스템은 그 사람을 규정하는 사회적 구조의 본질적 요소가 된다. 따라서 동일시와 협상력 중 어느 한쪽을 무시하거나, 혹은 한쪽이 다른 한쪽을 대체할 수 있거나 그렇게 되어야 한다고 생각하는 것은 인격이라는 인간의 본성이 지닌 사회적 성격을 제대로 이해 못한 결과다.[15]

15 이러한 설명은 공동체주의자들과 고전적 자유주의자들 사이에 벌어지고 있는 논쟁에서도 매우 중요한 시사점을 제공한다(Benhabib, 1992; Etzioni, 1993; Holmes, 1993). 여기서 공동체 개념의 용도는 과거에 대한 향수를 드러내기 위한 것도 단순한 공동체주의의 정치적 강령을 강조하기 위한 것도 아니다. 정치학자 스티븐 홈스(Stephen Holmes, 1993)는 개인의 사회적 구성과정은 너무나 본질적인 성격을 지니고 있어서 정치체제들을 구분하는 것은 별로 의미가 없다고 주장하였다. 사실 의미 주체성의 공유(예: 파워와 협상력의 분배)가 공동체를 형성한다고 하면, 고전적 자유주의자들과 공동체주의자들이 생각하는 모순은 그러한 대립관계의 논쟁을 일삼는 사람들이 제시하는 것처럼 그렇게 모순적이지는 않을 것이다.

제2부 결론
학습공동체에 관하여

앞서 제1부 결론 부분에서는 경험과 역량의 상호 작용으로서의 학습에 관해 이야기했다. 실천공동체에서 역량과 경험은 서로 밀접하게 영향을 미친다. 결국 호혜적 관여행위 역시 경험과 역량을 지속적으로 조율해 나가는 복잡한 과정이라고 할 수 있다. 즉, 경험이 역량을 규정하고 역량은 경험을 낳기 때문에 실천공동체는 신참들에게 학습을 위한 공간이자 그들의 새로운 통찰력이 지식으로 전환될 수 있는 장이기도 하다.[1]

- 한편으로 실천공동체는 신참들이 역량을 획득하고 그 획득된 역량을 자신들의 참여로 이어갈 수 있는 생동하는 상황이다. 이러한 조건들이

1 여기서 다시 학습의 특별한 장소로서 실천공동체를 바라보는 관점은 어떤 공동체에 속하게 되는 것이 무조건적으로 이익이 된다는 것을 시사해 주지 않음을 강조하고 싶다. 멤버십은 필히 긍정적이고 고무적이며, 혹은 권한 강화적인 과정이 되지는 않는다. 물론 '학습'이라는 용어는 긍정적 함축성을 내포하고 있다. 즉, 내 사촌은 거리에서 범죄를 저지르는 삶을 성공적으로 배우고 있다고 말하는 것보다 내 이웃이 의사가 되기 위해서 성공적으로 학습하고 있다고 말하는 것이 더 자연스러울지도 모른다. 그러나 실천공동체에서 성공적인 멤버십의 획득이 학습을 암시하기는 하지만 그것이 좋고 나쁨을 판단하는 것은 쉽지 않은 문제다.

갖추어져 있을 때 실천공동체는 지식의 습득을 위한 특권적 공간이 될 수 있다.

• 다른 한편으로 제대로 기능하는 실천공동체라면 급진적인 새로운 통찰력을 탐색할 수 있는 상황을 제공해야 한다. 공동체의 과업을 둘러싸고 이루어져 온 호혜적 관계의 역사는 그런 선도적인 학습을 위한 이상적인 공간을 제공해 준다. 호혜적 관계를 통해 구성원들은 서로의 경험을 공동체 역량으로 결집할 수 있다. 이러한 조건들을 갖출 때 실천공동체는 새로운 지식 창출을 위한 특권적 장이 될 수 있다.

학습은 경험과 역량 간의 상호 작용을 토대로 일어난다. 그리고 경험과 역량 사이에 상호 작용이 있기 위해서는 그들 사이에 항상 긴장관계가 유지되어야 한다. 경험과 역량이 서로 완벽한 조화 상태에 있게 되면, 학습의 속도는 느려지고 실천은 진부한 채로 머물 수밖에 없다. 제2부에서는 실천공동체가 어떻게 경험과 역량 간에 긴장관계를 유지하고 그 결과로 학습공동체가 되는지에 대해서 논의했다. 학습공동체에서는 학습이 가장 중요한 실천이다. 학습공동체가 가지고 있는 특징이 무엇인지 제2부의 각 장에서 다룬 핵심적 논제들을 중심으로 간략히 정리해 보자.

실천으로서의 학습과 실천으로서의 정체성

학습은 존재방식과 능력에서의 변화를 말한다. 따라서 학습은 정체성에 관한 경험이라 할 수 있다. 학습은 단순히 기술과 정보 축적과정이 아니라 우리가 무엇이 되는지 되지 않는지의 과정이다. 즉, 학습은 어떤 식의 사람으로 되어 가는 과정이기도 하고, 어떤 식이 아닌 사람으로 되어 가는 과정이기도 하다. 아무리 자유로운 의미의 학습조차도 종국적으로는 특정한 인간으로의 변화로 귀착될 수밖에 없다. 물론 학습을 통해 기술과 정보를 축적하기는 하지만, 이러한 것들도 결국 보다 본질적으로는 추상적인 목적 때문이라고 할 수 없다. 그것들은 실질적인 목적으로 추진되는 것들이고, 그런 만큼 자신의 지위나 경력 등의 정체성 변화와 관련되지 않을 수 없다. 학습이 개인적으로나 사회적으로 에너지의 원천이 될 수 있는 것은 결국 학습이 정체성 형성과 밀접히 관련되어 있기 때문이다.

정체성에 대한 경험이라는 측면에서 학습을 바라볼 때, 학습에는 과정과 공간의 문제가 결부되기 마련이다. 왜냐하면, 학습에는 지식의 변화 과정이자 정체성의 조성환경까지도 포함되기 때문이다. 따라서 학습을 지원하기 위해서는 지식 획득 과정에 대한 지원과 함께 새로운 지식을 자기 것으로 만들 수 있는 공간을 제공해야 한다. 누군가 기대치만큼 학습에 도달하지 못하고 있다면 그 과정상의 문제들과 함께 공간의 문제에 관해 재고해 볼 만하다. 구성원들의 학습을 다른 방향으로 이끌어 가고자 한다면 무엇보다도 그들의 참여방식을 달리하도록 해 볼 필요가 있다. 학습공동체의 변혁적 실천이야말로 새로운 지식 창출을 위한 가장 이상적인 환경이라 할 수 있다. 왜냐하면, 공동체의 변화는 구성원들의 정체성과 함께 지속되는 것이기 때문이다.

정체성이란 그가 지나온 삶의 궤적이기도 하다. 따라서 정체성에는 과거와 미래가 함께 어우러져 있기 마련이다. 개인적인 삶의 궤적으로서 경험할 수 있는 과거와 미래를 제공해 주는 한, 학습공동체는 정체성이 형성되는 공간이라고 할 수 있다. 공동체는 다음의 두 가지 측면에서 구성원들의 정체성 형성에 결정적인 역할을 한다.

① 구성원들의 과거 경력을 공동체 역사로 포섭시킨다. 즉, 구성원의 존재방식, 행동방식, 인식방식이 곧 공동체 실천의 일부가 된다.
② 참여자들에게 그들이 나아갈 바를 보여 주는 궤적을 제시해 준다.

자신의 소속감을 여러 공동체로 분산시키는 경우, 그것은 워낙이 구성원 각자에 따른 사적인 경험이어서 공동체의 과업이나 활동에 방해가 되기도 한다. 따라서 구성원들의 소속감을 증진시키고자 하는 노력은 구성원들이 가지고 있는 다양한 소속감과 그에 따른 의무들을 포용하고자 할 때 더욱 효과적일 수 있다. 예를 들면, 일부 직장에서는 가사노동과 일의 책무 사이의 간극을 좁히기 위해 여러 가지 조처를 취하고 있다. 그러한 노력 자체는 공동체 과업에 통합될 수 있고 그 결과 공동체 내에서 일종의 공유된 학습 실천의 일부가 될 수 있다. 그런 공동체에서 구성원들은 자신들의 열과 성을 다하여 본연의 일에 충실하려고 할 것이고, 결국 공동체의 실천을 보다 풍요롭게 만들 것이다.

참여와 비참여: 주변성과 소외

지식은 공동체의 중심부에만 집중되어 있지 않고 주변부에서도 얼마든지 찾아볼 수 있다. 전임 참여자들은 이러한 사실을 쉽게 놓치는 경향이 있다. 주변부란 대개가 선택받지 못했거나 무시된 영역이다. 주변부에 머물고 있는 지식의 존재는 당사자들한테도 잘 보이지 않는다. 왜냐하면, 기존의 역량체제로부터 인정받지 못하고 소외되어 있기 때문이다. 여기에는 두 가지 방식의 소외가 있을 수 있다.

① 역량의 소외: 특정 구성원들은 전임 참여자가 될 수 없다.
② 경험의 소외: 특정 경험들은 공동체의 역량체제에서 인정받지 못하고 거부되거나 억압, 심지어는 두려움의 대상이 되기도 한다.

대개 이러한 방식의 소외는 서로 중복되어 나타나지만 항상 그런 것은 아니다. 전임 참여자도 그런 소외 경험에서 예외가 될 수 없다. 그러나 소외가 주변부에서 새로운 지식의 창출 계기로 전환되기 위해서는 참여와 비참여의 상황을 감당하면서 모험을 감행할 수 있어야 한다. 학습공동체는 그러한 모험을 공동체 역량체제의 일부로 인정하고 포용할 수 있어야 한다. 그렇게 할 때 그러한 모험을 감행하는 구성원들이 자신의 멤버십에 위협을 느끼지 않게 된다. 실천을 공유해 온 오랜 경험에서 오는 연대의식은 타파해야 할 대상이 아니라 활용해야 할 학습의 사회적 자원으로 삼아야 한다. 학습공동체는 견고한 중심을 갖고 있지만 중심의 활동과 주변부의 활동이 서로 상호 작용하는 데 매우 허용적이다. 왜냐하면, 상호 작용으로 인해 학습공동체는 새로운 지식을 창출하는 데 필요한 새로운 경험과 새로운 역량을 충당해 나갈 수 있기 때문이다. 학습공동체가 새로운 지식 창출을 위한 탐색의 눈길을 공동체 내부로만 집중하고 있을 때에도 새로운 지식에 대한 전망이 소외된 구성원들의 잠재력에도 존재한다는 사실을 명심해야 할 것이다.

소속감의 효력

소속감의 원천이 되는 관여행위와 상상 그리고 조정행위는 학습에서도 가장 중요한 요인들이다. 이들 행위들을 통해 학습이 전개될 때 비로소 학습은 실천으로 이어질 뿐만 아니라 그 실천의 영역을 확장시키고 보다 효율적인 수행방식을 창출해 낼 수 있을 것이다. 이들 행위들은 서로에 대해 상쇄 효과를 지니고 있어 서로 결합될 때보다 강력한 효력을 발휘한다. 학습공동체가 학습을 위한 유익한 환경을 창출해 낼 수 있는 것도 이들 행위를 통해서다.

이 행위들을 어떻게 결합시킬 수 있으며 그 효과는 무엇인지 살펴보자. 먼저 관여행위는 상상력이 가해질 때 반성적 실천으로 이어질 수 있다.[2] 거꾸로 말하면, 반성적 실천은 관여 능력과 성찰 능력이 갖추어졌을 때 비로소 가능하다. 즉, 반성적 실천은 특정 행위를 체득하고 그것을 타자의 시각

2 도널드 쇤(Donald Schön, 1983)은 반성적 실천을 전문가가 발휘하는 창의성의 중요한 특성으로 간주하고 있다.

으로 볼 수 있을 때 이루어진다. 우리는 상상을 통해 시간과 공간에 구애받지 않고 다른 시각을 취해 볼 수 있다. 나아가 역사를 반영하여 현재를 뒤돌아볼 수 있는 것도, 그리고 미래에 관해 모색해 볼 수 있는 것도 상상을 통해 가능한 일이다. 상상은 새로운 해석을 촉구하는 표현이나 모델을 만들어 내는 일과 다름 아니다. 한편, 관여행위가 없다면 상상은 실천으로 이어질 수도 없거니와 정체성 형태로 구현될 수도 없을 것이다. 관여행위가 뒤따름으로써 우리의 상상력은 참여의 문을 활짝 열 수 있으며 학습의 차원으로 전환될 수 있다. 그렇지 않다면 상상은 그저 현재 수준의 한계를 재생산하는 도피나 환상에 머무르게 된다. 예를 들면, 은둔, 참관, 휴가로 획득된 새로운 관점들이 새로운 실천으로 실제로 구현될 수 없다면 그러한 과정들은 별로 의미가 없는 것들이 될 수 있다. 이때 요구되는 참여의 개방성은 개인적이면서 공동체적이다. 개인의 개방성 차원에서 보면, 우리의 정체성은 새로운 관점을 수용하고 자신의 일부로 만들 수 있어야 한다. 그리고 공동체의 개방성 차원에서 보면, 공동체는 성찰과 짧은 휴식이 가져다주는 정체성의 변화를 용인할 수 있는 공간을 제공해 주어야 한다.

마지막으로 우리의 상상력에 조정행위가 뒤따를 때 폭넓고 풍요한 세계관에 맞추어 행동할 수 있는 능력이 생겨날 것이다. 우리는 여러 가지 활동들을 서로 연계하고 그러한 조정행위의 이유를 이해하고자 한다. 우리는 비전을 갖고 그것을 통해 하는 일의 위상을 가늠하며 그 일을 성공시키고자 노력한다. 우리는 또한 어떤 큰 비전을 갖고 다른 사람들과 협력하여 무엇인가를 하고자 한다. 그렇게 함으로써 그 큰 비전을 우리 정체성의 일부로 포용할 수 있는데, 그것은 우리의 정체성이 우리 행위의 효력뿐만 아니라 우리 상상력이 미칠 수 있는 범위를 반영하기 때문이다. 이러한 과정에서 조정행위는 필수적이다. 따라서 지침이나 교육에서 다룬 내용이 불분명하거나 부적절할 때 우리는 상상을 동원하여 우리가 나아가야 할 방향을 찾아내고 그 수준에 맞게 우리의 행동을 조절해 나갈 수 있다.

또한 우리의 관여행위에 조정행위가 더해질 때 그것은 다양한 관점들 간에 상충되는 생각들을 조율해 주는 기능을 한다. 분명한 목적을 가지고 다양한 관점들을 서로 연결하려고 할 때 새로운 지식에 도달할 수 있다. 공동체의 실천 영역을 조율하고자 하는 상호 노력은 학습과 정체성을 확장하기 위해 경계 영역을 탐색하는 작업으로 이해된다. 서로 단절된 영역들을 어떻게 연결할지 모색하는 과정에서 자신의 위치를 새로운 방식으로 인식하고 새로운 의문들을 갖게 되며, 이전에 목격한 적이 없는 것들을 경험하고, 새로운 역량 기준을 창출해 낼 수 있다. 따라서 우리는 보다 광범위한 차원에서 자신이 처한 위치를 뒤돌아볼 수 있게 된다. 그런 가운데 우리는 자신의 행위와 우리가 사용하는 객체화의 산물이 지닌 역사적 위치와 모호성에 대해 깨달을 수 있다. 이러한 측면에서 복수 멤버십을 갖는 것 또한 다양한 관점들을 하나의 정체성으로 묶어 주는 일인 이상 중요한 학습 원천이라고 볼 수 있다. 따라서 정체성은 상이한 관점들이 연결되고 하나의 관점이 다른 관점에 의해 이해되며 서로를 관여시킬 방법을 찾는 데 필요한 조화 작업의 주제이자 대상이 되는 역할, 즉 조정행위의 역동적인 근원지로서 살아 있는 가교의 역할을 하게 된다.

이들 행위들을 균형 있게 취하려고 한다면, 그 행위들이 서로 어떻게 중첩되는가를 파악하는 것도 중요하지만 언제가 적절한 시점인지 따져 보는 것도 중요한 문제다. 이들 행위들을 균형 있게 취하기 위해서는 적절한 타이밍이 따로 있다. 그래서 어떤 학습공동체의 과업 가운데에는 이러한 다양한 행위들을 포섭하는 데 언제가 가장 적절한지 찾아내기 위해 공동체 자체의 학습 리듬을 이해하는 일 또한 포함되는 경우가 허다하다.[3]

동일시와 협상력 제고

학습은 의미의 협상과 정체성의 변화에 대한 능력에 관련되기 때문에 학

3 Darrouzet et al.(1995).

습이 일어났다면 동일시와 협상력의 관계 또한 달라질 수밖에 없다. 그뿐만 아니라 멤버십의 형태나 의미의 주체성 수준, 그리고 공동체 내에서 차지하는 자신의 지위 또한 변화를 겪게 된다. 이러한 맥락에서 학습공동체는 멤버십의 문제에 대해 각별히 신경 써야 한다.

동일시와 협상력은 구조적 차원에서 다루어져야 할 문제들이다. 왜냐하면, 그것들은 서로 긴밀하게 연결되어 있는 사회적 관계의 체제 내에서 결정되기 때문이다. 동일시와 협상력은 그 내용과 상관없이 다루어질 수 있는 단순한 동기에 관한 문제가 아니다. 이러한 관점에서 학습은 사회적 재구성의 과정이라고 할 수 있다. 학습을 통해 공동체는 자신과 더불어 자신이 가지고 있는 의미의 교환 시스템을 변화시켜 나간다. 예를 들면, 아이들이 성장해 나간다는 것은 곧 가족 전체가 변해 간다는 것을 뜻한다.

말하자면 학습공동체는 공동체 내부적으로나 외부적으로 동일시나 협상력과 결부된 구조적 문제들에 직면할 수밖에 없다.

- 내부적으로 학습은 공동체나 공동체가 가지고 있는 의미의 교환 시스템에 대한 변화를 뜻한다. 예를 들면, 의미 주체성에서의 차이는 신참과 고참을 구분하는 기준이 된다. 신참들은 고참들처럼 공동체를 자신과 동일시하면서 똑같은 활동에 참여할 수 있다. 그러나 신참은 자신의 행위가 적절한지, 그리고 자신들이 사용하는 객체화의 산물이 어떤 가치를 갖는지 결정할 수 있는 어떠한 능력이나 권한도 가질 수 없다. 신참이 전임 참여자가 되기 위해서는 새로운 지위에 올라서야만 한다. 나아가서 학습공동체에서 찾을 수 있는 다양한 속성들, 즉 구성원들에게 공동체의 궤적을 드러내는 방식이나 중심부와 주변부 간의 상호 작용, 그리고 비주류를 존중하는 방식 또한 달라져야 한다.
- 외부적으로 학습공동체는 자신이 속한 환경 내에서 발생할 수 있는 동일시와 협상력의 문제들에 직면하게 된다. 보험처리 담당 직원들의 경우 새로운 지식이나 도구들을 수용하고 자신들의 활동 영역을 넓혀 가

기 위해서는 그들 자신의 공동체뿐만 아니라 관계된 활동에 개입해야 한다. 공동체의 학습 결과가 실효성을 갖기 위해서는 공동체가 속한 환경으로부터 인정을 이끌어 낼 수 있는 보다 높은 수준의 협상력이 필요하다. 내부적 차원의 재구성 작업은 정체성이나 이해도, 관점과 역량에 관련된다. 그러나 우리 활동이 속해 있는 보다 광범위한 의미 교환 시스템들의 환경에 눈을 돌리게 되면, 현장에서의 노력이 역부족임을 깨달을 수도 있다. 여러 공동체들과 수많은 의미 교환 시스템들이 결부되어 있는 거시적인 조직환경 안에서 자체의 위상을 높이려는 노력의 부담은 학습공동체 스스로 지고 갈 수밖에 없다. 학습공동체는 자체 학습이 거시적인 조직환경 속에서 자기 발전적인 역량으로 이어질 수 있는 방안을 모색해야만 한다.

요컨대, 학습공동체는 본질적으로 사회적 재구성 작업의 속성을 띨 수밖에 없다. 구체적으로 말하면, 학습공동체는 내부에 대해서뿐만 아니라 자신이 속한 외부 환경 전체에 대해서도 제 역할을 해야 한다.

정보들의 편린에 대한 접근만큼이나 동일시와 협상력을 제고해 보는 것은 학습에서 매우 중요하다. 특정한 지식을 습득한다든지 사회 문제에 참여하고 직장 내 인간관계를 유지하는 것 등과 같은 문제들은 종종 개인적인 선택이나 능력 차원에서 다루어지는 것으로 간주된다. 하지만 그런 문제들은 사실상 의미 교환 시스템과 관련되어 있다. 그런 연유로 '정보화사회'와 같은 개념이 정체성의 개념을 대체하지 못하고 오히려 정체성의 문제가 얼마나 중요한지를 제기하고 있는 것이다. 물론 정보의 활용 가능성 여부가 학습을 지원하는 데 중요한 것은 사실이다. 하지만 참여와 유리된 정보는 지식 혹은 앎이 되지 못한다. 그러한 정보는 사실상 억압이나 소외, 자기 권능의 약화만 초래할 뿐이다. 이는 어렵고 복잡한 공식들로 가득 찬 아주 기술적인 논문을 읽고 무기력을 느끼는 경우에서도 찾아볼 수 있다. 협상력이 없는 정보 접근성은 비참여의 소외 경험을 극대화할 뿐이다.

정보의 지식화는 정보가 어떻게 우리의 정체성으로 통합되는가 하는 방식에 의존할 수밖에 없다. 정보가 정체성으로 편입되지 않을 때 그 정보는 파편화되고 협상 불가능하며 의미 없는 문자 자체일 뿐이다. 그러한 정보는 다른 관련이 있는 정보 편린들과 연결되지 않을 뿐더러 실천에 적용될 만큼 충분히 정합성이 있는 세계 내 존재방식으로 전환되지 못한다. 그러므로 실천 속에서 성취되는 앎은, 정보가 일관된 참여와 연결되어 특정 정체성으로 통합되어야 한다. 정보화사회의 기술적 진보가 창출해 내는 것은 그것이 생산해 낸 수많은 정보를 보다 광범위하게 수용하거나 활용할 수 있도록 하는 수많은 복잡한 의미 교환 시스템들과 공동체들이라고 볼 수 있다.

실천의 기획과 학습설계

에필로그

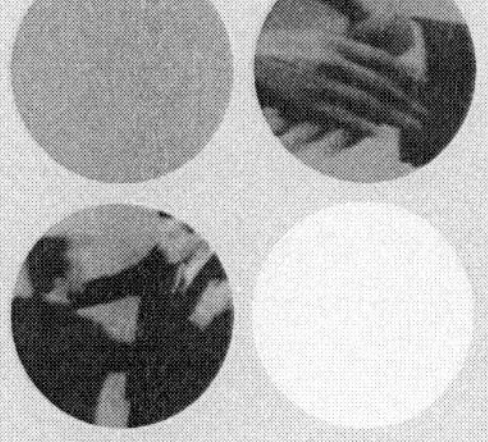

요약

학습설계

학습은 설계할 수 있는 것이 아니다. 종국적으로 학습은 경험과 실천의 영역에 속한다. 학습은 의미가 조율되는 가운데 이루어진다. 학습은 또한 틈새를 타고 순간적으로 발생되기도 하며, 계획하든 그렇지 않든 간에 일어난다.

학습을 조장할 수 있는 사회 인프라의 구축만큼 중요하고 시급한 과제도 드물다. 이는 학교나 대학뿐만이 아니라 공공 영역이나 사적 영역에 자리 잡고 있는 그 어떠한 조직에서도, 심지어 국가나 지방과 같은 거대한 영역에서도 마찬가지다. 사실 전 인류 세계는 급속도로 하나의 거대한 조직으로 재편되어 가고 있다. 그것은 우리가 설계하는 대로 구성되어 가는 대상 세계이기도 하면서 동시에 다가올 미래에 대비하기 위해 필요한 학습이 무엇인지 지원해야 하는 환경이기도 하다. 비형식적이지만 구조화되어 있으며 개인적인 체험의 문제이지만 사회적 문제이기도 한 학습의 특성을 이해할 수 있는 통찰력을 가지고, 이를 학습 지원 서비스 체제를 설계하는 데 적용할 수 있는 사람이라면 우리의 미래를 설계할 건축기사의 자격을 충분히 갖춘 셈이다.

이 장에서는 이 책에서 소개된 개념들을 가지고 학습설계와 관련된 몇 가지 이슈에 관해서 다루어 보고자 한다. 이 책에서 소개된 개념들이 학습이나 실천, 그리고 더 나아가 공동체와 정체성의 형성과 발전에 어떻게 관련되는지 두 부분으로 나누어 살펴보고자 한다. 전반부에서는 지금까지 다룬 주요한 주제에 관해 정리해 보고, 후반부에서는 이 책에서 제시된 개념들이 우리의 현실 속에서 어떻게 적용될 수 있는지 살펴본다.

학습의 사회이론

하나의 관점을 갖는다는 것은 우리가 살아가면서 무엇을 보고 무엇을 할 것인지에 중대한 영향을 미친다. 결론 부분에서 학습설계에 관해서 이야기하기에 앞서 이 책 전반에 걸쳐 다루어진 학습 개념이 무엇인지, 즉 학습에 대한 관점이 무엇인지 간략하게 정리해 보고자 한다. 이 책에서는 주로 일터를 중심으로 사례들을 들었지만, 그렇다고 학습에 관해 소개한 여러 개념들이 일터에만 해당하는 것으로 볼 필요는 없다. 그것은 학교나 놀이 공간, 도시의 거리나 가정, 모든 공간에 마찬가지로 적용된다. 사실 여기서 제시하는 관점을 통해 세상을 들여다보면 그 공간이 어디가 되었든지 학습의 공통적인 속성을 찾아볼 수 있을 것이다.

사례를 통해 살펴본 바와 같이, 보험처리 담당 직원들이 학습하는 것은 특정 기관에서 요구하는 일, 또는 다른 영역과는 확연히 구분되는 특정한 공동체에서 하고 있는 어떤 실천이라고 하는 점이 매우 분명해 보인다. 그러나 우리가 일상에서 실제로 학습하는 대부분의 것들은 그렇게 조직이나 공동체를 전제로 하지 않은 경우가 허다하다. 예컨대, 신문을 읽거나 TV를 시청하면서 무언가를 배우는 경우도 있고, 중국음식 요리를 배우거나 새로운 컴퓨터 프로그램 사용법을 학습하기도 한다. 그렇게 보면 우리가 학습하기 위해서 반드시 특정 공동체에 참여하고 거기에서 일원이 되기 위해 노력해야 하는 것은 아니다.

반면에 이 책에서 소개한 학습에 관한 사회적 관점은 특정한 학습만을 지칭하는 것이 아니냐 하는 지적이 있을 수 있는데 그것은 전혀 그렇지 않다. 왜냐하면, 보통 학습이라고 할 때에는 종국적으로 그것이 우리의 정체성 변화에 미치는 의미를 염두에 두고 있기 때문이다. 즉, 우리 정체성의 형성과 변화를 염두에 두고 학습에 관해 이야기하는 한 학습의 사회적 측면은 간과할 수 없는 중요한 부분이다. 그것이 TV를 시청하다가 일어났든, 학교 또는 직장에서 일어났든, 운동경기에 참여하는 도중에 일어났든 간에 말이다. 물론 그렇다고 해서 다른 사람들과 어울려 함께하는 것만이 가장 훌륭한 모습의 학습이라고 말하려는 것은 아니다. 다른 사람들과 함께 수행해 가는 데 적합한 일이 있고 혼자서 해 나가는 데 알맞은 일도 있는 것처럼, 어떤 학습은 집단 안에서 가장 잘 달성되고 어떤 학습은 혼자서 할 때 가장 잘 이루어진다. 문제는 우리가 학습이라고 할 때 도대체 무엇을 가리켜 학습이라고 하느냐 하는 점이다. 예를 들어, 미스터리 소설을 읽는 행위는 학습인가? 철학적인 소설을 읽는 것은 어떠한가? 모임에서 친구들과 나누는 대화는 어떤가? 격식 차린 모임에의 참석은 어떤가? 타성에 젖어 일상적으로 취하는 행동과 학습 간의 차이나, 즐기기 위해 하는 행위와 학습 간의 차이는 분명히 활동 종류의 차이라고 볼 수 없다. 한쪽은 아무런 생각 없이 취하는 행위로 손쉽고 재미있으며, 다른 한쪽은 사려 깊게 계획하여 옮긴 행동으로 어렵고 고단한 과정이라고 이분법적으로 잘라 말할 수는 없다. 학습은 어떤 일에 참여하며 종사하고 의미를 공유하게 되며 우리의 능력을 바꾸어 놓음으로써 우리 자신을 변화시키는 것으로, 그런 학습이 언제 어떤 형태로 우리에게 다가올지는 아무도 모른다.

서론부터 시작하여 각 장에서 제시한 학습에 대한 사회적 관점을 정리해 보면 다음과 같다.

- 학습은 인간에 내재된 본성이다. 학습은 개인이 살아 있는 한 지속적으로 일어나며 그의 삶에서 벗어나 따로 일어나는 것이 아니라 그의

삶 전체에 통합되어 그 일부를 차지한다(개요).

- 학습은 새로운 의미를 생성할 수 있는 협상 능력의 신장과 관련된다. 학습은 참여와 객체화 경험을 통해 이루어지는 전인적 변화라고 볼 수 있다. 따라서 학습을 기술이나 행동, 정보의 획득 등의 차원으로 환원시켜 볼 수 없다(제1장).
- 학습은 경험과 함께 부단히 생성해가는 일종의 구조와 같다. 학습은 경험을 축적한다는 의미에서 연속성을, 그리고 의미를 새로이 생성해 간다는 점에서 단절성을 동시에 포함하고 있다. 이러한 점에서 실천공동체는 사실상 사회적 학습을 구조화하는 토대 역할을 한다(제3장).
- 학습은 체험적이면서 동시에 사회적이다(제2장). 학습에는 참여 경험이나 객체화 경험뿐만 아니라 공동체 내에서의 역량까지도 포함된다. 어떤 측면에서 보면 학습은 경험과 역량을 서로 부단히 조율해 가는 과정이라고 볼 수 있다. 따라서 경험과 역량이 서로 지나치게 괴리되어 있거나 일치되어 있을 때에는 학습에 방해가 되기도 한다(제1부 결론I).
- 학습은 우리의 정체성을 부단히 변화시킨다. 학습은 우리가 누구이며 무엇을 하는지, 그리고 우리가 소속해 있는 공동체가 무엇인지 동시에 바꾸어 놓음으로써 세상에 참여하는 우리의 능력을 변화시킨다(제3장).
- 학습은 참여 경로를 구성해 가는 과정이다. 학습은 과거와 미래를 연결하면서 집단이나 공동체의 역사와 더불어 개인의 생애사를 구성한다(제3, 6장).
- 학습은 경계 영역을 구분하고 연결하는 과정이기도 하다. 자신이 속한 공동체는 하나가 아니라 다양하므로 자신의 자아 형성에서 그들은 서로 중첩되기 마련인데, 학습은 이들 간의 중첩성을 조절하고 관리함으로써 '나'라는 자아를 형성할 수 있도록 한다(제4, 6장).
- 학습은 사회적 역량 또는 파워의 문제와 밀접히 관련된다. 학습이 일어나는지의 여부는 의미를 전유화하는 동일시(identification) 또는 협상력(negotiability)에 달려 있다(제7, 9장).

- 학습은 관여의 문제다. 학습은 실천공동체에 기여할 수 있는 기회를 통해 이루어진다. 공동체에 기여하는 만큼 우리는 세상에 관해 이해의 지평을 넓히게 되고 지적 · 물적 자산을 재생산할 수 있다(제2, 8장).
- 학습은 상상의 문제다. 학습은 현재 우리가 가지고 있는 인식의 지평, 정체성이나 실천방식을 어떻게 지양해 나갈 것인가의 문제다(제8장).
- 학습은 조정의 문제다. 학습은 서로의 의견이나 행동을 상호 조정하고 갈등을 해소하면서 도달하게 되는 협동과 합의의 과정이고, 결국 이러한 과정을 거쳐 일정한 의미의 사회적 결과물을 생산해 낸다(제8장).
- 학습은 국지성과 전체성 간의 상호 작용이다. 학습은 국지적인 상황의 실천 속에서 일어나지만 전 사회적 맥락과 결부되지 않으면 의미를 갖지 못한다. 학습공동체가 형성되는 것도 국지성과 전체성 간의 부단한 상호 작용 속에서 함께 공동 관심사에 참여하고 개개인들 나름의 창의성을 발휘하며 서로의 행위나 생각을 조율해 가기 때문에 가능하다(제5장, 제2부 결론).

기획과 실천

이 글에서 기획이라 함은 어떤 목적을 달성하기 위해서 시간과 공간을 보다 체계적이고 계획적이며 성찰적으로 식민지화한다는 것을 뜻한다.[1] 따

1 '식민지성'이라는 개념은 기든스(Giddens, 1990, 1991)에게서 나온 것이다. 그는 근대성을 '미래의 식민지성'에 대한 지나친 집착 또는 낙관적인 태도로 보았다. 그는 자연환경이나 사회 세계를 통제하고 관리하고자 하는 노력들은 다음의 세 가지 과정을 통해 더욱 체계화되었다고 보았다.

① 위험 요인에 대한 예측과 관리: 장차 일어날 위험 요소들을 예측하고 계산하여 일어날 일들에 대해 사전에 통제하고 관리할 수 있다.

② 성찰성: 우리가 처한 상황들에 관한 정보를 수집하고 이를 전문체계로 제도화할 수 있다.

라서 기획에서는 지적 · 물적 자산의 생산과 더불어 조직과 교육과 같은 사회적 과정도 다루게 된다. 사실 조직의 기획과 교수 설계는 독립적인 학문 분야로 취급되어 왔다.

실천공동체는 오랫동안 학습설계에서 중요한 요인으로 다루어져 왔다. 실천공동체는 인류 역사만큼이나 유구한 것이며 학습에 대한 체계적인 논의가 있기 훨씬 이전부터 존재해 왔다. 실천공동체는 우리 사회 속에서 때로는 실현된 양태로, 때로는 미실현된 양태로 존재해 왔다.

① 어떤 공동체는 가능성 있는 양태로 존재해 왔다.
② 어떤 공동체는 실제로 활성화된 적이 있다.
③ 어떤 공동체는 잠재되어 있는 양태로 존재해 왔다.

실천공동체는 경험을 수용하는 어떠한 형식보다는 그 내용, 즉 의미를 절충하는 가운데 얻게 되는 생생한 경험으로서의 학습을 가리키는 개념이다. 이런 점에서 실천공동체는 딱히 어떤 형태를 띠거나 법적으로 존재하는 제도라고 보기는 어렵다. 그것은 어떤 틀이나 형태를 갖고 존재하지는 않지만 마치 사람들이 실재하는 현실로 경험하고 행동하는 그 어떤 것이다. 실천공동체에는 어떠한 틀이나 형식도 찾아볼 수 없기 때문에 그 공동체가 관여하고 있는 실천은 어떠한 계획이나 설계에 의해 재단하기가 쉽지 않다. 실천과정을 어떤 패턴이나 절차로 언술화하여 규정화할 수는 있지만

---

③ 역사성: 과거의 역사를 이용하여 미래에 있을 법한 일들에 영향을 미치고 새로운 역사를 구성할 수 있다.

이러한 정의를 따르면, 근대성 개념은 환경을 통제 · 관리할 수 있는 체계적인 방법을 찾고자 하는 노력이 보편적인 관심사가 되는 사회, 즉 '설계 사회'를 지칭하는 것으로 볼 수도 있다. 이러한 점에 근거하여 이 책에서 설계에 관해서 다루고 있는 대안적 입장은 결국 우리의 미래, 환경을 식민지화하려는 근대주의적 기획이 가지고 있는 한계를, 다소는 탈근대주의적인 입장을 빌려 지적하고자 하는 노력의 일환이라고 보아도 무방하다. 물론 탈근대주의적이고 극단적인 비관주의적 태도는 경계하면서 말이다.

그러한 규정이 실천과정을 재생산해 줄 것으로 기대할 수는 없기 때문이다. 어떤 실천공동체에 대해 그 공동체를 규제하고 이끌 수 있는 시스템을 설계하는 것은 가능할지 모르지만, 그러한 제도적 시스템의 작동에 반응하여 창출하게 될 실천과정 그 자체를 설계하는 것은 불가능하다. 마찬가지로 구성원들이 맡게 될 기능이나 역할이 무엇인지 설계하는 것은 가능하지만, 그 결과로 그들이 갖게 될 정체성이 어떻게 될 것인지 설계하는 것은 불가능하다. 또한 한 공동체가 지향해야 할 미래의 비전을 설계하는 것은 가능하나, 그러한 비전을 향해 나아가기 위해 모든 역량을 집결할 수 있도록 설계하기란 불가능하다. 구성원들에게서 실천을 이끌어 낼 소여 조건은 구성할 수 있지만,[2] 실천과 거기에 구성원들이 부여하는 의미 자체를 이끌어 내기란 어렵다. 우리는 때로 실천공동체를 시스템으로 구축하려고 시도하기도 하지만, 실천공동체는 그 속성상 자신에 부여된 제도의 틀에 어떠한 틈새라도 있으면 찾아서 빠져 나와 구축된 시스템으로부터 어느 정도의 거리를 유지하려고 한다.

이러한 속성을 염두에 둔다면 위에서 언급한 명제들에 더하여 또 하나의 명제를 다음과 같이 정리해 볼 수 있다.

- 학습이 어떻게 일어날 것인지에 관해서 사전에 미리 설계하기란 사실상 불가능하다. 단지 설계 가능한 것은 결국 학습이 더욱 잘 이루어지도록 촉진시켜 준다거나 일어나지 못하도록 하는 정도일 뿐이다.

2 여기서 '소여 조건'의 개념은 쿡과 브라운(Cook & Brown, 1996)에서 보다 체계적으로 다루어졌다. 원래 생태주의 심리학에서 비롯된 '소여(affordance)'라는 용어는 유기체와 그를 둘러싼 환경 사이의 관계를 지칭한다(Gibson, 1979). 예컨대, 다람쥐의 앞발과 나무의 결이 서로 만나 '기어오름'을 가능케 하는 소여 조건으로 작용한다. 마찬가지로 계단과 우리 다리가 서로 만나 계단 오름을 가능케 하는 조건이 된다. 결국 실천에 대한 설계 역시 의미 협상을 위한 소여 조건을 제시해 주는 일과 성격이 비슷하다고 볼 수 있다.

에필로그의 구조

다음의 세 장에 걸쳐 다루게 되는 에필로그의 구성은 다음과 같다.

- 제10장에서는 이 책 전반에서 다룬 내용을 통해서 학습의 인프라로서의 기본 요소들이 무엇인지에 관해 정리해 보고자 한다.
- 제11장과 제12장에서는 학습설계의 결과로 예상되는 조직과 교육에 관해서 말하려고 한다. 이들 두 영역은 같은 분야는 아니지만 학습을 지원하는 제도라는 면에서는 공통점을 가지고 있다. 이 책에서 다루는 이 두 영역은 하나의 예에 불과하며 실제로는 다양한 분야, 예컨대 테크놀로지나 기업, 마케팅 분야나 정부 조직 등에도 동일하게 적용해 볼 수 있다.

제10장

실천의 기획과 학습설계

일반적으로 집을 설계할 때 건축기사들은 거주자의 생활에서 생리적이고도 문화적인 측면을 고려한 콘셉트에 의거하여 설계의 틀을 짠다. 이때 건축기사들은 면적, 모양새, 색채, 난방, 채광 정도를 고려한다. 공간의 개방과 폐쇄 여부나 기능성과 미적 요소가 결정적인 요인이 되기도 한다. 그리고 거실 공간, 놀이 공간, 작업 공간 등의 사회적인 기능이나 먹고 자고 씻는 생리적인 기능에 알맞은 시설과 같은 주거 공간 등의 기본적인 요소들이 건축 설계에서 주요 고려의 대상이 된다. 이와 달리 사무실을 설계할 때에는 또 다른 건축 방침에 따라 다른 설계틀을 구상한다.

다른 분야와 마찬가지로 설계자는 대개 자신들의 구미에 맞게 자유자재로 차용하는 개념적인 도식을 가지고 있다. 그 도식을 통해 설계에서 고려해야 할 일반적인 요소들이 도출된다. 그것은 전체 건축물이 완성되기 위해 반드시 필요한 요소가 무엇인지 알려 준다. 그렇다고 해서 개념적인 도식이 완벽한 처방전의 역할을 한다고 볼 수는 없다. 왜냐하면, 개념적인 도식이 낱낱의 세부적인 부분까지 어떻게 설계할지 안내해 주지는 못하기 때문이다.

개념 도식은 다양한 분석 차원에서 존재 가능하다. 예를 들어, 컴퓨터 시스템 설계자는 여러 가지 수준에서 설계안의 기본 구도를 잡는다. 정보처리 수준에서는 정보의 수신, 변형, 저장, 배열, 전송이 기본 요소에 포함된다. 유저 인터페이스 수준에서는 윈도우 운영, 문서 운영, 네트워크 서비스, 지원 시스템과 같은 기능 정도가 기본 요소에 들어간다.

학습의 설계와 관련하여 몇 가지 설명체계들을 생각해 보자. 예컨대, 학습을 생리학적으로 설명한 이론에서는 주의 범위나 집중, 단기기억, 감각 유형과 같은 개념들이 학습을 설명하는 데 동원된다.[1] 여기서는 실천, 정체성이라는 용어가 어떻게 학습을 설명하는 개념으로 사용될 수 있는지 보여 주기로 한다. 이 부분에서 다룰 내용은 다음 두 가지다.

① 학습에 대한 설계 공간의 기본 요소로서의 참여/객체화, 기획성/즉흥성, 국지성/전체성, 동일시/협상력
② 학습설계에서 기본 요소로서의 소속 양태

이러한 요소들에 관해서는 이미 앞 장에서 자세히 다루었으므로 여기서는 대략적으로 정리해 보고 그 사례에 관해 보여 주고자 한다. 아울러 이러한 요소들이 조직기획이나 학습설계에 어떻게 적용될 수 있는지 살펴보기로 한다.

학습설계와 실천의 이중성

실천이나 정체성을 목표로 하는 학습설계를 염두에 둘 경우 의미, 시간과 공간, 힘의 문제를 다루지 않을 수 없다. 이러한 측면들은 [그림 10-1]에

1 신경학 이론이 학습설계에 어떻게 적용될 수 있는지에 관해서는 레나타와 조프리 케인(Renata & Geoffrey Caine, 1994), 로버트 시웨스터(Robert Sywester, 1995)를 보라.

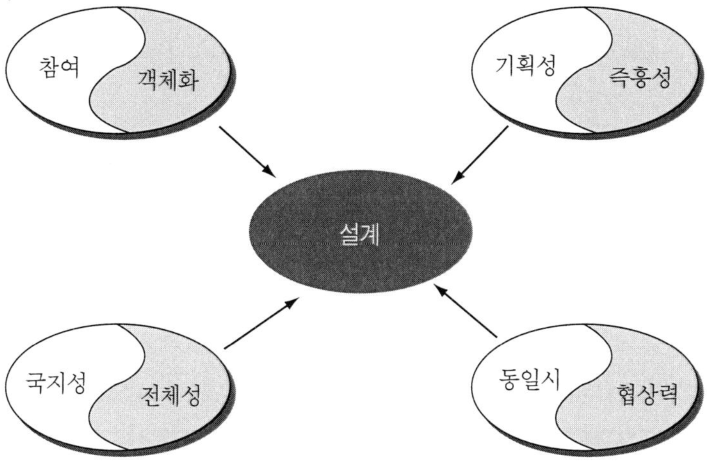

[그림 10-1] 학습설계의 네 가지 차원

서와 같이 실천의 이중성에 관한 네 가지 관점에서 살펴볼 수 있다.

여기서 실천의 이중성이라 함은 이분법적 선택의 문제가 아니라 어떤 관계에서 서로 상호 작용하는가 하는 문제라는 점에 대해서는 이미 언급하였다. 마찬가지로 학습의 설계도 무질서 대 질서, 국지성 대 전체성 사이의 선택의 문제가 아니라 어떻게 양자를 서로 조화시킬 것인가 하는 문제다.

참여와 객체화

앞에서 참여와 객체화는 실천과 정체성 차원의 이야기라고 지적하였다. 참여와 객체화는 새로운 지식을 생산할 수 있는 설계의 상보적인 측면을 가리킨다.

① 객체화를 중심으로 한 업무 수행의 전개
② 업무에 따른 적절한 인사 배치

물론 참여와 객체화는 서로 떨어질 수 없고 언제나 현실에 함께 현현한다. 따라서 설계는 둘 중 어느 하나에만 초점을 맞추어서는 안 된다. 객체화를 참여의 행위로 환치시킬 수 있는 것도 아니며 참여를 설계에 딱 맞춘다는 것도 가능하지 않다. 따라서 설계는 참여와 객체화를 어느 수준에서 조합시킬 것인가 하는 결정의 문제다. 설계안이 실제로 어떻게 현실로 구현되는지는 그에 달려 있다. 여기서 다음과 같은 원칙을 제시해 볼 수 있다.

◆ 실천에 대한 설계에서 가장 중요한 관건은 참여와 객체화를 어떻게 조합시킬 것인가 하는 점이다.

따라서 설계 과정에는 참여와 객체화를 어느 수준으로 결정할 것인지, 즉 참여의 형태와 관련해서 객체화할 대상과 시기를 결정해야 할 것이며, 객체화의 형태와 관련해서 누구를 언제 참여시킬 것인지 하는 결정이 포함되어야 한다. 이들 선택을 통해, 설계안은 새로운 의미를 창출하는 데 원천으로 작용할 수 있다. 이들 선택에는 참여와 객체화 간의 다양한 조합이 포함될 수 있다. 즉, 보수적인 집단으로 만들 수도 있고 수용력이 강한 집단을 만들 수도 있으며, 편파성이 강한 집단을 형성할 수도 있는 반면, 공유 도구가 별로 특별하지 않은 집단을 구성할 수도 있다. 또한 제한된 영역 안에서만 활발히 작동하는 집단을 구성할 수도 있고 적용 범위는 제한적이지만 탄탄한 지식을 갖춘 집단을 기획할 수도 있다.

기획성과 즉흥성

실천이 수행되고 정체성이 형성되는 데에는 다양한 방법이 있으며 기획은 그 가운데 한 요소에 지나지 않는다. 앞에서 실천의 구조란 즉흥적이고 섭동과 복귀를 반복하며 항상 생성 중인 것이라고 주장했다. 그리고 정체성의 구조도 자아의 궤적이 구축되는 동시에 항상 진행 중인 것이다. 여기서 실천과 정체성이 생명력을 얻게 되는 것은 바로 이러한 생성·진행하는 즉흥적인 과정에서 기인한다. 예측 불가능한 세계에서 즉흥성과 혁신은 있으면 좋은 선택 사항의 차원을 넘어서서 없으면 안 될 필수불가결한 사항이다.

그런고로 기획과 실천의 관계는 직접적이지 않고 항시 간접적일 수밖에 없다. 그러한 관계는 해당 실천을 수행해 나가는 공동체에 의해 거듭난다. 곧 실천은 기획의 산물이 아닌 기획에 대해 반응하는 대응전략인 것이다.

- 예컨대, 소프트웨어는 설계의 산물이다. 만약 제대로 실행되지 않는다면 그 소프트웨어에 버그가 있다고 볼 수 있고 이러한 버그는 설계의 오류에서 비롯된 것이다.
- 반면에 실천은 기획된 것에 대한 반응이라고 볼 수 있다. 기대치 않은 실행의 결과란 항시 있게 마련이다. 이러한 결과들은 설계의 오류에서 비롯된 것이라고 볼 수 없다. 오히려 그것들은 애초에 설계한 것이 특정한 상황에서 수행되면서 그에 대응하여 적절하게 나온 것이라 볼 수 있다.

이러한 맥락에서 보면, 처방의 주문이 지나치게 많거나 엄중한 책무성을 물을 수 있도록 제도화된 경우 간혹 엉뚱한 결과를 불러오기도 한다. 그러한 경우 수행 결과는 설계 의도와는 전혀 딴판일 가능성이 많다. 교과 내용보다는 시험 대비에만 급급한 학생들이나 할당량을 채우기에만 급급한 관리자의 경우가 바로 그러한 예를 잘 보여 준다.

◆ 기획과 그 실현 사이에는 불확실성이 잠재되어 있다. 왜냐하면, 실천이란 기획의 결과가 아니라 그에 대한 대응과정의 일부이기 때문이다.

따라서 기획에서의 중요한 과제는 즉흥적인 것들을 차단하는 데 있지 않고 그것들을 발전의 기회로 이용하는 데 있다. 처방에 들어가는 비용과 산출을 비교해 보고 무엇이 최적의 계획인지 예상하는 것이 중요하다. 기획 내용이 더 세세하다고 해서 좋은 것은 아니다. 기회의 여지를 마련해 주는 미니멀리즘 기획이야말로 최상의 기획이라고 할 수 있다.

국지성과 전체성

어떠한 실천도 직접적인 관여의 한계로 인해 전체적인 차원, 즉 전 조직적 차원을 포괄하기에는 역부족이다. 제아무리 전 조직적인 차원의 이슈에 관해 다룰지라도 관여의 수준에 관한 한 그 실천은 국지적일 수밖에 없다. 이런 점에서 어떠한 기획도 전 조직적 차원을 다룰 수 없고, 다만 전 조직적 차원에 도달하려고 하는 국지성들 간의 관계를 다루는 것에 불과하다. 전체 밑그림을 한눈에 꿰뚫는 실천이란 있을 수 없다. 어떠한 실천도 동시에 다른 실천을 포괄하지는 못한다.

그런고로 학습설계에 관한 한 설계하는 사람 따로, 그것을 실행하는 사람 따로가 있을 수 없다. 실천공동체는 어떤 면으로 보면 그 자체로 하나의 학습설계도라고 할 수 있다. 왜냐하면, 실천공동체는 신참이 어떻게 전임 참여자가 되어 가는지 알려 주는 등 궁극적으로는 누가 무엇을 배울 것인지에 관해 하나의 좌표 역할을 하기 때문이다. 따라서 학습설계를 구안하고자 할 때에는 실천공동체를 어떻게 구축할 것인지 염두에 둘 필요가 있다.

실천공동체가 그 자체로 학습설계도로 작용한다는 것이 곧 현장적 관점과 같은 국지적인 가치를 더 우선적으로 고려해야 한다는 것을 의미하지는 않는다. 실천공동체는 사람들이 학습해 가는 데 영향을 미치는 일부 요인에 불과하다. 한 공동체의 실천은 그들이 결부되어 있는 시공간적인 제약에서 벗어나기 어렵기에 그 실천이 성립하기 위해서는 다른 공동체의 실천과 중복되고 연관되지 않을 수 없다. 학습을 설계하고자 할 때는 관련된 실천들 간의 연계가 어떻게 구축될 수 있는지 염두에 두지 않으면 안 된다.

국지성과 전체성 간의 이러한 복잡한 관계는 학습설계에서 하나의 패러독스로 작용하는데, 그것은 다음과 같이 말할 수 있다.

- 한 공동체가 다른 공동체의 실천까지 완전히 기획할 수 있는 방법은 없다.
- 어떤 공동체이건 구성원들의 학습에 대해 완벽하게 기획할 수 있는 방법은 존재하지 않는다.

이렇게 볼 때 학습설계에는 아이디어와 그것의 실현, 또는 계획과 실행 사이의 구분이 분명하게 존재하지 않는다. 그렇다면 설계는 조직이 그대로 따라야 하는 구체적인 지침으로서보다는 그 조직이 자신들의 입장이나 이해관계를 위해 협상해 나가는 일종의 소통의 기제 역할을 한다는 점에서 객체화의 산물이라고 볼 수 있다.

동일시와 협상력

기획이란 시간과 공간을 의도한 바대로 관리·경영할 수 있는 방법을 구안하는 일이다. 따라서 기획에는 의미를 협상하고 결정하는 데 밑받침이 될 힘이 수반된다. 실제로 기획된 내용이 효력을 가지기 위해서는 조직 내에서 공동체를 어떻게 형성시킬 것인지, 그리고 구성원들이 어떻게 서로 소통하도록 할 것인지 결정하지 않으면 안 된다. 어떤 기획과정에도 다음과 같은 질문이 반드시 포함되기 마련이다. 즉, 기획 내용을 두고 누가 지시자가 되며 누가 피지시자가 될 것인가 하는 힘의 분배에 관한 질문 말이다. 기획은 특정한 입장의 시각을 반영한다. 물론 기획 과정 자체가 항상 어떤 입장에 대해 유불리를 결정하는 것은 아니지만, 기획을 하다 보면 결국 특정한 입장만을 유리하게 하는 것은 피할 수 없다. 역으로 유리한 입장 또한 아무런 대가를 치르지 않는 것은 아니다. 왜냐하면, 제도적인 처방에 따라 이익을 얻는 입장은 운신의 폭이 그만큼 작아질 가능성이 커지며, 조직으로부터 이탈해 나가는 반대 세력이나 영역 또한 커질 공산이 크기 때문이다.

기획이란 마치 이정표와도 같아서 일단 설정된 이정표는 우리가 현재에 존재하는, 그리고 장차 나아갈 위치를 알려 준다. 그것은 우리가 우리 자신의 정체성을 어떻게 정하며 그러한 정체성을 누구와 공유할 것인지를 결정하는 데 중요한 관건이 된다.

① 기획안은 동일시해야 할 대상은 무엇이고 동일시하지 않아도 되는 대상은 무엇인지 분명히 알려 주어야 한다.
② 기획안은 의미의 주체성을 공유하도록 촉구하는 권유서와도 같다.

학습설계는 사회적 에너지를 분출시키는 역할을 해야 하며 동시에 그러한 에너지가 분출되는 방향을 제시해 주어야 한다. 그것은 또한 실천을 유도할 수 있는 틀을 제시해 주어야 하지만 그 틀은 어디까지나 실천 안에서 타협 가능한 것이어야 한다. 이러한 딜레마는 다음과 같이 요약될 수 있다.

◆ 기획은 실천과 정체성을 형성해 나갈 수 있도록 동일시와 협상력이 작동할 수 있는 여지를 마련해 주어야 한다.

따라서 기획은 구성원들로부터 헌신적인 관여를 이끌어 낼 수도 있고 맹종을 이끌어 낼 수도 있다. 그리고 그들을 참여로 이끌 수도 있고 비참여로 이끌 수도 있다. 기획은 구성원들이 자기 실현에 모든 에너지를 집중할 수 있는 청사진 역할을 할 수도 있다. 기획은 또한 구성원들로 하여금 의미를 공유하도록 할 뿐만 아니라 그러한 타협이나 공유 자체를 거부함으로써 자기 자신을 실현할 수 있도록 해 주기도 한다.

기획 공간

이상에서 정리한 제반 차원들은 기획 단계에서 반드시 고려되어야 한다. 왜냐하면, 이들 차원들을 고려함으로써 기획의 단계에서 의미나 시공간 또는 파워의 문제들을 제대로 반영할 수 있기 때문이다. 그때그때 일어나는 일은 국지적인 성격의 일일 수도 있으며, 그보다 훨씬 광범위한 성격의 일일 수도 있다. 어느 한 차원만을 기획의 내용으로 다루는 것도 가능은 하겠지만, 모든 차원에 대해 그러한 차원들이 어떻게 설정될 것인가 하는 요구는 피할 수 없는 노릇이다. 참여냐 객체화냐 하는 선택의 접근으로 권위의 문제를 해소할 수는 없다. 마찬가지로 그러한 접근을 통해서는 국지성과 전체성, 기획성과 즉흥성을 서로 조화시키는 데 한계가 있다.

이들 차원들 모두는 각각 장단점을 안고 있다. 기획이란 각각의 차원들의 장단점을 고려해 가면서 어디쯤에 최종 목표를 둘 것인지 결정하는 일이라고 할 수 있다. 각각의 차원들은 기획 내용이 실현되었을 때 어떤 모습으로 나타날지 알려 주는 공간적 좌표의 역할을 하기 때문이다. 예를 들어, 특정 의제를 중심으로 모인 집단이 있다고 하자. 그 집단이 어떻게 운영되느냐는 하나의 방식으로만 규정되지 않는다. 그 의제에만 전적으로 매달려 운영될 수도 있고, 내부 전문가들이 주도하여 운영될 수도 있다. 혹은 외부의 인사를 기용하여 운영될 수도 있으며, 한 사람의 리더십에만 의존하여 운영될 수도 있다.

예를 들어, 조직을 형식이냐 무형식이냐의 잣대로 따지는 것은 이러한 측면들이 가지는 특징을 지나치게 단순화시킬 위험이 있다. 가령, 국지적인 활동이나 모임은 흔히 무형식적인 성격을 갖는다. 그러나 몇몇 일과 후 사내 모임과 같이 어떤 경우에는 국지적인 활동도 제도화되면 지극히 형식적인 속성을 띨 수 있다. 제도에 의해 부여된 권위는 상당히 형식적이지만, 그러한 권위가 때로는 비합리적인 소통 경로를 무시하는 경우도 종종 볼 수 있다. 더 넓은 가능성의 공간을 열어 두고서 기획하고 그 실행 가능성을 타진해 봄으로써 보다 나은 혁신적인 해법을 구안해 낼 수도 있다. 예컨대, 권위의 문제를 국지성과 전체성의 측면으로부터 분리시켜 본다면, 각각의 국지성들을 어떻게 연계시킬 것인가 하는 관점에서 접근하여 위계적인 소통방식만을 고집하지 않고도 권위의 문제를 다르게 다뤄 볼 수 있다.

학습 인프라의 주요 요소

학습설계에서 다루어져야 할 원칙으로는 앞서 제8장에서 소개한 세 가지 소속감의 형성 기제에 따라 다음의 세 가지 차원으로 생각해 볼 수 있다. 즉, 그것은 구성원들로부터 관여행위와 상상 그리고 조정행위의 노력을 어떠한 모습으로 어떻게 이끌어 낼 것인가 하는 점이다. 이들 세 차원들을 학습에서 가장 중요한 인프라로 꼽을 수 있을 것이다. 학습공동체는 이들 세 차원을 어떻게 수용하느냐에 따라 그 성패 여부가 결정된다. [그림 10-2]는 구성원들의 학습을 활성화하기 위해서 필요한 인프라와 그 세부 내용에 관해 요약한 것이다. 이하에서는 각 인프라의 세부 내용에 관해 간략히 소개하기로 한다.

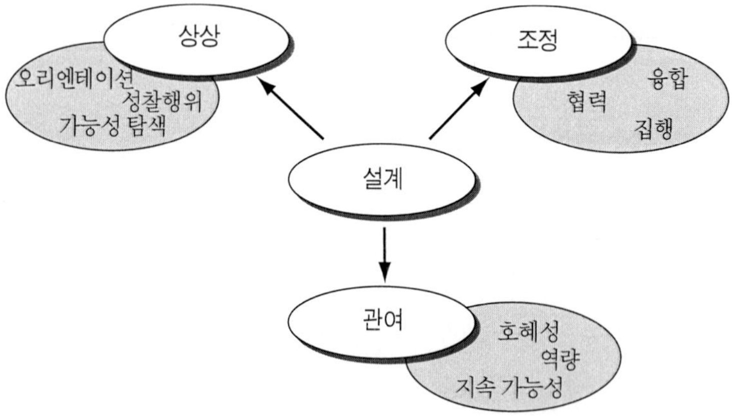

[그림 10-2] 학습의 세 가지 인프라 구조

관여의 요건

관여행위를 기획한다는 것은 곧 실천공동체를 기획한다는 것과 마찬가지 의미다. 관여행위가 학습의 일환으로 작용하기 위해서는 단순히 개별 활동의 문제가 아니라 공동체 구축의 문제와 사회적 에너지의 문제로 접근할 필요가 있다. 이러한 관여행위의 인프라로 볼 수 있는 요인으로서 호혜성, 역량, 지속 가능성을 들 수 있다.

- 호혜성
  ① 상호 작용을 위한 환경: 물리적 및 사이버 공간; 시공간상 상호 접근을 확장시켜 주는 인터랙티브 테크놀로지나 커뮤니케이션 환경
  ② 협력 과제: 서로 함께 할 수 있는 일들; 상호 지원 가능성
  ③ 주변성: 경계 접속; 다양한 수준의 소속 방식, 주변 참여, 가입 시점; 관찰, 일상적인 접촉, 오픈 하우스
- 역량
  ① 이니셔티브와 지식: 지식 창출 활동; 지식 적용, 해결책 입안, 의사결정; 에너지, 창의성과 창조성을 요하는 문제
  ② 책무성: 상호 평가; 독창적인 스타일; 업무 공유를 위한 타협
  ③ 도구: 역량을 요구하는 도구; 이야기나 용어, 개념; 위임 시설(예: 업무 수행자가 보다 의미 있는 일에 더욱 집중할 수 있도록 자동화된 시스템)
- 지속 가능성
  ① 객체화된 기억: 정보 축적물, 문서화와 업무 계열화; 복구 기제
  ② 참여적 기억: 참여의 형태에 의해 구현된 기억, 즉 세대 간 조우, 도제 시스템; 궤적의 전형, 스토리텔링

상상의 요건

학습이 일어나기 위해서 실천공동체에 관여행위의 가능성은 매우 중요한 요건이지만 그것만으로는 충분치 않다. 해당 실천의 역사를 한번에 조망할 수 있고 미래의 새로운 가능성을 감지할 수 있는 창의적 상상을 동원할 수 있는가가 매우 중요하다. 이러한 상상을 통해 구성원들은 자신들의 학습이 보다 더 큰 맥락 속에서 어떠한 의미를 가질 수 있는지 감각을 갖추게 될 것이다. 오리엔테이션, 성찰행위, 그리고 새로운 가능성의 탐색이 상상력에 포함될 것이다.

- 오리엔테이션
  - 공간의 구상: 지도와 같은 시각 도구
  - 시간의 구상: 민담, 박물관
  - 의미의 구상: 스토리, 범례
  - 파워의 구상: 조직 차트
- 성찰행위
- 새로운 가능성에 대한 탐색 작업

조정의 요건

상상은 새로운 가능성의 지평을 개척하는 데 분명히 없어서는 안 될 덕목이라고 할 수 있지만 그것만으로는 역시 충분치 않다. 그것이 제대로 의미를 갖기 위해서는 현재 수행하고 있는 과제나 업무에 어떻게 접목시킬 수 있는지 하는 조정의 노력이 뒤따르지 않으면 안 된다. 다음과 같은 항목들이 이러한 노력에 해당한다.

- 융합
  - 공동의 목적, 동기와 이해
  - 복종, 리더십, 설득
- 협력
  - 표준과 방법
  - 커뮤니케이션
  - 경계 기제
  - 피드백 기제
- 집행

기획의 프레임

이상에서 살펴본 학습설계에 관한 내용들은 전혀 새로운 것이 아니다. 기존의 실천을 그대로 유지하면서 그 타이틀만 바꾸는 것은 학습설계에서 지향해야 할 바가 결코 못된다. 중요한 것은 물리적인 공간이나 정보 테크놀로지, 조직 구조와 같은 전통적인 환경을 포함하여 전체적인 틀을 다양한 학습 요구에 맞도록 조정하는 데 있다. 학습설계의 성패 여부는 결국 주어진 공간 조건과 네트워크 시스템, 교육과정 속에서 네 가지 차원을 어떻게 구현하며, 관여와 상상 그리고 조정을 위한 환경을 어떻게 제공하느냐에 달려 있다. 제2부 요약에서 밝혔듯이 관여, 상상, 조정은 서로 긴밀히 결합되어 작동될 때 비로소 최상의 효과를 가져다줄 수 있다. 그렇다면 문제는 세 가지 하위 요소들이 어느 하나 도태되지 않고 함께 어우러져 작동할 수 있는 조건을 마련해 주는 일이다.

학습설계는 앞서 지적한 학습의 네 가지 차원, 즉 참여와 객체화, 기획성과 즉흥성, 국지성과 전체성, 그리고 동일시와 협상력 속에서 학습의 세 가지 인프라 각각을 어떻게 서로 조합시킬 것인가 하는 문제다. 〈표 10-1〉은

〈표 10-1〉 학습설계의 요소와 차원

	관여	상상	조정
참여/객체화	상호 작용	스토리	스타일, 이야기
기획성/즉흥성	즉흥적인 업무 수행	시나리오, 시뮬레이션	커뮤니케이션 방식, 피드백, 협력체제
국지성/전체성	복수 멤버십, 중개, 주변, 대화	모델, 청사진	표준, 공유 인프라, 권위의 중심
동일시/협상력	호혜성, 상황적 협상, 소외	새로운 궤적, 공감, 전형, 설명	영감, 영향력의 장, 파워관계의 상호성

학습 인프라의 세 가지 요소들이 앞서 설명한 네 가지 차원에서 어떻게 구현되는지를 간략하게 보여 주고 있다.[2] 예컨대, 국지성과 전체성의 차원에서 보면, 복수 멤버십에서 시작하여 청사진 그리고 표준으로 이어지는 스펙트럼을 볼 수 있다.

제11장과 제12장에서는 이상에서 설명한 학습 프레임이라는 개념틀을 사용하여 조직기획이나 학습설계에서 생각해 볼 수 있는 문제들을 다루어 보겠다. 새로운 조직이론이나 교육이론을 제시하는 것은 이 책의 목적이 아니다. 또 이 책에서 다루는 내용은 그럴 정도로 포괄적이지도 못하다. 다만, 여기서의 목적은 실천공동체와 그 하위 구조라는 일관성 있는 개념틀을 제시하고 이를 통해 조직이나 학습을 새롭게 설계해 보는 데 있다.

2 표에서 나온 예들은 조르주 페르(George Pòr)가 제시해 준 것이다.

제11장
조직기획

한 조직의 구성방식을 살펴보면 그 조직의 구성원들의 실천이 어떻게 전개되는지 짐작해 볼 수 있다. 그만큼 조직은 실천과 관련하여 이미 사회적으로 구안되어 있는 설계물이라고 할 수 있다. 사실 한 조직이 가지고 있는 역량과 지식, 그리고 그들이 경험하게 되는 학습은 실천 속에 스며들어 있다. 따라서 실천공동체는 조직의 역량과 그것의 발전에서 중요한 요인이다. 한편, 다음과 같은 세 가지 측면에서 볼 때 실천공동체가 제도적인 차원의 실체가 아니라는 점에 대해서 앞서 강조한 바 있다.

① 실천공동체는 제도적 요구에 따라 구성되기도 하지만 대개는 상호 협상을 통해 창출된다(제2장).
② 실천공동체가 구성되는 것은 제도적 요구에 따른 측면도 있지만 대개는 구성원들의 학습을 통해서다(제3장).
③ 실천공동체가 구성한 경계는 제도적으로 부여된 범위와 일치할 수도 있지만 그 대부분은 공동체 스스로 형성해 나간 것이다(제4장).

여기서 한 가지 명심해야 할 점은 조직의 기획과 일상적 실천은 반드시 일치하지 않는다는 점이다. 이런 점에서 앨린수사와 같은 조직에는 다음과 같은 두 가지 차원이 존재한다.

① 기획된 조직은 제도로서의 조직과 일상적 실천으로서의 조직으로 구별된다. 제도는 여기에 속하고 실천은 여기에 속하지 않는다.
② 실천은 조직에 생명력을 불어넣어 주는 것으로, 그것은 기획된 조직에 대한 반응이다.

어느 조직이고 이러한 두 가지 차원은 항상 존재하기 마련이다. 어떻게 보면 조직이란 결국 이러한 두 관점이 서로 상호 작용하는 양상이라고 볼 수 있다. 앨린수사와 같은 기업 조직 말고도 비영리 조직이나 단위 부서와 같은 하부 조직에서도 이러한 두 관점은 항상 적용된다. 또한 과학 공동체나 전문 집단, 종교 집단, 정당 등 제도적인 면모를 갖춘 조직이라면 어디서건 발견할 수 있다. 여기서는 제10장에서 소개한 이론적 틀을 사용하여 다음의 내용을 다루고자 한다.

① 조직기획의 측면에서 기획의 네 가지 차원에 관해 살펴본다.
② 관여, 상상, 조정에 기초한 학습 인프라라는 측면에서 조직기획의 제 양상을 검토한다.

이 책에서는 조직의 기획과 학습의 설계에 관해 다루지만 특정 조직 형태에 관해서는 언급하지 않을 것이다. 조직의 기획이라는 점에서 보면 조직 관리에 관한 이야기로 비추어질지도 모르겠다. 그러나 여기서 전하려고 하는 바는 특정한 업무 형태나 경영기법에 관한 것이 아니다. 그보다는 실천에 관하여 논의하고자 한다. 그리고 여기서 다루고자 하는 이야기들은 좋건 싫건 어느 조직에서나 찾아볼 수 있는 것들이다.

조직기획의 여러 차원

다음의 네 가지 차원을 중심으로 조직기획에서 고려해야 할 사항들을 정리해 보자.

① 참여와 객체화
② 기획성과 즉흥성
③ 국지성과 전체성
④ 동일시와 협상력

참여와 객체화: 제도화의 도전

조직기획에서는 특정한 방침, 규정, 역할, 과업 등을 객체화하거나 제도화해야 한다. 제도화한다는 것은 공적인 영역 안으로 편입된다는 것을 말한다. 그렇게 되면 전 조직 차원에서 주목의 대상이 되며, 결과적으로 하위 조직들이나 하위 공동체들 간에 경계 조정이 훨씬 수월해진다. 그러나 여기에는 모종의 대가가 따르기 마련이다.

- 제도화한다는 것은 해당 실천에 대해 하나의 준거점을 마련해 준다는 점에서 긍정적이나, 자칫 고착화로 이어지기 쉽다는 점에서 부정적이기도 하다.
- 새로이 구안된 제도가 새로운 입장을 반영할 때는 바람직한 혁신의 기회로 이어질 수도 있지만 실천의 구심점을 움직이게 하는 데에는 역부족일 수 있다.
- 제도는 독창성과 전 조직 차원의 감각을 갖추도록 하는 데 도움이 될 수 있지만 때로는 외부 세력의 독단성을 대변하는 기능으로 탈바꿈할

수도 있다.

- 제도는 특정 이해 세력을 견제하는 역할도 하지만 때로는 그 집단의 지배도구로 전락할 가능성도 있다.
- 제도는 한번 정착되면 매우 편리하게 작동하지만 여기에는 지속적인 관리에 따른 노력이 필요하다.

제도는 실천이 있음으로 해서 존립 가능하다. 지침이나 규정, 권위나 제도적 구조가 효력을 발휘하는 것은 어디까지나 실천 안에서 가능하다. 제도 자체는 아무런 일도 성취하지 못한다. 반면, 실천공동체는 '실제 일'이 벌어지는 바로 그 공간이다. 형식은 무형식에 기반을 두고 있으며, 공식적인 업무는 일상의 업무에 토대를 두고 이루어진다. 절차를 설계하고 지침을 만드는 일은 중요하다. 그러나 결국 결과물을 산출해 내는 것은 현장의 실천에 달려 있다. 기획에서 가장 중요한 관건은 실천을 무엇으로 어떻게 대치할 것인가가 아니라 실천을 어떻게 지원할 수 있을 것인가다. 제도의 결핍은 조직을 느슨하게 하는 수준의 영향을 주지만 제도의 과잉은 조직을 궁지에 빠뜨릴 위험으로 몰고 갈 수도 있다.

이러한 제도와 관련해서 생각해 볼 수 있는 질문은 다음과 같다.

① 어느 수준까지가 제도화되어야 할 영역이고 어디까지가 참여에 의존해야 할 영역인가?
② 제도가 활성화되기 위해서 어떤 형태의 참여가 요구되는가?
③ 제도가 불합리한 기제로 작동하게 되는 원인은 무엇인가?
④ 학습을 지원하기 위해 필요한 조직 간섭은 어느 정도가 적당한가?

기획성과 즉흥성: 조직의 이중 구조

실천공동체는 그들 고유의 업무와 비전 그리고 전략을 가지고 있다. 이러한 것들은 실천공동체들이 속해 있는 전체 조직의 그것들과 중복 · 혼재되어 있다. 지금까지 나는 실천이 설계의 직접적인 결과도 아니고 제도의 직접적인 영향에 의해 생겨나는 것도 아니라는 점을 주장해 왔다. 반면, 많은 공동체들이 조직을 기획하는 과정에서 생겨난 것 또한 사실이다. 따라서 그들은 제도적 맥락에 의존해 있다고 볼 수 있다. 실천은 제도에 의해 초래되었다고 해도 과언이 아니다. 그러나 실천공동체가 제도로 인해 생겨난 경우에도 현장에서 실천을 생산해 내는 것은 결국 조직이 아닌 공동체다.

제도적 기획과 실천은 조직 구조의 두 축이다. 그들은 상호 작용하고 서로 영향을 주고받으며 구조로서의 통합성을 견지해 나간다. 무형식은 형식의 부재를 의미하지 않는다. 다만, 거기에서 형식은 부단히 생성되는 구조이고, 즉각적이고 실제적인 논리를 따르면서 새로운 의미를 창출해 낸다. 조직은 구조의 두 축, 즉 제도의 기획 구조(결과)와 실천의 생성 구조(과정)가 서로 만나는 곳이다.

- 역할, 자격, 권위는 제도가 부여하는 것이다. 그러나 그것들이 구성원들의 실천 속에서 그들의 정체성으로 녹아 스며들지 않는다면 일상으로 정착될 수 없다.
- 구성원들 간의 책무관계는 제도가 설정해 놓은 규정이나 평가체계에 의해 결정된다. 그러나 실천공동체에도 구성원들 사이에 설정해 놓은 나름대로의 책무관계가 있는데, 제도적으로 설정된 책무성은 이에 수용되어야만 비로소 그 효력을 발휘할 수 있게 된다.
- 일의 절차, 강령, 규정, 지침 등은 제도적 차원에서 제시되는 것이다. 그러나 그것들이 구체적인 상황에서 제 의미를 가지고 효력을 발생하는 것은 공동체에 의해 받아들여지는 정도에 의해 결정된다.

제도와 실천 사이의 긴장관계는 결코 해소되지 않는 영원한 평행선상에 있다. 그 어디에도 제도와 꼭 들어맞는 실천이란 존재할 수 없고 둘 간에는 항시 간극이 있기 마련이다. 전에 스위스 관세 공무원의 사례에 관해 들은 적이 있는데, 국가적 안위라는 이유 때문에 그들에게는 노조운동이 법적으로 금지되어 있다고 한다. 그래서 그들은 '규정이 지시하는 바를 곧이곧대로 이행하는' 식으로 업무에 임하기로 결정했다. 그들의 전략은 곧 자신들이 원하는 대로 전체 업무 시스템의 작동에 차질을 빚는 등의 업무 마비를 가져올 수 있었다고 한다.

학습설계에서 중요한 핵심은 해당 조직으로 하여금 현장에서 수시로 일어나는 것들에 대해 충분히 수용하고 대처할 수 있도록 하는 것이다. 그렇게 될 때 그 조직은 비로소 잠재되어 있는 혁신이나 창의적인 실천에 활력을 불어넣을 수 있다. 제도와 실천은 서로 다른 실체로서 절대 하나로 만날 수 없다. 그들 사이에는 완벽한 일체란 있을 수 없고 다만 끊임없는 상호조정과 조율만 있을 뿐이다.

이와 같은 관점에서 볼 때 기획에서 신경 써야 할 것으로 다음과 같은 질문을 제시할 수 있다.

① 최소한의 기획이란 무엇인가?
② 새로이 발생하는 것을 수용하는 데 조직 내 장애가 있다면 무엇인가?
③ 기획의 결과는 어떠한 환경에서도 적용 가능한가?
④ 과정적인 패턴을 평가하고 수용하는 조직 내 메커니즘은 무엇인가?
⑤ 실천공동체가 자신의 학습을 조직의 역량수준으로 이끌어 내는 방법이 있다면 무엇인가?

국지성과 전체성

대부분의 조직 규모는 구성원 각자가 직접 관여할 수 있는 수준의 범위 이상이라고 할 수 있다. 대개의 경우 구성원들이 관여하는 업무는 조직의 전체 업무 가운데 일부에 불과하다. 따라서 구성원들이 조직에 관해 이해하고 있는 것, 예컨대 구성원들이 어떻게 조직에 소속해 있는지, 조직이 필요로 하는 지식과 조직이 요구하는 업무는 무엇인지와 관련해서는 국지성의 관점에서 이해해야 한다.

이미 언급했듯이 각각의 실천은 별개로 이루어지며 하나의 실천이 다른 실천을 동시에 포섭할 수 있는 방법은 있을 수 없다. 호혜적 관여는 항상 제한적일 수밖에 없기 때문에 이해의 범위를 확대하고자 한다면 반드시 모종의 대가를 치를 수밖에 없다. 전체성, 즉 전 조직 차원의 관점을 취했을 경우에 보다 큰 부분에 대해서만 초점을 맞추다 보니 내부 현장에서 일어나는 세부 사항들에 대해서는 간과할 수밖에 없다. 이러한 종류의 대가는 하나의 실천을 또 다른 실천으로 평가하거나 대체하려는 과정에서 항시 나타나게 된다.

조직 전체를 관리하는 실천의 경우에도 그 업무가 수행되는 방식은 국지적일 수밖에 없다. 예컨대, 조직 전체를 대상으로 한 관리 업무 역시 다른 업무와 마찬가지로 국지적일 수밖에 없다. 조직 관리 또한 제도적인 차원의 구속을 받지 않을 수 없으며 어느 누구의 관점도 조직 전체를 한번에 조망할 수 없다. 따라서 조직 전체의 일은 항시 특정한 관점으로 바라보지 않을 수 없으며 그런 점에서 국지적일 수밖에 없다. 실천 전체를 꿰뚫는 전체적 관점은 어디에도 존재하지 않는다.

물론 특정 관점이 다른 관점에 비해 조직 전체를 바라보는 데에서 우위를 점할 수는 있다. 앨린수사의 경우 관리자는 그 조직을 점검하고 운영하는 데 누구보다도 유리한 입장에 있다. 그러나 제도적으로 유리한 입장에 있다고 하는 사람과 실제로 그러한 입장에 있는 사람들이 가지고 있는 관점의 수준을 서로 혼동해서는 안 된다. 제도적 지위로 인해 유리한 입장에 있는 관점의 경우 그 영향력의 범위는 넓을지 몰라도 결국 조직 내에서 전체적인 영향력을 행사할 수는 없다.

흔히 조직 구조의 기획이라고 하면 마치 우산 모양과 같은 이미지를 떠올린다. 우산처럼 한 정점을 중심으로 해서 일사불란하게 움직이는 조직의 모습 말이다. 실제로 형식과 무형식에 관한 그림을 보면 형식은 항상 위에, 무형식은 그 아래에 자리 잡고 있다. 그러나 조직의 기획은 실천의 재배치와 같은 성격의 일이다. 이런 점에서 보면, 조직의 기획은 전지전능할 수 없고 다만 조직을 변화시킬 수 있는 매개와 같은 객체화로 기능할 뿐이다. 그것은 실천공동체 현장에서의 실천을 조직 수준으로 끌어올리고 연계하는 데 매개 기능을 한다. 조직을 꼭대기에서 호령하는 식의 조직기획이란 있을 수 없다. 조직기획은 조직 내 현장 구석구석을 종횡무진하면서 변화를 이끌기도 하고 새로운 요구를 수용하기도 하는 그런 일을 말한다.

이러한 관점에서 볼 때 제대로 된 조직기획이라면 실천이 지속 가능할 수 있도록 제도화해야 하는 것은 물론이거니와 다양한 실천 간에 소통 채널을 마련해 줄 수 있어야 한다. 바람직한 기획이라면 다양한 실천 속에 존재하는 지적 역량들을 서로 접속시켜 주고 상호 결합할 수 있도록 해 주어야 한다. 조직기획이 담당해야 할 최종 과제는 결국 다양한 지적 역량들을 하나의 조직 학습으로 엮어 내는 일이다. 조직의 구성원들 사이에 조직의 비전을 공유하도록 하는 일은 공동의 목표가 무엇인지 분명히 이해하도록 해 주는 일이기도 하지만, 더불어 조직원 간에 소통이 활발히 일어날 수 있도록 해 주는 일이기도 하다.

조직의 기획 차원과 관련해서는 다음과 같은 질문을 제기할 수 있다.

① 조직의 기획이 조직 내 커뮤니케이션에서 어떤 역할을 하고 있는가?
② 조직의 기획이 각 부서에 흩어져 있는 지식을 소통할 수 있는 통로 역할을 하고 있는가?
③ 조직 내 정보의 흐름은 충분히 호혜적인가?
④ 부서와 조직 전체에 동시에 관여하는 복수 멤버십이 존재하는가?
⑤ 어떤 관점이 중심적인 것 또는 주변적인 것으로 치부되는가?

동일시와 협상력

조직의 규모나 영역을 살펴보면 그 조직의 구성원들이 동일시해야 할 영역이 어디까지인지, 그리고 그들이 의미의 협상을 통해 포섭할 수 있는 영역이 어디까지인지를 알 수 있다. 제아무리 경쟁이 살벌한 조직환경이라도 구성원들이 서로 동료감을 느낄 수 있는 동일시의 요소가 분명히 있기 마련이다. 반대로 아무리 온화한 분위기의 조직이라도 구성원들의 생각이나 이해관계는 제각각이어서 서로의 생각을 어떻게 협상하고 조율할 것인지 하는 문제가 상존할 수밖에 없다.

실천공동체에서 구성원들을 내부적으로 관리하고 조직하는 방식이나 그 구성원이 조직의 일원으로 수용되는 방식은 동일시 영역의 일부다. 실천공동체에서 자체 활동에 대한 통제와 의미를 산출하는 제도적 환경에 영향을 미치는 역량은 협상의 영역이다. 예컨대, 보험처리 담당 직원들의 협상력이 미칠 수 있는 영역이란 그들 업무 밖보다는 업무 안에 존재한다. 왜냐하면, 그들의 업무 수행 실천을 보면 상당 부분 제도 규정에 따라 결정된 부분이 많기 때문이다. 물론 그들의 실천 모두가 규정에 따른 것이라고 할 수는 없다. 보험처리 담당 직원들의 업무 수행방식은 그날 그날의 여러 가지 변수나 당사자들이 무엇을 우선순위에 놓느냐에 의해 달라질 수 있기 때문이다. 외관상으로만 보면 협상의 여지는 매우 협소해 보인다. 왜냐하면, 직원들의 현장 지식이 조직이나 제도에 미칠 수 있는 영향의 정도는 미미한 수준에 불과할 테니까 말이다.

동일시해야 하는 영역과 협상 가능한 영역의 양자가 반드시 일치되리라는 법은 없다. 흔히 사람들은 자신들이 속해 있다고 생각하는 조직과 실지로 속해 있는 조직 간에 괴리를 느끼는 경우가 종종 있다. 실천공동체에 대해 영향을 미칠 수 있는 여지가 얼마나 되는지, 혹은 기여할 수 있는 것이 있다면 그것이 무엇인지에 관해 직원들이 생각하는 바 역시 협상력의 영역에 의해 결정된다. 직원들 개개인이 어디까지 알고 있어야 하는지, 어떤 것을 문제라고 상정할 수 있는지, 그리고 자신들의 창의력을 어떤 식으로 발휘할 수 있는지를 알려 주는 것도 협상력의 영역이다. 또한 현재 자신들이 취할 수 있는 정보와 자원을 가지고 무엇을 할 수 있는지, 그리고 어떤 새로운 정보와 자원을 찾으려고 노력해야 하는지를 알려 줄 것이다. 말하자면 협상력의 영역은 무엇을 해야 하며 할 수 있는지, 즉 어디까지가 자기 역할의 영역인지 알려 주는 이정표와 같다고 할 수 있다. 업무와 관련해서 구성원 자신이 주관적으로 생각하는 바가 곧 협상력의 영역에 의해 결정되는 것이다.

무언가가 협상의 도마 위에 올랐다고 하는 것은 곧 그것이 우리가 다룰 만한 사안의 범위 안으로 들어왔다는 것을 의미한다. 결국 그것은 우리의 정체성을 확장시키는 데 영향을 미친다. 정체성의 변화로서 일어난 학습은 워낙 근본적인 차원에서 일어난 것이기 때문에 쉽게 되돌릴 수 없다. 그리고 협상 가능성의 영역을 확대하거나 축소하는 것, 그 여지를 열어 놓거나 닫아 버리는 것은 무엇보다도 심각하게 우리가 무엇을 학습할 수 있을지에 영향을 미친다. 변화가 공동체 내부에서 주도되었건 그렇지 않건 우리가 무엇을 학습할 수 있는지에 영향을 미친다. 이런 점에서 정체성의 형성과 협상력의 신장은 조직 발전에 가장 중요한 측면이다.

이상에서 살펴본 속성들에 비추어 조직의 기획에서 다루어야 할 질문은 다음과 같다.

① 공동체 구성원들이 형성하게 되는 정체성은 어디서 오는 것인가?
② 정체성 형성에서 걸림돌은 무엇인가?
③ 효과적인 지식의 유통과 보급을 위해 어떤 기획이 필요한가?
④ 공동체는 협상 가능한 영역을 어떻게 변화시켜 나가는가?

조직, 학습, 실천

이런 점에서 보면 순전히 강의실에서만 이루어지는 훈련식의 교육에 대해서 회의적인 것도 이해가 갈 만하다. 이러한 교육방식에서는 실천으로부터 관련 요소, 조건, 설명, 지적 및 물적 자산을 추출하여 이를 강좌나 매뉴얼 등의 제도적인 지적 및 물적 자산으로 변화시키게 된다. 이러한 방식의 교육에서는 조직에서 가장 귀중한 학습 자산이라고 할 수 있는 실천에 대해서는 별로 신경 쓰지 않는다.

반면, 통합식 교육방식은 실천에 초점을 맞추고 그에 따라 학습의 설계에 필요한 사항들을 맞추어 나간다. 학습공동체를 구축하는 일이나 신참을 훈련시키는 일은 서로 다른 일이 아니라 상보적인 일이다. 신참 훈련은 실천공동체의 학습과정에서 중요한 일부이며, 그런 과정에서 발생하는 세대 간 만남은 신참과 공동체 모두에 도움이 되는 성찰을 가능하게 한다. 이런 점에서 조직기획을 할 때 일반적으로 생각해야 할 지침은 다음과 같다.

① 신참이든 고참이든 학습을 참여의 과정으로 보도록 하라.
② 교육보다는 학습에 중점을 두어라.
③ 공동체의 실천 설계를 학습의 기회로 활용하라.
④ 공동체가 조직과 다른 실천들과의 관계를 협상하는 데 필요한 자원들에 접근 가능하도록 하라.

여기서 어떤 교수자료를 사용할 것인가, 교육 공간은 어떻게 배치할 것인가, 또는 어떤 전문가를 초빙할 것인가 하는 것은 그다지 중요한 문제가 아니다. 그보다 학습공동체에게 진정으로 필요한 것은 관여행위, 상상, 조정행위다. 예를 들어, 어떤 공동체는 현행 업무방식의 문제점을 돌아보고 새로운 활력을 충전하기 위해 강도 높은 재교육 기간을 가질 수도 있다. 이렇게 마련된 재교육제도는 일상의 실천에서 벗어나 새로운 업무관계와 새로운 가능성을 탐색하는 기회로 작용한다.

마찬가지로 구성원들은 때때로 교육 프로그램을 통해서 평소에 서로 접할 기회가 없었던 사람들과 접촉할 수 있다. 여기서 사람들은 새로운 관계를 맺게 되고 서로의 경험을 교환하게 되는데, 실지로 여기서 배우게 되는 내용들은 교육 프로그램의 내용보다 더욱 알차다. 교육 프로그램이라는 제도화된 공간이 제 의미를 가질 수 있는 것은 그 프로그램의 내용도 내용이지만 어찌 보면 이와 같이 서로 공동체 의식을 형성해 나갈 수 있는 기회로 작용하기 때문이라고 볼 수 있다.

여기서 강조하고 싶은 것은 형식교육이나 재교육 기능이 의미가 없다는 것이 아니다. 재교육 프로그램을 설계하고 거기서 이루어지는 학습이 학습의 전부라고 생각하는 것과, 학습은 공동체의 실천의 몫이며 교육 프로그램은 학습공동체의 실천을 위한 지원 역할을 한다고 보는 것은 전혀 다른 시각이다. 신참의 입장에서는 강의실에서 받는 교육을 학습이라고 하는 것보다 해당 실천에 주변적으로나마 참여함으로써 그에 관해 지식을 얻게 되고 학습해 나갈 수 있다면 더 귀중한 경험이 될 것이다.

이러한 관점에서 본다면 교육 설계는 조직기획과 맞물려 있을 수밖에 없다. 이렇게 학습은 조직에서 이차적인 기능으로서가 아닌 핵심 기능의 문제로서 다뤄 나가야 한다. 교육 프로그램을 설계하고 전달하는 것은 교육의 목표가 될 수 없다. 교육 목표는 조직 내에 잠재되어 있는 학습을 어떻게 개발할 것인가에 있다. 결국 학습은 학습공동체를 지원하고자 관여행위, 상상, 조정행위를 주요 구성 요소로 하는 조직의 학습 구조를 필요로 한다.

조직과 참여

실천공동체가 학습의 핵심 요소로 작용할 수 있는 것은 실천공동체에 전제되어 있는 조직에의 헌신이라는 측면 때문이다.

① 일단의 구성원들이 있고 그들이 자신들의 일을 함께 해 왔다면 그 조직의 내부에는 모종의 실천공동체가 명시적으로든 암묵적으로든 생기게 마련이다.
② 실천공동체는 조직의 핵심 자산인데, 구성원들 간에 호혜적 관계를 형성하고 그 속에서 조직의 실천에 참여하는 구성원들의 노력이 바로 그것이다. 구성원들의 학습이 조직의 역량이며, 실천공동체의 발전이 이러한 역량의 개발로 나아가는 핵심 관건이다.[1]

한 가지 주의해야 할 점은 실천공동체는 원래 자생적인 속성을 가지고 있기 때문에 조직이나 제도적인 요구는 최소화되어 반영된다. 실천공동체를 활성화하는 데에는 그다지 많은 제도적인 지원이나 조직 차원의 거대한 비용이 들어가지 않는다. 그렇다고 해서 인위적인 노력이 가해져서는 안 되고 자생할 수 있도록 무작정 내버려 두라는 것은 아니다. 때로는 조직 내에 많은 에너지의 투입과 헌신과 재정적 지원이 필요하다.[2] 여기서 분명히 하고자 하는 것은 실천공동체가 정책적 노력에 의해서가 아니라 현장에서의 구성원들의 노력과 실천의 대가로 형성된다는 점이다.

1 조직이론가 C. K. 프라할라드와 게리하멜(Prahalad & Hamel, 1990)은 어느 조직이건 핵심 역량이 있고 바로 그것이 조직의 성격을 규정한다고 주장한다. 즉, 조직에서 가장 중요한 것은 핵심 역량이라는 것이다. 그러나 조직 내에서 핵심 역량이 어떻게 받아들여지고 어떻게 사용되느냐 하는 것은 실천공동체에 달려 있다는 점에서 실천공동체가 조직과 그 구성에서 더욱 본질적이라 할 수 있다(Snyder, 1996).

2 와니타 브라운과 데이빗 아이삭스(Juanita Brown & David Isaacs, 1995)와 같은 공동체 관련 컨설턴트들은 축제적인 의례와 같은 행사도 공동체 형성을 유지하고자 하는 노력에서 중요한 기능을 한다고 주장한다.

학습 조직으로서의 실천공동체

조직의 기획과 관련해서 실천공동체가 주는 시사점은 다음과 같이 정리해 볼 수 있다.

- 의미의 협상　　실천공동체 안에서 참여와 객체화는 함께 어우러져 실천의 역사를 구성하고 있으며 이를 바탕으로 현재도 그러한 역사는 계속 진행된다. 어찌 보면 구성원들은 이미 의미의 협상에 나아갈 태세가 되어 있는 셈이다. 사실 때로는 말을 아끼는 것이 더 많은 의미를 나타낼 수도 있다. 그리고 우리의 행위 하나하나가 우리가 지나온 과거사를 담고 있다고 볼 수 있다.
- 지식의 보존과 창출　　실천공동체는 의미의 협상 속에서 형성되고 작동되기 때문에 새로운 요구나 기회에 대해 강한 면모를 보여 준다. 실천공동체는 구성원들의 학습경험과 학습과정을 따로 제작된 책이나 데이터베이스가 아닌 일상의 생생한 실천 속에 보존한다. 바로 그런 연유에서 실천공동체가 있음으로써 새로운 세대는 조직의 역량을 지속·발전시킬 수 있다. 실천공동체 속에서 구성원 개인의 경험과 조직이 설정해 놓은 역량체제가 서로 견제하고 긴밀히 상호 작용할 때 비로소 새로운 지식이 창출된다.

  물론 앞서 지적했다시피 여기에는 두 가지 폐단이 존재할 수 있다. 하나는 개인이 조직으로부터 소외될 때 그가 가지고 있는 경험과 조직이 요구하는 역량 사이에 균열이 발생한다는 점이다. 역으로 조직의 강력한 일체성의 강조는 개인의 경험과 조직의 역량을 일치시키도록 한다. 양자 어느 경우도 지식의 창출에 걸림돌로 작용한다. 양자 사이에서 적당한 긴장관계를 유지하는 것만이 기존의 지식을 보존하면서 동시에 새로운 지식의 창출을 기대할 수 있다. 실천공동체는 그러한 균열과 일치의 조짐을 제도보다 더 신속하게 감지해 낸다. 따라서 낡은 지식을 보존하고 새로운 지식을 수용하는 것도 결국 실천공동체의 몫이다.

• **정보의 유통과 보급** 실천공동체의 구성원들은 상당 기간 공동으로 업무를 추진하면서 인간적인 관계를 유지하고 이를 기반으로 호혜적 책무관계를 발전시켜 나간다. 정보의 공유는 이러한 호혜적 책무관계 속에서 가능하다. 그리고 그 결과 개인에 의해 창출된 새로운 정보는 모든 이에게 신속하게 전파될 수 있다.[3] 실천공동체 안에서 정보는 소통을 전제로 하여 성립한다. 왜냐하면, 어차피 정보라는 것도 의미의 협상 과정에서 나온 산물이기 때문이다. 정보는 실천공동체에 따라 그 의미가 결정되며 보급 · 확산된다. 말하자면 실천공동체는 소통의 끈이라고 할 수 있다. 따라서 각 조직은 특정 생산 라인이나 특정 부서 등의 하위 부서를 초월하여 범조직적 차원의 실천공동체가 활성화될 수 있도록 할 필요가 있다. 그래야만 지식이나 정보가 한군데에 정체되지 않고 자연스럽게 유통 · 보급될 수 있다. 예컨대, 나는 앞서 두 개 이상의 공동체에 참여하고 소속감을 갖는 것이 왜 필요한지 강조했다.

• **정체성 형성의 진원지** 실천공동체를 강조한다는 것이 개인을 배제하여 생각하겠다는 의미는 아니다. 오히려 실천공동체 개념은 추상적인 의미의 사람이 아닌 구체적인 개인들에 더 초점을 맞춘다. 조직의 발전이 결국 개인들의 몫이라고 말한다면 그것은 너무 뻔한 지적이 될 것이다. 그렇지만 우리로 하여금 우리가 원하는 사람이 되도록 하고 조직을 발전시킬 수 있도록 하는 기제는 무엇인가라고 묻는다면 고민해 볼 만한 의미 있는 질문일 것이다. 학습의 정수는 결국 우리로 하여금 공동체에 지속적으로 참여할 수 있도록 하는 것 그 이상도 이하도 아니다. 우리가 가진 역량이 우리 자신의 참여의 정체성으로 이어질 때, 그리고

---

3 이러한 생각은 네트워크 이론에서 '강한 유대'라는 개념으로 다루어진 바 있다(Wellman & Berkowiz, 1988). 그러나 실천공동체가 의미하는 바는 개인들 간에 맺고 있는 유대관계 이상이다. 실천공동체는 그러한 유대관계가 성립되도록 하는 공유의 역사까지도 포괄한다.

우리 자신을 인정받는 구성원으로 규정해 주는 공동체 형성에 기여할 수 있을 때, 우리는 맡은 바 역할을 가장 잘 수행하게 된다.

구성원 개인의 학습이 얼마나 조직의 목표로 이어질 수 있는가 하는 문제는 순전히 그가 그 조직에 대해 얼마나 소속감을 가지고 있는가에 달려 있다. 물론 이러한 소속감 또한 실천공동체의 문제다. 개인적인 노력이나 사회적 에너지는 제도적으로 구축될 수 있는 성질의 것이 아니다. 그런 것들은 참여자 자신의 정체성과 관련된 문제다. 조직의 역량을 키우는 것은 실천과 관련이 있으므로 공동체와 정체성에 관련될 수밖에 없다.[4] 실천공동체의 구성원이라는 개념은 사람들을 분류하고 전형화하기 위해 사용된 개념이라기보다는 참여와 소속감이 얼마나 중요한지, 그리고 그것들이 어떻게 조직 역량의 발전에 핵심 관건이 되는지 보여 주고자 하는 개념이다. 조직은 실천공동체를 어떻게 해서든 제도화하려고 하며, 이를 통해서 구성원들의 적극적인 책임감을 이끌어 낼 수 있도록 그들의 정체성에 영향을 주고자 할 것이다.

실천공동체는 학습을 위한 조직 내 조직으로서 조직의 입장에서 일종의 무형자산이라 할 수 있다. 그러나 실천공동체는 어떠한 형식으로도 제도화될 수 없기 때문에 그 존재는 쉽게 지나쳐 버릴 수 있다. 실천공동체가 조직의 내부에만 있든 그를 넘어서서 다른 조직과 연계되어 있든, 또는 조직의 실천에 전적으로 관여하든 부분적으로만 관여하든, 그것은 여전히 조직에는 핵심 자산이라고 할 수 있다. 제도를 넘나들면서 실천에 관여하는 것이 바로 실천공동체가 가지고 있는 핵심 역량이다. 자신의 학습을 이끌어

4 이러한 측면은 안정적인 고용이 아닌 직장의 경우에 좀 더 여실히 나타난다. 만약 어떤 조직이 안정적인 고용을 보장할 수 없을 경우, 학습만이 고용 가능성으로 이어지는 경로라는 것을 확실히 보여 줌으로써 참여자들의 헌신과 노력을 이끌어 내야 한다. 실천공동체에의 멤버십이야말로 직업적인 발달 경로에서 매우 핵심적인 사항으로서 사람들이 그 일에 애착을 갖도록 하는 가장 중요한 요소다. 이와 관련해서는 워터만 등(Waterman et al., 1992)을 참고하라.

내고 심화할 수 있는 조직의 역량은 결국 조직 내부에서 실천공동체를 어떻게 형성하고 활성화시킬 것인가에 달려 있다.

경계 영역

이미 언급했다시피 구성원들이 공동체의 실천에 지속적으로 그리고 헌신적으로 참여하는 가운데 공동체를 중심으로 한 언저리 어딘가에는 경계 영역이 생기게 마련이다. 공동체 주변에 경계 영역이 생기기 시작했다는 것은 곧 실천공동체가 관여하는 실천의 심도가 그만큼 깊어졌으며, 공동체를 중심으로 하여 내부와 외부 사이의 차이가 그만큼 커졌다는 것을 보여 주는 징표라 할 수 있다. 이러한 현상은 구성원들의 학습이 일정한 수준에 이르게 되면 일어나는 피할 수 없는 상황이다. 이런 관점에서 경계 영역의 발생은 불가피한 것이며 오히려 공동체의 발전에 없어서는 안 될 중요한 요인이다. 경계 영역이 있음으로 해서 정체성의 전모가 구체적인 수준에서 결정될 수 있다. 또한 경계 영역이 있음으로 해서 무엇이 실천공동체가 가지고 있는 중핵 부분이며 다른 세계와의 차별성은 무엇인지가 보다 명확해질 수 있다. 경계 영역이 존재한다는 사실은 공동체나 사람들이 항상 학습을 하고 있으며 그러한 학습은 반드시 그들 사이에 모종의 유대관계를 창출시킨다는 점을 잘 보여 준다. 이런 점에서 경계 영역의 존재는 공동체가 관여하는 실천에서의 심도를 잘 보여 주는 징표라 할 수 있다.

조직 학습의 맥락에서도 경계 영역에 대해서는 각별히 신경 쓸 필요가 있는데, 예컨대 화합과 소통 장애의 문제에 관해서 생각해 볼 수 있다.

- 경계 영역을 비일상적인 사건이나 새로운 해석, 혹은 지식의 진원지로 생각해 볼 수 있다.
- 경계 영역을 공동체에 가입하거나 들어오고자 하는 신참자나 외부인이 머물고 있는 곳으로 생각해 볼 수 있다.

- 경계 영역에 있는 대상들은 기존의 책무체제 안에 있지 않기 때문에 그 가치가 흔히 평가절하되곤 한다.
- 경계 영역에 있는 사람은 자신이 가지고 있는 경험을 공동체로부터 지식으로 인정받기가 쉽지 않다. 경계 영역에 있으면서도 일부 상호 작용이 이루어지지만, 차별과 분리로 일관되기 때문에 경계 영역은 소외 지대라고 할 수 있다.

경계 영역의 존재는 매우 중요하다. 그것은 경계 영역이 단지 문제를 발생시키는 공간이어서가 아니다. 의미의 협상에 관한 한 단절성 역시 연속성만큼이나 중요하다. 경계 영역은 금지선과도 같으며 활화산 운동의 진원지라고 할 수 있다. 경계 영역에서 운동은 더욱 활발해지고 긴장을 유발한다. 그것은 새로운 산맥을 형성시킬 수도 있으며 현재의 지형을 급격히 뒤흔들어 놓을 수도 있다.

- 경계 영역에 있는 사람들은 자신들의 경험과 조직수준의 역량을 연결해 보려 하기 때문에 경계 영역은 그 자체만으로도 충분히 학습의 원천으로 작용할 가능성이 있다.
- 바로 그러한 이유로 인해 경계 영역은 새로운 지식의 창출지가 될 수 있다. 경계 영역은 혁신적이면서도 비교도주의적인 방식의 새로운 해결책이 탄생되는 곳이기도 하며, 낡은 아이디어가 새로운 생명의 활력을 찾게 되고 새로운 아이디어가 전파되는 곳이기도 하다.
- 제4장에서 언급했다시피 경계 영역은 새로운 실천이 출범하는 곳이기도 하다. 경계 영역 역시 자신만의 역사를 축적해 가면서 종국적으로는 새로운 실천과 새로운 공동체를 창출시킨다. 이렇게 출범된 새로운 실천이 가지는 가치는 알아보기가 쉽지만은 않다. 왜냐하면, 그 출처는 하나가 아니고 다양하여 어느 한 입장에서 보면 그 가치가 명확히 보이지 않기 때문이다.

경계 영역은 협력과 해석의 활동이 이루어지는 공간이다. 따라서 경계 영역은 조직 내부에서 의미의 협상이 구조화되는 데 중요한 역할을 한다. 실천공동체와 같이 경계 영역은 학습을 촉진하고 확산시키는 공간이기도 하다.

앞서 조직은 중개 역할을 하는 사람들이 가지고 있는 역할과 가치를 인정할 필요가 있다고 언급했다. 어느 조직도 그들의 역량에 대해서는 높게 인정하지 않는 경향이 있기 때문에 그들 역시 어느 한 조직에 깊숙이 관여하는 데 한계가 있다. 또는 구조 조정의 대상에서 그들은 흔히 일순위로 거론되기도 한다. 그러나 중개자가 되도록 하는 복수 멤버십은 분명히 조직 참여 형태의 하나로 간주해야 한다. 왜냐하면, 그들의 존재로 인해 경계 영역은 정당성을 인정받게 되고 공동체의 새로운 정체성으로 거듭날 수 있기 때문이다.

실천의 심화와 분화

어떠한 조직도 자신이 당면한 일을 처리해 나가기 위해서는 실천에 관심을 두지 않을 수 없다. 그러나 왜 실천공동체에 관심을 두어야 하는지에 관해서는 아직도 분명하지 않다. 결과적으로 보면, 실천공동체가 어느 수준을 넘어서 성장하는 경우 자칫 조직에 균열을 초래할 위험 요인이 커진다. 실천공동체가 자신들만의 이야기로 자신들만의 역사를 축적하는 동안 경계 영역의 존재를 파생시키며 결국에는 조직의 분열을 초래하게 된다.

조직의 입장에서는 실천의 심도를 더욱 깊이 하고자 하는 노력과 끊임없이 조직으로부터 이탈하려고 하는 움직임 사이에 어느 정도의 균형을 유지하는 것이 필요하다. 경계 영역을 없앤다고 해서 조직이 완벽해지는 것은 아니다. 또한 실천공동체들을 하나의 무정형의 추상적인 집단으로 엮는다고 해서 일체감이 생기는 것은 아니다. 분열의 반대는 동질화가 아니다. 도대체 통합은 누가 어떤 목적으로 원하는 것인가? 통합은 양 칼날의 입장만을 더욱 예리하게 내세운 채 종결되기 마련이다. 그런 경우 오히려 경계 영역만이 더욱 확대되고 그 역할이 커지게 되는 셈이다.

경계라는 개념에는 다소간 부정적인 의미가 함축되어 있다. 일반적으로 조직에서의 경계 개념에는 한 조직이 다른 조직에 대해 내세우는 자신들만의 구획 기준, 혹은 당파적인 전략이 내포되어 있기 때문이다. 그러나 실천공동체에서의 경계는 이와는 사뭇 다르다. 그것은 조직의 정치적 면모보다는 학습적 면모를 잘 드러내 주는 개념이다.[5] 공동체에 대해 단지 단절과 분리만을 의도로 하는 경계라면 무시하고 극복해야겠지만, 그것이 나름대로의 학습을 반영하고 있는 것이라면 그 가치를 인정해 줄 수 있는 이해와 노력이 필요하다.

학습의 차원에서 실천공동체와 그를 둘러싼 경계 영역은 조직에게 하나의 자산이다. 그리고 실천공동체나 경계 영역을 유지 · 발전시키는 것은 조직의 책임이기도 하다.

- 한편으로 실천공동체는 자체적으로 개발하는 관여행위의 심도에 따라 학습 자산이 된다. 그러나 관여행위가 심화될 경우 어디까지가 경계의 안이고 밖인지는 다소 모호하게 비추어질 수 있기 때문에 자칫 해당 실천의 경계를 벗어났는지 살펴볼 수 있는 각별한 책임감이 뒤따르지 않으면 안 된다.
- 다른 한편으로는 경계 영역에 대한 세심한 관리가 필요하며, 이를 통해 공동체를 자칫 정체시킬 수 있는 동종교배가 반복되거나 공동체를 과도하게 분열시키는 것을 사전에 방지할 수 있다. 또한 실천의 심화를 새로운 학습 기회의 창출로 연결할 수 있는 통로가 마련될 수 있다.

5 조직 경계에 대한 심리학적 논의에 관해서는 허쉬혼과 길모어(Hirschhorn & Gilmore, 1992)를 참고하라.

조직에서 학습 토대는 공동체와 경계 영역으로 구성되어 있다. 실천공동체가 지속된다는 것은 곧 학습이 계속해서 일어나고 있다는 징표라 할 수 있다. 하나의 영역에서 그들의 학습이 심화될 경우 경계 영역의 파생은 불가피하다. 그 역시 학습이 일어나고 있다는 사실을 나타내 주는 징표다. 새로운 실천의 창출은 새로운 지평의 연속성과 단절의 탄생을 말해 주는 것이며 조직의 역량을 새로운 차원으로 끌어올렸다는 것을 의미한다. 실천공동체가 창출한 실천의 연속성과 경계 영역에 의해 파생된 실천의 단절은 모두 조직의 자산이자 지속시켜 나가야 할 대상이다.

조직과 상상

보험처리 담당 직원들이 한 조직에 속하게 될 경우 그들의 활동과 관심 영역은 국지적인 수준에 머무르게 되며 거기서 벗어나기가 쉽지 않다. 그들은 다른 곳에서 동일 업무에 종사하는 사람들이나 동일한 전산 시스템을 사용하는 사람들에 대해서는 별 관심이 없다. 그들이 속해 있는 직종 관련 협회나 노조가 있는 것도 아니다. 보험처리 업무는 거대한 서비스 업무 가운데 한 연결고리에 불과할 뿐, 그들은 그를 둘러싼 주변의 전체 업무들에 대해 잘 알지 못할 뿐더러 관심조차 적다. 회사 내 다른 부서들도 그들과 똑같은 고객을 상대로 하지만 서로 접촉할 기회가 많지 않고, 결국 해당 고객에게 최종적으로 돌아가는 서비스가 무엇인지에 대해서는 관심이 없다. 그들은 보험처리 업무가 자기네 회사에서 가장 핵심 업무라는 사실을 잘 알고 있다. 그러나 자신들의 업무가 전체 실천의 배치 가운데 어떻게 한 부분이 되는지에는 별다른 감이 없다. 심지어는 자신들의 업무 역량이 어떻게 회사에서 평가되고 관리되는지에 대해서조차 의식하지 못한다. 결국 그들은 자신들이 갖추어야 할 역량이 무엇인지, 회사 안팎에서 어떻게 사회적 관계를 형성해 나가야 하는지, 그리고 이러한 맥락에서 자신들의 삶의 궤적을 어떻게 관리해야 하는지에 대해 체계적으로 돌아볼 기회조차 많지 않다. 보험처리 담당 직원들 자신의 업무조차도 그들의 상상력을 포섭하기에는 역부족이다. 따라서 회사가 그들 자신들과는 다소 멀게만 느껴지고, 그들 역시 회사에 대해 수동적인 태도를 취한다.

조직이라는 차원은 보통 한 구성원이 직접 관여하기에 그 규모가 너무나 크다. 따라서 파편화된 업무의 한계를 뛰어넘고 전 조직 차원에서 제시되는 방침들을 현장에 접목시키며 자신들의 학습경험을 조직생활에 반영시키기 위해서 무엇보다도 구성원들에게 요구되는 것은 상상력이다. 사실 어떻게 보면 하나의 조직으로 객체화되었다는 것 자체가 거기에 교육이 있었든 없었든 간에 이미 구성원들에게 상상력을 유발시키기에 충분한지도 모른다.

한 조직 내에서조차 대부분의 실천공동체는 그 조직이나 세상과의 다양한 연계를 반영하는 수많은 배치들과 결부되어 있다. 제도화되어 있거나 그렇지 않은 배치들의 연계망 속에서 자신의 입지에 대해 부단히 협상하려는 행위도 공동체의 실천에 해당한다. 〈표 11-1〉은 배치의 예와 그 효과에 관해 열거한 것이다.

〈표 11-1〉 조직의 실천 배치 사례와 실천 배치 효과

배치 사례	배치 효과
조직 부서	제도적인 책무관계로 표현된 조직 부서 간의 연결관계 설정
공동 기능	조직의 전반적인 기능의 조율과 최적화 도모
공동 고객	전체 서비스에 대한 체계적인 이해와 제공
생산과정	실천의 상호 연결에 의한 특정 생산과정의 개선
핵심 역량	역량의 증진 및 확장, 지식의 공유, 신참의 교육
전문 분야	전문 분야 소속감과 정체성 지원
지리적 위치	근접성과 일상적 만남의 활용
역사적 근원	스타일과 담론의 공유
공동 관심	추구하는 관심의 체계적인 조직화
도구와 시설 활용	교훈의 공유, 각종 기회에의 참여

조직에서 실천의 배치가 어떤 양상으로 나타나는지는 표에서 제시한 몇 가지 예를 통해 살펴볼 수 있다. 이들 배치들 가운데에는 조직으로 포섭된 것도 있으며 그렇지 않은 것도 있다. 또한 제도화된 것도 있으며 그렇지 않은 것도 있다. 물론 배치의 양상들 모두는 조직이 원한다면 언제든 제도화될 수 있는 것들이다. 이러한 배치들을 제도화하려는 데에는 대체로 두 가지 목적이 있다고 볼 수 있다.

① 실천의 배치들을 제도화함으로써 조직의 실질적인 지원을 이끌어 낼 수 있다.
② 실천공동체가 전체 조직에서 차지하는 자신들의 역할을 성찰해 보고 책임의식을 갖도록 할 수 있다.

배치를 객체화 · 제도화함으로써 구성원들이 동일시하게 될 대상의 범위와 그들이 가질 수 있는 협상력의 수준에 결정적인 영향을 미칠 수 있다. 예컨대, 다양한 관심 가운데에는 갈등이 상존하기 마련인데, 때로는 규정이나 절차에 대한 지나친 강조가 구성원들의 역량을 강조하는 입장과 마찰음을 빚기도 한다. 단기 생산성을 지나치게 강조하면 중장기적으로 보았을 때 구성원들의 역량 신장이나 공동체의 발전을 저해할 소지가 있다. 이쯤 되면 복수 멤버십의 문제를 하나의 실천이라는 관점이 아닌 배치의 관점에서, 그리고 직접 관여의 측면이 아닌 상상력의 측면에서 바라볼 필요가 있다.

조직의 문제 상황을 실천의 배치로 해결하고자 할 때 동일시와 협상의 가능성을 제공하는 것은 바로 상상의 행위를 통해서다. 상상의 행위는 새로운 관심 대상을 창출하여 배치를 재구도화하고 이를 중심으로 모든 일들이 추진될 수 있도록 할 것이다. 이런 기제 덕분에 사람들은 배치에 따라 자신들의 활동방식을 조직해 나갈 수 있는 것이다. 예컨대, 함께 어떤 일을 해 나가거나 대화를 나누거나 경계 실천을 개발하고 개인적인 궤적을 형성해 가는 것이 가능한 것도 바로 이런 연유에서다. 배치의 객체화로 인해 경계 객체화도 가능하게 될 것이며, 이를 통해 공동체는 구성원들의 행위를 최대한 활용하여 방향을 (재)설정할 수 있을 것이며, 결국 현행 실천을 반성하고 새로운 참여의 길을 개척할 수 있을 것이다.

다시 한번 강조하건대, 여기서 말하는 조직 관리란 특정한 부서에서 하는 일을 지칭하지 않는다. 다만, 어떠한 기획적 관심도 그것이 실천의 배치와 결부되지 않고 또 다양한 자원들과 책임이 실천의 배치로 집중되지 않을 경우 결코 제도적으로 정착되는 일은 없을 것이다. 실천의 배치에 대한 기획은 그 배치의 속성에 따라 천차만별일 수밖에 없다. 특히, 큰 규모의 배치 기획에는 작은 규모에 비해 더 많은 요구들이 뒤따른다. 직원들 사이의 관계나 역량에 일차적인 관심을 두는 조직 관리에는 생산 지표의 달성에 일차적인 관심을 두는 조직 관리와는 다른 요구 조건들이 있다. 여기서 조직 관리 개념의 의미는 실천과 공동체, 그리고 정체성을 서로 연결하는 연계망으로서의 전체 배치의 구도에서 나타나는 특징이다.

조직과 조정

실천의 배치들을 제도화한다는 것은 단순히 실천의 처방안을 마련하는 것과는 다르다. 예를 들어, COB 서류에서 다루고 있는 계산의 절차는 업무 과정을 절차화한 것이다(사례 II, 제9장). 사실 COB 서류는 보험처리 담당 직원들로 하여금 그저 따라가기만 하면 목표로 하는 결과가 생산되는, 따라서 직원의 독창성이나 상상을 필요로 하지 않는 일종의 조정장치라고 할 수 있다. 이런 방식으로 업무 수행과정이 절차화됨에 따라 직원들 개개인이 수행하는 업무는 조직 전체의 업무에 자동적으로 포섭된다. 따라서 직원 개개인이 자신의 업무에 대해 가져야 하는 책임의 한도는 그만큼 줄어들며, 그들의 수행 업무 성격 또한 그만큼 국지화될 수밖에 없다. 반대로 배치의 객체화는 실천을 전체 맥락에 정치(定置, locating)시키는 효과를 가져다준다. 이러한 국지화와 정치의 작용으로 조정행위가 다음과 같은 방식으로 작동된다.

① 정치는 상상을 불러일으켜 줄 뿐만 아니라 동일시와 협상력의 범위와 영역을 확대시켜 줄 것이다.
② 반대로 국지화는 상상의 여지를 줄일 뿐만 아니라 개인적인 관여행위의 잠재력을 무시할 것이다.

국지화의 환경은 결국 각 부서의 실천을 원자화시킴으로써 하위 부서들이 서로 독립적으로 의사결정을 수립할 수 있는 환경으로 몰고 갈 것이다. 대조적으로 하위 부서들의 실천들을 정치시키고자 한다면 각 부서 사이에 소통과 협상이 필요하다는 사실을 상기시켜야 할 것이다.

예를 들어, 서비스나 생산성 향상을 꾀하고자 하는 회사가 있다고 하자. 주문에서 생산 및 배달까지 전 과정을 꼼꼼하게 점검할 필요가 있을 것이다. 한 조직 내부에서 여러 실천공동체들이 존재하고 각각이 서로 분리된 채 국지화되어 있는 경우를 상정해 보라. 이런 경우 어떠한 공동체도 자기 내부에서 발생하는 실수가 아니라면 어떠한 책임감도 느끼질 못할 가능성이 많다. 이러한 단절성 때문에 그 조직은 어느 누구도 어떠한 책임도 지려고 하지 않는 비효율적인 조직이 될 것이다. 그런 경우 실천의 배치들을 업무과정에 맞도록 제도화하고 실천공동체를 활성화하는 것이 같은 방식으로 국지화된 절차를 갖다가 각 부서에 재할당하는 것보다 훨씬 효율적인 개선방식이 될 수 있다.

의사결정을 국지화하는 것은 일방적인 조정과정이라고 볼 수 있다. 그것은 업무 절차를 결정하고 이를 수행하는 직원들의 지식을 차용하는 사람들에게는 적지 않은 특혜다. 특정인, 특정 지식에 대해 특혜를 부여하게 되면 조정과정은 그만큼 간소화될지는 모르지만 협상에 대한 기대나 요구는 분명 점차적으로 수그러들 것이다. 그러나 그러한 특혜 부여가 불가피한 상황에서도 거기에는 모종의 대가가 치러지게 마련이다. 제도적 장치나 이야기, 업무 수행 스타일을 특정한 방식으로 몰고 감으로써 조정 측면에서는 성공했을지 모르나 관여나 상상의 측면에서는 손해를 보는 경우도 적지 않다. 제도적 객체화와 국지적 참여를 연결하는 능력, 결과와 과정을 연계하는 능력, 국지성과 전체성을 연결하는 능력, 동일시와 협상력을 촉진시키는 능력 등도 일부 포기할 수밖에 없다. 이러한 손실은 곧 현장감, 성찰성, 풍부한 상호 작용에의 가능성, 정보 교환, 학습 공유에서의 손실이기도 하다. 특정 부분들에 대해 특혜를 부여하고 다른 부분들을 소외시키는 방식으로 기획된 조직은 흔히 제 이름값도 못하는 경우가 허다하다. 역으로 특정 부분에 치우침 없이 충분히 조화를 이루는 방식으로 기능하는 조직의 경우, 그 구성원들은 서로 활발히 상호 작용하며 제 의미들을 생산할 것이며 그 결과 지식이 전 조직 내부로 빠르게 확산 · 공유되어 보다 역동적이고 창조적인 조직으로 발전할 것이다.

여기서 한 가지 명확히 하자면, 이러한 이야기가 자유방임주의나 권위의 부재를 주장하려고 하는 것이 아니라는 점이다. 또한 특혜와 소외의 문제를 조직 위계의 문제로 환원해서 다루지 않았으면 한다. 물론 제도에 의해 부여된 권위는 구성원들의 상호 작용에 결정적인 영향을 미친다. 그러나 그 두 차원을 평면화시켜 보아서는 안 된다. 제도에 의해 부여된 의사결정 권위라는 차원과 소외 및 특혜라는 차원은 결코 동일한 성격의 것이 아니다. 예컨대, 보험처리 담당 직원들의 사무실에는 의견 제시함이 놓여 있다. 그러나 그들 중 어느 누구도 그것을 사용해 본 적이 없다. 관리자들을 두려워하거나 그들에게 감정이 있어서가 아니다. 단지 그들은 사용해야 할 필요를 느끼지 못한다. 왜냐하면, 자신들이 건넨 의견이 아무리 소소한 건이라고 해도 회사 조직에서 처리하기에는 너무나 복잡하다는 것을 잘 알기 때문이다. 그들 자신이 보기에도 조직 구조상 자신들의 생각이 설 자리가 없다는 것을 잘 알고 있다. 실제로 그 의견함은 바로 직원들이 느끼는 관리자들과의 거리를 상징하듯이 텅 빈 채로 쓸쓸하게 제자리를 지키고 있다.

여기서 제도적 권위와 특혜 간의 차이와 관련해서 한 가지 역설적인 시사점이 있다면, 그것은 한 조직 내에 얼마나 강력한 위계가 확립되어 있느냐 하는 것이 별로 문제가 되지 않는다는 점이다. 그보다 우리가 중요하게 생각해 보아야 할 것은 제도적인 기획이나 이야기 방식, 업무 스타일들이 구성원들 사이의 상호 작용에서 어떻게 사용되느냐 하는 점이다.[6] 분명히 조정행위나 리더십 권위나 조직의 규정들 모두 업무 과정 자체를 자칫 왜곡할 수도 있지만 구성원들의 상호 작용에 아주 중요한 영향을 미칠 수 있는 잠재력을 내포하고 있다.

이 책에서는 비록 조정의 문제를 제도에의 적응이라는 측면보다는 의미의 협상이라는 측면에서 다루고 있지만, 그렇다고 해서 권위나 제도화에 대해 도덕적인 차원에서 비판하려고 하는 것은 아니다. 그보다는 의미의 협상에 초점을 맞춤으로써 조직기획에서 학습의 문제가 얼마나 중요하게 다루어져야 하는지를 보여 주고 싶었다. 조직 학습이란 것도 결국은 어떤 의미를 두고서 구성원들이 서로 협상하는 가운데 일어나는 것이 아닌가? 여기서 학습이란 구성원들 사이에 상호 조율이 부단히 일어나면서 서로에 대해 촉매 역할을 하는 보다 역동적이고 체계적인 과정이다. 의미의 협상에 관해 강조하는 것은 조직 내 어디에선가 싹트고 있을 새로운 의미에 대

6 협상이라는 개념은 조직과 관련해서 사용할 때 주의해야 한다. 물론 조직 내 학습은 조직의 차원에서 어느 정도 감안하고 있는 사안이다(Argyris & Schön, 1978; Senge, 1990). 그러나 협상이라는 관점에서는 조직 학습을 조직의 규범적 차원 이상의 문제로 다루고자 한다. 예컨대, 협상이라는 개념에는 다음과 같은 의미가 전제되어 있다. 우리는 우리가 의미하고자 하는 것을 나타낼 수 없다. 그것은 단지 우리가 그것을 숨기려고 하거나 속이려고 해서가 아니다. 또한 그것을 나타내는 것을 두려워해서도 아니고 그것을 믿지 못해서도 아니다. 그보다는 우리가 나타내고자 하는 의미가 말로 잘 표현되지 않는 것은 의미라는 것이 단순한 진술문이 아니라 항상 사회적 과정을 거쳐 협상이 결과로 나온 것이기 때문이다. 이 점을 잘 감안한다면 조직 내 학습이 왜 의미 협상의 기회에 전적으로 달려 있을 수밖에 없는지 이해할 수 있을 것이다.

한 가능성을 찾고자 하는 것에 있다. 그것은 또한 지식의 축적으로서가 아닌 새로운 의미를 창출하는 사회 시스템으로서의 학습에 관한 관심이기도 하다.

제12장
교육기획

교육은 그 근본적인 의미나 어떤 시대를 막론하고 정체성의 변화, 즉 현재 상태에서 벗어나 새로운 상태로의 도약을 꾀하는 것에 일차적인 관심을 두고 있다. 훈련이 협소한 영역에서 어떻게 기술을 향상시킬 것인가에 목적을 둔다면 교육의 관심은 새로운 정체성으로의 변화 가능성에 있을 것이다. 교육은 학습자로 하여금 현존을 넘어선 새로운 정체성으로의 실현 가능성이라는 문을 두드릴 수 있도록 지원하는 일이다. 그런고로 교육에서의 과업은 새로운 정체성의 구성은 물론 재구성의 기회를 마련해 주는 일이라고 할 수 있다.

이 장에서는 먼저 교육의 문제에 관해 짚어 보고, 이를 정체성이나 소속의 형성 기제와 연관 지어 논의해 보겠다. 내용의 전개방식은 앞 장과 마찬가지다. 즉, 제10장의 틀을 적용하여 다음과 같이 두 부분으로 다루어 보고자 한다.

① 앞에서 다룬 기획과 설계에 관한 네 가지 차원을 가지고 교육기획과 설계에서 염두에 두어야 할 것이 무엇인지 따져 본다.

② 교육기획과 설계를 정체성의 재구성으로 본다면 어떻게 접근해야 하

는지 세 가지 소속감의 형성 기제에 입각해서 살펴보기로 한다.

이런 점들을 감안해 볼 때, 여기서 다룰 내용에는 교육이 형식 교육기관에서만 일어나는 것이 아니고 아이들에게만 적용되는 것이 아니라는 점이 전제되어 있다. 교육을 정체성이라는 차원에서 다루게 된다면 교육이 학교교육에만 국한되지 않을 것이라는 사실을 쉽게 짐작할 수 있다. 정체성의 형성은 전 생애에 걸쳐 이루어지는 것이고 그 속도나 리듬은 세상의 변화와 맞물려 전개될 수밖에 없다. 그러므로 교육은 한 문화에 대한 초기 사회화 과정의 측면뿐만 아니라 공동체와 개인이 함께 변화해 가는 리듬의 측면에서 재고되어야 한다. 교육은 단순한 사회화를 넘어서서 공동체와 개인의 상호 발달과정과 관련되어 있다. 교육은 미래에 대한 공동체의 투자이며, 문화 전달을 통한 과거의 재생산이 아닌 새로운 학습사의 창출과정과 새로운 정체성의 재구성 과정이라 할 수 있다.

교육기획의 다양한 차원들

교육기획에서 염두에 두어야 할 네 가지 차원들은 다음과 같다.

① 참여와 객체화: 경험의 경우 주관화와 객관화 정도는 어느 정도로 할 것인가?
② 결과와 과정: 교수와 학습 가운데 어디에 더 비중을 둘 것인가?
③ 국지성과 전체성: 현장 경험을 어떻게 전체적인 조직수준과 연계시킬 것인가?
④ 동일시와 협상력: 다양한 이해관계와 다양한 관점들을 어떻게 수용할 것인가?

다음에서 다루게 될 내용들은 각 차원들과 관련하여 교육기획에서 생각해 볼 수 있는 특징들이다. 특히, 이러한 특징들이 전통적인 형식교육과 비교하여 어떠한 차별성을 갖는지 이야기해 보겠다.

참여와 객체화: 협상으로서의 학습

전통적으로 교육기획은 전달하고자 하는 지식을 어떻게 교과서나 교육과정과 같은 형태의 객체화된 교육 내용으로 구성할 것인가의 문제로 여겨져 왔다. 이러한 관점에서 교육기획이란 학습자와 그가 배우고자 하는 실천 사이에 모종의 중간 단계를 설정하는 작업이라고 할 수 있다. 언어를 가르치기 위해 문법을 사용한다든지 수학을 실생활의 문제와 연관시켜 제시한다든지 하는 방법 등은 교육기획에서 흔히 활용하는 예다. 객체화된 지식으로부터 의미를 파악해 내는 일은 학습자에게는 또 다른 과제인데, 보통 일상적인 실천의 세계에서 그러한 성격의 과제는 존재하지 않는다. 따라서 객체화된 지식은 학습을 도와주는 데 일조하지만 한편으로는 또 다른 부담거리일 수 있다. 왜냐하면, 객체화된 지식으로부터 의미를 갖기 위해서는 부가적인 노력을 해야 하고 여기에는 그에 상응하는 대가가 따르게 되기 때문이다.

교육적 목적을 위해 지식을 객체화하는 것은 신참의 입장에서 그가 전임 참여자가 되기 위해 도달해야 할 목표 지점이 어디인지 보다 분명하게 보여 준다는 점에서 그 효과를 무시할 수는 없다. 그렇지만 객체화된 지식이 곧 기대하는 결과를 가져다줄 것이라고 단언할 수는 없다. 지식을 일단 객체화된 산물로서 코드화하게 되면 거기에는 마치 우리가 별 문제없이 그 내용을 이해할 것처럼 보이도록 하는 일종의 착시 현상이 발생한다. 객체화된 지식은 그 지식의 의미를 관련 실천으로부터 이탈시켜 그에 대한 참여의 필요성을 느끼지 못하도록 할 가능성을 초래할 수 있다. 그러나 교육 내용이 학습자의 삶에 주는 의미란 그들이 접근할 수 있는 참여의 방식에 의존할 수밖에 없다.

객체화되고 탈맥락화되고 절차화된 지식이라면 그 지식의 학습 역시 협소한 이해와 제한된 범위의 사용 가능성밖에 불러일으키지 못할 가능성이 크다. 지식이 실천과 유리된 채 교수자 중심의 권위나 교수 상황 특유의 구조에 기댄 채 전달될 경우에는 더욱더 그렇다. 학습자는 거기에서 타자들과 의미에 관해 서로의 생각을 교환하고 협상해 보는 경험의 기회를 누릴 수 없을 것이다. 객체화된 지식이 그 자체로 학습을 일어나게 해 줄 것으로 기대할 수는 없다. 평가 상황도 마찬가지다. 객체화된 교육과정에 대한 학습만을 평가하고자 할 때는 자칫 자기 순환의 오류에 빠지기 쉽다. 평가는 실제 그 지식이 사용되는 상황과 관련해서 수행될 때에야 비로소 제 효과를 가질 수 있다.

물론 지식을 객체화한다는 것이 결코 부질없는 것만은 아니다. 그 역시 우리 사고의 도구로서 훌륭히 기능하며 우리 삶에서 빼놓을 수 없는 아주 중요한 것이다. 여기서 내가 말하고자 하는 것은 객체화 자체를 의문시하자는 것이 아니다. 그보다는 객체화와 참여를 어떻게 조화롭게 결합시킬 것인가가 더욱 중요하다. 제3장에서 지적하였듯이, 객체화와 참여가 적절히 조화를 이루며 결합되었을 때에는 객체화된 교육 내용이 아닌 실천 자체가 교육과정으로 기능할 것이라고 기대해 볼 수 있다.

이 점을 감안한다면 정보 전달 혹은 획득의 메커니즘보다는 의미의 협상에 좀 더 주목할 수 있을 것이다. 물론 지각, 기억, 자동조절 능력이나 기술의 발달, 정보처리, 행동의 변화 등과 같은 기계적인 체계 역시 학습과 관련하여 무시할 수 없는 기능을 한다. 그렇지만 교육기획에서는 이들 기계적인 측면을 핵심 사안으로 다룰 필요도 없으며 또 의도한다고 해도 가능하지도 않을 것이다.

- 의미의 경험으로서의 학습보다는 기계적인 기능으로서의 학습에 더 주목할 경우 학습을 하나의 단일한 과정으로, 그리고 참여자를 학습자

로 객체화시켜 다루게 될 가능성이 커진다. 그렇게 된다면 여기서 강조하려고 하는 참여적 측면은 자칫 간과될 위험이 있다. 예를 들어, 생활 가운데 자연스럽게 익힌 단어와 단어집에서 달달 외운 단어 간의 차이에 관해 생각해 보라.

- 많은 경우 의미에 관한 학습은 우리의 실제적인 관심 속에서 이루어지지만, 암기식 학습은 무의미한 지식만을 재생하기 쉽다. 예컨대, 우리는 의미의 경험에 더욱 신경을 써야 하는 실제 상황 속에서 자연스레 외국어를 배울 수 있다.

우리가 학습을 통해 추구하고 우리에게 학습을 하도록 만드는 원동력은 결국 우리가 타자와의 상호 작용, 즉 협상을 통해 경험하게 되는 의미 때문이라고 할 수 있다.

교육기획 차원에서 제기할 수 있는 문제는 다음과 같다.

① 교육 목적을 위해서 교육 내용은 어느 수준까지 객체화하는 것이 바람직한가?
② 교육 내용이 의미를 갖기 위해서는 어느 수준까지 참여가 필요한가?
③ 학습 자체는 어느 수준까지 객체화되어야 하는가?
④ 학습의 객체화는 어느 수준부터 역기능을 낳을 수 있는가?
⑤ 교육 내용이 필요 이상으로 객체화되지 않도록 하기 위해서는 참여를 어느 수준까지 설계해야 하는가?

과정과 결과: 교수와 학습

가르치고자 하는 것과 실제로 배우는 것 사이에는 인과적 관계가 없다. 흔히 학교 강의실에서 일어나는 수업과 같은 형식적인 교육 상황은 마치 학습이 제도적인 권위가 뒷받침된 가르침에 의해 일어나서, 가르침과 배움이

인과적으로 연결되어 있는 것으로 보인다. 그러나 그러한 상황에서 실제로 일어났다고 하는 학습에 대해 자세히 살펴보면 그것들은 사실 의도적인 교수행위에 대해 학습자들 나름대로 자신들의 수준과 처지에 따라 반응한 각각의 결과라고 볼 수 있다. 즉, 교수활동이 원인이 되어 학습이 일어난다고 보는 것은 잘못된 생각이다. 교수활동은 다만 학습이 일어날 수 있는 맥락 혹은 상황을 제공해 줄 뿐이다. 이런 점에서 교수활동은 학습에 영향을 미치는 다른 수많은 맥락적 요인들 가운데 한 요인일 뿐이다. 물론 상황에 따라서는 교수활동이 미치는 영향력이 막대한 것 또한 사실이지만, 그것은 여타의 맥락적 요인들의 경우에도 마찬가지다.

- 학습과 교수활동은 서로 내재적으로 연관되어 있지 않다. 우리 주변에서 볼 수 있는 학습은 많은 경우에 의도적인 교수행위 없이 일어나는 학습이며, 마찬가지로 학습이 일어나지 않은 상태에서 교수행위가 지속되는 경우도 허다하다.
- 학습과 교수의 관계는 인과적 관계라기보다는 상호 작용적 관계라 할 수 있다.

다시 정리하건대, 많은 경우 학습과 교수의 관계는 인과적이지 않다. 학습자가 배웠다고 하는 것은 배운 것일 수도 있고 그렇지 않은 것일 수도 있다. 학습은 즉각적이고 지속적인 과정으로서 교수행위는 학습을 일어나게 한 많은 요인들 가운데 하나다. 이러한 점에서 볼 때 교사나 교육자료는 학습을 일으키는 하나의 요인일 수 있지만, 그것은 그들이 가지고 있는 전달기능 때문이 결코 아니고 그보다 훨씬 복잡한 메커니즘이 작용하기 때문이다.[1]

1 브라운과 두기드(Brown & Duguid, 1996)는 학습자들이 교수 의도에 상관없이 찾아가는 지식이 있다는 점을 강조한 바 있다.

전통적으로 교육학 논쟁에서는 흔히 권위 대 자유, 의도적 교수 대 발견, 개인학습 대 집단학습, 직접교수법 대 체험학습의 문제들을 다루어 왔다. 그러나 이들 논쟁보다도 더 중요한 차원의 문제는 의도적으로 기획한 결과와 의도하지 않고 나온 과정 간의 상호 작용에 관한 것이다. 교수행위는 분명 학습자에게 모종의 기회를 제공하는 역할을 하지만, 그로 인해 학습의 과정이 결정된다고 생각하면 오산이다. 교수행위와 학습활동은 서로를 구성해 주는 원천으로 작용하는 만큼 상호 작용에 의한 협력관계라 할 수 있다.

교육기획 차원에서 제기할 수 있는 문제는 다음과 같다.

① 학습과정에서 생기는 특성을 어떻게 고려할 수 있는가?
② 학습을 극대화하기 위해 의도적인 교수행위를 최소화할 수 있는 방법은 무엇인가?
③ 교수행위와 학습활동 간에 상호 작용이 활발히 일어나도록 하는 조건은 무엇인가?
④ 의미를 자기화하는 과정은 어떻게 극대화할 수 있는가?

국지성과 전체성: 실천의 전수

교육기획은 자칫 강의실 밖 실제 세계에서 사용하게 될 지식을 준비하기 위한 성격보다는 그 자체를 위한 자가당착적인 실천을 조장하기 쉽다. 이렇게 해서 창출된 실천이 바깥 세상과 어떻게 연관되어 있는지의 의미는 상당히 제한적이고 지엽적일 수밖에 없다. 그리고 그러한 실천을 통해 추구하게 되는 목하 관심 또한 바로 그 자가당착적인 실천을 넘어서지 못하고 그 자체를 재생산하는 데 집중되기 쉽다. 예를 들어 보면, 강의실이나 그곳에서의 수업은 교육기획에 따라 설계된 것이지만 거기서 배운 것이 다른 곳에서 배운 것보다도 더 쓸모 있을 것이라는 보장은 하나도 없다. 제4장에서 말했듯이, 형식학습이 상당한 정도로 자가당착적인 성격을 가질 수밖에 없다면 형식학습이 해당 교육기관 외에 다른 세계와 갖는 연관성이란 생각보다 훨씬 적다고 보는 것이 옳을 것이다. 어쩌면 학교 학습을 통해 학습자들이 배우는 것은 결국 강의실 밖 사회 세계의 실천이나 일이라기보다는 교육기관 자체라고 할 수 있을지도 모른다.

강의실에서 배운 것을 강의실 밖 세계에 적용하는 것은 이 실천에서 저 실천으로의 전이의 문제라고 할 수 있다. 이러한 점에서 강의실과 보험회사 사무실은 별반 차이가 없다. 두 곳에서 일어나는 일 모두 그 밖의 다른 세계와 모종의 연관성을 가지고 있는 국지적인 실천이다. 물론 국지적인 실천이라고 해서 다른 세계와의 연관성이 전혀 없다고 말할 수는 없다. 그리고 실천 상황에서의 학습이라고 해서 편협적일 수밖에 없을 것이라고 생각해서는 안 된다. 그러한 추측과는 정반대로 두 상황의 경우 참여자들이 학습하는 것들은 분명히 그들 정체성의 일부로 자리 잡게 된다. 그러나 그 학습이 참여자들의 보다 넓은 범위의 삶에서, 즉 자신의 전체 삶의 궤적과 세계에 대한 경험 차원에서 어떤 의미를 갖는가는 또 다른 문제가 될 것이다.

교육기관이 기관 밖의 사회 세계와 연관성을 갖는 것은 교육에서 다루는 교육 내용 때문만은 아니다. 사실 그러한 내용들은 똑같은 조건이라면 다른 상황에서 더 잘 배울 수 있을지도 모른다. 그보다 학습자들은 형식학습이라는 실천을 통해 자신의 정체성을 재구성해 나가면서 부단하고도 압축적인 실험을 하게 된다. 형식학습이 사회적 의미를 갖게 되는 것은 바로 이 때문인지도 모른다. 결국 여기서 학습의 결과란 교육과정에서 제시하는 추상적인 지식을 습득했는가가 아니라 학습자들이 장기적으로 그러한 교육 내용을 학습하면서 자신의 정체성이 변화해 가는 과정들을 압축적으로 경험했는가가 될 것이다.

교육기획 차원에서 제기할 수 있는 문제를 다음과 같이 정리해 볼 수 있다.

① 국지적 실천에의 참여가 갖는 깊이를 상실하지 않으면서 동시에 사회

와의 연관성 범위를 어떻게 넓혀 나갈 것인가?

② 교육이 자가당착적 성격의 실천이 되지 않도록 하기 위해 사회와의 연관성을 어떻게 이끌어 낼 것인가?

③ 학습자들로 하여금 어떻게 자아에 대한 변화 경험을 하도록 할 것인가?

동일시와 협상력: 참여의 정체성에 관하여

교육기획의 문제는 결국 학습자로 하여금 어떤 방식으로 자신의 의미를 창출하도록 하고 그것을 통해 어떻게 자신의 정체성을 형성하도록 할 것인가로 귀착된다고 볼 수 있다. 교육기획은 교육 내용을 어떻게 정할 것인지와 교육 내용 이수의 성패 여부를 어떻게 결정할 것인지의 문제들과 직결되기 때문에 고도의 숙의적 결정이 필요한 영역이다. 교육기획은 조직기획과 마찬가지로 어떻게 다양한 실천 양식들을 배치할 것인가에 관한 것이다. 이러한 관심 때문에 교육기획에서 특정 내용에 대한 선택을 차별화하는 것은 불가피하다. 따라서 그로 인해 공정성의 문제는 언제라도 불거져 나올 수 있다.

전통적인 학교교육 하면 떠올릴 수 있는 문제 중 가장 큰 문제는, 교육에서 다루는 내용이 외부 세계와 지나치게 괴리되고 경직되어 있어서 그러한 내용이 어떻게 학습자 자신들의 정체성과 연관되는지에 대해 학습자들이 개인적인 의미를 찾기가 쉽지 않다는 데 있다. 전통적인 강의실에서는 학습자들에게 교육 내용이 어떻게 그들 삶의 의미와 연관되는지 탐색할 수 있는 기회가 거의 주어지지 않는다. 전통적인 강의실의 모습을 보면 모든 학습자가 동시에 특정 교수자가 제시하는 동일한 내용을 공부하도록 되어 있다. 이러한 상황에서 학습자들이 갖게 되는 능력이란 자신들이 배운 지식 안에서 사회적 연관성을 발견하는 탐구력보다는 교수자의 명령에 복종하고 지시에 따르기, 누구보다 먼저 손을 들어 교수자의 질문에 대답하기,

점수 따기 따위가 되기 쉽다. 이런 점에서 학교 운동장이나 휴게실과 같은 후면 영역이 학교 강의실이라는 전면 영역보다도 학교생활 안에서 온갖 일들을 경험하는 중요한 장소의 기능을 한다는 사실은 그리 놀라운 일이 아니다. 오히려 수업이 이루어지는 학교 강의실 자체가 이중적인 모습을 갖춘 장소가 된다. 즉, 학습자들은 거기서 공식적 교육과정을 공부한다고 하지만, 한편으로는 강의실 수업의 질서를 위협하는 행동방식을 취하려 하거나 더 나아가서 수업에 참여하기를 적극적으로 거부하는 경험을 반복하기도 한다.[2]

어떤 교육기관이 학습자들을 위한 동일시와 협상력의 영역을 다루지 않는다면 그 기관은 교육 내용이 목표로 하는 실천과 직접적으로 상관이 없는 다른 성격의 공동체와 지식체계를 재생산하게 될 공산이 크다. 또한 자신들이 추구하고자 하는 공동체가 제시하는 참여의 궤적이 무엇인지 학습자들에게 보여 줄 수 없을 것이다. 정체성 형성과 관계없이 제도화된 교육내용을 전달하는 것에만 급급한 교육 시스템은 자칫하면 교육기관 운영을 자신들의 실천 양식으로 받아들이고 있는 사람들만 좋은 일 시켜 주는 꼴이 되기 쉽다. 사실 학습자들 입장에서 보면, 학교는 그들에게 사회적으로나 개인적으로 의미 있는 정체성 형성을 추구할 것인가, 아니면 학교가 요구하는 지적인 활동의 학습을 할 것인가의 선택을 강요하는 곳이라고 볼 수도 있다.[3] 흔히 학습에 대해 무관심한 태도를 보이는 학습자들을 볼 수 있는데, 그러한 태도가 그들이 학습을 원하지 않는다거나 학습할 능력이 부족해서 비롯되는 것으로만 보아서는 안 된다. 오히려 학습자들이 현행 학습에 대해 무관심해 보이는 것은 그들이 배운 것들과 관련해서 어떻게

2 가령, 에커트(Eckert, 1989), 윌리스(Willis, 1977)의 연구는 학교 학습과 정체성 형성 사이에 있을 수 있는 이러한 복잡한 관계에 관해 잘 보여 주고 있다.

3 이 점은 전문가들이나 과학자의 경우와 비교해 보면 분명히 알 수 있다. 그들에게 지적인 활동의 추구와 사회공동체에의 참여는 선택의 문제가 아니다. 왜냐하면, 둘은 항상 동시에 구분할 수 없는 방식으로 일어나기 때문이다(Eckert, Goldman, & Wenger, 1997).

자신들의 정체성을 키워 나갈 수 있으며 자신들의 삶과 어떻게 연관 지을 수 있는지 따위의 학습의 진정성에 대해 갈구하고 있는 것으로 볼 수도 있다. 물론 객체화된 교육 내용을 중심으로 하는 현행 교육제도하에서 그러한 태도는 학습 실패로 비추어질 터이지만 말이다.

여기서 말하는 학습의 관점에서 보면, 형식교육에서의 성패 여부는 정해진 교육과정을 잘 습득했는지 그렇지 않은지의 문제 이상의 효력을 갖는다. 예컨대, 많은 보험처리 담당 직원들은 학창시절에 그리 썩 공부를 잘하지는 못했다고 말한다. 현재의 직장 내에서 그들이 처한 사정은 그와 그다지 다르지 않다. 보험처리 담당 직원과 같이 다소 소외된 직종의 선택은 그들의 학창시절의 경험과 연관되어 있다. 그들이 스스로 선택해 온 현재 위치는 학교교육을 통해 경험해 온 궤적과 정체성의 연장선상에 있는 것으로 볼 수 있다.[4]

이러한 차원과 관련해서 교육기획에서 중요하게 다루어야 할 질문을 정리하면 다음과 같다.

① 무엇을 정체성의 원천으로 할 것인가?
② 외부적으로 어디에 속하고 내부적으로 어떤 의미체계를 생산하도록 할 것인가? 양자를 어떻게 연계시킬 것인가?
③ 누구에게 참여의 정체성을 형성할 수 있는 기회를 제공할 것인가?
④ 성패 여부를 결정하는 사람은 누구이며 어떻게 결정하도록 할 것인가?

4 이 점에 관해서는 에커트와 웽거(Eckert & Wenger, 1994)의 논의를 보라.

교육과 정체성: 학습의 구조

여기서는 제10장에서 이야기한 세 가지 소속감의 형성 기제, 즉 관여행위, 상상, 조정행위가 어떻게 교육기획에 적용될 수 있는지 살펴보겠다. 이들 소속감의 형성 기제들을 두고 생각한다면 교육 설계의 목표는 단지 교육과정을 어떻게 전달할 것인가에 국한되지 않는다. 그보다 교육기획에서 염두에 두어야 할 중요한 관건은 정체성 형성에 어떻게 영향을 미칠 것인가 하는 데 있다. 학습자들에게는 참여의 기회가 마련되어야 하며, 세상과 그들 자신에 대해 나름대로의 상을 형성할 만한 경험과 자원을 갖추지 않으면 안 된다. 또한 세상에 대해 그들이 어떻게 영향을 미칠 수 있으며 어떻게 기여할 수 있는지 알아야만 한다. 이러한 점에서 교육기획의 목적은 구성원들의 학습을 재단하기 위해 그들의 학습과정을 제도화하는 데 있는 것이 아니라 그들 사이에서 학습공동체가 형성되고 활성화되도록 지원하는 데 있다.

만약 학습공동체가 현재 존재하고 있고 세상에 대해 제 기능을 하고 있다면, 교육적 처방은 그들 실천을 보다 풍부하게 해 줄 자산을 제공하고 그들에게 학습을 보다 확대해 나갈 기회를 부여해 주는 것으로 생각할 수 있다. 다시 한번 강조하건대, 교육기획은 학습이 일어나도록 하는 직접적인 계기가 될 수 없고, 다만 학습공동체가 형성되고 보다 활성화될 수 있도록 하는 자원으로 작용할 따름이다.

교육적 관여

교육의 기획을 위한 첫 번째 조건은 실천에 관한 지식을 서로 교류하고 공유할 수 있도록 정서적인 유대관계를 형성할 기회를 제공하는 것이다.

학습자들은 해당 실천을 배우기 위해 실천공동체에 자기 자신을 과감히 맡길 수 있어야 한다. 모든 사람이 동일한 내용을 배우는 강의실과는 달리, 실천공동체 안에서 참여자들은 다양한 방식으로 교류하게 되며 그러한 과정을 통해 자신의 정체성을 만들어 간다. 결국 그들이 학습하게 될 내용이란 공동체에 참여하면서 해당 실천의 창출과 재생산에 대해 몸소 기여해 온 바뿐만 아니라 그 과정에서 다른 구성원들과 교류하면서 쌓아온 관계 자체라고 할 수 있다. 사실 교육기관 밖에서 일어나는 학습의 대부분은 바로 이러한 경험들이다. 이 점은 성인들에게만 해당되는 것이 아니라 아이들에게도 마찬가지다. 우리 모두가 학습하는 것은 사회적 의미가 담겨 있는 일들이며, 결국 그러한 일들에 관여하며 수많은 시간을 보내는 것을 학습이라고 한다. 실천공동체는 학습의 소재이자 학습이 일어나는 장이다. 여기서 중요한 점은 정체성과 학습이 뗄레야 뗄 수 없이 서로 긴밀히 연동되어 있다는 사실이다.

전통적인 형식교육이 불신의 관계와 이해의 관계로 얽혀져 있는 반면, 학습공동체에서는 구성원들 간의 정서적 유대관계 자체가 중요한 학습 자원이 된다. 정서적 유대관계, 책임감, 헌신과 몰입 등은 실천공동체를 떠받치고 있는 토대라고 할 수 있다. 학습자에게 중요한 것은 수많은 내용을 섭렵하는 것이 아니라 자신의 학습을 책임지고 주도할 수 있는 경험을 갖는 것이다. 이렇게 볼 때 교육과정이란 교과 지식을 열거한 목록이라기보다는 참여 경험의 이력과 같은 것이다.

교육적 상상

교육은 참여에 접근 기회를 제공하는 것 이상의 기능을 해야 한다. 교육의 목적이 특정 능력을 준비시키는 데 있지 않고 공동체 안에 담겨 있는 궤적에 대한 감각을 갖추도록 하는 데 있다면, 교육에서 상상력을 키우는 데 집중해야 한다. 학습자들은 자신들이 어떤 사람이 되어야 하는지 탐색할 능력을 갖추지 않으면 안 된다. 그들은 또 자신들이 나아가야 할 방향에 관해 잘 알고 있어야 한다. 이를 위해 교육기획에서는 제10장에서 소개한 상상의 세 가지 측면들을 염두에 둘 필요가 있다.

- 오리엔테이션
- 성찰 행위
- 새로운 가능성에 대한 탐색

물론 TV나 잡지, 서적 미디어 등도 상상력을 키우는 데 도움이 된다. 그것은 이들 제재들을 통해 우리가 상상력을 충분히 펼치고 이를 통해 동일시할 수 있는 영역을 더욱 확대해 나갈 수 있기 때문이다. 만약 실천공동체에서 상상력이 제대로 발휘만 된다면 구성원들의 정체성 성장은 더욱 탄력을 받을 것이고 적극적인 힘의 원동력이 될 수 있을 것이다. 학습공동체의 입장에서는, 상상력이 있어야만 그들의 일 또한 발전할 가능성이 무한히 커질 수 있다.

이러한 상상력을 구성하는 토대는 정보나 지식에 있지 않고 정체성에 있다. 정보나 지식은 그 자체로는 아무런 의미도 없다. 그것이 의미를 가지려면 우리의 정체성을 포섭해야 하며 그것을 확장시켜 주어야 한다. 교육 내용이 정보의 충족으로만 끝나지 않고 우리 정체성의 재구성에 이바지한다면 더할 나위 없이 바람직한 교육기획이라고 할 수 있다. 요즈음과 같이 정보나 지식의 양이 폭발적으로 팽창하여 어떤 지식을 선택하고 어떤 정체성을 갖추어야 하는지에 관해 지혜가 필요한 시대에는 이러한 식의 교육기획이 더욱 필요하다. 학습은 교육 장면에만 국한되지 않고 우리 정체성이 변화해 가는 지평을 따라 평생에 걸쳐 일어나야 하는 과정이다. 교육기획은 단순히 학습을 보완하는 정도 이상으로 이러한 폭넓은 의미의 학습을 촉발시키는 역할을 목표로 해야 한다.

교육적 조정

신참으로서의 학습자는 현재 자신이 처해 있는 상황에 관해 잘 이해하고 있을지는 몰라도 자신들의 운명을 책임질 수 있는 역량을 갖추기까지는 갈 길이 멀다. 세상에서 무엇인가를 직접 성취해 본 경험이 없는 그들로서는 당연하다. 세상사에 대해 자신이 직접 무엇인가를 성취한다는 것은 어떻게 가능한가?

교육기획에서 중요한 관건은 학습공동체를 활성화하고 세상에 대해 그들의 역량을 십분 발휘하도록 지원하는 데 있다. 학습공동체는 다양한 방식으로 학습자와 전 조직을 비롯한 세상 간에 조정활동을 구상할 수 있는 기회의 공간이다.

- 경계 실천　　학습공동체로 하여금 자신의 경계 내에만 머무르지 않고 자신들의 지식과 정보를 여타의 실천공동체와 부단히 교류하고 공유하도록 해야 한다. 물론 이러한 교류는 전체 조직의 목표를 염두에 둔 조정과정에서 일어나도록 해야 한다.
- 복수 멤버십　　공동체 내부에서의 참여 경험들은 외부에서의 참여 경험에 맞도록 조절되지 않으면 안 된다. 다양한 관점들 간에 생길 수 있는 시각차를 서로 조율하고 통합하는 일 자체가 바로 학습공동체의 실천으로 자연스럽게 수용되어야 하고, 결과적으로는 공동체의 지평을 확대하는 데 일조할 것이다.
- 배치의 스타일과 이야기 방식　　학습공동체라면 자신이 속한 전체 배치의 실천 양식이나 이야기 방식을 수용하는 데 보다 성찰적일 필요가 있다. 예컨대, 시민교육이나 과학교육에서 사실상 다루는 교육 내용은 결국 사실이나 기술에 관한 것이라기보다는 적응과 수용이라는 조정에 관한 것이라고 볼 수 있다.

- 제도적 참여　　학습공동체가 제도권 안에 들어올 수 있도록 기회를 충분히 제공해 주어야 한다. 조직 차원의 교육기획이라면 제도적 정체성의 함양을 목표로 한 도제식 교육방식을 생각해 볼 수 있다.

조정의 문제는 그것이 철자법 외우기건 정치적 파워에 관한 문제이건 간에 교육에 관한 한 언제든지 유효하다. 오늘날 우리가 살고 있는 사회에서는 교육에서의 조정문제가 그 어느 때보다 강조될 수밖에 없다. 왜냐하면, 우리 사회가 전문화와 분화로 치닫고 있으면서도 동시에 상호 의존이 필요한 범위는 더욱 확대되어 가고 있기 때문이다. 세상에 대해 자신들의 능력을 펼쳐 보이기 위해서는 세상에 존재하는 수많은 다양한 시각들을 취사선택하고 그들을 적절히 조화시켜 수용하는 능력이 요구된다. 다시 한번 강조하건대, 이러한 능력은 정보와 기술의 문제가 아니다. 그것은 경계를 초월하며 수많은 입장들을 이해하고 섭렵해 가면서 자신의 입장을 공고히 하는, 세상 안에서 자기 식의 존재방식을 확립해야 하는 정체성의 문제다. 이러한 정체성의 확립은 학습공동체에의 참여를 통해, 그리고 거기에서 부딪히는 수많은 조정문제들을 해결해 가면서 이루어진다. 이는 우리가 살고 있는 세상 안에서 이루어지는 교육 가운데 가장 핵심적인 부분이기도 하다.

교육적 자산

이상에서 논의한 내용을 종합해 보면, 교육기획에서 명심해 두어야 할 것은 교육이 세상과 유리된 채 형식적인 학습만을 재생하는 자기 폐쇄적인 시스템으로 되지 않도록 하는 것이다. 오히려 교육기획은 학습자들을 교육상황 바깥에서 실제로 기능하고 있는 공동체들과 어떻게 연계시켜 줄 것인가에 초점을 맞추어야 한다.

교육이 단지 바깥 실천에 대한 준비과정이 아닌 다른 기능을 수행할 목적으로 활용된다면 교육을 위해 마련된 별도의 공간은 훨씬 그 가치를 부각시킬 수 있을 것이다. 물론 교육 공간은 다른 참여의 공간과는 분명히 구분될 필요가 있지만 그렇다고 해서 고립된 채로 운영되어서는 안 된다. 학습공동체는 구성원들의 관여행위와 상상 그리고 조정행위를 목적으로 하는 이상 현장과 괴리되는 것에 대해서 경계시해야 한다. 그들에게는 세상이 곧 그들 학습 자산이기 때문이다.

신참에게 현장에의 접근을 차단하는 데에는 다양한 이유가 있을 수 있다. 예컨대, 전임 참여라는 파워의 문제도 있을 수 있고, 기존의 구성원들이 보여 주는 차별 등도 있을 수 있다. 역으로 고참의 입장에서도 신참들의 접근을 막는 데에는 다 그럴 만한 이유가 있다. 예컨대, 그들의 업무 가운데 핵심적인 부분에서 문제가 있다면, 그것들을 그대로 신참들에게 노출하여 혼란에 빠지게 하지 않고 시간을 두고서 서서히 재검토하고 변화해 나갈 수 있도록 완충 지대의 기능을 할 수 있다. 제6장에서 세대 간의 만남에 관해서 그것이 문화유산의 상속이라는 의미뿐만 아니라 서로 다른 시점에서 형성된 정체성 간의 협상과 조율이라는 의미도 갖는다고 지적한 바 있다. 만약 신참과 고참이 따로 실천에 참여하게 된다면 그들은 서로 간의 상호 작용에서 비롯될 혜택을 누리지 못할 것이다.

이러한 식으로 세대 간에 상호 작용할 기회를 갖지 못할 때 그것은 이중 손해라고 볼 수 있다. 이는 오늘날 청소년들 사이에서 흔히 찾아볼 수 있는 경험이기도 한데, 실천의 발전에 신세대들의 참신한 에너지를 쏟아 부을 기회마저 잃을 뿐만 아니라 자칫 구체제에도 편입할 수조차 없게 되는 이중 손해가 발생하게 된다.

- 한편으로 신참들에게는 공동체 실천이나 그 실천 속에서 경험할 수 있는 범형적인 궤적에 관해 접할 기회가 줄어들 것이다.
- 다른 한편으로는 세대 간의 만남에서 나올 수 있는 자기 성찰의 기회를 얻지 못할 가능성이 커진다. 이렇게 되면 공동체는 점점 파편화되

어 갈 것이고 거기에서 역동적인 모습은 점점 찾기 힘들게 될 것이다.

정체성이라는 관점에서 이러한 파편화는 곧 진공 상태를 낳게 될 것이다. 이와 같은 진공 상태에서 세대 간의 동일시 문제라든지 협상 가능성은 일어나지 않은 채 해소되고 말 것이다. 실천 경험은 역량으로 이어지지 않을 것이다. 자신이 동일시할 대상을 그들 신세대 가운데에서 모색할 것이며 자신들이 추구해야 할 정체성과 의미도 역시 그들 사이에서만 찾게 될 것이다. 이러한 상황에서 그들은 기존의 수용 범위를 넘는 행동을 시도할 수도 있으며, 그것은 결국 자기 자신 이외에 전체 사회로부터 인정받지 못하는 행동으로 치부되고 말 것이다. 세대 간에 상호 교류가 담보되지 않는 한, 신세대는 엉뚱한 방향으로 나아가거나 지속성 없는 의미만을 추구하게 될 것이다.

교육기획이 가지는 가치에 관해서는 여러 각도에서 조명해 볼 수 있는데, 그중에 하나로 세대 간에 존재하는 상호 교류를 극대화할 수 있다는 점을 들 수 있다. 앞서 언급한 것처럼 교사나 부모, 혹은 다른 교육자들은 분명 학습의 원천으로 작용할 수 있다. 그것은 그들이 의도적으로 특정 내용을 가르쳐서가 아니라 그들이 아이들과 함께 속해 있는 공동체에서 일정한 지위를 차지하고 있는 구성원이기 때문이다.

만약 형식교육과 같은 제도적 기능이 공동체 안에서 구성원들의 정체성을 형성해 가는 무형식적 학습의 기능을 대치하게 된다면 과연 그것은 얼마나 효과적일까? 예를 들어, 우리 주변의 학교에서 흔히 볼 수 있듯이 강의실 수업 내용은 학교 밖 실천과 상당히 괴리되어 있다. 교사가 가지고 있는 본래 역할은 아이들을 사회 세계로 인도하는 것이라고 표방하고 있지만, 사실 교사에게 그러한 역할을 수행할 기회는 매우 제한적으로 주어진다. 그보다는 제도로부터 부여받은 역할, 즉 대단위 학급을 경영하고 주어진 교과과정에 맞추어 진도를 나가는 일을 제대로 하는 것조차 그리 쉽지 않기 때문이다. 이러한 상황에서 교사는 사회 세계의 일원으로서 아이들을 대한다기보다는 제도기관이 부여한 정체성에 기초하여 아이들을 대한다. 공동체적 참여의 관점에서 볼 때, 학교 조직이 아이들에게 접촉하도록 하는 사회 세계란 매우 한정적일 수밖에 없다.

이상에서 볼 때 학교와 같은 형식교육과 관련해서 다음과 같은 제안을 해 볼 수 있다.

첫째, 교육자라면 교육 현장에서 학습자들에게 그들이 속한 실천공동체를 대표하는 역할에 더 주력하게 할 필요가 있다. 이러한 진정성을 회복해야만 학습자들은 자신들이 학습하는 내용에 대해 지속적인 관심과 방향감, 정체성, 정서적 유대의식 같은 것을 가지게 될 것이다. 학습자의 입장에서는 어떤 교과 내용이 자신의 정체성과 어떻게 이어질 수 있는지 경험하는 것이 매우 중요하다. 결국 교육자로서의 진정성 회복은 자신이 하는 일, 즉 공동체의 실천에 대해 얼마나 적극적인 참여자로 기능할 수 있는지의 여부에 달려 있다.

둘째, 제도적 역할을 보다 축소하고 대신 성인으로서의 역할에 주력하여 아이들로 하여금 바람직한 사회 세계에 대해 더 많이 경험할 수 있도록 기회를 확대할 필요가 있다. 아이들에게 정체성 확립을 위해 필요한 것은 다양한 사회 세계를 경험하는 것이다. 그렇다고 해서 아이들이 사회 세계에 대해 다양한 모범 사례들을 접할 기회를 확대해야 한다는 것은 아니다. 때로는 그런 방법도 유익하겠지만 그보다는 아이들로 하여금 정체성 형성과 연관 지어 학습을 경험하도록 하는 것이 더 중요하다. 이를 위해서 공동체 안에서 소속감과 유대의식을 쌓아가며 배우는 경험을 하도록 하는 것이 필요하다.

이상의 설명을 정리해 보면, 참여를 위한 호혜적 관계는 학습을 위한 호혜적 관계라고 할 수 있다. 제3장에서 이야기한 바와 같이, 실천이란 구성원들 간에 지적 교류와 정서적 유대를 통해 경험해 가는 학습의 과정이기 때문이다. 학습자를 진정한 의미의 학습으로 이끄는 것은 공동체의 구성원으로서 그 실천에 기여하는 참여자의 모습을 통해서다. 그러므로 교육자로서의 진정성은 그가 공동체 참여자로서의 학습자일 때 비로소 담보될 수 있다.

바로 이러한 호혜적 관계 안에 학습에 관한 패러독스에 대한 해답, 즉 학습이 일어나기 위해서는 정체성이 형성되어 있어야 하고 정체성을 형성하기 위해서는 학습을 경험해야 한다는 학습과 정체성 중 어느 쪽이 먼저인가 하는 질문을 푸는 열쇠가 있다. 이 근본적인 패러독스는 결국 교육이란 무엇인가라는 질문과 직결되어 있다. 호혜적 관계의 생명력은 육아에서나 도제교육, 또는 세대 간 만남, 공동체 간 교류 어디서든지 살아 숨쉬고 있다. 거대한 심연을 가로지르는 유연한 가교나 정해진 틀로부터의 가벼운 일탈, 기대치 않은 신뢰의 선사, 그것이 바로 우리의 벽을 허물어 타자를 포용하고 우리 자아 안으로 초대하는 사랑의 법칙이기도 하다. 그리고 그러한 사랑의 법칙으로 말미암아 학습은 공상적 패러독스로서가 아니라 우리가 살아가고 있는 일상적 삶으로서 실제로 일어나는 것이다.

참고문헌

Althuser, L. (1984). *Essays on Ideology*. London: Verso.

Anderson, B. (1983, reprinted 1991). *Imagined Communities*. London: Verso.

Anderson, J. R. (1983). *The Architecture of Cognition*. Cambridge, MA: Harvard University Press.

Anderson, J. R. (1984). Cognitive psychology and intelligent tutoring. *Proceedings of the Cognitive Science Society Conference* (Boulder, CO). Hillsdale, NJ: Erlbaum, pp. 37-43.

Argyris, C., and Schön, D. A. (1978). *Organization Learning: A Theory of Action Perspective*. Reading, MA: Addison Wesley.

Armstrong, A., and Hagel, J. (1996). The real value of on line communities. *Harvard Business Review*, May-June, pp. 134-7.

Attewell, P. (1987). The deskilling controversy. *Work and Occupations* 14: 327-46.

Bandura, A. (1977). *Social Learning Theory*. Englewood Cliffs, NJ: Prentice Hall.

Barley, S. (1988). Technology, power, and the social organization of work: toward a pragmatic theory of skilling and deskilling. *Research in the Sociology of Organizations* 6: 33-80.

Bateson, G. (1968). A note on the double bind - 1962. In D. Jackson (ed.), *Communication, Family and Marriage.* Palo Alto, CA: Science and Behavior Books.

Benhabib, S. (1992). *Situating the Self: Gender, Community, and Postmodernism in Contemporary Ethics.* New York: Routledge.

Berger, P., and Luckman, T. (1996). *The Social Construction of Reality.* Garden City, NY: Doubleday.

Blau, P. (ed.) (1975). *Approaches to the Study of Social Structure.* New York: Free Press.

Blumer, H. (1962). *Society as Symbolic Interaction in Human Behavior and Social Process.* Boston: Houghton Mifflin.

Bourdieu, P. (1972, translated 1977). *Outline of a Theory of Practice.* Cambridge University Press.

Bourdieu, P. (1979, translated 1984). *Distinction: A Social Critique of the Judgement of Taste.* Cambridge, MA: Harvard University Press.

Bourdieu, P. (1980, translated 1990). *The Logic of Practice.* Stanford University Press.

Bowker, G., and Star, L. (1995). Knowledge and infrastructure in international information management: problems of classification and coding. In L. Bud Frierman (ed.), *Information Acumen: The Understanding and Use of Knowledge in Modern Business.* London: Routledge.

Braverman, H. (1974). *Labor and Monopoly Capital: The Degradation of Work in the Twentieth Century.* New York: Monthly Review Press.

Brown, J. S. (1991). Research that reinvents the corporation. *Harvard Business Review,* Jan.-Feb., pp. 102-11.

Brown, J. S., and Duguid, P. (1991). Organizational learning and communities of practice: toward a unified view of working, learning, and innovation. *Organization Science* 2: 40-57.

Brown, J. S., and Duguid, P. (1996). Stolen knowledge. In H. McLellan (ed.), *Situated Learning Perspectives.* Englewood Cliffs, NJ: Educational Technology Publications, pp. 47-56.

Brown, J., and Isaacs, D. (1995). Building corporations as communities: the best of both worlds. In K. Gozdz (ed.), *Community Building:*

Renewing Spirit and Learning in Business. San Francisco: Sterling and Stone.

Cain, C. (n.d.). Becoming a non drinking alcoholic: a case study in identity acquisition. Working paper, Department of Anthropology, University of North Carolina, Chapel Hill.

Caine, R., and Caine, G. (1994). *Making Connections: Teaching and the Human Brain.* Reading, MA: Addison Wesley.

Chaiklin, S., and Lave, J. (eds.) (1996). *Understanding Practice: Perspectives on Activity and Context.* Cambridge University Press.

Clancey, W. (1997). *Situated Cognition: On Human Knowledge and Computer Representations.* Cambridge University Press.

Comaroff, J. (1985). *Body of Power, Spirit of Resistance: The Culture and History of a South African People.* University of Chicago Press.

Cook, S. N. (1982). Part of what judgment is. Doctoral dissertation, Massachusetts Institute of Technology, Cambridge.

Cook, S. N., and Brown, J. S. (1996). Bridging epistemologies: the generative dance between organizational knowledge and organizational knowing. Working paper, Xerox PARC, Palo Alto, CA.

Cook, S. N., and Yanow, D. (1993). Culture and organizational learning. *Journal of Management Inquiry* 2: 373–90.

Daniels, A. K. (1987). Invisible work. *Social Problems* 34: 403–15.

Darrouzet, C., et al. (1995). *Rethinking "Distance" in Distance Learning.* Menlo Park, CA: Institute for Research on Learning.

De Certeau, M. (1984). *The Practice of Everyday Life.* Berkeley: University of California Press.

Derrida, J. (1972). *Marges de la philosophie.* Paris: Editions de Minuit.

Dewey, J. (1922). *Human Nature and Conduct. An Introduction to Social Psychology.* London: Allen and Unwin.

Drath, W., and Palus, C. (1994). *Making Common Sense: Leadership as Meaning Making in a Community of Practice.* Greensboro, NC: Center for Creative Leadership.

Dreyfus, H. L. (1972, reprinted 1992). *What Computers Still Can't Do: A Critique of Artificial Reason.* Cambridge, MA: MIT Press.

Dreyfus. H. L. (1991). *Being in the World, A Commentary on Heidegger's Being and Time, Division I.* Cambridge, MA: MIT Press.

Durkheim, E. (1893, translated 1984). *The Division of Labor in Society.* New York: Free Press.

Eagleton, T. (1990). *The Ideology of the Aesthetic.* Oxford, UK: Blackwell.

Eckert, P. (1989). *Jocks and Burnouts: Social Categories and Identity in the High School.* New York: Teachers College Press.

Eckert, P. (forthcoming). *Variations as Social Practice.* Oxford, UK: Blackwell.

Eckert, P., and McConnell Ginet, S. (1992). Think practically and act locally: language and gender as community based practice. *Annual Review of Anthropology* 21: 461–90.

Eckert, P., and Wenger, E. (1994). Transition from school to work: an apprenticeship in institutional identity. Working paper, Learning and Identity Initiative, Institute for Research on Learning, Menlo Park, CA.

Eckert, P., Goldman, S., and Wenger, E. (1997). The school as a community of engaged learners. Report no. 17.101, Institute for Research on Learning, Menlo Park, CA.

Edelman, G. (1993). *Bright Air, Brilliant Fire: On the Matter of the Mind.* New York: Basic Books.

Ehn, P. (1988). *Work Oriented Design of Computer Artifacts.* Stockholm: Arbetslivscentrum.

Engeström, Y. (1987). *Learning by Expanding.* Helsinki: Orienta Konsultit.

Etzioni, A. (1993). *The Spirit of Community: The Reinvention of American Society.* New York: Crown.

Farley, M. (1986). *Personal Commitments.* San Francisco, CA: Harper & Row.

Fish, S. (1989). *Doing What Comes Naturally: Change, Rhetoric, and the Practice of Theory in Literary and Legal Studies.* Durham, NC: Duke University Press.

Fisher, B., and Strauss, A. (1978). Interactionism. In T. Bottomore and R. Nisbet (eds.), *A History of Sociology.* New York: Basic Books.

Foucault, M. (1966, translated 1970). *The Order of Things: An Archaeology of the Human Sciences.* New Work: Vintage.

Foucault, M. (1971, translated 1972). *The Archaeology of Knowledge (and the Discourse on Language).* New York: Pantheon.

Foucault, M. (1975, translated 1979). *Discipline and Punish: The Birth of the Prison.* New York: Vintage.

Foucault, M. (1980). *Power Knowledge: Selected Interviews and Other Writings.* New York: Pantheon.

Fraser, N. (1984). What's critical about critical theory? The case of Habermas and gender. In S. Benhabib and D. Cornell (eds.), *Feminism as Critique: On the Politics of Gender.* Minneapolis: University of Minnesota Press.

Garfinkel, H. (1967). *Studies in Ethnomethodology.* Englewood Cliffs, NJ: Prentice Hall.

Garner, J. (1986). The political dimension of critical psychology: an elucidation of, and a German-England glossary of, the concepts in foundation of psychology. Diplomarbeit, Free University, Berlin.

Gee, J. P. (1992). *The Social Mind: Language, Ideology, and Social Practice.* New York: Berlin and Garvey.

Gibson, J. (1979). *The Ecological Approach to Visual Perception.* New York: Houghton Mifflin.

Giddens, A. (1971). *Capitalism and Modern Social Theory: An Analysis of the Writings of Marx, Dukheim and Max Weber.* Cambridge University Press.

Giddens, A. (1979). *Central Problems in Social Theory: Action, Structure, and Contradiction in Social Analysis.* Berkeley: University of California Press.

Giddens, A. (1984). *The Constitution of Society.* Berkeley: University of California Press.

Giddens, A. (1990). *The Consequences of Modernity.* Stanford University Press.

Giddens, A. (1991). *Modernity and Self Identity: Self and Society in the Late Modern Age.* Stanford University Press.

Giddens, A. (1995). *Politics, Sociology and Social Theory: Encounters with Classical and Contemporary Social Thought.* Stanford University Press.

Gilligan, C. (1982). *In a Different Voice: Psychological Theory and Women's Development.* Cambridge, MA: Harvard University Press.

Goerner, S. (1994). *Chaos and the Evolving Ecological Universe.* Luxembourg: Gordon & Breach.

Goffman, E. (1959). *The Presentation of Self in Everyday Life.* Garden City, NY: Doubleday.

Gramsci, A. (1957). *The Modern Prince and Other Writings.* New York: International.

Habermas, J. (1984). *The Theory of Communicative Action.* Boston: Beacon.

Harvey, D. (1989). *The Condition of Postmodernity.* Oxford, UK: Blackwell.

Hebdige, D. (1979). *Subculture: The Meaning of Style.* London: Routledge.

Heidegger, M. (1927, translated 1962). *Being and Time.* New York: Harper & Row.

Henriques, J., Hollway, W., Urwin, C., Venn, C., and Walkerdine, V. (1984). *Changing the Subject: Psychology, Social Regulation and Subjectivity.* London: Methuen.

Hirschhorn, L., and Gilmore, T. (1992). The new boundaries of the "boundariless" company. *Harvard Business Review,* May-June, pp. 104-15.

Hochschild, A. R. (1983). *The Managed Heart: Commercialization of Human Feeling.* Berkeley: University of California Press.

Hock, D. W. (1995). The chaordic century: the rise of enabling organizations. Governors State University Consortium and The South Metropolitan College/University Consortium, University Park, IL.

Holmes, S. (1993). *The Anatomy of Antiliberalism.* Cambridge, MA: Harvard University Press.

Holzkamp, K. (1983). *Grundlegung der Psychologie.* Frankfurt: Campus.

Holzkamp, K. (1987). Critical psychology and overcoming of scientific indeterminacy in psychological theorizing. In R. Hogan and W. H. Jones (eds.), *Perspectives in Personality.* Greenwich, CT: JAI Press.

Hutchins, E. (1995). *Cognition in the Wild.* Cambridge, MA: MIT Press.

Jackall, R. (1988). *Moral Mazes: The World of Corporate Managers.* Oxford University Press.

Jacobs, J. (1992). *Systems of Survival: A Dialogue on the Moral Foundations of Commerce and Politics.* New York: Random House.

Johnson, M. (1987). *The Body in the Mind: The Bodily Basis of Meaning, Imagination, and Reason.* Chicago University Press.

Jordan, B. (1989). Cosmopolitan obstetrics: some insights from the training of traditional midwives. *Social Science and Medicine* 28: 925–44.

Kanter, R. M. (1977). *Men and Women of the Corporation.* New York: Basic Books.

Kauffman, S. (1993). *The Origins of Order: Self Organization and Selection in Evolution.* Oxford University Press.

Latour, B. (1986). Visualization and cognition: thinking with eyes and hands. *Knowledge and Society* 6: 1–40.

Latour, B., and Woolgar, S. (1979). *Laboratory Life: The Social Construction of Scientific Facts.* Beverly Hills, CA: Sage.

Lave, J. (1988). *Cognition in Practice.* Cambridge University Press.

Lave, J. (in preparation). *Tailors Apprenticeship: The Political Relations of Everyday Life and Learning.* Cambridge University Press.

Lave, J., and Wenger, E. (1991). *Situated Learning: Legitimate Peripheral Participation.* Cambridge University Press.

Lave, J,. Duguid, P., Fernandez, N., and Axel, E. (1992). Coming of age in Birmingham: cultural studies and conceptions of subjectivity. *Annual Reviews in Anthropology* 21: 257–82.

Leonard Barton, D. (1995). *Wellsprings of Knowledge: Building and Sustaining the Sources of Innovation.* Boston: Harvard Business School Press.

Leont'ev, A. N. (1981). The problem of activity in psychology. In J. Wertsch (ed.), *The Concept of Activity in Soviet Psychology.* Armonk, NY: M. E. Sharpe.

Lévi Strauss, C. (1958, translated 1963). *Structural Anthropology.* New York: Basic Books.

Linde, C. (1993). *Life Stories: The Creation of Coherence.* New York: Oxford University Press.

Lukács, G. (1922, translated 1971). *History and Class Consciousness: Studies in Marxist Dialectics.* Cambridge, MA: MIT Press.

Lyotard, J. F. (1984). *The Postmodern Condition: A Report on Knowledge.* Minneapolis: University of Minnesota Press.

Martin, J. (1992). *Cultures in Organizations: Three Perspectives.* Stanford University Press.

Marx, K. (1844). *The Economic and Philosophic Manuscripts of 1844.* New York: International.

Marx, K. (1967). *Capital: A Critique of Political Economy.* New York: International.

Maturana, H. R., and Varela, F. (1980). *Autopoiesis and Cognition: The Realization of the Living.* Dordrecht: Reidel.

Mead, G. H. (1934). *Mind, Self and Society.* University of Chicago Press.

Mendoza Denton, N. (1997). Chicana/Mexicana: identity and linguistic variation. Doctoral dissertation, Department of Linguistics, Stanford University.

Moore, D. (1994). On the idea of community of practice. Working paper, Nynex Science and Technology, White Plains, NY.

Nonaka, I., and Takeuchi, H. (1995). *The Knowledge Creating Company.* New York: Oxford University Press.

Oakeshott, M. (1933, reprinted 1971). *Experience and Its Modes.* Oxford, UK: Blackwell.

Ong, A. (1987). *Spirits of Resistance and Capitalist Discipline: Factory Women in Malaysia.* Albany: State University of New York Press.

Orr, J. (1996). *Talking about Machines: An Ethnography of a Modern Job.* Ithaca, NY: Cornell University Press.

Ortner, S. B. (1984). Theory in anthropology since the sixties. *Comparative Studies in Society and History* 26: 126–66.

Packer, M. (1985). Hermeneutic inquiry into the study of human conduct.

American Psychologist 40: 1081–93.

Papert, S. (1980). *Mindstorm.* New York: Basic Books.

Parsons, T. (1962). *The Structure of Social Action.* New York: Free Press.

Piaget, J. (1954). *The Construction of Reality in the Child.* New York: Basic Books.

Polanyi, M. (1983). *The Tacit Dimension.* Magnolia, MA: Peter Smith.

Prahalad, C. K., and Hamel, G. (1990). The core competencies of the corporation. *Harvard Business Review* 68: 79–91.

Rheingold, H. (1993). *The Virtual Community: Homesteading on the Electronic Frontier.* New York: Harper Perennial.

Rousseau, J. J. (1762, reprinted 1964). *Emile, ou, de l'éducation.* Paris: Garnier Freres.

Schön, D. A. (1983). *The Reflective Practitioner: How Professionals Think in Action.* New York: Basic Books.

Senge, P. M. (1990). *The Fifth Discipline: The Art and Practice of the Learning Organization.* New York: Doubleday.

Skinner, B. F. (1974). *About Behaviorism.* New York: Knopf.

Snyder, W. (1996). Organization, learning and performance: an exploration of the linkages between organization learning, knowledge, and performance. Doctoral dissertation, University of Southern California, Los Angeles.

Star, S. L. (1989). The structure of ill structured solutions: boundary objects and heterogeneous distributed problem solving. Working paper, Department of Information and Computer Science, University of California, Irvine.

Star, S. L. (1990a). Layered space, formal representations and long distance control: the politics of information. Working paper, Department of Information and Computer Science, University of California, Irvine.

Star, S. L. (1990b). The sociology of the invisible: the primacy of work in the writing of Anselm Strauss. Working paper, Department of Information and Computer Science, University of California, Irvine.

Star, S. L., and Griesemer, J. (1989). Institutional ecology, "translations" and boundary objects: amateurs and professionals in Berkeley's museum of vertebrate zoology, 1907–1939. In *Social Studies of Science*, vol. 19. London: Sage, pp. 387–420.

Starr, P. (1982). *The Social Transformation of American Medicine: The Rise of a Sovereign Profession and the Making of a Vast Industry*. New York: Basic Books.

Strauss, A. (1959). *Mirrors and Masks: The Search for Identity*. Glencoe, IL: Free Press.

Strauss, A. (1978). A social world perspective. *Studies in Symbolic Interaction* 1: 119–28.

Suchman, L. (1987). *Plans and Situated Actions: The Problem of Human-Machine Interaction*. Cambridge University Press.

Sullivan, L. (1993). Imagining communities, imagining selves: constructing Japanese Americanness in a San Joaquin Valley city. Doctoral dissertation, University of California, Irvine.

Sylwester, R. (1995). A celebration of neurons: an educator's guide to the human brain. Association for Supervision and Curriculum Development, Alexandria, VA.

Tönnies, F. (1887, translated 1957). *Gemeinschaft und Gesellschaft* [*Community and Society*]. East Lansing: Michigan State University Press.

Turner, S. (1994). *The Social Theory of Practices: Tradition, Tacit Knowledge, and Presuppositions*. University of Chicago Press.

Valli, L. (1985). Becoming clerical workers: business education and the culture of femininity. In M. Apple and L. Weis (eds.), *Ideology and Practice in Schooling*. Philadelphia: Temple University Press.

Van Maanen, J. (1991). The smile factory: work at Disneyland. In P. Frost, L. Moore, M. Louis, C. Lundberg, and J. Martin (eds.), *Reframing Organizational Culture*. Newbury Park, CA: Sage.

Van Maanen, J., and Barley, S. (1984). Occupational communities: culture and control in organizations. *Research in Organizational Behavior* 6: 287–365.

Vygotsky, L. S. (1934). *Thought and Language*. Cambridge, MA: MIT

Press.

Vygotsky, L. S. (1978). *Mind and Society: The Development of Higher Psychological Processes.* Cambridge, MA: Harvard University Press.

Waterman, R., Waterman, J., and Collard, B. (1994). Toward a career resilient workforce. *Harvard Business Review* 72: 87–95.

Weber, M. (1922, translated 1978). *Wirtschaft und Gesellschaft* [*Economy and Society*]. Berkeley: University of California Press.

Weick, K. (1995). *Sensemaking in Organizations.* Thousand Oaks, CA: Sage.

Wellman, B., and Berkowitz, S. D. (1988). *Social Structures: A Network Approach.* Cambridge University Press.

Wenger, E. (1987). *Artificial Intelligence and Tutoring Systems: Computational and Cognitive Approaches to the Communication of Knowledge.* San Francisco: Morgan Kaufmann.

Wenger, E. (1990). Toward a theory of cultural transparency: elements of a discourse of the visible and the invisible. Doctoral dissertation, Information and Computer Science, University of California, Irvine.

Wertsch, J. (1981). *The Concept of Activity in Soviet Psychology.* Armonk, NY: M. E. Sharpe.

Wertsch, J. (1985). *Vygotsky and the Social Formation of Mind.* Cambridge, MA: Harvard University Press.

Whalen, J. (1992). Conversation analysis. In E. F. Borgatta and M. L. Borgatta (eds.), *The Encyclopedia of Sociology.* New York: Macmillan, pp. 303–10.

Wheatley, M. (1995). *Leadership and the New Science: Learning about Organization from an Orderly Universe.* San Francisco: Berrett Koehler.

Whyte, W. (1943). *Street Corner Society: The Social Structure of an Italian Slum.* University of Chicago Press.

Williams, R. (1976). *Keywords: A Vocabulary of Culture and Society.* New York: Oxford University Press.

Willis, P. (1977). *Learning to Labor: How Working Class Kids Get Working Class Jobs.* New York: Columbia University Press.

Willis, P. (1981). Cultural production is different from cultural reproduction is different from social reproduction is different from reproduction. *Interchange* 12: 48–67.

Willis, P. (1990). *Common Culture.* Boulder, CO: Westview.

Winograd, T., and Flores, F. (1986). *Understanding Computers and Cognition: A New Foundation for Design.* Norwood, NJ: Ablex.

Wittgenstein, L. (1953). *Philosophical Investigations.* Oxford, UK: Blackwell.

Zuboff, S. (1984). *In the Age of the Smart Machine: The Future of Work and Power.* New York: Basic Books.

찾아보기

인 명

내 용

⁂ 저자 소개 ⁂

에티엔 웽거

에티엔 웽거는 캘리포니아주립대에서 인공지능에 관한 논문으로 박사학위를 받고 그의 첫 번째 저작 『인공지능과 튜터링 시스템: 지식 소통에 대한 전산-인지적 이해(Artificial intelligence and tutoring systems: Computational and cognitive approaches to the communication of knowledge)』를 출간했다. 이후 그는 캘리포니아주에 있는 학습연구소(the Institute for Research on Learning) 연구원으로 일하면서, 그의 지도교수인 사회인류학자 진 래이브와 공동으로 저술한 『상황학습: 합법적 주변참여(Situated Learning: Legitimate Peripheral Participation)』로부터 실천공동체라는 개념을 발전시켜 왔다. 그들이 개척해 온 실천공동체라는 개념은 오늘날 교육학에서 새로운 탐구 영역을 정착시켜 왔을 뿐만 아니라 경영학과 조직이론에서 지식경영에 대한 이론적 · 실질적 토대를 제공해 주고 있다. 현재 그는 조직경영 분야의 컨설턴트로 활발히 활동하고 있다.

⁂ 역자 소개 ⁂

손민호

서울대학교 사범대학 교육학과에서 학사, 석사를 마치고 미국 오하이오 주립대에서 교육학 박사학위를 받은 후, 한국교육과정평가원을 거쳐 현재 인하대학교 교육학과 교수로 재직하고 있다. 주된 관심사는 교수 학습의 사회학과 상황학습론으로, 교수행위와 학습이 왜 개인 내 현상이라기보다는 개인 간 현상인지 규명하는 데 관심이 있다. 그리고 이에 관한 보다 체계적인 탐구를 위해 현상학적 사회이론, 특히 민속방법론(ethnomethodology)에 기반을 두고 연구하고 있다. 주요 저서로는 『구성주의와 학습의 사회이론』이 있으며, 주요 논문으로는 「실천적 지식의 일상적 속성에 비추어본 역량의 의미: 지식기반사회? 사회기반지식!」이 있다.

배을규

서울대학교 사범대학에서 학사, 석사를 마치고 미국 오하이오 주립대에서 HRD 전공으로 교육학 박사학위를 받은 후, 대우인력개발원과 경일대학교를 거쳐 현재 인하대학교 교육학과 교수로 재직하고 있다. 주로 조직학습, 학습전이, HRD 프로그램평가와 성인학습론에 관하여 연구하고 있다. 주요 저서로는 『성인교육의 실천적 기초』, 『성공적인 직장 생활』, 『체계적인 경력개발』이 있으며, 주요 논문으로는 「일터 학습 이론의 한계와 방향: 세 가지 실천기반 학습이론의 관점에서」, 「기업 교육훈련 평가정보에 대한 이해관계자의 인식수준 비교」 등이 있다.

지식창출의 사회생태학
실천공동체
Communities of Practice

2007년 10월 12일 1판 1쇄 발행
2025년 4월 25일 1판 6쇄 발행

지은이 • Etienne Wenger
옮긴이 • 손민호 · 배을규
펴낸이 • 김 진 환
펴낸곳 • (주) 학지사
04031 서울특별시 마포구 양화로 15길 20 마인드월드빌딩 5층
대표전화 • 02) 330-5114 팩스 • 02) 324-2345
등록번호 • 제313-2006-000265호
홈페이지 • http://www.hakjisa.co.kr
인스타그램 • https://www.instagram.com/hakjisabook

ISBN 978-89-5891-516-4 93370

정가 16,000원

역자와의 협약으로 인지는 생략합니다.
파본은 구입처에서 교환하여 드립니다.